另眼看歷史系列

共產世界大歷史

一部有關共產主義及共產黨兩百年的興衰史

呂正理 著

A Macro-History of Communist World

《實用歷史叢書》

出版緣起

王榮文

・歷史就是大個案

《實用歷史叢書》的基本概念，就是想把人類歷史當做一個（或無數個）大個案來看待。

本來，「個案研究方法」的精神，正是因爲相信「智慧不可歸納條陳」，所以要學習者親自接近事實，自行尋找「經驗的教訓」。

經驗到底是教訓還是限制？歷史究竟是啓蒙還是成見？——或者說，歷史經驗有什麼用？可不可用？——一直也就是聚訟紛紜的大疑問，但在我們的「個案」概念下，叢書名稱中的「歷史」，與蘭克（Ranke）名言「歷史學家除了描寫事實『一如其發生之情況』外，再無其他目標」中所指的史學研究活動，大抵是不相涉的。在這裡，我們更接近於把歷史當做人間社會情境體悟的材料，或者說，我們把歷史（或某一組歷史陳述）當做「媒介」。

．從過去了解現在

爲什麼要這樣做？因爲我們對一切歷史情境（milieu）感到好奇，我們想浸淫在某個時代的思考環境來體會另一個人的限制與突破，因而對現時世界有一種新的想像。

通過了解歷史人物的處境與方案，我們找到了另一種智力上的樂趣，也許化做通俗的例子我們可以問：「如果拿破崙擔任遠東百貨公司總經理，他會怎麼做？」或「如果諸葛亮主持自立報系，他會和兩大報紙持哪一種和與戰的關係？」

從過去了解現在，我們並不眞正尋找「重複的歷史」，我們也不尋找絕對的或相對的情境近似性。「歷史個案」的概念，比較接近情境的演練，因爲一個成熟的思考者預先暴露在衆多的「經驗」裡，自行發展出一組對應的策略，因而就有了「教育」的功能。

．從現在了解過去

就像費夫爾（L. Febvre）說的，歷史其實是根據活人的需要向死人索求答案，在歷史理解中，現在與過去一向是糾纏不清的。

在這一個圍城之日，史家陳寅恪在倉皇逃死之際，取一巾箱坊本《建炎以來繫年要錄》，抱持誦讀，讀到汴京圍困屈降諸卷，淪城之日，謠言與烽火同時流竄；陳氏取當日身歷目睹之事與史實印證，不覺汗流浹背，覺得生平讀史從無如此親切有味之快感。

觀察並分析我們「現在的景觀」，正是提供我們一種了解過去的視野。歷史做爲一種智性活動，也在這裡得到新的可能和活力。

如果我們在新的現時經驗中，取得新的了解過去的基礎，像一位作家寫《商用廿五史》，用企業組織的經驗，重新理解每一個朝代「經營組織」（即朝廷）的任務、使命、環境與對策，竟然就呈現一個新的景觀，證明這條路另有強大的生命力。

我們刻意選擇了《實用歷史叢書》的路，正是因爲我們感覺到它的潛力。我們知道，標新並不見得有力量，然而立異卻不見得沒收穫；刻意塑造一個「求異」之路，就是想移動認知的軸心，給我們自己一些異端的空間，因而使歷史閱讀活動增添了親切的、活潑的、趣味的、致用的「新歷史之旅」。

你是一個歷史的嗜讀者或思索者嗎？你是一位專業的或業餘的歷史家嗎？你願意給自己一個偏離正軌的樂趣嗎？請走入這個叢書開放的大門。

各界推薦

共產主義可以說是造成二十世紀動盪的一股最大潮流，雖然已經隨著蘇聯的解體而勢微，但共產中國在二十一世紀的影響，仍然隨著美中對抗而繼續發揮作用。毛澤東的頭像印在每一張人民幣上面，切．格瓦拉的圖像也仍然刺激人們對革命的幻想……這本《共產世界大歷史》對這一切在過去的發展提供了一個濃縮易讀的版本。

──**陳健邦（台積電文教基金會董事）**

二十一世紀有系統的討論共產世界的歷史是非常重要的。二十世紀共產主義曾經是解決資本主義諸多問題的解方，但本書整理的歷史資料已經顯示這條道路可能是行不通的，那麼我們現在又要如何找出一些作法既不重蹈過去共產主義的覆轍，又能夠解決社會經濟不平等與維持自由民主的問題呢？我非常認同作者提到的檢視與反省過去的歷史經驗是思考未來社會藍圖的必要作為，而這本書精彩的內容正好提供了我們這樣的素材，希望透過這本書的媒介可以勾勒出人類社會美好的未來。

──**陳東升（台大社會系教授）**

在當前極度混亂而震盪的世局中，無論你關心的是瘟疫、人權、經濟、政治、傳播、國際關係或兩岸三地，如果能更深入的回顧共產主義擴散全球的過程，必能更了解為何共產黨專制統治的基因就是不斷在國內、外輸出狡邪的謊言和殘酷的暴力，而更能清明的選擇真正符合人性正道的未來。這本獨一無二的重磅鉅作，意外的並不艱深難讀，像讀故事一般。看作者忠於紀實，又溫厚誠正的文筆，大量的史實娓娓道來，毫無疑問是當今易讀、且必讀之作！

——**張錦華（台大新聞所教授）**

本書作者以其理工邏輯思考之背景、多年企業管理之經驗，研讀數百部中外歷史著作及相關史料，輔以其個人的親身接觸，以其獨到的史觀，繼先前兩本有關東亞史的著作之後，完成了這本有關共產主義及共產黨兩百年的大歷史，令人擊節讚賞。讀者們不僅能從本書明白兩百年來共產世界之所以興，所以衰，也能看見資本主義是如何造成世界上種種的貧富不均，從而獲得對人類現在及未來的一些啟示。

——**曾憲政（前新竹教育大學校長）**

關心貧弱，反對權威，維護公平正義，始終是人性的自然表現。到了十九世紀，此種思想或行為發展成「左派」，社會主義及共產主義都歸此左翼陣營。共產主義代表近代以來人類追求公平正義的一種激進行動，可惜的是，在實現過程中卻變成新階級、新威權，因殘暴腐化而崩解。《共產世界大歷史》所述說的，就是共產主義理想殞落的故事，發人深省。

但扶貧濟弱仍是高貴的人性情操，也是不爭的社會事實，無關共產世界興衰，從小康到大同，依然是值得追求的目標。

——**黃春木（建國中學歷史教師）**

呂正理先生這本《共產世界大歷史》以獨特的眼光、清晰的理路、豐富的史例，為讀者呈現共產主義從學說思想到黨國體制的全部歷程。從前台灣的高中學生上「三民主義」課程，讀到孫中山說「馬克思是社會病理學家，不是生理學家」時還必須畫重點，然而真正了解箇中意思的人又有多少？共產主義思想為什麼能攫獲一代代青年的心靈？這種號稱「科學」的理論如何能成為黨國體制如同宗教信仰般的意識形態？中國共產黨與中國文化之間有著多遠的距離？中共能放棄一黨專政嗎？你都可以在這本書裡找到解答。

——**廖彥博（歷史作家）**

共產主義曾是風靡一時的世界潮流，對兩岸的歷史走向也有舉足輕重的影響。作者以紮實的資料作為參考，鉅細靡遺地描述出共產主義的興衰，大膽跳脫尋常的敘事框架，將視野抬高到國際的角度，俯瞰整個二十世紀共產主義的形成、擴張及崩解。

——**江仲淵（「歷史說書人 History Storyteller」粉專創辦人）**

自序

二十世紀的世界史可以說是一段資本主義和共產主義對抗的歷史。資本主義雖然起源於十四、十五世紀，但遲至十八世紀的工業革命後才加速發展，不過也由於過度發展，才有共產主義伴隨而生。

共產世界的加速開展，始於馬克思和恩格斯於一八四八年發表《共產黨宣言》，號召全世界的無產階級聯合起來革命，目標是消滅資本主義。此後有幾件大事發生。第一件是一九一七年俄國十月革命，列寧創立了世界上第一個共產國家。第二件是史達林在二次大戰後將東歐國家都關入「鐵幕」，又支持毛澤東打贏國共內戰，建立中華人民共和國，接著分割南北韓。第三件是一九五六年赫魯雪夫在蘇共二十大祕密報告中批判史達林，並主張「和平過渡」，埋下共產世界分裂的種子。第四件是一九八九年東歐劇變，各國共產政權紛紛倒台，蘇聯也在兩年後解體。

本書的目的，就是依上述的脈絡敘述共產世界的形成、擴張、分裂及崩解，寫一部共產世界興衰的大歷史。書中雖以敘述共產主義、共產黨、共產國家及其中的人物為主，但對於與其對抗的資本主義，和與其競爭的社會主義的發展，也都做了必要的陳述。

回顧共產主義之所以興起，主要是因為資本主義帶來極端的貧富不均，為富不仁，使得全世界有良知的知識分子無不起而撻伐。英國的哲學家羅素（Bertrand Russell）曾經批評說：「資本主義在今日已經不容於世界。人類文化的遺產，已不是資本制度所能保全。」各種社會主義及共產主義因而大起，吸引許多有志青年懷抱著追求公平、正義的理想，為濟貧扶弱而奮鬥。

共產主義擴張最迅速的期間是二次大戰後的三十幾年，在全世界建立起數十個共產國家。除了前述的東歐、中國及北韓之外，共產黨也成功地輸出革命到東南亞、拉丁美洲、非洲及伊斯蘭世界。其成功有極大部分是以協助被西方國家剝削的殖民地人民進行獨立運動為名，自認是正義之舉，也因此吸引了無數的愛國青年擎起民族主義的大旗，投入共產革命的行列。

共產世界的擴張固然快，衰落卻更快，竟在短短幾年內就幾乎全面崩解。至今全世界只剩下四個共產國家：中國、越南、寮國和古巴，但實際上都只是在政治上維持共產黨一黨專政，在經濟上卻向資本主義靠攏。另外還有北韓、白俄羅斯、阿塞拜疆等國家在實質上仍然是一黨專政，由一人獨裁統治，卻宣稱已經廢棄共產主義。因而，共產世界其實已經名存實亡。

共產世界為什麼會如此迅速瓦解呢？事實上，從馬克思在世時一直到今天，曾經批評、反對共產主義，或預言共產政權必定不能長久的人很多。其中最多的當然是那些擁護資本主義的人。但也有主張社會主義，或立論較為客觀的哲學家、史學家，如前述的羅素和另兩位英國思想家，卡爾・波柏（Karl Popper）及以賽亞・伯林 (Isaiah Berlin)。不過更值得注意的是有一部分人原本在馬克思主義陣營裡，後來卻成為新成立的共產政權的反對者，例如列寧昔日的同志普列漢諾夫（Georgi Plekhanov）、馬爾托夫（Julius Martov) 和南斯拉夫共黨領袖狄托（Josip Broz Tito）的昔日同袍吉拉斯（Milovan Djilas）。以下我舉其中的卡爾・波柏及吉拉斯為例說明，以供讀者們參考。

先說波柏。第一次世界大戰結束時，只有十六歲的波柏自願到維也納的共產黨辦公室去幫忙跑腿。根據他的說法，當時共產黨之所以對年輕人有那麼大的吸引力，是因為馬克思說資本主義是邪惡的思想及社會型態，必須摧毀；共產主義推翻資本主義乃是歷史的必然。共產革命成功後，人們就會享受美好的生活，人人互信互愛，永遠沒有戰爭。共產黨員奮鬥的目標，就是讓此一夢想提早實現。波柏說，這樣的訴求及理想其實是一個陷阱，一個「捕鼠器」，而他就是那隻被引誘到陷阱裡的老鼠。

然而波柏很快就發現，共產黨人只顧黨的利益，唯莫斯科的命令是從，無論是對事或對人，只隔一天態度就可以完全轉變。共產黨又善於挑撥群眾的情緒，鼓動別人冒生命的危險。波柏有六名朋友因而在一九一九年六月參加示威活動時被維也納警察開槍射殺。波柏認為沒有人有權力以這種欺騙的方法叫別人犧牲生命，因而決定脫離他所稱的「捕鼠器」，並開始認真研究《資本論》，從此走上批判馬克思主義的道路。他在二次大戰後出版《開放社會及其敵人》（*Open Society and its enemies*），不但批判共產主義，也批評法西斯主義，從此聲名大噪。

波柏說，馬克思主義最大的錯誤在於認定資本主義不能改造，只能摧毀。事實證明馬克思錯了。歐美先進國家的勞工和農民的生活越來越好，資本主義在二次大戰後也逐漸向社會主義方向修正。波柏又說，馬克思的歷史唯物論堅持經濟是唯一影響歷史的因素未免過於偏執，其實宗教、民族、國家觀念，甚至親情，對歷史都能發生極大的影響。

吉拉斯原本是狄托的忠實革命伙伴，不僅為實現馬克思主義的理想而共同奮鬥，又在後來支持狄托與史達林決裂，曾經被認為是狄托的接班人。但他在後來對共產主義卻產生根本性的懷疑，竟公開批評共產黨是自欺欺人，最終不過是打造出一批新的特權階級官僚，是「新階級」。吉拉斯堅持己見，拒絕認錯，因而被捕，在牢裡關了十五年，是當時共產國家裡最知名的異議分子。

吉拉斯後來出版他在獄中歷盡千辛萬苦而寫成的一本書《不完美的社會》（*The Unperfect Society - Beyond the New Class*）。吉拉斯在書裡說，他之所以決定和昔日同志割袍斷義，是受到良心的驅使，不惜讓自己從舒服的權力高峰自投於深淵，縱然每日在牢裡擦地板、倒汙水，也要反對極權統治。他說：「共產主義下的所有權是一頭怪物，在形式上是社會的和國家的，實際上是由黨的官僚來管理和操縱，這是共產主義失敗的根由。」又說：「共產主義的理想是不真實的和不可能實現的。但人類社會從來都不是完美的，有待不斷地改善，因而馬克思主義意識形態雖然終將沒落，新的思想必能從其廢墟中茁長出來。」

人類社會確實從來都不是完美的，總是有新的問題出現。不過我要指出，從古至今人類社會最大的問題是貧富不均。如今共產主義雖然已近黃昏，貧富不均的情形在本世紀初起卻已經隨著新科技與商業的緊密結合而惡化。法國新銳的經濟學家皮凱提（Thomas Piketty）在他的名著《廿一世紀資本論》裡斷言，這個世界正在朝著越來越傾斜到不平等的方向。共產主義雖然未必會因此而重新燃起，但可以確定的是極端不平等的社會必定無法永續。吉拉斯雖然認定馬克思主義意識形態終將沒落，不也說新的思想必能從其廢墟中茁長出來嗎？

因而，我希望讀者們不僅能從本書中獲知過去共產世界的歷史，也能看見資本主義在十九、二十世紀是如何造成世界上種種的不平等，從而獲得一些啟示，或有機會用於解決二十一世紀的新問題，使其不至於惡化，以避免整個世界重蹈覆轍。

不過就在這新問題出現而尚未有答案時，舊日的共產主義與資本主義之間似乎又已出現新一輪的對抗，尤其是出現於中、美兩國之間。究其根本原因，其實是在於中共雖然引入資本主義經濟制度，其意識形態始終不曾有重大的改變，仍然拒斥自由、民主、人權等價值觀。這對於雙方在政治、經濟、文化交流中是否想要積極取得優勢，或容忍對方取得優勢，當然都有影響。近兩年來，由於雙方的態度都日趨強硬，自然引發較大的衝突。

有一部分觀察家認為，一個「新冷戰」可能即將來臨，也有說已經來臨了。這將會導致什麼樣的變化？什麼樣的結果呢？我自認只是一個歷史研究者，不是政論家，自然不敢妄加揣測。但我相信一件事，歷史從來不是命定的。未來雖然有種種的可能會發生，人們卻可以有選擇，可以決定什麼樣的道路是他想要，或是不想走的。我也相信，人們如果對過去的歷史知道得越多，越清楚，就越能知道應該選擇什麼樣的路，不選什麼樣的路。英國前首相邱吉爾（Winston Churchill）曾經說：「你往後能看多遠，就能往前看多遠。」就是這個意思。因而，我衷心地希望這本書也能多少幫助讀者們往前看得更遠。

是為序。

呂正理

二〇二〇年夏，於台北大屯山下

目錄

第一卷

共產世界的形成

（一九一七年之前）

年	亞洲	沙俄／蘇俄／蘇聯及其加盟共和國	歐洲及北美
1516			英國湯瑪斯．摩爾出版《烏托邦》
1764-69			珍妮紡紗機、蒸氣機等陸續發明．工業革命起
1772-95		普魯士、奧地利、俄國三次瓜分波蘭	
1776			亞當斯密發表《國富論》美國發布《獨立宣言》
1779			英國盧德運動起
1789			法國大革命爆發
1793			法王路易十六上斷頭臺。拿破崙崛起
1812			拿破崙征俄敗歸。英國立法禁毀機器
1815			拿破崙兵敗滑鐵盧。維也納會議
1825		十二月黨人事件。尼古拉一世即位	歐文在美國印第安納州進行烏托邦試驗
1830			歐洲革命年。法、波、比、義、德等國起義皆被鎮壓
1836			倫敦工人協會、德國正義者聯盟分別成立
1839			布朗基巴黎革命失敗。英國憲章運動開始
1842	中英鴉片戰爭		馬克思任科隆《萊茵報》主編
1847			德國流亡正義者聯盟改名共產主義者聯盟
1848			馬、恩發表《共產黨宣言》。義、法、奧、德、波蘭革命失敗。英國憲章運動請願失敗。法國路易布朗國民工廠工人暴動遭屠殺
1849		普王威廉四世拒絕被選為德皇	馬克思結束《新萊茵報》；移居倫敦
1851	太平天國之亂起		科隆共產黨人案；次年共產主義者聯盟解散
1855		尼古拉一世崩，亞歷山大二世即位	赫爾岑流亡倫敦辦《北極星》雜誌，兩年後又辦《鐘聲》
1860	英、法聯軍攻北京		倫敦工聯成立，奧哲爾任主席
1861		亞歷山大二世廢農奴制，唯農奴未獲完全解放	義大利王國成立。普王威廉一世即位
1862		土地與自由協會成立。聖彼得堡大火。《現代人》主編車爾尼雪夫斯基被捕，遭流放	俾斯麥任普魯士宰相。美國南北戰爭爆發
1863			拉薩爾創立「全德意志工人聯合會」
1864	太平天國滅亡	第一國際成立於倫敦，歐哲爾當選主席，馬、恩與會	
1866		亞歷山大二世遇刺未死，加強高壓統治	普奧戰爭，奧地利敗。奧匈帝國成立

1867	日本明治維新開始		馬克思出版《資本論》第一卷
1869		涅洽耶夫著「革命者問答書」	倍倍爾領導成立德意志社會民主工黨
1870		列寧生於西姆比爾斯克	普法戰爭，法國戰敗，十萬人被俘
1871			巴黎公社無產階級革命失敗，數萬人遭屠殺
1874		俄國民粹主義「到民間去」運動	
1875		特卡切夫主張革命須由少數人指揮有紀律的組織	德意志社會主義工人黨成立
1876			第一國際解散
1881		亞歷山大二世遭刺殺。亞歷山大三世即位	
1883		普列漢諾夫領導在日內瓦成立勞動解放社	馬克思病逝
1884			英國費邊社成立
1887		列寧之兄亞歷山大刺殺沙皇失敗，被處絞刑	
1889		第二共產國際成立於巴黎	
1890			德國廢止《反社會主義法》。社會主義工人黨改組為社會民主黨
1894	中日甲午戰爭	亞歷山大三世崩，尼古拉二世即位	
1895	中日簽《馬關條約》		恩格斯病逝
1896		伯恩斯坦批判馬克思主義，主張議會路線和平漸進，被批為「修正主義者」	
1898		俄國社會民主工黨明斯克大會，會後代表多被捕	美西戰爭結束
1900	八國聯軍攻北京	列寧、馬爾托夫、普列漢諾夫創辦《火星報》	英國工黨成立
1903		俄國社會民主工黨布魯塞爾、倫敦大會，其後布爾什維克、孟什維克分裂	
1905	俄國在日俄戰爭大敗。流血星期日事件。布、孟派分別召開大會		
1906		斯托雷平改革，俄國革命陷入低潮	
1907		第比里斯銀行運鈔車搶案	
1911	中國革命武昌起義	斯托雷平被黜後遭刺殺	
1912	中華民國誕生	布拉格大會，布派逐孟派。列寧辦《真理報》。連納金礦慘案	
1914	塞拉耶佛事件。第一次世界大戰爆發。列寧號召「變帝國主義戰爭為國內戰爭」		
1917		俄國二月革命，十月革命	美國參加歐戰

第一章
兩種革命——資產階級革命及無產階級革命

一九一七年，俄國發生二月革命，接著又爆發十月革命，世界上第一個共產國家就此誕生。一般認為，二月革命是由資產階級領導的革命，十月革命是無產階級革命。在此之前，歐洲發生過的革命大多是貴族革命或資產階級革命。其中雖然也曾發生過幾次無產階級革命，但全部失敗。十月革命卻是歐洲歷史上第一次成功的無產階級革命，因此意義重大。

但嚴格地說，二月革命並不完全是資產階級革命，因為其中也有許多無產階級（工人及叛變的水兵）參與其中。列寧在八個月後才又率領布爾什維克黨一同鼓動工人、水兵發起十月革命，推翻由資產階級組建的臨時政府。事實上，在此之前發生過的資產階級革命大多也有無產階級參與其中，只是在革命成功後無產階級大多默默接受由資產階級獨享革命的果實。其中也有幾次無產階級與資產階級在革命之後發生衝突，結果卻遭到鎮壓而慘敗。總之，資產階級革命與無產階級革命之間的界線並不是太清楚。資產階級革命必須要有無產階級共同出力才能推翻貴族階級（國王、貴族和教會）的統治。但從另一方面說，無產階級不太可能跳過資產階級革命的階段而獨力推翻貴族統治。

本章的主旨就是敘述歐洲的資產階級如何興起，如何漸漸威脅到貴族的統治，無產階級又如何在其過程中發展出與資產階級分離的傾向。以下先從資產階級如何興起開始敘述。

資產階級的興起

「無產階級」（proletariat，或稱「普羅階級」）是從法語翻譯而來的，但源自古羅馬，意指在經濟及社會意義上處於最低階層的人，除了子嗣（proles）之外沒有任何財產。在中世紀之後，無產階級主要是指農民及農奴。十八世紀工業革命後，許多工廠裡的工人也漸漸成為無產階級的主流。

「資產階級」（bourgeoisie，或稱「布爾喬亞」）也是從法語翻譯的，意指由聚集在有圍牆的小城（稱為bourg，或burg）裡形成市集的各種工匠、手工業者、自由業者或小商人。這些人原本不過是小資產階級，但經過幾代累積財產及經濟力量，漸漸對貴族產生威脅。到了十三、四世紀，在義大利北部有一些城邦，如威尼斯（Venice）、佛羅倫斯（Florence）、熱那亞（Genova）；以及西歐、北歐一些城市，如巴黎、倫敦及安特衛普（Antwerpen），已發展出蓬勃的商品經濟。許多大貿易商、大銀行家開始出現，對貴族的威脅就更大了。

以威尼斯為例。當時商人不僅從事貿易，也發展出一種新的商業組織，稱為「公司」（compagnia），對外招募股東，又組織各種不同的行業的「行會」（guild），以保護共同的利益，甚至擁有強大的武力，所以執地中海商業的牛耳。威尼斯的總督雖掌大權，卻是經由選舉產生，並受到由金主及各行會組織的多層議會監督。因而，當時北義大利各城邦已有近、現代資本主義國家的雛形，由資產階級統治，自稱是共和國（republic）。

同一時間，英國及部分其他國家也由於土地兼併而出現另一種型態的資產階級。這些國家原本都是依循敞田制（open-field system）運作，國王把土地分封給領主，領主又分給小領主。各領主在自己的莊園裡蓋巨宅和教堂，保留一部分樹林、草地及公用牧場，將其餘的土地分成數百個或上千個長條，撥給佃農耕作。佃農在收成後必須向領主繳納田賦。依法佃農並沒有其分得的份地的所有權，但有耕作權，並可代代相傳。佃農也為領主及教會保留的土地無償耕作。敞田制從中世紀起實施數百年，大致上各自相安無事。然而，英國國王在一二三五年突然接受部分領主的要求而發布一個《墨頓法令》（*Statute of Merton*），允許領主圈占部分公有地。「圈地運動」於是開始。到後來，有許多佃農竟也被剝奪其份地的耕作權。這些耕地大部分轉為養羊。

為什麼養羊呢？因為隨著貿易蓬勃發展，羊毛及毛紡織品成為英國獲利最豐厚的出口商品。兩英畝的土地用於耕作，不如一英畝用於養羊。其結果是越來越多農民失去土地，轉而為領主養羊，剪羊毛，剝羊皮，或淪為紡織工廠的低薪工人。但有更多人失業，一家人無以維生。社會逐漸動盪不安。

「烏托邦」的理念

對於社會上的不公不義，英國有一位政治家湯馬斯．摩爾（Thomas More）十分不以為然。他在一五一六年出版一本虛構的小說《烏托邦》（*Utopia*），其中強烈指責圈地運動的結果是「羊吃人」。摩爾也在書中提出自己的理想社會，描繪那是一個小國家，人口不多，人人愛好和平，男女平等，宗教自由。最重要的是，所有財產都是共有的，人人都參加勞動而共享生產成果，並按需要公平分配，所以也沒有失業問題。

《烏托邦》對後世的影響非常巨大，近代的社會主義、共產主義的思想都受其啟發。《烏托邦》出版後第二年，馬丁路德（Martin Luther）發起的宗教改革運動也在歐洲大陸如火如荼地展開，主要是反抗腐敗的教會。繼馬丁路德之後，由喀爾文（Jean Calvin）發起的另一個新教喀爾文派也在瑞士、荷蘭、英格蘭及蘇格蘭迅速發展。與此同時，英國國王亨利八世（Henry VIII）也決定另創英國新教，主要原因是羅馬教會不批准他和皇后離婚而另娶。摩爾當時擔任首相，卻是虔誠的天主教徒，因而拒絕簽署相關法案，最後竟被判處「叛國罪」，遭到斬首。

不久後，英國發生大規模的農民叛亂。國王迫於形勢，不得不改採反圈地的政策。但過了一段時間，貴族們忍耐不住，又對國王施壓，要求解禁。其結果是英國在圈地及反圈地之間搖擺一百年。在此期間，有許多非貴族出身的中、小資產階級也紛紛加入圈地運動，因而成為地主，勢力越來越大。

資產階級加速興起——大航海時代的來臨及荷蘭證券交易所的設立

十五世紀初起，葡萄牙王室有一位恩里克王子（Infante D. Henrique）開始主導在非洲西岸海上探索的冒險行動。大約也在同一時候，中國明朝的皇帝明成祖派鄭和率領寶船下西洋，最遠曾經到達非洲東岸的摩加迪休（Mogadishu）。然而中國在一四三〇年鄭和最後一次出航後就不再派船隊出遠洋了。恩里克王子的探索卻沒有停止，而是一路往南，並在西非建立了一些初期的殖民地。到了十五世紀末，由於葡萄牙及西班牙王室的支持，迪亞士（Bartolomeu Dias）、哥倫布（Christopher Columbus）及達伽馬（Vasco da Gama）先後率領船隊，完成繞過非洲最南端的好望角（Cape Hope），發現美洲新大陸及抵達印度西南海岸的卡利庫特（Calicut，明朝稱之為「古里」）的壯舉。歐洲其他各國唯恐落後，紛紛跟進，大航海時代於是來臨。

經過一百年，歐洲各國在非洲、美洲及亞洲競爭越趨激烈。一六〇〇年，英國女王伊莉莎白一世（Elizabeth I）發給一家新成立的英國東印度公司特許權狀，給予貿易獨占特權，又准其發行股票以募集資金，用於在海外擴張及經營殖民地，並擁有軍隊。荷蘭人意識到這已經是國家與國家之間的競爭，也在一六〇二年成立荷蘭東印度公司，將原有十四家分散的公司全部併入。荷蘭政府後來又在首都阿姆斯特丹（Amsterdam）設立一個證券交易所。這是世界上第一個正規的證券交易所，其設立等於宣告資產階級的時代來臨。

歐洲各國的人民經由投資買賣各種公司的股票，累積財富，造就越來越多的資產階級。這些人有錢之後，就想要提升自己的政治地位，以確保其生命、財產及其他權益，於是開始挑戰皇室、貴族及教會所代表的封建勢力。平民受到資產階級慫恿，大多也加入資產階級的一方。

歐洲最早的資產階級革命——荷蘭獨立戰爭

歐洲最早發生的資產階級革命是荷蘭人從一五六八年起為脫離西班牙統治而進行的獨立戰爭。荷蘭人之所以被西班牙統治，主要是因為王室的婚姻及繼承的結果。但荷蘭與西班牙在種族、語言及宗教上都截然不同，西班牙人又在荷蘭強徵重稅，使得荷蘭人忍無可忍，遂起而抗暴，要求獨立。

這場戰爭打了四十年。當時荷蘭人在苦戰中曾發表一份《棄絕宣言》（*Act of Abjuration*）。其中說：

> 對於所有的人都是顯而易見的，上帝讓一個君主做為人民統治者是為了來保護人民不受壓迫和暴力，如同牧羊人對他的羊群。君主是為了人民而生，要公平地治理，要愛護人民，支持人民，如同父親對孩子，牧羊人對羊群一般。君主如果不是這樣，而是反過來壓迫人民，藉機侵犯人民既有的習俗和權利，逼迫人民像奴隸一樣地服從，那麼他就再也不是君主，而是一個暴君，人民將不再視他為君主。

一五八八年，西班牙無敵艦隊被英國殲滅，遭受到致命的打擊，對荷蘭攻勢從此稍緩，並願意接受談判停戰。一六〇九年，荷蘭宣告獨立，決定採行七省聯合自治，君主立憲的制度。各城市從貴族和富有的市民中選舉委員，產生委員會；委員會中選出代表到省裡，參加省議會；省議會又派代表參加在海牙召開的三級議會。

三級會議因而是最高權力機關。由於平民百姓並沒有選舉權和被選舉權，荷蘭共和國的真正統治者是資產階級。事實上，荷蘭早就實施這種三級議會制，並不是宣告獨立後才來採行，不同的只是趕走了外來的統治者，改奉當初領導獨立戰爭的奧倫治親王（Prince of Orange）的家族成員為世襲的國王，但只是名義上的統治者。

英國的資產階級革命——清教徒革命及光榮革命

繼荷蘭獨立戰爭後，英國發生兩次資產階級革命，由國會出兵推翻國王。

英國最早的國會基本上由貴族和教會領袖組成，但與國王時常發生衝突。一二一五年，英國議會迫使國王簽署《大憲章》（*Magna Carta*），接受限制王權。不過《大憲章》的效用其實不大，只有象徵意義。十四世紀起，英國從原本的單一國會改為兩院制。上議院仍由貴族和教士組成；下議院由各地方的代表組成，但只是聊備一格，沒有聲音。然而當新起的資產階級進入下議院擔任議員後，就決定不再沈默了。

一六四二年，英國國王查理一世（Charles I）強行要求人民加稅，下議院反對。國王大怒，下令關閉下議院，又逮捕多名議會首領，結果引發第一次內戰，史稱「清教徒革命」。英國的清教徒（Puritan）屬於喀爾文新教改革派，在遭到迫害後有一部分人決定逃往歐洲，也有逃往北美洲，但也有人決定留下來。戰爭開打後，叛軍由克倫威爾（Oliver Cromwell）率領，勢如破竹。查理一世兵敗被俘，但趁機逃脫，又聯合蘇格蘭出兵，但又被擊潰。下議院設立法庭判處國王死刑，立即將他砍頭。克倫威爾從此攝政為王，卻是一個更獨裁的暴君。人民敢怒不敢言，在他死後又立查理一世的兒子為王。

一六八八年，英國再度發生內戰，史稱「光榮革命」（Glorious Revolution），其過程和第一次內戰幾乎一樣。國王詹姆斯二世（James II）被推翻。國會迎立他的女婿威廉三世和女兒瑪麗（William and Mary）繼位，但要求兩人接受議會通過的《權利法案》（*The Bill of Rights*），同意接受對國王權力的約制。君主立憲制由此確立，國王只是象徵性的國家領導人，議會才是最高的權力機構。

資產階級革命引發的社會契約理論及主權在民的思想

英國的兩次資產階級革命也引發思想方面的論戰，主要是討論人民與國家之間的關係。在清教徒革命之後，有一位思想家霍布斯（Thomas Hobbes）出版了一本《利維坦》（*Leviathan*）。利維坦是《舊約聖經》裡的一頭巨大海怪，孔武有力，霍布斯藉以比喻強而有力的政府。他認為，人民如果想要保護自己的生命及財產的安全，免於對戰爭的恐懼，就必須仰賴一個專制而有力的政府，並與政府達成某種社會契約，願意放棄部分自由以換取保護。《利維坦》顯然是為克倫威爾的獨裁統治而辯護的。

但在光榮革命期間另有一位思想家洛克（John Locke）也出版了一本《政府論》（Two Treatises of Governments），其理論與霍布斯完全相反。洛克主張，只有在取得人民的同意，並能充分保障人民擁有生命、自由及財產的自然權利時，政府才具有統治的正當性，否則人民便可起而推翻政府。洛克又主張國家的權力可分為立法權、行政權及對外權（包括戰爭、外交、締約、結盟等）。洛克的書發行後在歐洲大陸掀起熱烈的討論。法國後來出現孟德斯鳩（Baron de Montesquieu）、盧梭（Jean-Jacques Rousseau）及伏爾泰（Voltaire）等三位「啟蒙運動」（Enlightenment）的巨人，無一不是深受洛克的影響。

孟德斯鳩曾寫過一本《論法的精神》（*The Spirit of Law*），其中修改洛克的理論，主張立法、行政、司法三權分立，後來竟成為全世界民主國家通行的政治制度。盧梭也寫了一本《社會契約論》（*The Social Contract or Principles of Political Right*），主張政府的權力來自於人民。「主權在民」的思想由此奠定。伏爾泰是名滿歐洲的哲學家、詩人、歷史家、小說家、劇作家，主張言論自由，又激烈地批評法國的專政體制及天主教會。

啟蒙運動是一場思想革命，不只影響整個歐洲，也影響遠在大西洋對岸的北美洲，為一七七五年爆發的美國獨立戰爭提供了政治理論基礎。

「五月花號」及美國獨立戰爭所代表的意義

如前所述，英國的清教徒在遭到迫害後大多逃往歐洲大陸，只有少數逃到北美洲。不過在一六二〇年卻有一艘「五月花號」（May Flower）在現今紐約東北方的鱈魚角（Cape Cod）靠岸，共搭載了一百零二名乘客。這是第一次有如此大規模的移民，在美國歷史上的意義極為重大。如果從資本主義發展的角度看，五月花號更代表了另外一層重大的意義。

美國有一位學者馬克思・韋伯（Max Weber）在一九〇五年出版一本《新教倫理與資本主義精神》，被奉為近代社會學的經典之作。韋伯發現，無論是在歐洲或美國，資本家及企業主絕大多數是新教徒，受過教育的工人階級也是如此；新教徒中又以刻苦的喀爾文派更具資本主義精神。他們大多認為賺錢營利，或不停地勞動工作，乃是生活的目的，也是一種職業義務，而不僅僅是滿足於物質生活所需。這種觀念在當時不免被認為是貪婪。馬丁路德如果復生，無疑也會堅決反對。但必須指出，大多數五月花號上的乘客，以及其後許多移民者，正是具有這樣思想的喀爾文派教徒。

韋伯特別舉美國開國元勳富蘭克林（Benjamin Franklin）為例，說他是資本主義精神的代表。富蘭克林從年輕時起就受到喀爾文派教徒父親的諄諄教誨，長大後也照樣訓誡別人，說「時間就是金錢」「借貸就是金錢」「錢能生錢」「不可浪費錢」。總之，要勤奮，要節儉，但也要注重信譽。韋伯斷定，在北美東部地區「資本主義精神」要早於「資本主義發展」。從這一點看，後來發生的美國獨立戰爭其實無法避免。

在北美新移民中以英國人占多數，另外有法國、荷蘭和西班牙人。來自不同國家的移民互爭地盤，靠的都是母國派兵支援，又分別與印地安人結盟。經過一百多年，英國最終擊敗法國，獨占十三州殖民地。然而，法國的威脅一旦消失後，十三州的人民與政府開始發生衝突。他們不滿自己在英國國會裡連一個代表席次都沒有，又痛恨英國政府對殖民地強徵重稅。一七七三年，英國國會決定將北美洲的茶葉進口貿易交由東印度公司壟斷，導致「波士頓茶葉事件」爆發。十三州於是聯合組織民兵反抗政府，推華盛頓（George Washington）為總司令。美國在獨立戰爭爆發初期原本是孤軍奮戰，後來才因為法國、荷蘭及西班牙都出兵協助才取得最後的勝利。一七七六年七月四日，美國國會發表《獨立宣言》（*United States Declaration of Independence*），明確地陳述其建國的理念。讀者如果仔細閱讀其中的字句，就會發現和前述兩百年前荷蘭發布的《棄絕宣言》十分相似，只不過是加進表達洛克和盧梭思想的用語。美國後來制訂的憲法也明確規定聯邦政府是依據立法、行政、司法三權分立的原則建立的。這些都顯示了洛克和法國啟蒙運動三傑的思想已經在北美新大陸開花結果。美國獨立戰爭無疑也將回過頭來衝擊舊大陸，而首當其衝的正是法國爆發的大革命。

法國大革命

法國大革命不僅是近代史上的一件大事，並且具有極特殊的意義，因為從性質看，此一事件中包含前後兩階段發生的資產階級革命及無產階級革命。事實上，法國大革命與日後一九一七年俄國發生的兩次革命有極多相似之處。許多知名的歷史家、思想家，以及馬克思、恩格斯、列寧等共產世界的大人物，都曾詳細研究，並分析其成因、過程及結果，從中借鏡。本書因而也要特別詳細敘述。以下分段敘述。

■革命爆發

首先要指出，法國在爆發革命之前早已因為捲入在海外殖民地的長期爭奪戰而導致財政枯竭。一七八八年，法國又因為春季乾旱、夏季冰雹及冬季酷寒導致嚴重的飢荒，社會陷入動盪不安。國王路易十六（Louis XVI）是一個手藝靈巧的業餘鎖匠，然而智力遲緩，也不曾接受過良好的教育。他娶了奧地利國王的妹妹當皇后，不幸又被一部分國人認定是愛慕虛榮，揮金如土。路易十六決定向人民加稅，並要求一向享有免稅特權的貴族及天主教會也繳稅。為此他下令在凡爾賽宮（Palace of Versailles）召開已經有一百八十年不曾舉行的三級議會（分教士、貴族及平民三級），希望藉人民的力量對其他兩個特權階級施壓。教士及貴族也希望利用平民以抗拒國王。人民更是引頸期盼改革。

會議開始後，三個階級先各自分別開會，但不久後就失控了。平民會議開到一半就自行改稱為「國民議會」，自認有權制訂法律，並提出種種改革的要求。教士及貴族中有一部分人決定加入國民議會。路易十六大驚，下令關閉其開會的場所。國民議會五百多名代表大怒，找到附近的一個室內網球場繼續開會，並聲稱不完成制訂憲法絕不解散。國王更怕，下令軍隊進駐到凡爾賽宮附近。種種謠言於是傳開，引發數千名市民暴動，於一七八九年七月十四日衝入巴士底監獄（Prise de la Bastille），搶奪武器及彈藥，然後宣布成立「巴黎公社」（Paris Commune），自行任命市長，組織國民自衛隊。其他各大城市也起而響應，紛紛自組武裝力量。

■雅各賓黨廢黜路易十六，發動大搜捕、大屠殺

當時最具影響力的是一個由布里索（Jacques Brissot）領導的雅各賓俱樂部（Jacobin Club，或稱雅各賓黨），但在後來分成不同派別。布里索所屬的一派稱為吉倫特派（Girondins），成員大多是新起的資產階級，開會時通常坐在會場的右邊。另有一個山嶽派（The Mountain），成員大多是平民，其中包括馬拉（Jean-Paul

Marat）、丹敦（Georges Danton）及羅伯斯比爾（Maximilien Robespierre）等重要人物，開會時通常坐在會場的左邊。後世有所謂的「右派」及「左派」，便是由此而來。另有一些人坐在中間，既不左又不右，被稱為平原派（The Plain）。

由於旁聽席上坐著一群激動的市民，大聲鼓譟，國民會議受到影響，很快就宣布廢除封建制度，沒收教會的財產，取消教士及貴族的特權。國王和王后因害怕而企圖逃走，但在半路被攔截回宮，遭到軟禁。國民議會後來又通過一部新憲法，與美國一樣是三權分立，不過採行與英國一樣的君主立憲制，保留王室。國民議會接著自行解散，由新成立的「立法議會」取而代之。

法國大革命使得新政府與奧地利關係緊張，立法議會竟投票通過向奧地利宣戰。但普魯士（Prussia）立刻與奧地利聯合出兵入侵法國。立法議會宣布進入緊急情況。這時有謠言盛傳王后涉嫌洩漏機密情報給敵人。雅各賓黨的激進分子和暴民於是在一七九二年八月入宮，逮捕路易十六及王后，宣布廢黜國王。

當時普奧聯軍已經包圍了法國東北大城凡爾登（Verdun）。巴黎市民因而陷入驚惶。立法議會及巴黎公社於是號召人民加入義勇軍，獲得熱烈的響應。但立法議會害怕有人與敵軍裡應外合，下令在義勇軍開拔之前逮捕或處死有嫌疑的教士、貴族及近衛隊，又到處搜捕保王黨。巴黎所有的監獄於是塞滿了囚犯。不久後，政府指派的特別法庭法官卻與暴民一起到各個監獄中，將一千三百多名囚犯拖出來屠殺，其中有許多遭到肢解。

■ 山嶽派與吉倫特派的鬥爭

大屠殺後，義勇軍在前線擊敗普奧聯軍，將之趕出境外，暫時解除危機。法國接著進行普選，選出一個新的國民公會（National Convention），由此成立法國歷史上的第一個共和國。由於戰爭期間有部分保王黨與外國勢力勾結或叛逃，在國民公會中居主導地位的吉倫特派下令鎮壓，一經逮捕立刻送斷頭台處決。這新一輪的大屠殺的結果，竟連路易十六也在一七九三年一月以「叛國罪」被送上斷頭台。英國、西班牙、荷蘭等國因而大受刺激，也出兵加入反法同盟。吉倫特派在面臨更巨大而迫切的危機中建議成立一個「公共安全委員會」，獲得山嶽派同意。

公安委員會名義上雖在國民公會之下，實際上卻是最高的行政及司法機關，在不久後卻落入丹敦的掌控。吉倫特派在軍事、經濟及內政方面的施政也使得人民極度不滿。山嶽派於是發起政變，鼓動對吉倫特派敵意最深的大批無褲套漢（法語 sans-culotte，意指沒有裙褲，是最低階層的貧民）在五月底到六月初之間包圍國民公會，迫使其同意對吉倫特派所有重要成員發出逮捕令。這是一場由無產階級推翻資產階級統治的革命。

■羅伯斯比爾的恐怖統治及其終結

到了七月，由於馬拉遭人刺殺，丹敦又因健康問題暫時回家鄉休養，羅伯斯比爾被選入公安委員會。羅伯斯比爾幼年時家貧，又父母雙亡，由親戚扶養長大，但力爭上游，靠獎學金讀完法律，取得學位。他極為贊同孟德斯鳩和盧梭的觀念，矢志追求自由、平等，反對宗教，被許多人認為是正直而廉潔；又能言善道，在大革命期間曾發表過五百次以上的演講，極具煽動力。這時他同時掌控了國民公會及公安委員會，成為法國最有權勢的人。然而，在他前後執政的十個月中卻是法國大革命最黑暗的時期，殺人最多，史稱「恐怖統治」（Reign of Terror）。

在羅伯斯比爾操控之下，國民公會通過新法律授權公安委員會簡化逮捕嫌疑犯的流程，可以便宜行事。羅伯斯比爾於是利用革命法庭將所有反對他的人都送上斷頭台。舉凡毀謗共和國、違反道德、散布謠言、囤積居奇、投機獲利、侵占公款等，都適用死刑，並且不一定要有充分的證據，也未必能獲得允許辯護。連路易十六的王后也在十月間被送上斷頭臺，緊接著是貴族和當初在政變中被捕的二十幾名吉倫特派領導人。除了巴黎，其他各省、各城市也一樣恐怖。法國竟成為一個屠宰場。

羅伯斯比爾接著又向自己的同志開刀。他首先利用丹敦清洗山嶽派裡最激進的埃貝爾派（由 Jacques Hébert 領導），不久後又指控丹敦貪汙舞弊，將他也送上斷頭台。丹敦死前悽厲地喊叫：「在我之後就輪到你了，羅伯斯比爾！」由於羅伯斯比爾經常出言恫嚇同僚，使得國民公會的議員們心生恐懼，人人自危，最終聯合起來，於一七九四年七月發動政變。果如丹敦死前預料，羅伯斯比爾及其同黨最終也都被送上斷頭台。

圖 1.1　丹敦（左）與羅伯斯比爾（右）

法國大革命的終結及拿破崙的起落

羅伯斯比爾死後，山嶽派跟著消亡，吉倫特派復起。資產階級又重新執政，卻無法阻止政權最終落入軍人的手中。由於遭到各國圍攻，法國政府下令強制徵兵，但仍岌岌可危。正在此時，年僅二十四歲的拿破崙（Napoléon Bonaparte）卻橫空出世，於一七九三年十二月指揮法國軍隊在土倫港（Toulon）大敗保王黨和英國、西班牙的聯軍。法國軍人勢力自此抬頭。

一七九六年起，拿破崙又奉命率大軍遠征，將義大利收為附庸國，並迫使奧地利割讓比利時。拿破崙接著遠征埃及，在陸戰中大勝，卻在海戰中被英國擊潰，不得不單身逃回巴黎。不過這時法國保王黨勢力再起，各國反法同盟也再度集結，拿破崙於是在人民的支持下發動政變，廢除國民公會，成立一個由三人執政的新政府，

圖 1.2 法國大革命時的斷頭臺前

由拿破崙自己擔任第一執政。法國大革命於是終結。

拿破崙接著順利地鎮壓保王黨的叛亂，又擊退各國聯軍。但他野心勃勃，在一八〇四年經由公投獲得人民同意接受加冕，成為「法蘭西人的皇帝」。拿破崙所建立的，是一個既專制又強有力的政府，許多法國人願意為此放棄部分的自由，但也有許多人大失所望。拿破崙卻決心要進一步統一歐洲，因而在其後的十年間與歐洲各國組成的反法同盟大戰五次。在其全盛期，奧地利國王被迫放棄已有千年歷史的神聖羅馬帝國皇帝的稱號，並同意將其轄下十六個邦合組為「萊茵邦聯」，交由法國控制。法蘭西帝國實際上已經直接統治或間接控制了大部分的歐洲，普魯士也不得不與法國簽訂城下之盟。

一八一二年，拿破崙又率領六十萬大軍遠征俄羅斯，並攻占了莫斯科。然而當寒冬到來時，法軍因飢餓、寒冷及疾病而死，不計其數，只得撤退，卻遭到俄軍追擊，最後只剩六萬人生還。英、俄、普、奧趁機聯合出兵擊敗拿破崙，將他流放到地中海中的一個小島。拿破崙後來趁機逃出，東山再起，卻兵敗滑鐵盧（Waterloo），又被流放到聖海倫納島（Saint Helena），最後死於島上。

法國大革命的影響

據估計，法國大革命期間有七萬多人被以各種罪名送上斷頭臺。其他因為內戰、抵禦外敵入侵，以及拿破崙後來對外發動戰爭而死的人更多，數以百萬計。但法國大革命在歷史上之所以重要，並不在這些數字，而在於它對歐洲及整個世界後續產生的深遠影響。馬克思曾經評論英國的清教徒革命及法國大革命，說那並不只是單一國家的革命，而是歐洲範圍的革命，又說「當時資產階級的勝利意味著新社會制度的勝利，是資產階級所有制對封建所有制的勝利」。馬克思這些話，如果從拿破崙推動的種種改革，更可以看得清楚。

拿破崙在執政之後，其實已經開始進行對內的改革，其中包括保障人民的土地所有權，維護自由貿易，穩定貨幣，推廣教育，並容許宗教信仰自由。這些都是法國大革命期間人民所希望的，所以依拿破崙的說法，他並沒有改變法國大革命的初衷。拿破崙又下令編定《民法典》，或稱《拿破崙法典》，於一八〇四年頒布實施。《民法典》共有兩千多條，其中對於民事及財產所有權相關，如婚姻、親子、繼承、契約、買賣、租賃、合夥等權利，都有明確的規定。這部法典對歐洲產生關鍵的影響，不僅為法國資本主義的發展奠定基礎，也隨著拿破崙後來大軍所至而到處傳播。歐洲各國後來不得不以之為範本，也各自仿效編撰，古老的封建制度於是逐漸走入歷史。拿破崙雖然未能以武力統一歐洲，卻可說是以《拿破崙法典》統一了歐洲。

最後我還要再一次強調，法國大革命與一百多年後俄國在一九一七年發生的二月及十月革命相似之處實在太多。列寧不僅從山嶽派、吉倫特派共同推翻波旁王朝（House of Bourbon）及其後的分裂與鬥爭獲得極大的啟發，也從羅伯斯比爾的失敗學到如何在革命成功後避免重蹈其覆轍，不讓資產階級有機會復辟。讀者們如果能以本章與本書第五章相關的敘述相互對照，相信會更有所獲。

第二章

從《國富論》到《共產黨宣言》

如第一章所述，發生在荷蘭、英國、美國及法國的革命基本上已經為封建王權讓位給資產階級鋪好了一半的道路。但資本主義後來之所以能繼續在歐洲大陸發展，又遍及全世界，主要還是靠兩件事。其一，是由工業革命提供的強大引擎；其二，是由《國富論》提供的理論基礎。以下分述。

工業革命

工業革命的歷史，是一部人類在短短幾十年內快速發明許多革命性的機器的歷史。本書不擬一一列舉什麼人發明了什麼機器，而只要指出其中兩個最重要的里程碑：一七六四年哈格里夫斯（James Hargreaves）發明珍妮紡紗機，以及一七六九年瓦特（James Watt）發明改良式的蒸氣機。

紡紗機的發明大大提高了棉紡的生產效率，從原本一個人操作一台、兩台發展到八台、二十台、一百台，同時帶動後來織布機、軋棉機的發明。資本家紛紛投入資金，購買原料及機器設備，大幅增加生產，雇用大批工人。英國不產棉花，卻在一八〇一年進口了六千萬磅，在三十年裡增加了十幾倍。美國人在這時決定大量種植棉花，大量出口，到了一八六〇年，也就是南北戰爭的前夕，更是達到二十億磅，已經取代原有的亞、非殖民地供應棉花的地位。

生產棉花需要大量的人工，販賣奴隸因而也是蓬勃的國際貿易事業。美國前後約進口五十萬名黑奴（必須另加20%在半途中死去者），不過在一八〇八年決定立法禁止。事實上，葡萄牙人和西班牙人早已向非洲各地的土著酋長購買黑奴，將他們送到中、南美去種植甘蔗，生產蔗糖。美國停止進口黑奴後，中、南美洲還是繼續進口，直到一八七〇年代，估計前後三百多年間總數超過一千萬人。每一名黑奴的價格一路從數十美元漲到最後的兩千美元。販賣奴隸獲利之豐厚不亞於棉紡業，奴隸販子因而也都是大資本家。

接著說蒸氣機。瓦特發明新式蒸氣機後，工廠的動力問題獲得極大的改善。英國的史蒂文生（George Stephenson）又於一八一四年發明蒸汽火車頭，後來又建成英國第一條鐵路。資本家於是又開始追逐「鐵路熱」（Railway Mania）。輪船發明比火車早，所以也曾出現過「運河熱」（Canal Mania）。為了要製造蒸氣機、火車、鐵路、輪船，必須大量開採煤礦，煉鐵、煉鋼。為了要運輸棉花、棉布、機器設備、煤、鐵、旅客和奴隸，又必須建造更多的火車、鐵路、輪船及碼頭。英國的工業革命由此蓬勃發展，同時也迅速發展了軍事工業。一八四二年，英國對中國發動鴉片戰爭，仰仗的正是船堅砲利。

歐洲各國紛紛向英國學習，引進技術，唯恐落後。其中德國由於煤礦、鐵礦蘊藏豐富，便積極發展鋼鐵業、機器製造業，以及電器業、化工業、染料業。法國由於爆發大革命，又連年戰亂，所以比英國晚了三十幾年才急起直追。美國是後起之秀，除了農業之外也發展出船堅炮利，因而有一八五三年的黑船事件，強逼日本結束鎖國，開放貿易。

亞當．斯密的《國富論》及其後的古典經濟學理論

就在工業革命發端後不久，英國的亞當．斯密（Adam Smith）於一七七六年，也就是美國宣告獨立這一年，發表《國富論》（*The Wealth of Nations*），奠定自由經濟的理論基礎。當時英國已是世界上最富裕的國家，其他歐洲國家卻是貧窮落後。斯密分析其原因，認為主要在於分工及交易。他以一個製針的工廠為例來說明。這工廠聘了十名工人，其中第一人負責將金屬線拉長，第二人將之拉直，第三人將之切斷，第四人將之磨尖。如此分工，十人每日可製作四萬八千支針。但是如果這些步驟都由一個人來做，每人一天最多只能生產一支針。由此引伸，工業發展必須專業化，然後經由交易得到各自所需的物品。

斯密又指出，人類無論從事什麼經濟活動，基本上都只為了一個賺錢的目的。市場經濟看似混亂，卻是由一雙「看不見的手」在指引。只要是社會需要的，就有人會投入生產，但是產品一旦過剩，價格便會降低，社會將因而得益。價格如果降到無利可圖，投資自然停止，也不至於浪費。每個人的出發點雖然都是自利，卻在不知不覺中增進了人類社會的福祉。因此，斯密批評當時各國流行的重商主義（Mercantilism）對進出口貿易的管制及高關稅，認為政府若想要國家富裕，就不要干涉經濟，而應放任其自由發展。斯密另有一個重要的理論，認為國家財富的增長最後乃是決定於資本的不斷累積。

斯密出生於蘇格蘭，曾擔任大學教授，也曾到歐洲各國遊歷，並與各國的產、官、學人士交往。他在倫敦時，也曾經應前述的美國開國元勳富蘭克林之邀，為其誦讀《國富論》的初稿，並參考他和其他人的意見部分改寫。《國富論》出版後，在英國、歐洲大陸及北美洲都獲得高度讚譽。他主張的自由放任（laissez-faire）及資本累積的理論影響世界已歷兩百多年，而至今不衰。

亞當．斯密之後，歐洲又出現許多知名的政治經濟學家，其中比較重要的有法國的薩伊（Jean Baptiste

Say）和英國的李嘉圖（David Ricardo）。

薩伊曾在大貿易商任職，也曾是拿破崙政府裡的高官，卻因反對貿易限制而辭職。他在一八〇三年發表名著《政治經濟學概論》，清楚地界定財富的三個面向，即生產、分配及消費，並詳細討論。薩伊又主張，商品的價值是由勞動、資本、土地等生產要素創造的，所以工資、利息及地租分別是用於支付給勞動者、資金及土地提供者，而利潤是給負責投資及經營的企業家應有的報酬。

李嘉圖從事證券投資，不到三十歲就成為巨富。他曾發起論戰，堅決反對英國政府擬議對外國進口的穀物課徵關稅，因而聲名大噪，卻無法如願。一八一七年，他出版一本《政治經濟學及賦稅原理》，闡述自己的一些看法，其中最重要的是「比較利益」理論。簡單地說，他的意思是假使英國生產的布匹比某一國家便宜一半，而該國生產的酒比英國也便宜得多，那麼兩國之間的貿易對所有人都是有利的。總之，他主張政府不應干涉國際分工及自由貿易。

盧德運動（Luddite Movement）及其他工人運動

亞當．斯密發表《國富論》時，自認其經濟理論必能增進人類的福祉，不料資本主義後來卻造成社會上嚴重的貧富不均，資本家竟被普遍認為是為富不仁。事實上，工業革命帶來的負面衝擊在他生前就已經出現於英國。

以珍妮紡紗機的發明為例，許多原本熟練的手工業者發現，無論自己如何努力都無法與之競爭，因而不得不離家到工廠裡去當工人。但資本家為了獲利，無不盡力降低成本，因而工人只能在惡劣的環境下工作，支領微薄的工資，大多無法維持一家的溫飽，不得不將妻子和未成年的孩子也送到工廠裡當女工、童工，領一半或

圖 2.1　盧德運動

更少的薪水。有些童工甚至不滿十歲，發育不良，面黃肌瘦。工人的憤恨逐漸累積，於是開始尋找宣洩口。

一七七九年，也就是《國富論》發表後僅僅三年，英國發生一個「盧德事件」。有一位名叫盧德（Ned Ludd）的工人由於痛恨機器，竟拿起鐵鎚，將兩座紡紗機砸毀。自此以後，在英國中部諾丁漢（Nottingham）、約克（York）、藍開夏（Lancashire）等地普遍發生類似的事件。盧德分子通常在黃昏或夜晚集結，攜帶鐵鎚、棍棒襲擊工廠，毀壞機器，又威脅企業主的安全。許多民眾暗中支持盧德運動，連當時著名的詩人拜倫（Lord Byron）也在英國國會中為他們辯護。但英國國會這時是控制在資產階級的手中，因而於一八一二年通過法案，將集體破壞機器視同叛亂，派軍隊前去鎮壓。許多盧德分子被逮捕後遭到判刑坐牢，或處決，或流放到海外，主要是澳洲。盧德運動於是迅速消退。

當時也有一部分工人主張採用非暴力的抗爭方式。一七九二年，曼徹斯特首次有棉紡工人成立工會，集體向企業主要求加薪，減少工時，並改善工作環境，但也有人公然要脅企業主，最後演變成罷工暴動。英國國會卻立法宣告工會組織為非法。違法參加工會活動者一律坐牢，或送交勞動改造。英國政府為了保護工廠及企業主，在工業地帶建了一百五十幾個軍營，派軍隊坐鎮。由於勞工組織的力量始終微弱，貧富懸殊的現象遂持續擴大。歐洲各國的工業革命漸漸追上英國之後，工人生活的境地也一樣悲慘，而無力反抗。

資本主義發展到這樣的地步，被剝削的工人要如何才能脫離困境呢？歐洲漸漸有一部分有良心的知識分子起而批判，提出各種改革的主張，包括各種形式的社會主義（socialism）或共產主義（communism）。其中最早出現的，是所謂的「烏托邦社會主義」。

烏托邦社會主義

「烏托邦社會主義派」（Utopian Socialists）有三位代表性的人物，分別是英國的歐文（Robert Owen），法國的聖西門（St. Simon）和傅立葉（Charles Fourier）。他們的主張和十六世紀初摩爾的《烏托邦》理念相近。其中歐文又是推動「合作社」（cooperative shops）運動的先驅，以下就以他為例說明。

歐文從小家境貧窮，十歲就離家去做學徒，但善於自我教育，努力向上。成年後，歐文曾經多次成功地管理過幾家工廠，累積經驗，於是在岳父及朋友支持下在新拉納克（New Lanark）開設一個紡紗廠，有二千個工人，是當時英國最大的紡紗廠之一。歐文決心在自己的工廠裡進行試驗，在改善工人的健康及工作環境的同時也提高工廠管理的效率，增加工人的工資。工人的工時從十四、五小時減為十小時，後來又減到八小時。他又認為，一個人成長的環境及教育決定了他的品德及未來的成就，所以減少聘雇十歲以下童工，並為員工的小孩開辦一所托兒所和一間學校。他又在工廠裡開設合作商店，大量採購質優而便宜的食物及消費品，再以平價賣給員工，如此減輕他們經濟負擔。

歐文的改革獲得極大的成功，因而在國內外漸有名氣。許多人爭相前來參訪，其中最有名的訪客是尚未登基前的俄國沙皇尼古拉一世（Nicholas I）。在他理想中，烏托邦社群裡應該是所有的人共有財產，共同勞動，共享成果，權利平等，兒童的教育由社群共同負擔。

一八二五年，歐文遠赴重洋到美國印第安納州新和諧（New Harmony, Indiana）開始他的新實驗。美國國會也邀請他去演講。有一些人受他的影響，也開始在其他地方進行類似的實驗，但不幸都失敗了。根據一位歐文的信徒後來的回憶，失敗大致可歸納為兩個原因。一是人性，因為一般人大多好逸惡勞，不想比別人工作辛苦，卻不甘享受比別人少；二是制度，由於沒有任何人名下擁有任何東西，也就沒有人必須負什麼責任。實驗因而從頭就注定失敗。

聖西門和傅立葉兩人都親身經歷過法國大革命，有很深的感觸，認為大革命的成果後來都被資產階級據有，無產階級卻被犧牲了。他們也和歐文一樣提倡建立烏托邦社群的理想，被一部分人認為是瘋子，卻各自擁有很多信徒。

總之，在十九世紀前半葉無產階級只是處於弱勢的族群，政治、社會的脈動主要是資產階級對封建制度的革命運動以及封建勢力對革命的壓制。因而，我們又得從拿破崙戰敗後的歐洲局勢說起。

拿破崙戰敗後的歐洲局勢

歐洲各國花了二十幾年聯合圍剿法國，最後雖然獲勝，心有餘悸。拿破崙大軍所至，士兵高喊「自由、平等、博愛」的口號，又在占領的許多地方實施《民法典》，廢除原有的封建制度，沒收教會的財產，平均租稅，對歐洲人民產生極大的影響。各國人民眼見法國人民無條件地擁戴拿破崙，為紅、白、藍三色國旗奮不顧身，也開始有了「民族國家」的觀念。奧地利為此極為不安，因為原本臣屬於其下的日耳曼各邦及義大利各小國都有要求脫離的趨向。

再說當時的英國雖然已經實施君主立憲，國會卻規定要有一定數額以上的財產或繳稅金額才能有選舉權及被選舉權，所以農民、工人和平民大多沒有選舉權，小資產階級及中產階級有很多沒有被選舉權，政權實際上是被大資產階級控制。英國人民因而也一樣嚮往「自由、平等、博愛」。

拿破崙第一次戰敗後，歐洲各國在維也納召開會議，由奧地利首相梅特涅（Klemens von Metternich）擔任主席。梅特涅極力想要恢復被拿破崙破壞的舊秩序，雖然無法如願重建神聖羅馬帝國，卻與普魯士達成交換協議。奧地利同意普魯士擴增領土，普魯士同意奧地利擔任「萊茵邦聯」三十八邦的首長。梅特涅又嚴禁各邦互相結盟，以防止德意志統一。梅特涅也把義大利分拆為十幾個小王國，全部置於奧地利的控制之下，以阻止義大利統一。

至於法國，那就更簡單了，就是直接讓波旁王朝復辟。路易十六的弟弟路易十八（Louis XVIII）因而被立為國王。不過他保證宗教信仰自由，司法公正，又同意按財產及收入公平納稅，深得民心。然而貴族卻迫使他大幅提高選舉權及被選舉權者的繳稅金額門檻，使得小資產階級和一般平民無緣參與政治。

梅特涅執意要倒轉歷史，使得各國人民及志士無不仇視奧地利及其本人。

一八三〇年代歐洲的革命浪潮

一八二〇年，義大利南部有一個祕密組織燒炭黨（Carbonari）崛起，發動革命，強迫西西里國王改制為君主立憲。奧地利卻出兵鎮壓，強行恢復帝制。不過馬志尼（Giuseppe Mazzini）、加里波的（Giuseppe Garibaldi）等著名的革命志士繼起，組織「青年義大利黨」，誓言要建立一個統一的國家。奧地利派大軍進駐義大利，與各王國的保守勢力共同對付革命黨，但漸漸疲於奔命。

德意志人在拿破崙占領的時期也明顯地激發出民族意識，後來又受哲學家費希特（Johann G Fichte）發表的《告德意志國民書》影響，產生更強烈的國家主義。一部分人民對於普魯士國王威廉三世（William III）聽任奧地利宰制萊茵三十八邦極為失望，但也有人歡迎威廉三世大力改革教育及經濟。威廉三世後來接受財經專家的建議，統一國家稅制，並致力於推動「關稅同盟」，以推動自由貿易，促進工商業發展。但德意志邦聯的小邦大多有疑慮，不願加入。

在法國，路易十八於一八二四年駕崩，弟弟查理十世（Charles X）繼位，與貴族共同廢棄原先路易十八對人民的承諾。人民大譁。一八三〇年七月，查理十世又公布新法令，包括取消言論自由，恢復出版品檢查制度；修改選舉法，增設候選人資格障礙。人民至此無法忍耐，群起暴動。查理十世下令軍隊鎮壓，軍隊卻決定與人民站在一起。查理十世只得逃亡，路易－菲利普一世（Louis-Philippe I）被推選繼任為王，公布新憲法，同意恢復路易十八原先的各項承諾。資產階級因而無有不滿，工人卻大大不滿，因為他們自認在此次革命中出力最多，在革命後所得最少。當時法國大部分的工廠環境惡劣，工時過長，工資微薄，已經達到無法養家活口的地步，資產階級控制的新政府卻規定工人集會非法。罷工運動於是大起，其中以一八三一年及一八三四年兩次里昂（Leon）絲織工人武裝暴動最具規模，各有數千人與軍警戰鬥，但都被鎮壓了。一八三九年又有極左派社會主義者布朗基（Louis Auguste Blanqui）在巴黎領導五百多人革命暴動而被鎮壓。

回溯法國大革命後期，曾有一位激進分子巴貝夫（Gracchus Babeuf）主張絕對的平等主義，又認為必須建立一個有紀律的祕密組織，由少數菁英領導以進行革命。巴貝夫後來不幸也上了斷頭台，其思想卻對後世有極大的影響。布朗基也完全同意巴貝夫的主張。他對法國七月革命的結果至為失望，於是決定自行領導革命暴動，結果多次失敗，多次被捕，卻又不斷地再起。

法國七月革命也點燃其他各國的革命。其中義大利革命風起雲湧，連羅馬教皇領地都告急，但奧地利出兵將革命的火花一一撲滅。在德意志邦聯，學生、知識分子及資產階級紛紛提出立憲改革及統一德國的要求。但由於威廉三世不同意，梅特涅又對各邦嚴厲警告，改革未能達成，不過有更多城邦同意加入「關稅同盟」。這是德意志經濟的統一，無疑為將來政治的統一開了一扇門。德意志關稅同盟的概念是二十世紀五〇年代歐洲成立「經濟共同體」（European Economic Community，簡稱ＥＥＣ）的雛形。

普魯士的工業在此後更加速發展，社會上貧富不均的現象也和英國、法國一樣越趨嚴重，工人運動隨之日漸升高。一八四四年，普魯士紡織中心西里西亞（Silesia）發生一起重大事件，三千名工人群起暴動，搗毀威脅到他們的工作的新機器，是德國版的盧德運動，但也同樣被政府軍鎮壓了。

英國的憲章運動

正當歐洲大陸革命風潮大起時，英國的資產階級和工人也採取行動，對政府施壓。當時英國政府規定每一城市選出若干名下議院議員，但由於社會變遷，有部分舊城市早已荒廢，貴族卻繼續霸占其名額。反之，一些人口稠密的新興工業城市，如曼徹斯特（Manchester）、伯明罕（Birmingham），卻連一個代表也沒有。資產階級因而只有少數有參政權，揚言拒絕繳稅，國會只得同意調整，並降低選舉權及被選舉權的財富門檻。

經此改革，英國有選舉權的人數增加到六十五萬人。資產階級欣然接受，工人卻大失所望。但英國工人並不像法國工人那樣採取暴力抗爭，而是發起請願，要求修改選舉法。一八三九年，工人團體遞交一百二十五萬人簽名的《人民憲章》（*The People's Charter*），其中建議凡是年滿二十一歲的男子（不含女子）都有選舉權，同時廢除財產限制，卻被英國國會否決。一八四二年，英國工人再次請願，又失敗。一八四八年，英國工人第三次請願，號稱有五百七十萬人在請願書上簽字，但又被國會否決。英國工人群情激憤，發動數十萬人示威遊行，政府也出動軍警十幾萬人監視。不過由於雙方自制，最後以和平收場。

事實上，一八四八年是歐洲歷史上極為重要的一年，各國幾乎都發生革命，被稱為「歐洲的革命年」。在共產黨的歷史上，一八四八年更重要，因為馬克思和恩格斯在這一年發表了《共產黨宣言》。由於馬克思、恩格斯都是共產世界裡重要的人物，本書在此必須先為讀者們介紹他們的家世及早期生活。

馬克思、恩格斯的家世及其早期生活

■ 馬克思的家世及大學生活

馬克思（Karl Marx，一八一八～一八八三）出生於普魯士下萊茵省的一個古城特里爾（Trier，Lower Rhein）。他的祖父和外祖父都是地位尊崇的世襲猶太拉比（Rabbi）。猶太人原本在普魯士受到歧視，被嚴格禁止從事某些較好的職業，拿破崙卻在占領萊茵省後頒布實施《民法典》，廢除種族、宗教歧視，為猶太人敞開大門。但在拿破崙戰敗後，許多猶太人發現那道門又即將被關閉，不得不決定放棄原有的猶太姓名及信仰。馬克思的父親就是其中的一個例子，為了要維持當執業律師，他把名字從意第緒語（Yiddish）的赫歇爾（Herschel）改為德語的海因利希（Heinrich），又受洗改信路德新教，因而與父兄幾乎斷絕關係。

馬克思在中學之前大部分是受教於自己的父親。他就讀的中學校長威斯特法倫（Ludwig von Westphalen）與他的父親是好友，又同樣有支持自由主義思想的傾向，因而都受到警察監視。校內也有一部分老師因為被認定有傳播自由主義之嫌而遭到解聘。威斯特法倫對馬克思的早熟而才華橫溢深感驚訝，時常邀他一同散步，與他談論哲學和文學，又借書給他。馬克思和威斯特法倫的女兒，比他大四歲的燕妮（Jenny）也相熟，在上大學後曾寫了三本詩集給燕妮。兩人最後結婚，從此不離不棄，共同度過貧困的一生。

馬克思原本是在波昂大學就讀，卻因行為不檢，酗酒鬥毆而轉到柏林大學。柏林大學曾是唯心派哲學大師黑格爾（Georg W. F. Hegel）講學的大本營，但在黑格爾去世後學生們分裂為左、右兩派。其中左派也被稱為青年黑格爾派，激烈地批評老師的形而上學思想是為腐敗的教會護航，後來又發展到批評政治，掀起反宗教、反封建的風潮。青年黑格爾派的代表人物中有鮑威爾（Bruno Bauer），完全否認耶穌在歷史上真正存在過；也有費爾巴哈（Ludwig von Feuerbach），主張無神論，說宗教不過是人類虛構的世界，用來矇騙自己，以逃避現實。鮑威爾經常聚集一些人在一家啤酒館中聚會，馬克思也參加其中，深受影響。

馬克思的父親及岳父不幸在他上大學時先後病逝，對他而言是極大的經濟及精神打擊。不料，鮑威爾也在一八四二年因為反抗普魯士教育部及教會的權威而遭解任大學教職，同時又牽累到他。馬克思這時已經取得博士學位，原本是希望繼續學術研究工作，至此只能放棄。當時有一位信仰共產主義，主張廢除私有財產制度，名叫赫斯（Moses Hess）的猶太激進分子推薦他為一份新辦的報紙《萊茵報》寫稿。馬克思欣然接受。

■ 馬克思在科隆辦報及其思想的變化

《萊茵報》發起於科隆（Cologne），背後是一群工業家，希望透過該報表達新起的資產階級對政治改革的期盼。馬克思剛開始是應邀撰寫批判政府和時事的文章，在半年後卻接手成為主編。根據一位朋友描述，馬克思「專橫、衝動、熱情，有著無限的自信，同時又非常嚴謹而博學，是一個不知疲倦的辯論家。」他那一枝辛辣無比而似乎不計後果的筆立刻引起普魯士政府的注意，下令對《萊茵報》加強檢查。馬克思卻又寫了幾篇文章批評沙俄政府。沙皇剛好讀到這些文章，勃然大怒，要求普魯士國王關閉《萊茵報》。馬克思和幾名同事因為被驅逐出境，只得結伴一起到巴黎，計劃共同再辦一份新的報紙。

不過馬克思這時的思想又已發生變化，主要是受到費爾巴哈的影響。費爾巴哈公然指摘老師黑格爾的「唯心論」是避開現實的物質不談，只討論虛無的精神，堅決主張推動人類歷史進程的乃是物質因素，而不是精神。後來他又寫了一本《基督教的本質》（*The Essence of Christianity*），其中說宗教把人的種種特性都歸諸於神，結果就是弱化自己；神越是全知全能，人越是無知無能。馬克思的思想雖然激進，在此之前仍是一個唯心主義者，在讀了費爾巴哈的論述後卻逐漸走向唯物。費爾巴哈的思想也影響了許多同時代及後世的學者，其中包括在一八五九年出版《物種起源》的達爾文（Charles Darwin）。

■ 馬克思在巴黎時期與社會主義者的往來

馬克思到了巴黎後經常參加一個「正義者同盟」（League of the Just）的聚會。這是由許多德國流亡工人和小手工業者成立的祕密組織，曾經在一八三九年參加布朗基領導的巴黎暴動，在失敗後大多轉往倫敦，不過有一部分仍然留在巴黎。馬克思在與正義者同盟來往後思想更是日益傾向共產主義。一八四四年初，馬克思出版新刊物《德法年鑑》第一期，並發表兩篇自己寫的文章。其中一篇主要是批判宗教，說「宗教是人民的鴉片」；又說宗教不過是人對幸福的幻想，而完全顛倒了世界，所以必須拋棄。另有一篇主要是批判猶太人。他認為，猶太人不只要放棄猶太宗教，更要放棄對自私自利、經商牟利以及拜金主義的信仰。馬克思身為猶太人，卻對猶太人唯利是圖表現出極端的蔑視及痛恨。

《德法年鑑》出刊的第一期，不幸也是最後一期。由於這份刊物的作者群大多是德國人，對法國的讀者沒有吸引力。馬克思想把刊物運到德國銷售，但全部在邊境被普魯士警察沒收。更糟的是，出資與馬克思共同辦報的合夥人決定與他拆夥。但他繼續在別的刊物發表文章，主張無產階級必須發動革命以推翻現有政權。

馬克思當時也和其他社會主義者密切來往，其中包括詩人海涅（Heinrich Heine）和兩名無政府主義者，普魯東（Pierre-Joseph Proudhon）及巴枯寧（Mikhail Bakunin），時常和後二者徹夜辯論。

海涅是德國的天才詩人，在二十七歲時出版第一本詩集，一夕成名。德國著名的作曲家都曾經用海涅的詩譜寫歌曲，其中有許多成為德國民歌，流傳至今，如《羅蕾萊》（Lorelei）及《乘着歌聲的翅膀》。海涅後來卻因為寫了一篇〈西里西亞織工之歌〉表示對工人的同情，結果被迫流亡巴黎。

普魯東和巴枯寧都主張建立一個沒有政府，絕對自由的社會，反對一切權威，廢除一切財產繼承權。普魯東是法國人，曾經寫過一本《什麼是所有權？》，其中的名句是「財產就是犯罪」。巴枯寧原本是俄國的貴族子弟，學生時代思想逐漸左傾，也曾在柏林大學加入青年黑格爾學派。沙俄政府對他警告無效後，直接將他的財產沒收。巴枯寧從此成為流亡分子。

不過馬克思在巴黎遇見的所有的人裡面，最重要的是恩格斯。

■ 恩格斯的家世及其與馬克思初次相見

恩格斯（Friedrich Engels，一八二〇～一八九五）與馬克思同樣出生於萊茵省。他的父親是一個富商，在家鄉和英國曼徹斯特都有紡織工廠。恩格斯高中還沒有畢業就輟學在自家工廠裡學習經商。不過他嚮往自由、民主，也曾在柏林大學旁聽，並參與青年黑格爾學派的活動，也受到費爾巴哈的影響。

一八四二年起，恩格斯奉命到曼徹斯特自家工廠擔任經理，因而對英國工人生活的困苦情況有深入的了解。曼徹斯特是當時英國風起雲湧的憲章運動的中心，恩格斯也因此結識憲章運動的領導人哈尼（Julian Harney）。恩格斯曾經投稿到馬克思擔任主編的《萊茵報》，但沒有引起馬克思的注意。一八四四年初，恩格斯又以英國工人的生活狀況為本，寫了一篇批判資本主義的文章。馬克思收到後，將這篇文章刊登在唯一的一期《德法年鑑》上，又開始與恩格斯通信。到了八月，兩人終於在巴黎見面，從此建立起四十年不變的情誼及共同合作關係。那是什麼樣的合作關係呢？恩格斯在後來回憶說：

> 我和馬克思共同工作四十年，……絕大部分基本指導思想（特別是歷史及經濟領域），尤其是對這些

圖 2.2 馬克思（左）與恩格斯（右）

指導思想最後的明確表述，都是屬於馬克思的。我所提供的，至多除幾個專門的領域外，馬克思沒有我也能很容易地做到。至於馬克思所做到的，我卻做不到。馬克思比我們一切人都站得高些，看得遠些，觀察得多些和快些。馬克思是天才，我們至多是能手。

依上面敘述，這無疑是一種主從的關係。不過馬克思後來顯然自認在政治及經濟方面的知識不夠，決心開始研讀，主要是上一章所說的古典經濟學理論及烏托邦社會主義思想，由此逐漸形成自己的世界觀。

馬克思、恩格斯共創「歷史唯物論」

不過馬克思在巴黎停留並不長。一八四五年二月，法國政府下令驅逐革命分子。馬克思和海涅等人只得倉皇離開巴黎，轉往比利時的首都布魯塞爾。不久後，恩格斯也到了。兩人開始合作，共同完成一部著作《德意志意識形態》（*The German Ideology*），從黑格爾開始一路批判到鮑威爾及費爾巴哈。其中說費爾巴哈的唯物論只是空談，並沒有注意到現實的政治、社會及經濟層面，從而提出了自己的「歷史唯物論」（historical materialism）。依馬克思的解釋，所謂的「歷史唯物論」就是「應由經濟關係及其發展來解釋政治及歷史，而不是相反」，或是說「並非意識決定生活，而是生活決定意識」。

由於和出版商談不攏，《德意志意識形態》並沒有立即出版，而是到一九三二年才在蘇聯正式出版。雖然如此，歷史唯物論是一把利劍，將會兩人的手中揮舞，也將在後世由其他的共產黨人繼續揮舞。

馬克思在這期間也曾手寫了短短的十一條文字，後來由恩格斯發表，稱之為《關於費爾巴哈的提綱》。其中有一句「哲學家們只是用不同的方式解釋世界，而問題在於改變世界。」後來被刻在馬克思的墓碑上。

共產主義者同盟的成立

馬克思在布魯塞爾居住期間也曾到英國訪問，並經恩格斯介紹認識流亡倫敦的德國正義者同盟領導人沙佩爾（Karl Schapper）和莫爾（Joseph Moll）。沙佩爾當時正在積極為一千多名會員安排教育課程，以提升其知識及能力，獲得兩人協助指導。兩人又建議在英國、法國、比利時及德國的社會主義者之間建立聯絡管道，獲得同意，於是在一八四六年初創立了「共產主義通訊委員會」。

不過正義者同盟內部早已存在極大的分歧。其領導人魏特林（Wilhelm Weitling）急於發動革命，沙沛爾等人卻認為時機還不成熟。馬克思更加不同意，在魏特林到訪時毫不客氣地嘲諷，說如果喚醒工人參加革命而沒有一種有建設性的思想或學說，就只是空洞的宣傳，工人只會被毀滅，而不是得救。魏特林反唇相譏。馬克思大怒，拍桌而起，說：「無知從來不會使人得到教益！」拂袖而去。魏特林後來漸漸無法立足，只好移居美國。正義者同盟的總部於是從巴黎搬到倫敦。

一八四七年六月，正義者同盟在倫敦舉行第一次會員代表大會，馬克思並未參加，大會卻接受他的建議改名為「共產主義者同盟」。原本同盟的口號是「人人皆兄弟！」在新黨章裡改為「全世界無產者，聯合起來！」共產革命從此由祕密走向公開。馬克思也在布魯塞爾成立一個「德國工人協會」，對外招募會員。到了十一月底，共產主義者同盟在倫敦舉行第二次代表大會。馬克思這次參加了，並與恩格斯共同在大會中闡述了「科學共產主義」的觀點，獲得大會表決認同。大會同時委任兩人負責撰寫一份《共產黨宣言》，用以昭告世人。此一宣言於一八四八年二月初在倫敦出版，將是一份改變世界歷史的文件。

《共產黨宣言》

《共產黨宣言》（*Manifesto of the Communist Party*）是一本小冊子，約兩萬字，由馬、恩兩人共同撰寫。文章一開始說「一個幽靈，共產主義的幽靈，在歐洲遊蕩。為了對這個幽靈進行神聖的圍剿，舊歐洲的一切勢力，教皇和沙皇、梅特涅和基佐、法國的激進派和德國的員警，都聯合起來了。」全文的重點是述說無產階級如何被資產階級剝削，而共產黨人必能幫助無產階級消滅資產階級所憑仗的私有制。以下是其中的片段：

至今一切社會的歷史都是階級鬥爭的歷史。

自由民和奴隸、貴族和平民、領主和農奴、行會師傅和幫工，一句話，壓迫者和被壓迫者，始終處於相互對立的地位，……。從封建社會的滅亡中產生出來的現代資產階級社會並沒有消滅階級對立。它只是用新的階級、新的壓迫條件、新的鬥爭形式代替了舊的。整個社會日益分化為兩大敵對的陣營，分裂為兩大互相直接對立的階級：資產階級和無產階級……。

資產階級，由於開拓了世界市場，使一切國家的生產和消費都成為世界性的了。……這種專制制度越是公開地把營利宣布為自己的最終目的，它就越是可鄙、可恨和可惡。……在當前同資產階級對立的一切階級中，只有無產階級是真正革命的階級。無產者必須摧毀至今保護和保障私有財產的一切。……共產黨人強調和堅持整個無產階級共同的不分民族的利益……。

共產黨人可以把自己的理論概括為一句話：消滅私有制。……工人沒有祖國。……人對人的剝削一消滅，民族對民族的剝削就會隨之消滅。

《共產黨宣言》也批判當時歐洲流行的其他社會主義，包括各種所謂的「反動的」「保守的」及「空想的」社會主義。又說，共產黨將依各國的國情彈性地採取不同的革命作法。例如，在法國要與社會黨聯合起來反對資產階級，在德國要聯合資產階級去反對專制君主制，在波蘭要支持革命民主派發動民族解放及土地革命。但共產黨最終只有一個目的，就是要「用暴力推翻全部現存的社會制度」。

一八四八年的歐洲革命

《共產黨宣言》付印後，歐洲竟突然發生一連串的武裝革命，幾乎沒有一個國家倖免。這些當然不是《共產黨宣言》引發的，而是自從上次一八三〇年革命之後，各國人民蓄積已久不滿的總爆發。

一八四八年一月，義大利西西里革命黨首先起義，逼迫國王恢復憲法。不久後，米蘭、那不勒斯等十幾個城市也爆發革命。馬志尼、加里波的號召黨人起義。薩丁尼亞國王阿爾伯特（Carlo Alberto）直接向奧地利宣戰。義大利革命的消息傳到法國，立刻引發大暴動。市民群集於廣場，高唱馬賽曲，要求罷黜保守而貪腐的首相基佐（François Guizot）。不久後，國王菲利普一世也被迫逃亡到國外。國會中的保守黨和社會黨聯合組織臨時政府，廢除王室，成立制憲會議，法國進入「第二共和」時期。

緊接著奧地利首都維也納在三月爆發示威大遊行，群眾高喊：「自由、憲法！」「打倒梅特涅！」的口號。

七十五歲高齡的梅特涅被迫下台，逃到英國去，國王也不得不暫時撤離首都。奧地利王國統治下的匈牙利、波希米亞（Bohemia，即是捷克）也爆發革命，要求獨立。

同樣在三月，普魯士的首都柏林在也爆發革命。國王威廉四世（William IV）下令軍隊鎮壓，與市民、工人及學生激戰，竟無法抵擋。同時，德意志各邦也爆發革命，推翻封建政權，建立各自的新政府。各邦並共同發起召開「法蘭克福國民議會」，共有八百名代表，目的是討論共同的命運。

至於英國，前面已經提到，憲章派發起第三波請願運動，但未成功。

當歐洲各國紛紛發生革命時，馬克思居住的比利時也發生暴動。比利時政府心驚膽顫，立刻下令驅逐境內的問題人物。馬克思被列在名單裡的第一個，被通知在二十四小時內離境。不過法國剛成立的臨時政府中的社會黨代表正好對馬克思發出邀請函，其中說：「自由的法蘭西對您，以及那些為這個神聖事業，為所有兄弟般的事業奮鬥的人們敞開了大門。」馬克思於是欣然前往巴黎。在他到達之前，德國工人團體已經成立一個有數百人的軍團，每天在廣場上進行操練，等待機會回德國參加革命。但馬克思並不贊同，公開指稱那是不必要的冒險，而應等待更好的時機。至於法國，他預言：「不久後，巴黎就會爆發無產階級和資產階級的公開鬥爭。革命的歐洲的勝利或失敗都將取決於這場鬥爭。」

到了三月，梅特涅逃亡的消息傳來，巴黎的德意志軍團決定立即回國響應革命，但不幸如馬克思預料一般，在跨過邊界後就被政府軍殲滅。馬克思只得回到德國，決定在舊地科隆重新報一份報紙，命名為《新萊茵報》，繼續鼓吹無產階級革命。馬克思辦報的錢是他的母親匯來的，說是預付給他繼承的遺產。這是馬克思一生中收到的最大一筆錢，除了用來辦報，也用來濟助朋友們，包括恩格斯在內。恩格斯的父親已經和他斷絕關係。不過馬克思與燕妮對金錢都沒有概念，出手大方，在外募款又不順利，手頭漸緊，《新萊茵報》即將破產。

歐洲各國革命的結局

法國二月革命後，社會黨領袖路易．布朗（Louis Branc）也加入臨時政府內閣。布朗也是一位知名的烏托邦社會主義者，主張人人都應當有工作，並認為工人有能力自行管理工廠。臨時政府於是循其要求設立一個國民工廠制度，用以收容失業工人，結果登記者達到數萬人。不過有許多人每日領錢卻無事可做，有事做的人領的錢也不比沒事做的人領的錢多多少，因而也失去工作的熱誠。到了六月，臨時政府聲稱無法繼續填補此一錢坑，決定關閉國民工廠，巴黎於是發生大暴動。國民軍奉命鎮壓。經過六天巷戰，有一千多名國民軍及數千工人死亡，上萬人被捕。馬克思預料巴黎將爆發無產階級與資產階級的鬥爭，果然成真，而又以無產階級慘敗收場。當年年底，法國舉行普選，拿破崙的姪兒路易（Louis-Napoléon Bonaparte）被選為總統。

在奧地利，軍隊奉命勤王，擊破各地的革命勢力，在十月底奪回維也納，又鎮壓了捷克人的叛亂。匈牙利革命軍來勢洶洶，一路攻進奧地利國境，俄國沙皇卻突然出兵幫助奧地利，徹底鎮壓匈牙利革命軍。

在法蘭克福，當國民議會討論「德意志邦聯」究竟何去何從時，北部各邦提出一個「小德意志」的方案，建請威廉四世當皇帝，同時把奧地利排除在外。南部巴伐利亞各邦同意排除奧地利，卻拒不接受威廉四世。不料威廉四世一向高傲，又相信「君權神授」，竟說不願接受「從溝渠裡撿起來的皇冠」。奧地利也公然恫嚇。建立德意志帝國的提議最後胎死腹中。

歐洲各國的革命除了義大利之外，至此全部失敗。馬克思又因堅持革命不應冒不必要的危險，引起激進的德國工人組織不滿，與其劃清界線。普魯士當局同時下令將他驅逐出境。馬克思只得又轉往巴黎，但在到達後，得知義大利的革命也失敗了。

奧地利在義大利的駐軍原本被調回國內勤王，在徹底鎮壓革命後又立刻回到義大利。一八四九年三月，以薩丁尼亞為首的義大利各邦革命軍四萬人在諾瓦拉（Novara）與奧軍七萬人決戰，結果大敗。薩丁尼亞國王自認愧對國人，宣布退位。他的兒子伊曼紐二世（Vittorio Emanuele II）繼位，與奧地利議和，但寧願割地賠款也不肯廢掉經過議會通過的憲法。奧地利不得已同意。伊曼紐二世從此成為義大利人民寄託未來國家統一的對象。在羅馬，原本馬志尼和加里波的已經擊敗教廷，建立了一個制憲的羅馬共和國，不料法國總統路易拿破崙竟派兵攻陷羅馬，恢復教廷的統治地位。

歐洲大陸的資產階級革命至此完全失敗，沒有人知道何時才能再起，遑論無產階級革命。馬克思也無法繼續留在巴黎。他唯一能去的地方，只有倫敦。

第三章
馬克思與歐洲各國的社會主義工人運動

馬克思於一八四九年八月乘船到達倫敦。燕妮在一個月後也從巴黎帶著三個小孩到倫敦與他會合，同時肚子裡還懷了一個小孩，即將生產。他們或許沒有想到，此後他們將在倫敦度過三十幾年貧窮、病痛、不幸和困頓的餘生。不過歐洲各國的社會主義工人運動在此期間都將蓬勃發展，並為日後建立社會主義政黨奠定基礎。事實上，這些社會主義工人運動的理論基礎大多與馬克思有關，如果不是直接的，至少也是間接的。

馬克思在倫敦

馬克思在離開巴黎時早已花光身上所有的錢，還欠了許多債。如果不是燕妮賣掉結婚時帶來的銀器，以及她的母親資助，一家人還不知道怎樣能到達倫敦。由於馬克思只靠不定期為報紙雜誌寫稿，收入微少而不固定，被房東催討租金或召來警察把他的一家人趕出去乃是常有的事。因而，他們屢次搬家，越搬房子越小。燕妮時常生病，在倫敦又生了三個小孩。在總共六個小孩中，有兩個不幸夭折，另有一個男孩在八歲時也病死；所以只有三個女孩長大成人。

馬克思雖然遠在英國，又窮困不堪，普魯士政府還是不放心，派密探日夜監視他。其中一個密探寫的報告如下：「馬克思居住的是最差條件的地方，也是倫敦物價最低的區域之一。他租了一間有兩個房間的屋子，……。房間裡沒有一個乾淨耐用的家具，所有的東西都是破破爛爛的，上面布滿半英吋的塵土。……。客房的中間是一張鋪著油布的舊式大桌子，上面堆著手稿、書和報紙，還有孩子們的玩具、抹布、茶杯、小刀、墨水瓶、玻璃杯、陶土製的菸斗……。總之，一切都是亂七八糟的。」另一個密探描述馬克思本人如下：「在個人生活上，他極度沒有條理，憤世嫉俗，是一個糟糕的家庭主人，過著一種真正的吉普賽人的生活。他極少清洗、修飾、換衣服，經常醉酒。」

有一群人從科隆、巴黎跟著馬克思流亡到倫敦，即是所謂的「馬克思幫」，也都和他一樣窮困。在此情形下，恩格斯只得低頭和父親和解，重新在曼徹斯特的紡織廠任職。通常他只留一小部分收入給自己，其餘大部分拿來接濟馬克思和這些難友們。先前恩格斯必須靠馬克思接濟，這時剛好相反，如果沒有恩格斯接濟，馬克思全家就不知要如何過活了。馬克思出門在外時，自然也都是由恩格斯支付花費。恩格斯付出如此之多，但從兩人留存至今的信看來，卻從來沒有抱怨過。

馬克思雖然窮困，並沒有影響他的工作。他和沙沛爾等人定期舉行會議，同時積極在歐洲大陸重新設立據點。馬克思又親自對德國工人上課、演講，灌輸工人們無產階級革命的思想。他的態度嚴謹，與在家中忍受破爛髒亂完全不可同日而語。日後德國社會民主黨的創始人之一李卜克內西（Wilhelm Liebknecht）便是在此時與馬克思相識，從此成為他的忠實信徒。

關於無產階級革命，馬克思曾經提出一個「不斷革命論」，主張「要不斷地進行革命，直到把一切大大小小的有產階級的統治都消滅掉，直到無產階級奪得國家政權，直到無產階級的聯合不只在一個國家內，並且在世界上所有國家內占統治地位，……，直到那些有決定意義的生產力集中到無產階級的手裡的時候為止。」共產革命也不是一次到位，而是分階段進行，在初期或許支持資產階級的革命，但要保持自己的獨立性，適度保存實力，不做不必要的冒險。

然而如前所述，共產主義者同盟裡有很多激進派並不同意這樣的看法，早已為此發生過爭執，因而內部這時分裂為馬克思派及反馬克思派。經過激烈的鬥爭，馬克思與恩格斯不幸被迫從一八五〇年九月起停止參加活動。馬克思既失望，又有時間，便經常到藏書豐富的大英博物館圖書室去讀書，查資料。

一八五一年五月，德國發生一件「科隆共產黨人案」。警方在拘捕一名共產主義者同盟成員後，決定擴大偵辦，最後竟迫使該組織解散。馬克思更加失望，更有時間，就決定以大英博物館圖書室作為他的研究室。他每日廢寢忘食地研究，範圍包括經濟、歷史、哲學、政治制度、農業、人口、貨幣等等。由於英國是歐洲最早發展資本主義及議會政治的國家，又有齊全的相關統計資料，正可以提供他以「科學的」方法建立一套堅實的理論體系，即是《資本論》，為共產世界的未來作準備。恩格斯對此至為期盼，不斷地催促他早日完成巨著。然而，由於馬克思與燕妮長期貧病，《資本論》的寫作一拖再拖，拖到一八六七年才出版。

《資本論》

《資本論》一共有三卷，一八六七年出版的只是第一卷，也是馬克思生前出版的唯一的一卷，內容講述資本的生產過程。馬克思死後，恩格斯才根據馬克思的手稿整理，於一八八五年及一八九四年分別出版第二卷及第三卷，分別探討資本的流通及分配過程。另有一位德國社會民主黨的成員考茨基（Karl Johann Kautsky）根據馬克思的手稿編輯而成《剩餘價值理論》，遲至一九〇五年才出版，被稱為《資本論》的第四卷。

《資本論》其實只是馬克思主義體系中的一部分。馬克思主義是以唯物論為中心，表述其世界觀、價值觀和人生觀。將其理論用於辯證，就是「唯物辯證法」。將之應用在歷史、社會方面，就是「唯物史觀」。

馬克思申論，各種社會經濟結構都包含兩個部分，其一是「生產力」（即是經濟技術）；其二是「生產關係」（即是經濟制度）。生產力與生產關係將遵循「正反合」的辯證法則，不斷地由矛盾到統一。當新的技術發展出來後，舊有的經濟制度與之產生矛盾，最終只能隨著改變，發展出新的經濟結構。更進一步說，人類的經濟生活結構是整個社會生活結構的基礎。前者是下層的建築物，變動在先，是主動的；後者是上層的建築物，變動在後，是被動的。

所謂的「剩餘價值」（surplus value），就是一般人所稱的利潤（profit）。古典經濟學家說生產有三要素：勞動、土地及資本。資本家為了創造商品價值而出資開工廠，支付工資給工人，支付地租給地主，又支付原料及其他成本、費用後，剩下來的就是利潤，一般認為應歸於資本家。但馬克思認為，勞動者的貢獻不應僅僅是所謂的「勞動價值」。工業革命之前，許多手工業者在生產商品後，原本都是自己拿去賣，利潤歸自己。工業革命後，工人卻只能領工資，與產品分離，所以不能分享利潤，結果「剩餘價值」就被資本家全部據為己有。換句話說，剩餘價值中有一部分，是超出資本家應得的，工人有權分享其中的一部分，甚至拿走全部。

引伸而論，當資本家擴大再生產時，其資金來源大多來自上一次生產所得的剩餘價值，也就是將剩餘價值資本化。資本家不斷地擴大再生產，資本累積就越多，這對勞動者更加不公，以致於沒有翻身的一天。沒有生命的資本由此奴役著人類，使得人們彼此疏離，人與周遭的世界也疏離。

《資本論》的理論深奧，連列寧都說沒有幾個人真正讀懂，但從發表時起到今天不斷地引起各方批評。本書無法在此一一引述這些批評，還請讀者們諒解，不過必須說明一事。馬克思自稱其理論是「科學」的，有部分學者卻不同意。例如，本書自序中提到的卡爾．波柏主張，所有的科學假設、理論或定律，都必須具有「可證偽性」，也就是說要有可能提供反證。但馬克思的理論就像宗教一樣，無法提供反證，不能說是科學的。

另有一位俄裔的英國政治思想史家以賽亞．伯林（Isaiah Berlin），以出版一本傑出的馬克思傳記而聞名於世。伯林在後來卻經常直接批評馬克思。例如，他寫了一篇〈歷史必然性〉（收入在其另一本名著《自由四論》中），其中說自然科學從一開始就被不少愚人及騙子盜用，但科學方法不可能在其合適的領域之外被使用而不產生完全的荒謬，歷史論述與自然科學卻是明顯不同的領域。

義大利統一的道路

《資本論》在後世的共產世界裡無疑是一本聖經，其影響巨大無比，但其實在馬克思埋首寫作時及出版後都很少有人注意。歐洲人當時注目的是義大利及德國各邦正在為國家統一而努力。以下為讀者們分別敘述。

薩丁尼亞國王伊曼紐二世自從被迫與奧國簽訂前述的城下之盟後，每日痛恨切齒，因而在第二年就起用能臣加富爾（Camillo Benso Conte di Cavour），迅速地發展農業、工業。加富爾又效法普魯士的作法，與義大利各邦簽訂關稅同盟，目的是在政治尚未統一前先建立經濟統一。加富爾升任為首相後，開始整軍經武，又極力拉攏法國的路易拿破崙。路易拿破崙後來經由公投被推舉為皇帝，自稱拿破崙三世。一八五三年，克里米亞戰爭（Crimean War）爆發。俄國以保護東正教徒為名，出兵到鄂圖曼土耳其境內。義大利的機會來了。

俄、土之間其實在過去三百年來已經發生無數次的戰爭，其中有八次堪稱大戰，其結果是鄂圖曼土耳其越來越弱，俄國越來越強。這次是第九次「俄土大戰」。俄國挑起戰爭的目的是要搶占直接通往黑海及地中海的海港。英、法兩國不願見此，對俄宣戰以支持土耳其。兩邊陣營各自出兵七、八十萬人。薩丁尼亞也不想看見北方有一超級強國靠得太近，因而派出精銳部隊參戰。俄國遭到四國圍攻，又被普魯士、奧地利暗中抵制，大敗，只得同意撤出克里米亞。

薩丁尼亞在戰後雖然沒有獲得任何實質利益，卻與英、法兩國進一步交好，又鞏固其在義大利各邦中的領導地位。加富爾更與拿破崙三世簽訂密約，協議將來共同對付奧地利。一八五九年，薩丁尼亞與奧地利再度兵戎相見，拿破崙三世親率大軍助陣，大破奧軍。義大利南、北各地義勇軍紛紛起事，推翻效忠於奧地利的各小國國王，奉薩丁尼亞為主，伊曼紐二世於是在一八六一年三月改國名為義大利王國。拿破崙三世後來雖然因為國內天主教徒的反對而撤軍，義大利統一的版圖已經只缺威尼斯和教皇領地兩塊。

德國統一的道路

一八六一年對普魯士而言也是一個關鍵年。威廉一世在這一年繼其兄威廉四世為王，其思想卻完全不同，一心要統一德意志。他聘請軍事家毛奇（Helmuth von Moltke）主持軍務，又聘俾斯麥（Otto von Bismarck）為首相。俾斯麥性格強悍而固執，在大學時代曾經與人決鬥，達二十幾次，後來歷任駐俄及駐英大使。他在國會發表就職演講時說：「重大的問題不是演說和多數派決議所能解決的……，而是要用鐵和血！」鐵就是武器，血就是戰爭。「鐵血宰相」在其後十年間對外發動三次大戰：普丹戰爭、普奧戰爭及普法戰爭。

魯魯士與丹麥的戰爭是為了爭奪兩國交界的兩個省。十幾年前普魯士曾因英、俄兩國干涉而對丹麥退讓。俾斯麥上台後卻趁丹麥國王去世時出兵，並邀奧地利助陣。丹麥只得割讓兩省。普、奧後來卻因為談不攏如何分享戰果而發生衝突，在一八六六年演變成戰爭。由於俾斯麥早已和義大利簽訂密約，所以義大利也對奧地利宣戰。戰爭因而很快就以奧國戰敗求和收場。奧地利在戰敗後為了要緩和匈牙利的不滿，同意共同成立「奧匈帝國」，匈牙利與奧地利的關係從臣屬改為對等。

德意志邦聯北部各小邦在普奧戰爭時紛紛出兵支持普軍，在戰後也都同意併入普魯士。南部巴伐利亞、巴登各邦在戰爭時卻是站在奧地利一方，在戰後也由於有法國撐腰而拒絕被併入，只同意加入關稅同盟。另一方面，義大利依照與俾斯麥的協議而得到威尼斯，只有教皇領地因為法國不同意而仍然維持獨立。法國因而成為普、義兩國各自認為是神聖的統一目標的共同障礙，將來不免又要引起大戰。

奧哲爾領導英國工人運動

前述的幾次戰爭基本上無產階級參與不多，因為當時無產階級的力量還很弱。不過由於歐洲各國工業持續發展，工人的數目迅速增加，到六〇年代初已有二千萬人，工人運動又開始蓬勃發展。但各國的方向極為分歧。事實上，這也反映了各國政治及社會思想的巨大差異。以下先從英國說起。

英國在五〇年代已有機械工人、木工、礦工、印刷工、棉紡工人等各自組織工會，並以罷工為手段爭取改善工作條件。其中最具代表性的是一八五九年的倫敦建築工人罷工案，爭取到每日工作不超過九小時。第二年，又有倫敦工人聯合會（London Trade Council）成立，並選舉一位鞋匠奧哲爾（George Odger）為領導人。

奧哲爾出身礦工家庭，家境貧寒，十歲就被迫當童工，完全靠自我學習，以及在全國四處遊走增廣見識。他的成長過程和三十幾年前的歐文相似，都是不公不義的資本主義社會下的受害者。正因如此，奧哲爾喜好打抱不平，超乎尋常的熱心。美國南北戰爭爆發時，英國中、上層社會的輿論幾乎一面倒向美國南方政府，有人甚至倡議派兵協助南方推翻北方政府。奧哲爾卻領導工聯堅定地支持林肯解放黑奴。不過當時英國也有一位思想家約翰・彌爾（John Stuart Mill，或稱小彌爾）對英國一般輿論的偏狹表示不能理解，呼籲大眾支持美國正在發生的正義事業。最後英國的輿論終於轉向。小彌爾後來說，英國的輿論使得許多美國人產生仇英的情緒，若不是工人階級和少數知識分子挺身而出，大不列顛在美國人眼中將是永遠可憎的對象。

拉薩爾創立「全德意志工人聯合會」

其次說到德國，其重點在拉薩爾（Ferdinand Lassalle，一八二五～一八六四）。拉薩爾和馬克思的家世及生平十分相似，同是猶太裔的德國人，出身富裕家庭，曾在柏林大學就讀，而醉心於黑格爾哲學，也曾流亡巴黎，又參加了共產主義者同盟。拉薩爾自稱以馬克思的理論為師，對他敬畏有加。兩人經常書信往返，並曾互訪，但關係並不親密。馬克思發現拉薩爾並不是真正的共產主義者，而是提倡國家社會主義。拉薩爾後來獲准回到柏林，並於一八六三年五月創立一個「全德意志工人聯合會」（General German Workers' Association），其宗旨是要以和平、合法的手段推動普選制度，主張所有成年男子，不論出身高低及財富多寡，都一樣有參加普選的權利。

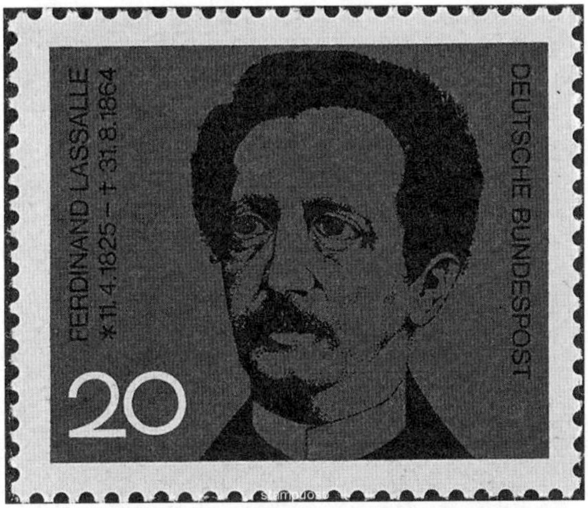

圖 3.1　德國發行的拉薩爾逝世一百週年紀念郵票

拉薩爾曾經寫一封信給恩格斯，其中說：「我從來不曾看見有什麼東西比立憲主義更荒謬、腐敗，更不可行；我的結論是沒有比君主制度更具有未來性，更加有利，不過前提是它必須下定決心轉變為社會主義的君主制。若能如此，我願為其馬前卒。」

拉薩爾的主張引起俾斯麥高度注意，親自寫信邀他祕密會面，不止一次。俾斯麥當時正千方百計想要統一德國，認為拉薩爾能幫助他達到目的。有人認為，拉薩爾創立工人聯合會可能是獲得俾斯麥默許。但拉薩爾不幸在三十九歲早死。在他死前，全德意志工人聯合會（或稱「拉薩爾派」）已有了四千多人。馬克思的忠實信徒李卜克內西回到德國後也曾加入此一協會，但後來因思想分歧而帶領一批人離去，其中包括倍倍爾。

倍倍爾（August Bebel）出身貧寒，以木工為業，卻是天生的領袖。他自知沒有受過良好的教育，因而以博學多聞的李卜克內西為師。兩人遂於一八六九年共同在艾森納赫（Eisenach）創立「德意志社會民主工黨」（Social Democratic Worker's Party，或稱為「艾森納赫派」），並決定加入第一國際（First International）。第一國際是世界上第一個國際性的工人組織，正式名稱是「國際工人協會」（The International Workingmen's Association），其成立與一八六三年波蘭爆發的革命有關。

「第一國際」及其與波蘭、愛爾蘭革命運動的關係

波蘭的近代史，是一頁坎坷的歷史。讀者只要翻開地圖，就可看見波蘭北濱波羅的海，西、南、東分別與普魯士、奧地利、俄國三個強國為鄰。其戰略地位十分重要，本身卻是相對弱小，因而難免引起覬覦。波蘭縱使和其鄰近的立陶宛共同組織聯合王國，也是無濟於事。一七七二～一七九五年間，普魯士、奧地利、俄國聯手三次瓜分波蘭立陶宛王國，之後波蘭就亡國了。在一八三〇年及一八四八年歐洲兩次革命浪潮中，波蘭愛國志士趁機發動革命，但都失敗。

一八六一年一月，沙皇亞歷山大二世（Alexander II）下令廢止農奴制。當時歐洲其他國家大多早已廢止農奴制，俄國是農奴人數最多的國家，不得不也同意解放農奴，但仍保留在其統治下的波蘭地區的農奴制。波蘭因而又爆發革命，由農民、工人和知識分子組成的「紅黨」與貴族和資產階級組成的「白黨」攜手對抗殖民政府。俄國出動大軍鎮壓，波蘭起義軍不敵，只能改採游擊戰。

波蘭革命引起全歐洲各國工人團體同情，紛紛集會討論。英國工聯領袖奧哲爾在倫敦發起群眾大會，聲援

波蘭，法國工人派代表參加。會後雙方同意共同籌備國際性的無產階級組織。一八六四年九月，英、法、德、義等國的工人代表共兩千人在倫敦聖馬丁大會堂（St. Martin's Hall）召開大會。會中決議成立一個國際工人協會，即是「第一國際」，選奧哲爾為主席。馬克思和恩格斯也受邀參加，並受命草擬組織章程。馬克思又被選入中央委員會，兼任德國通訊書記。

第一國際成立後開始支援各國各行業工人組織的罷工運動，以共同對抗財雄勢大的資本家。由於初期有一部分成功的案例，申請加入的工人組織越來越多。根據《泰晤士報》的估計，到一八六九年其會員已有五十萬人。馬克思和恩格斯逐漸獲得第一國際部分的領導權。不過由於馬克思尖刻地批評馬志尼，使得義大利工人無不憤怒。馬克思又明顯地拒斥蒲魯東和巴枯寧，認為他們主張的無政府主義對共產革命大業有害。

除了波蘭之外，第一國際也關注愛爾蘭。回溯當初清教徒革命後，克倫威爾強行把愛爾蘭併入英國，愛爾蘭人民從此陷入痛苦的深淵中。許多信仰天主教的農民被迫把土地轉給新教徒，而淪為農奴。此後約兩百年中，發生二十幾次飢荒。一八四五年起，因馬鈴薯病害而導致前所未有的大飢荒，使得人民大量死亡，或逃往美國，人口竟從八百萬降到五百萬。英國政府卻冷漠以待，坐視飢荒蔓延。愛爾蘭人忍無可忍，祕密成立一個「芬尼運動」（The Fenian Movement）的組織，企圖採取暴力手段以達到追求獨立，脫離英國統治的目的。英國政府派軍警大肆鎮壓，緝捕嫌疑分子。

英國這時實施《穀物法案》已有三十年。那正是當年李嘉圖極力反對的法案，不但徵收極高的進口稅，又限制穀物進口的數量，目的只是為了保護地主階級的利益。國會至此不得不廢除此一法案，但芬尼運動仍是熾烈。一八六七年十月，有三名芬尼黨人於被捕後在曼徹斯特被當眾絞死，愛爾蘭民情激憤，稱之為「曼徹斯特三聖徒」。馬克思也帶了小女兒參加在倫敦舉行的抗議遊行。

普法戰爭及巴黎公社事件

回過頭來再敘述普奧戰爭之後的歐洲局勢。俾斯麥既以法國為心目中第一大敵，便等待機會要與法國一戰，因而有普法戰爭。但在普法戰爭後，又有巴黎公社事件爆發。必須指出，普法戰爭固然是歐洲歷史上的一件大事，但從共產世界的角度看，巴黎公社事件更是意義重大。本書因而必須在此詳細說明其前因及後果。

■ 普法戰爭的起因

俾斯麥等待對付法國的機會在一八六八年出現。當時西班牙人在推翻不得民心的女王伊莎貝拉二世（Isabella II，屬於波旁王朝），又討論繼位人選之後，向普魯士表示希望迎接霍亨索倫家族（Hohenzollerns）的李奧波親王（Leopold）為國王。然而，由於西班牙王位一向都是由奧地利的哈布斯堡（Habsburg）家族，或法國的波旁王朝家族的成員擔任，普王威廉一世不敢接受，命令李奧波婉拒。西班牙卻又堅請，俾斯麥也主張接受，威廉一世就同意了。不料由於法國人民群情激憤，威廉一世又請李奧波之父代表發文婉辭。

這件事至此原本已經告一段落，不料法國還不放心，竟派特使到普魯士求見國王，要求他以書面承諾不贊成李奧波接任西班牙王位。威廉一世不悅，但送一個電報給俾斯麥，說明情況，請他決定是否交媒體發表。俾斯麥當時正和毛奇等將領一起吃晚飯，收到電報後隨手刪改，然後送交媒體。根據毛奇後來的說法，威廉一世的電報原稿語氣溫和，卻被俾斯麥改得有些火藥味。第二天，德國人讀了報紙都認為法國對普王無禮；法國國會議員讀了報紙後，卻大多認為法國遭到侮辱，暴跳如雷，不久後就決議向普魯士宣戰。普法戰爭於是爆發。

■ 法軍戰敗被俘，布朗基與政府共組國民自衛軍保衛巴黎

俾斯麥蓄意挑起戰爭，等的就是這一刻，立即請威廉一世御駕親征，下令動員八十萬人進軍。這時德意志南部各邦也決定參戰。九月初，兩軍會戰於色當（Sedan），毛奇率普軍大敗法軍，俘虜十萬人，連拿破崙三世本人和法軍統帥麥克馬洪（Patrice de MacMahon）也被俘。巴黎市民大驚，決定成立「國民議會」，恢復共和體制，選出一位老政治家梯也爾（Adolphe Thiers）為「國防政府」執政。這時著名的極左派社會主義者布朗基也回到巴黎，呼籲國人起而保衛國家，又協助政府招募工人和平民，成立一支三十萬人的國民自衛軍，最終守住了被圍困的巴黎。次年初，兩國達成停戰協定，法國同意賠償五十億法郎，並忍痛割讓亞爾薩斯（Alsace）和洛林（Loraine）兩省。

德意志南部各邦這時終於同意尊奉威廉一世為王，威廉一世於是在巴黎西郊的凡爾賽宮內宣告成立德意志帝國，同時舉行就任皇帝大典。德國就此完成統一，並一躍而為歐陸第一強國。然而法國受此大辱，與德國之間的仇恨已無法化解，因而埋下日後第一次世界大戰的遠因。

普法戰爭也影響了義大利。戰爭開始後，法國將在羅馬的駐軍撤回，義大利王國於是下令進軍羅馬，將這最後一塊土地收進版圖之中。

■圍城中的詭異氛圍

巴黎被德軍包圍時，有一事十分詭異。當時保守派不但控制國民議會，又占據政府所有要職。相對地，國民自衛軍的指揮權卻大部分落在布朗基派的激進社會黨員手中。布朗基在過去四十年中無時無刻不想以暴力手段推翻政府，曾多次入獄又出獄。梯也爾和保守派對此心知肚明，卻不得不將槍械、大砲交給國民自衛軍，但在暗中戒備提防。另一方面，布朗基派也不敢忘記一八四八年法國資產階級政府在國民工廠工人「六月起義」事件後屠殺數千名工人的往事。馬克思在普法戰爭開始後曾經兩次以國際工人協會的名義發表文章，提出警

圖 3.2　布朗基

告，指出法國工人階級正處於極大的困境，因為既不能在大敵當前時推翻政府，又要小心避免受政府的欺騙。但他也提不出什麼具體的辦法。

巴黎圍城的後期，氣氛更加緊張。梯也爾與俾斯麥談和，社會黨人卻說謀和即是賣國，堅決主張對普魯士繼續作戰。但國會最後仍通過和議。不僅如此，國會議員也有人提議政府在簽定和議後停發國民自衛軍每日的薪餉。士兵們既驚且怒，逐漸失控。布朗基於是發出一份《有關武裝起義的指示》的文件，詳述如何發動革命，如何在巴黎進行巷戰，如何建立無產階級專政。但老謀深算的梯也爾先下手為強，趁布朗基不備時，將他逮捕囚禁，接著下令強制收繳國民自衛軍手中的武器和大砲。

■ 巴黎公社事件——內戰及大屠殺

政府在收繳槍砲時遭到強烈的抵抗，內戰立刻爆發。這時政府軍大部分還在德軍的俘虜營中，所以梯也爾所屬的軍力單薄，根本無法與國民自衛軍對敵，只得逃離巴黎，把政府遷到凡爾賽宮。巴黎市民舉行投票，如一七八九年大革命時一樣成立公社，又選舉缺席的布朗基為議會主席，並與梯也爾談判釋放布朗基的條件。梯也爾表面上假裝與巴黎方面談判，實際上早已決定無論如何都不肯釋放布朗基。巴黎公社缺了布朗基自然決策遲緩，但仍逐日發布新法令，進行社會改革，例如接管私營企業，給予婦女參政權，撫卹傷亡將士的遺族等等。公社又仿效當年法國大革命成立公安委員會，將原政府官員、資產階級以及一部分市民逮捕入獄或處死，並沒收其財產。

德國宣稱在法國內戰中保持中立，卻在暗中應梯也爾所請，迅速釋放法國戰俘。麥克馬宏立刻率領十萬政府軍攻打巴黎，情勢於是大逆轉。政府軍攻破巴黎，進城後大肆屠殺，為期一週。據估計約有三萬人死亡。巴黎城內許多建築物毀於砲火，部分自衛軍及其妻女在臨死前又四處縱火焚燒，到最後只有少數古蹟，例如巴黎聖母院，幸而被搶救下來。

馬克思、恩格斯對巴黎公社事件的評論

巴黎公社從一八七一年三月成立，到五月被消滅，總共只存在短短七十二天，但在馬克思、恩格斯和日後其他共產世界的領導人眼中，意義卻極為重大。馬克思為此撰寫一篇《法蘭西內戰》，以國際工人協會總委員會的名義發表，其中讚揚「工人的巴黎及其公社將永遠作為新社會的光輝先驅受人敬仰」；反之，「那些殺害它的劊子手們已經被歷史永遠釘在恥辱柱上」。

馬克思雖然早就對法國工人提出種種的警告，最終卻只能眼睜睜地看著悲劇再度上演，他的心中的憤恨可以想見。因而，這篇文章裡出現許多謾罵、汙衊梯也爾及其他法國官員的字眼，被認為是他發表過的文章中最情緒化、最不客觀的一篇。在當時，有一部分國際工人協會的成員立即表示不能同意其內容，英國工聯領袖奧哲爾甚至不惜與國際工人協會切割，辭去所有職務，以致於《法蘭西內戰》刊印第二版時必須把他的名字從總委員會名單中抽掉。

不過馬克思在文章中也指出，巴黎公社的主事者在整個事件中犯了許多致命的錯誤。其中最大的錯誤是他們本應趁梯也爾及其「地主議會」毫無防備力量時立即進軍凡爾賽，一舉予以徹底消滅，卻浪費許多時間在選舉、開會，以及和敵人談判釋放布朗基的條件，結果中了梯也爾的緩兵之計，後悔莫及。恩格斯也指出，公社

明明已經控制了法蘭西銀行，其中有數十億法郎，卻不知道要派兵保護，加以利用。

總之，馬克思和恩格斯認為巴黎公社同時犯了許多錯誤，而最大的錯誤是對階級敵人過於寬大。日後領導十月革命的列寧、托洛茨基都同意這些評論，並自稱從研究巴黎公社的事例中吸取到很多教訓。

第一國際解散

奧哲爾之所以決定與國際工人協會切割，原因其實很清楚，英國的政治風向使得他沒有選擇。早在一八六七年，英國憲章派經過多年的奮鬥，在一八六七年已經取得重大的突破。國會通過一項《改革法案》，再度放寬選舉權的個人財務門檻，使得全國有資格投票的選民從一百萬人一下子增加到兩百萬人。這是由於憲章派取得國會中保守黨（Tory）支持的結果。英國人民選擇以緩和的方式改善貧富不均的態度越來越明顯，共產主義越來越不受歡迎。

共產主義在英國不受歡迎另有一個明確的證據。《資本論》第一卷於一八六七年先以德文版出版，法文版和俄文版也在一八七二年出版了，但出版商始終拒絕發行英文版，最後出版時是一八八六年，馬克思那時已經死去三年。

國際工人協會不僅在英國不受歡迎，也被歐洲大陸各國政府視為心腹之患，強力鎮壓，因而在一八七二年九月在海牙召開大會時，不得不決定將總委員會從倫敦遷往美國紐約。巴枯寧當時因故沒有參加大會，馬克思卻在會議結束前提議將巴枯寧逐出國際工人協會，並獲得通過。

巴枯寧自稱一向仰慕馬克思的天才及博學，卻不斷地表示反對馬克思主張獨裁方式的共產革命。他的主要論點是：「這種革命獨裁統治與現代政權之間的區別，只不過是外部騙局而已，二者本質上都是少數人借人民之名對多數人實施的一種專制統治——以多數人的愚蠢和少數人的超群智慧為名——因此是同樣反動。……他們的目標是摧毀現有的秩序，不過只是為了在廢墟上建立起自己的嚴苛統治。」馬克思對巴枯寧至為厭惡，視之為對共產革命的一股破壞力量，必欲除之而後快，在海牙會議中終於達到目的。

然而，國際工人協會總委員會遷到美國後與歐洲各分會幾乎失去聯絡，也不得不在一八七六年五月宣告解散。各國工人組織從此各自為政，一直到一八八九年七月才又有第二國際成立。

英國的費邊社與工黨

自從英國憲章派與保守黨合作後，自由黨（Liberal Party）擔心將來選舉不利，也在一八八四年支持通過另一個新法案，使得人民中又新增兩百萬人獲得選舉權，其中大多是農民。此後三十幾年間，英國的選舉辦法又一再修改，越改越寬。今日世界上有許多國家實施選舉制度，其中舉凡普選、選舉區劃定、無記名投票、婦女投票權等辦法，大多是從英國開始的。但有一事必須一提。英國著名的思想家小彌爾認為，人民的知識水平是選舉制度能否成功的關鍵因素，因而主張給予受過較高教育的人額外的選票，但至今並沒有任何一個民主國家採用此一建議。

同樣在一八八四年，倫敦有一個「費邊社」（Fabian Society）成立，對英國的民主政治產生極大的影響。費邊（Quintus Fabius Maximus）是古羅馬的一位名將，以迂迴及遲滯戰術成功對抗北非迦太基名將漢尼拔（Hannibal）而聞名，從不冒險做孤注一擲之舉。費邊社因而是希望以緩和漸進的方法從事改革，尋求最終實現完美的社會主義，並「以最高道德之可能性重建社會」為目標。

費邊社一開始是由十幾個政府官員和高級知識分子發起的。成員中最著名的有韋伯夫婦（Beatrice and

Sydney Webb）、蕭伯納（Bernard Shaw，小說家、劇作家，後來與韋伯夫婦共同創辦倫敦政經學院）及威爾斯（H.G. Wells，科幻小說家暨歷史家）等。其成員思想極為分歧，不過大多主張拋棄階級鬥爭，而致力於立法以增進工人的福利，改善其生活，同時兼顧經濟體系的效率。該社除了內部定期集會討論，也舉辦演講，並發行成員撰寫的論文小冊子，題目包括「多數人為何貧窮？」「對有遠見的地主與資本家的建議與警告」「社會主義的經濟基礎」及「社會主義的財產制度」等等。一八八九年，費邊社集結出版《費邊論文集》，發行兩百萬冊，風行海內外，奠定其社會影響力。

費邊社後來直接促成英國工黨在一九〇〇年成立，並逐漸取代自由黨，與保守黨並列為國會中兩大政黨。許多工黨國會議員同時也是費邊社的成員。

倍倍爾與德國社會民主黨

本章在結束之前必須再回來敘述德國社會主義的發展。前述倍倍爾與李卜克內西共同成立社會主義愛森納赫派，並加入第一國際，可說是選在很不好的時機，因為第二年普法戰爭就爆發了。兩人公然主張反戰，結果都被起訴，各處兩年徒刑，罪名是「陰謀叛亂」。巴黎公社事件後，俾斯麥擔心德國有一天將發生類似的事，對社會主義者採取更加高壓的政策，結果反而促使愛森納赫派與拉薩爾派於一八七五年合併成為「社會主義工人黨」，團結一致對抗政府，一致主張反對君主制。

一八七八年，年已八旬的德皇威廉一世兩度遭暴徒槍擊，差點喪命。國人大譁。社會主義工人黨一向反對暴力暗殺，否認涉案。俾斯麥卻趁機促使國會通過《反社會主義法》，禁止未經核准的集會、演講及出版，禁止工會未經核准罷工，又關閉國內四十幾家報紙。但社會主義工人黨在倍倍爾的領導下以化整為零，改採祕密活動、設立國外據點及其他迂迴的方式因應，並且在選舉中獲得越來越多選票。俾斯麥已經無法阻止其蓬勃發展。一八九〇年，國會終於決定不再延長《反社會主義法》，社會主義工人黨於是進行大改組，改稱社會民主黨（Social Democratic Party，簡稱社民黨、SDP），並一躍而為國會中第二大黨。俾斯麥對社會主義的高壓政策徹底失敗。同時，威廉一世駕崩已有兩年，繼任的是他的孫子威廉二世，年輕氣盛，當然不願讓俾斯麥繼續擔任宰相。俾斯麥至此只能辭職下台。

社民黨此後一直是德國的兩大主要政黨之一，如果從拉薩爾創黨時起算，至今已超過一百五十年。

第四章
羅曼諾夫王朝統治下的俄國革命運動

馬克思窮畢生之力於宣揚無產階級革命，在《資本論》裡討論了歐洲所有國家，也包括美國，卻幾乎不提俄國。在他的觀念裡，無產階級革命必然是發生在資本主義已經發展成熟的國家裡，但俄國仍是處於封建制度之下，連資產階級的力量都很薄弱，所以談不上無產階級革命。然而，世界上第一個成功的共產革命，偏偏是在最不可能的地方發生了。

其實這從《資本論》的發行已經可以看出蛛絲馬跡。《資本論》是一本又厚又艱深難讀的書，於一八六七年首次發行的是德文版，出版商只敢印一千本，但銷路很差，花了四年才賣完。法文版拖到一八七二年九月才發行，倫敦的出版商在他生前又始終拒絕出英文版。但出乎馬克思的意外，俄文版竟比法文版早七個月就印行了，而首刷三千本在一年內就賣完。換句話說，對《資本論》有興趣的俄國人遠遠多於任何其他歐洲國家。這是為什麼呢？若要回答這個問題，恐怕還得先從羅曼諾夫王朝統治下的俄國究竟是什麼樣的一種社會說起。

羅曼諾夫王朝統治下的俄國農村社會

羅曼諾夫王朝（Romanov Dynasty）建立於一六一三年。當時俄羅斯的王公貴族在國家陷入大動亂時共同推舉羅曼諾夫家族中一位十六歲的少年米哈伊爾（Mikhail Romanov）為沙皇。此後俄國始終落後，但在彼得大帝（Peter I，一六九六～一七二五親政）及德意志貴族出身的葉卡捷琳娜二世（Yekaterina II，一七六二～一七九六在位）先後推動改革後，俄國已經強盛起來，竟擊敗其強鄰瑞典及鄂圖曼土耳其，使得歐洲人無不刮目相看。但在其表面強盛之下有一個極大的隱憂，即是殘酷的農奴制。

俄國的農村基本上也是本書第一章介紹過的畝田制，在俄國已有上千年的歷史。土地大多屬於貴族領主，農民只能在其份地上耕作，很少有自己的土地。隨著時間發展，王公貴族手裡握有的土地越來越多，農民自有的土地越來越少，越來越多人淪為農奴，完全沒有自主權，卻被死死地綁在土地上。最大的地主正是沙皇本人。葉卡捷琳娜二世在位初期全國有二百八十萬農奴，其中五十萬人登記在女皇名下。政府每次打仗要人，就徵調貴族子弟帶領農民出征；要糧餉，也向貴族領主攤派；貴族轉而扣剋農奴。農奴的處境因而不斷地惡化。到後來，地主不但強迫農奴勞役，取去大部分的收成，還可以任意鞭打農奴，或把農奴賣掉。農奴如果反抗，地主可以將他絞死，或活活燒死。農民逃亡如果被捕獲，連人帶家眷和財產都一起歸還原地主。

如此不公不義之事，社會上一部分有良心的知識分子實在看不下去，批評地主是「貪婪的野獸，不知足的吸血蟲」。

「十二月黨人案」及其後的俄國文學

如前所述，拿破崙遠征俄國，結果潰敗，接著俄軍跟著歐洲各國軍隊一起打到巴黎。但敗北的法國卻將「自由、平等、博愛」及「君主立憲」的觀念傳播給戰勝國的軍隊和人民。俄國軍隊中的青年軍官大多出身貴族，對歐洲革命思想早有接觸，到了法國親歷其境，受到更大的衝擊，回國後就成立了革命黨，決心推翻帝制。一八二五年十二月，革命黨趁亞歷山大一世駕崩時發動三千人武裝起義，結果失敗，五名主事的軍官被公開絞死，其餘被殺或被流放。

「十二月黨人起義」震驚整個俄國。新任沙皇尼古拉一世（Nicholas I，一八二五～一八五五在位）害怕革命思想繼續傳播，所以一方面出兵協助各國政府剷除革命勢力，另一方面在國內加強高壓統治。具體地說，包括設立祕密警察，在西伯利亞廣設集中營，加強出版品檢查制度，禁止學生到西歐留學，禁止大學裡開哲學相關的課程，並加強國教東正教對人民的拘束力。

俄國的知識分子在政治上既是難以反抗政府，一部分人就把文學當作出海口。他們唾棄陳腐的貴族文學，專注於描繪現實的世界。其中比較早期有普希金（Aleksander S. Pushkin）、果戈里（Nikolai V. Gogol）、屠格涅夫（Ivan S. Turgenev）等。普希金被稱為「俄國文學之父」，有人說在他的詩和小說中「跳動著俄國人民生活的脈搏」。果戈里以喜劇《欽差大臣》諷刺沙政府官員的腐敗、貪婪及無知，後來又發表小說《死靈魂》揭露農奴制的黑暗面。屠格涅夫的《獵人筆記》主要也是敘述農奴的悲慘遭遇和地主的貪婪無情。另有一位別林斯基（Vissarion Belinsky）主編《現代人》雜誌，提倡文學、藝術理論及進步的思想，引領時代風潮。

後來又有托爾斯泰（Lev N. Tolstoy）、杜思妥也夫斯基（Fyodor M. Dostoevsky）等大師出現，各自寫出流傳後世的經典之作，其中大多充滿人道的精神，刻畫細膩而大氣磅薄。許多年輕人讀後深受感動，因而甘冒風險為社會主義思想宣揚，或加入革命運動。

赫爾岑、車爾尼雪夫斯基與俄國的民粹主義思想

俄國早期革命運動的重要領導人除了本書前面介紹過的巴枯寧之外，還有赫爾岑（Alexander I. Herzen）和車爾尼雪夫斯基（Nikolay G. Chernyshevsky）。

赫爾岑出身貴族，但從小同情弱者，立志革命，大學時就參加祕密組織，但在畢業後被捕，遭到流放。流放結束後，他接連在前述的《現代人》雜誌上發表三篇小說，藉揭露社會階級和農奴制之惡，呼籲進行社會改革。赫爾岑立即成為文壇耀眼的明星，後來卻被迫到歐洲四處流亡。一八五二年起，赫爾岑在倫敦卜居，先後創辦《北極星》及《鐘聲》雜誌，介紹文史哲及革命思想，又祕密偷運回俄國販售，受到熱烈的歡迎，連王公貴族的子弟也常常聚在一起誦讀。舉一個例，後來繼巴枯寧之後最有名的俄國無政府主義者克魯泡特金（Peter Kropotkin）在自傳裡說，他十幾歲在軍校中就讀時便是每期都讀《鐘聲》，受到影響，在成年後決定放棄親王的身分，投身於革命。

赫爾岑原本認為俄國革命只需簡單地推翻沙皇，實施共和體制即可。然而，當一八四八年法國爆發革命時，他正好身在巴黎，親眼目睹慘劇發生，這使得他對共和體制完全失去信心。不過俄國的問題並不是工人，而是要如何解放農奴。長久以來，俄國的農村裡有一種自治的組織，稱為村社（俄語 mir），由農民自己選舉領導及幹部，負責協調公共事務，並與地主溝通。因而，赫爾岑幾經思考，認為如能去除地主的剝削，並引入西方自由、平等的觀念，或許可以利用村社做為基礎，直接促成社會主義社會，而不必經由資本主義的階段。

車爾尼雪夫斯基是一位神父的兒子，精研文、史、哲及經濟學，也和馬克思、巴枯寧一樣，從黑格爾的唯心轉到費爾巴哈的唯物。一八五六年起，車爾尼雪夫斯基擔任《現代人》雜誌主編，開始大力傳播革命思想，繼別林斯基之後被奉為青年導師，與在海外的赫爾岑相互輝映。他和同志們爭論後，也和赫爾岑不約而同得到幾乎一樣的看法。這種思想後來被稱為「民粹主義」（populism）。民粹指的是人民，特別是農民。民粹主義者認為，知識分子都欠人民的債，有義務指導並協助人民建立公平和正義的社會。

亞歷山大二世的改革

正當俄國的革命思想吹起時，沙皇突然下令進行改革。如前所述，俄國在克里米亞戰爭慘敗，暴露出其現代化的程度遠遠落後於西歐各國。尼古拉一世駕崩後，亞歷山大二世（Alexander II, 一八五五～一八八一）繼位為沙皇，決定變法進行改革。他下令成立地方議會，逐步推動地方自治；又允許司法獨立，讓法官獨立公正判案；另外又推動軍隊改革、教育改革、工業改革等等。

但新政中最重要的，是在一八六一年二月宣布廢止農奴制。亞歷山大二世曾經引用赫爾岑的話，說：「與其等待它從下面出現，還不如馬上從上面發起。」然而由於貴族拚命反對，沙皇本人又性格猶豫，因而政府經過冗長討論後公布的辦法問題叢生。農民在法律上雖然自由了，並沒有能力取得土地，因為價格竟訂在市價的二到四倍。政府雖然准許農民在四十九年內分期付款，但農民還是無力買地，只能繼續為地主耕作，生活仍然一樣窮困。俄國這時工廠還不多，無法吸納太多農民。農民大失所望，暴動又逐漸增加。

一八六二年，聖彼得堡有一個祕密組織成立，稱為「土地與自由協會」，要求政府立刻把土地和真正的自由還給農民。據說這是由車爾尼雪夫斯基創立的。但不久後聖彼得堡發生大火，政府認為是革命黨所為，下令大肆逮捕革命黨人。車爾尼雪夫斯基也被捕，獲判流放西伯利亞，從此不曾再回到首都。在此之後，革命越來越有暴力的傾向，一個被稱為「虛無主義」（Nihilism）的思想逐漸興起。一八六六年，亞歷山大二世第一次發現革命黨竟圖謀刺殺他，大怒，下令更嚴厲對付革命黨，但虛無主義也隨之更加盛行。

虛無主義者涅洽耶夫及其《革命家問答書》

所謂的「虛無主義」，特點是否認上帝，否認沙皇，否認舊社會、舊思想，主張拋棄一切傳統，一切權威。虛無主義者一開始大多是神學院的學生、畢業生及教士的子弟。他們目睹教會及教士的墮落腐化，對於緩慢的改革已經不存幻想，主張暴力革命，自願以耶穌基督的自我犧牲精神，為理想而奮戰。

屠格涅夫曾在一八六二年發表長篇小說《父與子》，其中的主角正是以當時的一位虛無主義者為原型。屠格涅夫本人其實並不贊同虛無主義，虛無主義卻因為他的著作而引起更多人討論。杜思妥也夫斯基在一八六六年出版《罪與罰》，主角也是一名虛無主義者，主張欲成偉大事業者可以不顧道德的規範。不過他在一次搶劫，同時殺死兩名老婦人後，卻自覺罪惡，從此長期內心痛苦不堪。杜思妥也夫斯基本人是從人道主義出發，認為人一旦作惡，最後總是難以逃避良心的懲罰。然而必須指出，當時俄國的現實社會中的確有很多虛無主義者自認不受任何道德拘束，其中的代表人物是涅恰耶夫（Sergey Nechayev）。

圖 4.1 巴枯寧（左）、涅洽耶夫（右）

涅恰耶夫是一名鄉村教士的兒子，曾在神學院教過書，後來因為參加革命而被迫逃到瑞士向巴枯寧求助。當時巴枯寧正在位於蘇黎世附近的汝拉山中創辦「汝拉同盟」（Jura Federation），是一個極為重要的無政府主義組織。涅洽耶夫獲得巴枯寧的支持，募得鉅款，又潛回俄國建立革命運動組織。但巴枯寧後來漸漸與其疏遠，因為他發現涅洽耶夫是一個危險人物，為達目的不擇手段。這從涅洽耶夫寫的一本小冊子《革命家問答書》裡可以清楚看見。這本書只有寥寥幾頁，簡單二十六條，內容如以一般世俗的眼光來看，卻是邪惡至極。以下是書中的部分摘要：

．革命者是自我獻身受難的人。他沒有自己的利益、自己的事務、自己的感情、自己的愛好、自己的財產，甚至沒有自己的名字。他的存在只是為了一個目的，一個思想，一個激情，就是革命。

．他和社會秩序、整個文明世界及其一切法律、禮節、習慣和道德都完全斷絕聯繫。他是這個文明世界的無情敵人，活著只是為了要破壞它。

．他鄙視輿論，憎惡社會道德的一切動機和表現。對他來說，凡是能促進革命成功的，就是道德；凡是阻礙革命的，就是罪惡。……。他應該隨時準備犧牲自己，並準備親手摧毀妨礙革命的一切東西。

．革命者不應考慮什麼感情，而只應考慮革命事業的利益。……

．為了達到無情破壞的目的，革命者可以，並且應該假裝成與他的本來面目完全不同的人生活在社會上，潛入一切上等階級和中等階級的地方……

涅治耶夫又要求部屬絕對聽從指揮，其中有一人拒絕，結果竟被他毒打後直接殺掉。涅治耶夫因而又被警方追捕，不得不再一次逃亡國外，但在兩年後落網，被引渡回國，遭判二十年徒刑，不過只關了十年就死在獄中。

《革命家問答書》在俄國的影響巨大，後世有人稱涅治耶夫是「布爾什維克之前的布爾什維克」，因為日後列寧及一部分他的跟隨者也是為達目的不擇手段。列寧曾經讚美涅治耶夫，說他有「超人的組織天才，到處建立謀叛工作的特殊能力，以及使其思想永久深入人的記憶中的才能」。

「到民間去!」運動

民粹主義盛行時，俄國在一八七四年夏天出現一個澎湃洶湧的「到民間去!」運動（going to the people），數以千計的男女知識青年到農村中去宣傳革命思想，以實踐赫爾岑及車爾尼雪夫斯基的理念。這些人大多刻意換上農民的衣服，其中有人教農民讀書識字，有人提供醫療服務，或幫農民各種忙，而最重要的是分發革命的小冊子。這些青年男女中有許多是貴族、將軍和仕紳家庭的子女，其中又有很大一部分曾經到法國、德國、瑞士留學。俄國上流社會一向崇尚、仿效法國風，許多貴族不惜重金聘請法國人當家庭教師，因而法國自由、平等的價值觀早已進入貴族家庭。

當時俄國的農民大多感激知識青年的奉獻，對青年學生的革命思想卻不能理解，有少數人反而心生猜疑。警察根據他們的舉報逮捕八百多人，後來將其中一百九十三人送交法庭公開審訊。但法庭同情這些學生，判決大多數人無罪釋放。不料沙皇竟又命令警察逮捕這些人，把他們流放到西伯利亞。俄國歷史稱此一事件為「一九三人案」，人民因此對亞歷山大二世越來越不滿。

儘管受到挫折，民粹主義派仍不死心，後來又發動幾次「到民間去!」的活動，但還是失敗，因而徹底失望，決定另謀他圖。有人決發動和平示威，或在街頭演講，盼望喚起民眾覺醒。一位只有二十歲出頭的年輕人普列漢諾夫（Georgi Plekhanov）便是由此嶄露頭角。也有一部分人選擇成為無政府主義者，又有一部分人決定接受虛無主義，傾向暴力革命，

如前所述，無政府主義者主張拒絕一切權威，不過當時俄國有一位著名的革命理論家特卡切夫（Pyotr Tkachev）認為這樣達不到革命的目的。特卡切夫曾經寫信給恩格斯，直接說革命不能只靠宣傳，必須進行謀反以奪取政權。謀反的工作又必須由少數人負責，由有組織、有紀律的中央集權化的政黨指揮，其領導人必須

要有權威。事實上，特卡切夫的論點並不是他自己發明的，而是如前所述，在法國大革命時由巴貝夫首倡，並由布朗基繼踵。俄國的虛無主義者對特卡切夫的革命理論卻置若罔聞，因而只是盲目地各自進行暗殺及恐怖活動。

「查蘇利奇案」及其影響

一八七八年一月，俄國發生一件全國矚目的案件。聖彼得堡的警察總監在巡視監獄時，一名被關押的虛無主義政治犯拒絕向他敬禮，立刻被打了一個耳光，後來又被施以殘酷的鞭刑，以致皮肉綻開。當時有一位名叫查蘇利奇（Vera Zasulich）的女子獲知後，竟攜帶手槍到聖彼得堡，當眾襲擊這位警察總監。查蘇利奇被捕，在法庭上供稱並沒有想要殺警察總監，犯案乃是不得已，因為若不如此，警察總監的惡行便不可能引起社會的注意。當時沙皇也因為好奇而到監獄裡去看查蘇利奇，卻發現她態度溫和，年輕貌美。由於社會輿論大多同情查蘇利奇，陪審員一致判她無罪。當她走出法庭時，聖彼得堡的群眾為避免她又遭到沙皇派警察拘捕，將她團團包圍，然後送她逃離。

由於各國的報紙紛紛報導，並讚揚查蘇利奇，此案轟動全歐洲。根據克魯泡特金的自傳，當時在義大利有人將此案編成劇本，在大城市裡演出，不過不久後就無法再演下去。因為，每當飾演查蘇利奇的演員出現時，全場歡聲如雷；但當飾演警察總監的演員出現時，全場觀眾就把手上可以丟的東西都丟向那演員，幾乎把他打死。

查蘇利奇案後，俄國刺殺政府高級官員的案件更是層出不窮。到了第二年，革命黨中竟有人不顧同志反對，再次行刺沙皇，結果失敗。亞歷山大二世震怒，下令大舉逮捕黨人，立即判處坐牢、流放及死刑。

普列漢諾夫一向認為恐怖行動不但虛耗革命力量，又招來政府報復，所以堅決反對。激進派卻認為只要除去沙皇和少數高官，便可達到推翻專制政府的目的。雙方為此不斷爭論，而各持己見，最後的結果是分裂。激進派決定另組一個黨，稱為「民意黨」（People's Will），繼續恐怖行動。政府如臨大敵，下令徹底鎮壓。一時之間，風聲鶴唳。普列漢諾夫也被政府追緝，只得避居瑞士，與查蘇利奇及其他同志聚在一起。

普列漢諾夫、查蘇利奇、阿克雪里羅得共創「勞動解放社」

巴枯寧早先雖然與馬克思不睦，卻對馬克思的學問表示推崇，並把《共產主義宣言》翻譯成俄文。俄國的知識分子受到極大的影響，也開始研究馬克思的思想。至於《資本論》的俄文版則是由兩名流亡倫敦的俄國民粹主義者翻譯出版。民粹主義者大部分是知識分子，讀懂《資本論》比較沒有困難，俄文版的《資本論》因而暢銷。有一些人開始自稱是馬克思主義者。

普列漢諾夫和查蘇利奇也研究《資本論》。但兩人到達瑞士後其實很徬徨，不確定要如何繼續革命。原先他們以為俄國可以利用村社幫助農村邁向社會主義的社會，但村社似乎正在瓦解中。俄國工人階級的力量又很薄弱，因為資本主義水平還遠遠落後於西歐的水平。另外，馬克思的《資本論》裡很少提到俄國或農民問題，有人因而認為《資本論》未必適合於俄國。查蘇利奇為此寫一封信給馬克思，請問他究竟俄國村社的命運將會如何？俄國是否要等幾十年，等到資本主義達到一定的水平之後再來發動無產階級革命？

馬克思在收到信後，慎重地研究了三個星期，然後回了一封信，委婉地說，他相信村社將是俄國社會重生的支點。但為了要發揮此種功能，必須先除去困擾其所有方面的有害影響。換句話說，村社如果不能發揮其功能，俄國還是只有等到日後才會經由無產階級革命達到社會主義社會。普列漢諾夫、查蘇利奇此後與馬克繼續保持通信聯絡。一八八二年，普列漢諾夫重新翻譯《共產主義宣言》，重新出俄文版。普列漢諾夫又在次年公開宣告與民粹主義分道揚鑣，並與查蘇利奇及阿克雪里羅得（Pavel Axelrod）在日內瓦共同創立一個「勞動解放社」（Emancipation of Labour Group）。這個組織從此成為俄國馬克思主義革命的領導中心。

國際工人運動復起——「第二國際」的成立

如果跳開俄國的角度往外看，國際工人運動也正在復起。自從德國於一八七五年成立社會主義工人黨之後，歐洲各國也紛紛出現社會民主黨、社會勞工黨、社會民主工黨、工人黨或其他類似名稱的政黨，以及上述的俄國勞動解放社。馬克思的女婿拉法格（Paul Lafargue）是法國工人黨的領導人之一。美國也有一個社會主義勞工黨（Socialist Labor Party），其創立者魏德邁（Joseph Weydemeyer）和佐爾格（Friedrich Sorge）都是德國移民，與恩格斯極為親近。

一八八九年七月十四日，也就是法國大革命一百週年紀念日，來自二十二國，約四百名代表齊集巴黎，召開國際社會主義代表大會。「第二國際」由此成立，距離第一國際解散已有十三年。大會選出李卜克內西、倍倍爾、拉法格等人組成主席團。事實上，這個會議是恩格斯催生的。當時法國工人黨裡有一個「可能派」，主張效法英國工聯走議會路線，認為以和平方法取得政權是可能的，並預備聯合其他各國的工人組織、社會主義政黨在巴黎開大會。恩格斯獲悉後大驚，深恐馬克思主義派失去主導權，因而火急地促請召開另一會議，並選在可能派舉行會議的同一天。可能派發起的組織因而受制，後來已無法與第二國際競爭。

列寧之兄刺殺沙皇未遂案

回來說俄國的革命。一八八一年三月，俄國發生一件大事。民意黨人經過多次努力，終於如願刺殺了沙皇。但民意黨也為此付出巨大的代價。新沙皇亞歷山大三世（Alexander III，一八八一～一八九四在位）繼任後，命令全面緝捕暴力分子。民意黨人被拘捕殆盡，許多人被處死。但仍決定不顧生死，繼續招收熱血青年參加暗殺行動。

一八八七年三月，聖彼得堡又發生一起企圖以炸彈炸死新沙皇未遂的案子。犯案被捕的七個人都只有二十幾歲，不久後就被絞死。這其實只能算是一件普通的案子，並不特別，因為在過去數年中企圖刺殺沙皇的案子很多，案情也都比這件大。但以結果論，這卻是改變俄國，甚至改變整個世界歷史的一件大事，因為被絞死的學生中有一位名叫亞歷山大・烏里揚諾夫（Aleksandr Ulyanov）。他有一個弟弟，就是後來領導共產革命推翻沙俄的列寧。列寧當時只有十七歲，還在家鄉的中學裡讀書。他從小崇拜大哥，心目中沒有第二個英雄。亞歷山大突然犯案被絞死，對列寧衝擊之大，不可言喻。有人說，列寧心中決意要推翻沙俄，想要報復的烈火從此燃起，不曾停熄。

對於波蘭來說，此一案件也是改變歷史的大事。列寧的大哥當時就讀於聖彼得堡大學，在外賃屋而居。他的房東是一位波蘭人，連帶被判處流放西伯利亞十五年。房東有一位弟弟，名叫約瑟・皮爾蘇斯基（Józef Pilsudski），年僅二十歲，與該案就更沒有關係了，結果竟也被判處五年流放。後來當列寧在俄國從事共產革命時，皮爾蘇斯基也參加波蘭革命黨，矢志為脫離俄國統治的目標而奮鬥，也同樣在一九一七年起義成功，並成為此後波蘭的國家領導人。

列寧的家世及早年生活

如果沒有列寧降生，一般認為馬克思主義最終只是一個理論，完全沒有可能實現。本書因而在此必須對列寧的家世先做詳細的介紹。

列寧（Vladimir Lenin，本名 Vladimir Ilich Ulyanov，一八七〇～一九二四），生於伏爾加河（Volga River）中游的西姆比爾斯克（Simbirsk，現稱 Ulyanovsk，在莫斯科以東六百公里）。他的父親伊利亞（Ilya）畢生從事教育事業，最後官居西姆比爾斯克省的教育總監。為了配合亞歷山大二世的開明政策，伊利亞曾在十幾年中協助開辦四百多個學校，因而獲得國家贈勳。伊利亞有韃靼人的血統，所以列寧遺傳了部分蒙古人的外貌，高顴骨、扁鼻子、小眼睛。昔日成吉思汗的孫子拔都建立金帳汗國時，伏爾加河流域在其統治之下。列寧的母親有德國血統，是有錢的地主的女兒，聰明、好學而有見識，正直、誠懇而意志堅強，並且非常注重兒女的教育。列寧在少年時喜歡歷史和文學，尤其愛讀屠格涅夫和托爾斯泰的小說，無疑是受到母親的影響。

列寧家裡有兄弟姊妹共六人，從小一同過著相親相愛的快樂童年。只不過在亞歷山大死後，一家人後來都成為革命黨，不斷地坐牢，所以他們的母親後半生忙於探監，卻從來不曾勸兒女不要革命。

列寧小時候智力遠遠超出同齡的人，在校時大多沈默寡言，有時卻出口嘲弄同學，所以在學校裡沒有朋友。根據他的一位弟弟說，列寧的特點是無論做什麼事總是先細心做準備，既周密又有系統。以作文為例，他總是先在一張紙上條列提綱，然後再用別的紙打草稿，同時進行補充、修改及注記參考資料來源，最後才重新撰寫全文。後來他在演講、寫小冊子、出書或擬定革命行動計畫時也都是如此作法，終其一生都沒有改變。

列寧的中學校長是他的父母的好友，在亞歷山大死後竟甘冒危險而為列寧寫推薦信，使得列寧獲准進入喀山大學。但列寧在不久後卻因為參加一次抗議政府的學生集會而被開除，只得在警察的嚴密監視之下和全家一起搬到母親在鄉下的房子裡。但他的母親不願放棄，為他不斷地奔走、陳情，竟取得教育部同意讓他以自學的學歷參加國家的考試。列寧於是以一年的時間準備四年的大學課程，並於一八九一年一舉獲得等同大學畢業的學位，然後到離家鄉不遠的薩馬拉（Samara）擔任一家律師事務所的助理。

列寧雖然痛恨大哥之死，卻並不認同大哥參加刺殺沙皇的作法。他在徹底研究馬克思、恩格斯及普列漢諾夫等人的著作後，堅信共產革命才是推翻沙皇的正確途徑，於是開始在薩馬拉組織祕密的馬克思主義小組。

列寧從初露鋒芒到充軍西伯利亞

俄國國內這時正面臨一個關鍵的轉變期，資本主義來得非常快。十幾年前，農民即使離開農村，到都市也找不到工作；但這時全國光是大工廠和鐵路工人就已經超過一百五十萬。不過工人的工作條件，包括工時、工資、工作場所及家人的生活狀況，和先前英國、法國、德國的情形一樣惡劣；於是同樣有人開始搗毀機器、罷工，或發起工人運動。普列漢諾夫領導的勞動解放社因而不斷地壯大，馬克思主義已逐漸成為俄國主流的革命思想。

一八九三年八月，列寧轉到聖彼得堡，又立即參加祕密社團的討論。他不但發表演講，又在演講會中起而攻擊演講者，常常把民粹主義者逼得啞口無言，因而立刻引起注目。一位知名的革命分子在聽完他的演講後說：「這是一位看得很遠的人物，我們之中沒有一個趕得上。」。眾人敬佩他學問淵博，又看見他年紀輕輕而前額頭髮已禿，都叫他「老頭子」。

過了約半年，列寧認識了一位比他大兩歲的女郎克魯普斯卡婭（Nadezhda Krupskaya）。兩人一見鍾情。克魯普斯卡婭的父親是一名沙俄貴族軍官，被派到波蘭任職，卻因不滿政府迫害波蘭人而被停職，遭到起訴，從此境遇坎坷。克魯普斯卡婭因而只有高中畢業，生活貧困，但終其一生都同情被壓迫的窮人。

列寧名聲越來越響，於一八九五年五月獲選為俄國各地革命黨人的代表之一，前往瑞士，見到仰慕已久的普列漢諾夫及阿克雪里羅得，留給兩人深刻的印象。列寧又到柏林，會見了一位德國重要的馬克思主義理論家考茨基。一八九一年，倍倍爾決定要改組德國社會主義工人黨，因而在愛爾福特（Erfurt）召開大會，並請考茨基和另一位黨內重要成員伯恩斯坦（Eduard Bernstein）共同草擬黨綱，完成新成立的社會民主黨的理論基礎。考茨基又受恩格斯囑託主編《資本論》第四卷，不過到了一九〇五年才完成。

一八九五年秋天，列寧回到聖彼得堡，與一位同志馬爾托夫（Julius Martov）共同籌辦一份新報紙。不料創刊號還在印刷中兩人就被捕，後來都被判處充軍。列寧充軍的地點在西伯利亞之南，氣候舒適宜人。馬爾托夫的充軍地卻是在西伯利亞之北，靠近北極圈，寒冷至極。兩人其實犯一樣的罪，處境卻天差地別，原因是馬爾托夫是猶太籍，一向被歧視。

克魯普斯卡婭決定和列寧一起去西伯利亞，當列寧的妻子兼祕書，替他安排遠程借書，又幫列寧以化名在報紙和雜誌上撰寫評論，出版著作。必須指出，台灣有一位著名的學者鄭學稼先生曾經說，比起列寧後來建立的蘇維埃政權的牢獄來說，羅曼諾夫王朝的牢獄可算是天堂。沙俄時代的政治犯被充軍後每月都能領到生活費，不會被強迫做苦工，還可以隨意做自己想做的事。革命分子因而常常把牢獄當作休息所。

列寧在三年充軍期間完成三十幾種著作，其中最重要的一本是《俄國資本主義的發展》。他的結論是，在俄國資本主義迅速發展中，革命黨必須聯合資產階級武裝革命，但也要維持無產階級的獨立性。一九〇〇年一月，列寧充軍期滿，啟程回聖彼得堡。不過他在半路上並沒有喜悅，而是憂心忡忡，因為俄國的馬克思主義革命陣營正遭遇雙重的打擊，一方面是內部顯然已經嚴重分裂，另一方面是有大批菁英分子被捕入獄。

從德國馬克思主義者的分裂到俄國馬克思主義者的分裂

俄國革命黨之所以分裂，主要是受到德國社會民主黨分裂的影響。德國社會民主黨一向被認為是馬克思主義最重要的堡壘，其創黨領袖倍倍爾和李卜克內西是第二國際實質上的主導者。前述的考茨基和伯恩斯坦也是其他各國馬克思主義者敬重的理論家。其中伯恩斯坦在倫敦流亡時曾經和費邊社成員來往，受到影響，對馬克思主義開始產生懷疑，但在恩格斯在世時並未公開提出質疑。不過當恩格斯在一八九五年八月去世後不久，伯恩斯坦就宣稱資本主義未必會像馬克思預料那樣自動失敗，經由議會立法改革也極可能以和平漸進的方法達到社會主義社會的目標。黨內大老大多憤怒，痛斥伯恩斯坦是「修正主義者」（revisionist）。但伯恩斯坦堅持己見，又在一八九九年集結其言論，出版了一本《社會主義的前提》（*The Prerequisites for Socialism*），更引發論戰及思想混亂。俄國馬克思主義者一向對德國社民黨亦步亦趨，自然也發生混亂。

俄國最早出現的「修正主義者」，是一個「經濟主義派」。該派宣稱，工人鬥爭的目的是改善自己的物質條件，所以只需經濟鬥爭，用不著政治鬥爭；主張放棄以革命手段推翻資本主義。勞動解放社的領導人大驚，請阿克雪里羅得代表寫一本小冊子予以駁斥。列寧也在西伯利亞發起簽署斥責的宣言。

另有一個「工人事業派」興起，主張馬克思主義者不應站在工人前面，而應跟在自發的工人運動後面。勞動解放社的領導角色因而被否定，不得不宣布與其切割。列寧後來譏諷這一派人所持的理論是「尾巴主義」。

《火星報》及列寧主義的誕生

俄國馬克思主義革命黨人雖然理念分歧，卻有一個共識，就是要組織一個統一的政黨。一八九八年八

圖 4.2 普列漢諾夫

圖 4.3 列寧（左）與馬爾托夫（右）

月，來自聖彼得堡、莫斯科、基輔，波蘭、以及猶太工人聯合組織「崩得派」（**Bunds**）的代表共九人集會於白俄羅斯的首府明斯克（Minsk），宣布成立「俄國社會民主工黨」。不料由於有密探參加，與會九人之中有八人在會後竟遭到逮捕。俄國社會民主工黨因而剛剛誕生就夭折了，使得革命黨人無不氣餒。必須指出，俄國政府雖然腐敗，祕密警察卻厲害非凡，派特務滲透所有的工會和革命黨，有些甚至就是其中的領導人。

列寧正是在這樣的情況下回到彼得堡，與馬爾托夫重逢。兩人決定在國外創辦一份報紙，在國內、外發行。日內瓦的勞動解放社領導人也被邀請，欣然同意加入。然而，普列漢諾夫與列寧在開會討論時彼此留下極為惡劣的印象。普列漢諾夫被尊稱為「俄國馬克思主義之父」，自認是革命的導師，直接批評列寧的計畫及發刊詞內容都有缺失。列寧完全無法忍受有人膽敢批評他的文章。列寧又不想讓普列漢諾夫插手報紙，於是在一九〇〇年十二月創刊後就設法把編輯部搬到慕尼黑，以便一人獨攬報紙的編輯工作，並由克魯普斯卡婭負責聯絡工作。普列漢諾夫等人因而被架空。兩年後，列寧又把編輯部搬到更遠的倫敦。直到又過了一年，由於眾意難違，他才同意搬回日內瓦。

列寧主辦的刊物是雙週刊，取名為《火星報》（*Iskra*），意思是「星星之火，可以燎原」。儘管俄國社會民主工黨實質上不存在，《火星報》

被認為是其機關報。從此時起，列寧的知名度在俄國國內、外漸漸都超越了普列漢諾夫。

一九〇二年三月，列寧出版《做什麼？》，被認為是宣告「列寧主義」誕生。什麼是列寧主義？簡單地說，就是馬克思主義再加上一個理念：共產黨要由職業革命家領導。馬克思雖然有明顯的獨裁傾向，但不曾明說，列寧這時卻直接表示要有像他自己那樣的職業革命家來領導無產階級。如前所述，這是源自巴貝夫、布朗基和特卡切夫等人的主張。

托洛茨基加入共產革命

一九〇二年十月，列寧發現在火星報的薩馬拉分支有一位十分有才氣的年輕人，名叫托洛茨基，於是請他到倫敦來協助辦報。托洛茨基在後來也是共產世界的關鍵人物之一。本書因而在此也要對他的家世及早期生活稍做介紹。

托洛茨基（Leon Trotsky，本名Lev Bronstein，一八七九～一九四〇）生於俄國赫爾松省（Kherson，在烏克蘭境內，南臨黑海）的一個猶太富農之家。他在讀大學一年級時就與其他六名學生共同成立一個祕密組織，積極投入革命運動，結果不到一年就被捕。在獄中等待宣判時，他用俄、德、法、英、義五種語言的《新約聖經》學通俄文以外的四國語文。又過了一年多，他才被判處流放西伯利亞。起解前，比他大六歲的女友蘇柯洛夫斯卡婭（Alexandra Sokolovskaya）同意與他結婚，並跟隨他同赴遠在貝加爾湖附近的流放地。然而托洛茨基很快又因從事革命運動而被通緝。這時蘇柯洛夫斯卡婭竟勸他逃亡，表示願意獨自留在西伯利亞養育兩名幼女。托洛茨基這化名就是他在逃亡中開始使用的。他輾轉逃到薩馬拉，參加革命黨及《火星報》的工作，獲得薩馬拉工作站主持人激賞。列寧得知後，又讀了他的文章，寫信請他到倫敦來。

托洛茨基很快地又嶄露頭角。他不但能為《火星報》撰寫文章，又是一個天生的雄辯家，在參加倫敦的辯論會時毫不費力就駁倒其他老派的革命家。列寧派他到巴黎、布魯塞爾等地做募款演講，他也順利達成使命。在巴黎，他遇見一位出身俄國貴族之家，卻因同情革命而不惜流亡國外的女子西道娃（Natalia Sedova），竟又決定與她結為伴侶。

關於黨紀高於民主、人權原則的決議——兼述布爾什維克派及孟什維克派的分裂

一九〇三年七月，「火星派」邀集各方代表在布魯塞爾召開俄國社會民主工黨第二次代表大會，距離上回在明斯克召開、結局悲慘的第一次大會已有五年。但兩週後代表們就被驅逐出境，只得轉到倫敦繼續開會。

大會由普列漢諾夫擔任主席，列寧是副主席之一。出席者四十四人，其中有三十三人屬於火星派，其餘十一人分屬「工人事業派」「崩得派」等。火星派由少數職業革命家控制絕大多數的工人階級的情況已經十分明顯。當討論到黨綱時，工人事業派的代表提出種種疑點，但一一被否決。對於黨章第一條有關黨員資格的規定，馬爾托夫和列寧也發生爭執。馬爾托夫主張，凡為實現黨的任務而積極工作者皆為黨員。列寧卻批評馬爾托夫的建議過於寬鬆，必將失敗，認為黨必須更有積極性，更有紀律，因而主張必須親自參加黨內某一組織的實質活動才可成為黨員。兩人互不相讓，最後只得表決，結果馬爾托夫的意見獲得通過。不過令人驚奇的是普列漢諾夫竟支持列寧，而被認為是列寧親信的托洛茨基竟反對列寧的主張。

由於列寧主張紀律，認為革命的領導者需要行使絕對的權威，引起許多黨員表示疑慮，堅決反對。這時有一位化名為波薩多夫斯基（Posadowsky，其真名為 Victor E. Mandelberg）的黨員起立說，「要麼，我們黨的政策必須服從於這樣或那樣的基本民主原則，承認其絕對的價值；要麼，所有的民主原則必須毫無例外地服從我

們黨的目標。我確定我自己是傾向於後一種意見。絕對沒有什麼民主原則能使我們不須服從黨的目標。」有人大聲問：「那麼人格的尊嚴呢？」波薩多夫斯基卻堅持，作為一個革命政黨，為求達成最終完成社會革命的目標，必須只考慮如何才能達成此一目標。又經過激烈的討論後，普列漢諾夫最後裁示，說：「革命的成功是最高的法律。」並以此做成決議。

許多年後，英國俄裔的思想史巨擘以賽亞．伯林指出，俄國社會民主工黨的討論及決議標誌了一個改變世界歷史的過程的關鍵點。原先列寧一人的主張，這時明白地寫在社會民主工黨的會議記錄上。此後為了革命的需要，民主、自由、人權及其他東西都可以犧牲。

列寧接著又提出一項建議，要求縮編《火星報》的編輯部，只留普列漢諾夫、馬爾托夫和他自己三人為編委。這又引起馬爾托夫等人不滿，認為列寧有意排擠老一輩的革命家。但普列漢諾夫竟又一次支持列寧，使得提案通過。從此以後，列寧就自稱是黨內的多數派，也就是布爾什維克派（Bolshevik）的領導人；反之，馬爾托夫是孟什維克（Menshevik）少數派的領導人。

不過更令眾人驚訝的是普列漢諾夫在大會結束後竟說列寧在大會期間無所不用其極地拉攏他，承認自己是被利用了。眾人於是紛紛指責列寧。托洛茨基也斥責列寧，說他是法國大革命時的羅伯斯比爾，有一種「代替」的邏輯，具體地說就是「以黨的組織代替整個黨，再以中央委員會代替黨組織，最後是由一個獨裁者代替中央委員會。」列寧最後被迫辭去《火星報》編輯的職務。不過他又私下召集自己的班底，並招收許多新人，其中包括著名的哲學家波格達諾夫（Alexander Bogdanov）和作家盧那查爾斯基（Anatoly Lunacharsky）。俄國社會民主工黨於是正式分裂。

羅曼諾夫王朝的黯淡命運

社會民主工黨就算不分裂，也只能算是俄國第三大的革命黨。當時另有「立憲民主派」和「社會革命黨」，對沙俄政府威脅更大。「立憲民主派」的成員是資產階級，包括新起的地主、工業家、律師、醫師等，其領導人是著名的歷史學家米留科夫（Pavel Milyukov）。這一派人對馬克思主義沒有興趣，目的只是要建立立憲政府。社會革命黨就是民粹主義派，原本已經沈寂，但從俄國發生大飢荒時起又開始活動，後來又由於出現一位傑出的領袖蓋爾斯尼（Grigory Gershuni）而壯大。蓋爾斯尼自己帶領一個由熱血青年組成的「戰鬥團」，專門暗殺保守頑固的政府官員，前後殺了教育、內政、警察首長，甚至總理。

亞歷山大三世其實是想要發展經濟，因而積極鼓勵西歐的資本家到俄國投資，工業生產也隨之飛躍成長。他又下令從一八九一年起開始興建長達九千多公里的西伯利亞鐵路，橫亙歐亞。然而如馬克思預言，資本主義越是快速發展，階級矛盾越是快速惡化，工人運動越加激烈，而村社也越快瓦解，社會越加動盪不安。亞歷山大三世又推動「大斯拉夫主義」，強制全國一律使用俄語，禁止波蘭、立陶宛、烏克蘭及其他少數民族使用母語，官吏、警察也都由俄羅斯人擔任。非斯拉夫人至為不滿。其中散居各地約八百萬猶太人堅拒被同化，有更多人決定加入革命黨。

一八九四年，亞歷山大三世駕崩，尼古拉二世（Nicholas II）繼位沙皇，同時也承接了上述種種問題。但他生性優柔寡斷，王公大臣也提不出任何能因應的辦法。因而，不但人民失望，許多盼望改革的新興資本家也都失望。其中有人決定加入立憲民主派，也有人決定資助社會革命黨及社會民主工黨。舉一個例。當時有一位著名的工業大亨莫洛佐夫（Morozov）每月固定捐助社會民主工黨兩千盧布，在臨死前又捐出一大筆現金。俄國的資產階級竟然同時支持三個革命黨，羅曼諾夫王朝怎能不滅亡？

第五章
列寧與俄國的二月革命、十月革命

羅曼諾夫王朝的喪鐘第一次敲響，是一九〇四年爆發的日俄戰爭。俄國與日本之所以會發生戰爭，是雙方各自在東北亞不斷地擴張的必然結果。

從日俄戰爭到一九〇五年的俄國革命

羅曼諾夫王朝自建國以來，一向是往西、往南擴張，從十七世紀起才逐漸往東。但當時清朝國力強盛，俄國只得與清朝簽約劃定疆界，表示永久和好，通商互市。清朝末年國家積弱，俄國又野心勃勃地向東擴張。一八五八年，英、法聯軍攻中國的天津、大沽口，俄國受託調停雙方議和，卻藉機強迫清朝割讓黑龍江以北的土地。過兩年，英、法又聯軍攻北京，俄國又再一次趁調解之便強迫清朝割讓烏蘇里江以東的大片土地。但俄國還不滿足，仍覬覦中國的東北及其附庸國朝鮮，於是和日本發生衝突。

另一方面，日本自從明治維新後，國力漸強，也開始向外擴張，而於一八九五年迫使清朝簽訂《馬關條約》，同意賠款，撤出朝鮮，以及割讓台灣、澎湖、遼東半島。但由於德、法、俄三國干涉，日本被迫同意退出遼東半島，改由清朝再多付白銀了結。然而，俄國卻在一九〇〇年趁八國聯軍攻北京時突然出兵強占中國東北，並一再藉故拖延，不肯撤軍。日本無法忍耐，於是在一九〇四年二月出兵遼東半島。結果俄軍在陸上及海上都大敗，只得投降。雙方在次年簽訂和約，俄國同意從此退出朝鮮及遼東半島。

日俄戰爭的結果對於羅曼諾夫王朝來說，是大廈將傾的前奏。當前線戰敗的消息不斷地傳回來，國人議論紛紛。同時，工人運動繼續發展，工潮逐漸擴大。一九〇五年一月，聖彼得堡發生一件驚人的事件。有一位加彭神父（Father Georgy Gapon）在一個星期日率領大批工人前往冬宮，要求向沙皇請願，結果守衛軍竟向工人開槍，造成一千人死亡，二千人受傷。俄國著名的文學家高爾基（Maxim Gorky）當時正好在聖彼得堡，目睹慘案的經過，又驚又怒，立即寫了一份《控訴書》，並發表演講說「流血星期日」將是俄國革命的開始。高爾基立刻被捕入獄，不過由於美國和歐洲各國強烈抗議，不久後就被釋放。仍處於分裂中的布爾什維克和孟什維克派也相信俄國的革命就要開始了，不過他們大多被通緝，所以只能留在國外。兩派各自召開各自的社會民主工黨第三次代表大會討論如何利用局勢發動革命。

由於全國各城市掀起大罷工，各省都發生農民暴動，軍隊也發生叛亂，政府不得不宣布部分的改革措施，其中包括將要成立國家杜馬（Duma，即是議會）。到了十月，又頒布「詔書」，允諾給予人民信仰、言論、集會結社的自由，擴大選舉權，並通令大赦。列寧當時在芬蘭，立即召開一次緊急的布派大會，達成一致決定與孟派捐棄成見，共謀大局。然後列寧才回到聖彼得堡，欣然與高爾基見面，並邀他加入布派的中央委員會。

聖彼得堡在工人大罷工時出現一個自發的「蘇維埃」組織（Soviet，意思是會議），後來在莫斯科及其他城市也出現。托洛茨基在大赦前就冒險回國，參加了聖彼得堡蘇維埃第一次大會。當大會代表們對沙皇的詔書齊聲歡呼時，托洛茨基拿起一張詔書撕成碎片，說：「看吧！只是一張紙。今天他給我們詔書，明天就收回它，並把它撕毀，就像我現在撕它一樣。」托洛茨基被大會選為蘇維埃主席，但在不久後被捕。

法院提審托洛茨基時，檢察官起訴他企圖「武裝暴動」。托洛茨基公開認罪，攬下所有的指控，不過他說合法的罷工必然發展為暴動；而如有暴動，那頒布允許罷工的沙皇也應負其責任。他又說：「大多數人民都要推翻舊政府，欲達此目的，只有暴動。暴動的性質是革命的。」托洛茨基在法庭上的演講轟動整個聖彼得堡，使得法官不得不數度暫時休庭，讓觀眾冷卻下來才又開庭。不過法庭最後還是判處他充軍到北極圈內。

斯托雷平的改革

一九〇六年四月，布、孟兩派在瑞典首都斯德哥爾摩聯合召開社會民主工黨第四次代表大會。過一年，又在倫敦召開第五次大會。許多後來俄國歷史上的重要人物在這兩次大會後開始嶄露頭角，其中包括加米涅夫（Lev Kamenev）、季諾維也夫（Grigory Zinoviev）、伏羅希洛夫（Kliment Voroshilov）、史達林（Joseph Stalin）、托姆斯基（Mikhail Tomsky）、捷爾任斯基（Felix Dzerzhinsky）、拉狄克（Karl Radek）等。托洛茨基也在一九〇七年初從充軍地逃脫，重新加入革命的行列。社會民主工黨雖然由此團結又壯大了，俄國的革命情勢卻開始走入低潮，最主要的原因是沙俄新內閣開始進行實質的立憲及土地改革。

就在斯德哥爾摩會議期間，國家杜馬（第一杜馬）也開議，並在會後通過《上沙皇請願書》，要求直接普選，由國會組閣，加速土地改革等等。但沙皇根本拒絕接見捧著請願書來晉見的代表團，同時將內閣總理免職，命令由內政部長斯托雷平兼任總理。斯托雷平（Pyotr Stolypin）的歷代祖先在過去三百年裡都是沙皇的重臣，自己也在四十歲就擔任省長，所以是自然而然的保皇黨。當一九〇五年俄國全國暴動時，他是少數能以鐵腕鎮壓，遏制暴亂蔓延的省長，因而得到沙皇寵信。斯托雷平就任總理後宣布解散第一杜馬，將擇期重新選舉。他又設立軍事法庭以對付叛亂分子，立審立決，不到一年就將一千多名嫌犯送進刑場絞死。人民稱那絞索是「斯托雷平的領帶」。一九〇六年起，他又推動「土地私有化」的新政策，目標是將土地儘速從貴族及大地主的手中轉給農民，並允許土地自由買賣，同時鼓勵農民到西伯利亞墾荒。全國各地獨立農戶於是暴增。反之，暴動驟減。

一九〇七年二月，第二杜馬選舉議員。社會革命黨及社會民主工黨積極參與，獲得相當大的比例的議席。但斯托雷平認為第二杜馬是一個紅色杜馬，竟又宣布將其解散，表示將另訂時間改選第三杜馬，同時公布有利於資產階級的新選舉法規。斯托雷平用什麼理由解散第二杜馬？那是因為他握有一些政黨的不法行動證據，尤其是關於列寧領導的布爾什維克黨的惡行。

第比里斯銀行運鈔車搶劫案

早在流血星期日事件發生後，列寧就請黨內的專家加緊製造炸彈，準備武裝鬥爭。但炸彈尚未用於革命，就先用於搶劫。列寧稱之為「徵收」，意味那是正當的行為。但孟什維克派堅決反對，在斯德哥爾摩大會時提出禁止的建議，並經表決無異議通過。當時列寧的信徒大多也不同意搶劫，又不敢投反對票，只好棄權。列寧自己知道無法抗辯，刻意不出席。不過大會同意成立一個祕密的「軍事技術局」，由一個三人團負責，實際上就是由列寧指揮。列寧因而在大會後仍是肆無忌憚地進行「徵收」，在聖彼得堡、莫斯科都曾經犯案，搶得的金額達到八十幾萬盧布。孟派大怒，在一九〇七年四月舉行的倫敦大會中又重提禁令。許多同志認為搶劫無異土匪的行徑，不是革命黨所當為，深以為恥。

然而，兩個月後在喬治亞（Georgia）的首府第比里斯（Tbilisi）竟又發生一樁搶劫國家銀行運鈔車的大案。該案是在白晝進行，由於搶匪火力強大，造成四十人死亡，五十人受傷，共搶去三十四萬盧布。搶匪由一名喬治亞人加莫（Kamo）率領，背後的指揮者是史達林，也是喬治亞人，但最後的指使者是列寧。搶案發生後，轟動整個歐洲。孟派更是憤怒，堅持設立黨法庭及專案調查組。不久後，史達林被孟派控制的第比里斯社會民主工黨開除黨籍。但他轉到阿塞拜疆的首府巴庫（Baku, Azerbaijan），繼續聚眾搶劫、勒贖。

事實上，斯托雷平早已從沙俄的祕密警察「奧哈蘭那」（Okhrana）的報告獲知列寧與軍事技術局即將有所行動。第比里斯運鈔車搶案爆發後，斯托里平得到更詳細報告。但他按兵不動，一直等到年底，等到布黨持搶來的大疊五百元大鈔到國外各大都市去兌現，歐洲各國警方才協助俄國將浮出檯面的涉案者全部拘捕。第二年春天，史達林也在阿塞拜疆被捕，列寧只得逃往芬蘭。列寧不僅指使搶劫，還在德國印製假鈔，被德國警察破獲。當俄國工業大亨莫洛佐夫死後，列寧指使兩名年輕的同志分別誘娶他的兩個女兒，目的是分得遺產。

列寧的所作所為，解釋了為什麼布派有能力養活許多職業革命家。孟派完全無法接受如此這般地為達目的而不擇手段。即便是在布派裡，也有越來越多人反對。有人說列寧搶來、騙來的錢是「臭錢」，要求拿出來讓一個公正的委員會保管，或是乾脆燒掉。馬爾托夫知道，無論別人說什麼，列寧將來必定仍然我行我素，就參考專案調查組的調查結果寫成一本小冊子《救世主或毀滅者？》。這本小冊子出版後對列寧造成巨大的傷害。列寧卻斥責孟派是「取消派」，意思是他們的心中已經沒有革命的念頭，打算取消革命。

俄國革命的低潮

在斯托雷平的軟硬兩手策略之下，俄國的革命風潮急速冷卻。據統計，一九〇五年約有三百萬人罷工，到一九〇六及一九〇七年分別掉到一百萬及四十萬人；一九〇八及一九〇九年更低，分別只有十七萬及六萬。一九〇七年十一月，第三杜馬成立。由於斯托雷平的精心規劃，選出的議員多屬保皇派、右派及立憲民主黨，其他的革命黨議員是極少數。事實上，自從報紙大幅報導第比里斯搶案後，革命黨人在人民眼中等於土匪，既沒有人要捐款，也沒有人要加入，更多人急著要退出。根據史達林寫的一份報告，聖彼得堡的社會民主工黨在一九〇七年還有八千人，到一九〇九年就只剩下四百人。孟派也承認黨的組織正在瓦解中。不過托洛茨基不死心，於一九〇八年八月在維也納創辦一份《真理報》，邀請各派一起合作辦報。

後世有很多俄國人民及學者都認為，斯托雷平是俄國歷史上最卓越的政治家之一。在他就任總理之後不到兩年，原本亂到不能再亂的局勢就轉為風平浪靜，工人不再罷工，農民不再暴動；同時穀物大幅增產，大量出口。西伯利亞鐵路及政府補貼也帶動數以百萬計的農民移民前往墾荒。連列寧都說，斯托雷平如果一直繼續執政下去，社會民主工黨就只能取消土地綱領，停止革命。

然而，斯托雷平一向專橫，樹敵極多。沙皇尼古拉二世聽了許多讒言，也漸漸相信斯托雷平不利於己，而於一九一一年三月迫使他辭職。到了九月，斯托雷平陪同沙皇沙后在基輔欣賞歌劇，遭到一名刺客連開兩槍，傷重不治而死。

俄國革命風暴再起

斯托雷平之所以被迫辭職，與沙皇沙后寵信一位「妖僧」拉斯普丁（Grigory Rasputin）也有關係。拉斯普丁是一名神祕主義者，自封為聖人，能治疑難雜症及預言未來。沙皇沙后生有一名男孩，是唯一的皇位繼承人，卻患血友病。拉斯普丁經人推薦為皇太子看病，雖未能治癒，卻能減輕其痛苦，因而獲得沙皇沙后寵信。但他同時在外淫亂，勾引良家婦女。許多大臣具狀密告沙皇，反而遭到罷官或流放。斯托雷平無法坐視，只得也向沙皇呈遞報告書。沙皇下令驅逐拉斯普丁，但不久後沙后又將他召回，斯托雷平同時遭到罷黜。此後拉斯普丁更加肆無忌憚，宮廷之中事無大小都要求神問卜才能決定。

一九一二年四月，遠離聖彼得堡數千公里外的勒拿河發生一件屠殺金礦工人的慘案（Lena Massacre）。礦場工人由於工作環境既惡劣又危險，每日工作時間超過十五小時，食物腐爛，薪資又低，因而發起罷工。這時俄國無產階級被剝削的情況比先前的英國有過之而無不及。礦主是英、俄合資的企業，拒絕工人的要求，罷工人數於是大增。政府派軍隊鎮壓，竟向群眾開槍，結果造成數百人死亡。消息傳到聖彼得堡，立刻引發二十萬人大罷工，又蔓延到其他各城市。被斯托雷平壓制已久的表面平靜終於被打破了，此後工潮沒有停止過。

杜馬決定成立一個調查委員會，任命一位名叫克倫斯基（Alexander Kerensky）的律師擔任主委。克倫斯基受命後親自遠赴勒拿礦場調查，並寫了一份詳實的報告，在公布後轟動全國，從此成為知名人物。後來他參加當年九月舉行的第四杜馬選舉，當選後成為議會的領袖之一。

必須指出，克倫斯基與列寧都來自西姆比爾斯克。他的父親就是列寧就讀中學時的校長，與列寧的父母交情極深。列寧之所以在大哥被絞死後還能進大學，是因為克倫斯基的父親甘冒風險幫列寧寫推薦信。但列寧與克倫斯基年紀有相當的差距，差十一歲，在家鄉時並不熟識，長大成人後卻成為互鬥生死的敵人。

革命黨分裂，分裂，再分裂

列寧雖然被孟派嚴厲指責，又被社會人士鄙視，但知識淵博，能力超群，手上又總是有錢（其中有募來的，「徵收」來的，或騙來的），所以身邊總是有一群死忠的跟隨者。不過列寧一向不願與和他思想有根本歧異的人共處，只喜歡沒有很多意見，只是聽命行事的人。如前所述，列寧在眾叛親離時極力延請波格達諾夫及盧那察爾斯基兩人加入布黨領導階層，但這兩人都受到德國哲學家馬赫（Ernst Mach）提出的「經驗批判主義」影響，強調感覺經驗的重要，企圖用以修正馬克思主義。列寧卻認為這是唯心論，視之為背叛，於一九〇九年五月將兩人及其同黨通通開除。

不只是布派分裂，孟派也分裂。普列漢諾夫與馬爾托夫發生摩擦，宣布退出黨報的編輯部。列寧趁機寫信拉攏普列漢諾夫，普列漢諾夫卻拒絕，並說：「列寧對團結的了解，恰如一個人對與一塊麵包團結的了解，那就是吞了它。」托洛茨基也仍想調和各派。但始終沒有結果。

總之，在斯托雷平當政期間，俄國國內的革命運動急速降溫，國外的革命黨則是四分五裂。不過斯托雷平終於死了，列寧於是決定於一九一二年一月在布拉格召開大會。但這次會議只是布派的大會，並沒有邀請普列漢諾夫、馬爾托夫和托洛茨基。大會選出的中央委員包括列寧自己和季諾維也夫、史達林、奧爾忠尼啟則（Sergo Ordzhonikidze）、馬林諾夫斯基（Roman Malinovsky）等。當時史達林還在流放中。奧爾忠尼啟則和史達林一樣來自喬治亞而關係密切。會中也決定成立俄國局，以馬林諾夫斯基為領導人，負責推動國內工作。

馬林諾夫斯基是莫斯科的工人領袖，在短時間突然崛起，被認為是工人鬥士。列寧聽聞其名，就拉攏他，重用他。事實上，馬林諾夫斯基是俄國內政部奧哈蘭那的一名特務間諜，以下還要具體說明。

被列寧排斥的其他各派後來也在維也納召開另一會議，由馬爾托夫和托洛茨基主持。兩派雖然有極大的歧見，卻都決定積極參與預定在當年九月舉行的第四杜馬選舉。但杜馬選舉的結果是兩派加起來只有十三席，占總席次不到3%，顯示俄國人民對馬克思主義政黨疑慮還很深。

史達林的家世及早期的革命生涯

在共產世界的歷史上，史達林的重要性毋庸置疑，所以本書在繼續往下敘述之前必須先補敘史達林的家世

圖 5.1 亡命時期的史達林

及其早期的革命生涯。

約瑟夫·史達林（Joseph Stalin，一八七八～一九五三）出生於喬治亞的哥里（Gori, Georgia），本姓朱加施維里（Jugashvili），小名「梭梭」（Soso）。他的父親別索（Besarion）和母親葉卡捷琳娜（Ekaterine）都出身農奴家庭。梭梭是他們的第四個小孩，不過前面三個都早夭。別索在沙皇取消農奴制後學做鞋匠，收入不多，又酗酒，喝醉酒後就無端地毒打梭梭。幸有葉卡捷琳娜以針線活及幫傭貼補家庭收入，盡力保護兒子，又堅持讓他入學讀書。

約瑟夫在十六歲時獲得第比里斯神學院的入學許可，葉卡捷琳娜非常高興，因為她虔誠信仰東正教，盼望有一天兒子會成為一名教士。但當時許多神學院是「造反的溫床」，所以約瑟夫不久後就參加祕密的讀書會，嚮往革命，竟在還沒有畢業就離開學校，投身於地下革命運動。他祕密參加社會民主工黨，負責幫忙組織工人罷工及示威遊行活動，同時擔任報紙的編輯。他為自己取一個新名字「柯巴」（Koba），那是一本小說裡的俠盜的名字。一九〇二年四月，柯巴第一次被捕入獄，遭流放到西伯利亞，但不久後就逃回喬治亞。此後十幾年間，他總是在被捕、坐監、流放、逃亡、被捕的循環中，前後七次。

當社會民主工黨於一九〇三年分裂為布、孟兩派時，柯巴選擇加入布派，這在當時的喬治亞屬於少數派。一九〇五年俄國發生革命暴亂，柯巴趁機搶奪軍火庫的槍械，組織戰鬥隊，橫行於地方。喬治亞布派推舉他為代表到芬蘭參加前述的布派緊急大會。這是他第一次與列寧見面，從此開始接受列寧的指示以搶劫、勒索的方法來籌措資金，其中最為人所知的就是第比里斯運鈔車搶案。

史達林發表〈馬克思主義和民族問題〉

一九一二年初，列寧決定在聖彼得堡辦一份新報紙，指定剛好從流放地逃回的史達林負責。新報紙取名為《真理報》（*"Pravda"*），與托洛茨基在維也納辦的報紙名字完全一樣。托洛茨基強烈抗議，但列寧置之不理。

為了便於就近指導國內的活動，列寧決定從巴黎搬到克拉科夫（Krakow，在今波蘭南部，當時屬於奧地利）。同時跟去的還有季諾維也夫和加米涅夫。列寧也曾把史達林調去維也納，讓他和布派的理論家布哈林（Nikolai Bukharin）一起研究民族問題，又命令斯維爾德洛夫（Yakov Sverdlov）代理他的職務。斯維爾德洛夫比史達林年輕七歲，曾經在烏拉爾地區（Ural）成功地布建組織，並在革命低潮中重整莫斯科和聖彼得堡的黨團，展現組織長才，是布派新起的明星，極受列寧器重。

由於俄國是一個多民族的國家，少數民族大多被歧視，列寧對民族問題非常關注，主張「民族自決」，認為有利於推翻沙俄政權。又由於史達林屬於少數民族，列寧認為請他來寫有關民族問題的論文最適當。史達林後來發表一篇〈馬克思主義和民族問題〉，其中當然有很多是列寧和布哈林的意見。不過和史達林後來掌權時對少數民族的殘酷對待就完全不同態度了。

史達林在維也納時也曾見到托洛茨基。托洛茨基在多年之後回憶，說史達林注視他時「黃眼睛裡閃耀著強烈的敵意」。兩人之間的長期敵對，可說從這時已經開始。

一九一三年二月，斯維爾德洛夫忽然在聖彼得堡被捕。列寧急忙派史達林回去坐鎮，不料史達林也被捕。布派其實人人都知道身邊布滿政府的密探，只是不知道是哪些人。有人懷疑是馬林諾夫斯基，向列寧舉報，但列寧無論如何都不肯相信。一九一四年四月，馬氏卻因故被沙俄內政部私下嚴重警告，連夜趕到科拉柯夫去向列寧辭行，然後跑到德國去躲起來。當時又有人攻擊馬氏是間諜時，列寧又為他辯護。不過近代的歷史學家卻斬釘截鐵地說馬林諾夫斯基是特務。為什麼呢？因為三年後俄國發生二月革命，新成立的臨時政府打開沙俄內政部的舊檔案，發現有關馬氏為奧哈蘭那工作的全部紀錄，無可抵賴。

由於俄國社會民主工黨分裂嚴重，第二國際派代表來調解，希望大家捐棄成見，團結一致。列寧卻不接受。眾人正在討論要如何繼續進行，第一次世界大戰卻突然爆發了。

第一次世界大戰的起因

第一次世界大戰之所以發生，導火線是塞拉耶佛事件，遠因卻是巴爾幹半島無比複雜的情勢，但在其背後的根本原因其實是歐洲列強之間的歷史仇恨及各自懷抱的爭霸野心。以下分述。

■大戰的遠因——巴爾幹的複雜情勢

巴爾幹半島之所以複雜，是因為地小而種族繁多，又處於東正教、伊斯蘭教和天主教勢力交錯之地。大致來說，半島南部及東部國家的人民大多信奉東正教，西北的人民大多信奉天主教，西南的阿爾巴尼亞人卻是信奉伊斯蘭教。在中間的波士尼亞那就更複雜了，因為它的周邊被塞爾維亞、克羅埃西亞和阿爾巴尼亞三國圍繞，居民中一半是波士尼亞人，另一半卻分別與外圍三國同種。更難解的是，整個半島在先前數百年中是由信奉伊斯蘭教的鄂圖曼土耳其人統治，天主教及東正教徒都遭到迫害，因而不斷有衝突發生。

巴爾幹半島又是戰略要地，東臨黑海，南臨地中海，西臨亞得利亞海（Adriatic Sea）而與義大利相望。因而，當鄂圖曼土耳其的國力日衰後，歐洲各國莫不引頸注目。俄國尤其虎視眈眈，每每以保護東正教徒為由出兵南下，其實是覬覦出海口。俄、土之間在過去三百年之所以發生九次大戰，正是為此。其中第九次大戰就是前述的克里米亞戰爭，而以俄國被圍攻慘敗收場。

大戰背後的根本原因——列強的歷史仇恨及爭霸的野心

但俄國不死心，又在一八七七年出兵，挑起第十次大戰，結果土耳其戰敗，被迫同意羅馬尼亞、保加利亞、塞爾維亞都脫離其統治而獨立。西歐各國卻群起干涉。奧匈帝國出兵「保護」波士尼亞。德國宰相俾斯麥也為奧匈帝國撐腰，威逼俄國同意波士尼亞歸奧匈帝國託管。俄、德於是交惡。法國在普法戰爭慘敗後，無時無刻不想報仇，於是趁機與俄國結盟。

這時的德國已有霸主之姿。名將毛奇曾說：「永久的和平只是夢想，戰爭是維持世界秩序的要素。」歐洲各國聽到之後，無不忐忑不安。一八九〇年，德國年輕的新皇帝威廉二世登基，目空一切，把俾斯麥免職，立志要做出一番更大的事業。他在訪問摩洛哥時，公開向蘇丹保證會支持他對抗法國。威廉二世又決定建造一支龐大的海軍，說如果海軍不能達到陸軍的同樣水準，絕不罷休。英國稱雄海上已有三百年之久，自然不想讓德國超越，兩國於是競相擴充海軍。歐洲其他所有國家這時別無選擇，也只得跟著擴軍。總之，歐洲列強早已積極備戰，並分成兩個集團，塞拉耶佛事件只不過是一個導火線。

塞拉耶佛事件引爆大戰

塞爾維亞人一向有併吞波士尼亞的野心，但如上述奧匈帝國卻將波士尼亞置於其託管之下，因而對奧匈帝國至為痛恨。一九一四年六月，奧匈帝國的皇儲斐迪南（Franz Ferdinand）大公夫妻一同到波士尼亞的首都塞拉耶佛（Sarajevo, Bosnia）訪問，卻遇襲而死。兇手是一群塞爾維亞（Serbia）的極端民族主義者。奧匈帝國立即向塞爾維亞宣戰，俄國卻宣稱將出兵保護塞爾維亞，德國也立刻向俄國宣戰。此後歐洲各國紛紛參戰，形成同盟國（德國、奧匈帝國、土耳其等）對抗協約國（英、法、俄、日、義及塞爾維亞等）的大戰。

必須說明，美國原本是保持中立，但由於德國在公海上採用無限制潛艇戰，導致許多美國商船被擊沈，最終忍無可忍，於一九一七年四月對德國宣戰。一般認為，德國激怒美國是一大錯。美國的整體國力遠高於德國，縱使軍力不強，一旦動員起來，德國便無法與之抗衡。更何況歐戰打了幾年，各國已是強弩之末，只有美國是新力軍。因而，當美軍於一九一八年初大舉進入歐洲戰場後，德國已經無法避免戰敗投降的命運。

由於本書主要是敘述與共產世界有關的歷史，請恕我在此不贅述此一戰爭的詳細經過及其傷亡情形，而只專注於歐洲各國的共產黨如何因應。

第二國際的左右分歧——支持或反對戰爭？

第一次大戰爆發後不久，第二國際緊急邀請各國的代表在布魯塞爾開會，討論應如何共同因應，列寧也派代表參加。列寧的觀點是各國的馬克思主義黨必須團結反戰，因為這次大戰從性質上講是資本主義國家之間的侵略戰爭，無產階級不能以愛國為理由而支持自己的國家去侵略別的國家。不料各國代表在大會中大多表示將支持本國對外國的戰爭。這在列寧看來，等於背叛馬克思主義及無產階級。當他知道普列漢諾夫和德國社會民主工黨的領袖也都發表民族主義的「護國」言論時，更是失望，於是決心要脫離第二國際。

列寧的言論雖然屬於少數，並不孤單，因為馬爾托夫、托洛茨基也都反戰。在德國社會民主工黨裡，後起的新秀盧森堡（Rosa Luxemburg）和卡爾·李卜克內西（Karl Liebknecht，威廉·李卜克內西之子，以下稱小李卜克內西）也支持反戰，不惜與黨中央決裂。列寧這時開始使用一個新名詞「帝國主義」，說那是資本主義發展的最後階段，此後一切矛盾將更尖銳化，但社會主義終將起而代之。他雖然無法回國，卻提出一個口號：

「變帝國主義戰爭為國內戰爭！」

列寧的言論發表後，在俄國國內引起一片混亂及叫罵。布派國內負責人加米涅夫剛開始也有些猶疑，不過在接到列寧的命令後就召開黨團會議，宣讀列寧的指示。布派議員依列寧的要求在杜馬宣讀反戰宣言。沙俄政府大怒，下令封閉《真理報》，又大肆搜捕布黨成員。加米涅夫被判處充軍於西伯利亞。

一九一五年九月，列寧、托洛茨基及第二國際裡堅持反戰的十餘國代表，共三十八人集會於瑞士的齊美爾瓦爾德（Zimmerwald）。列寧在會中主張立即發動內戰，認為祖國戰敗反而有利於革命，又建議成立第三國際，但都被否決。與會代表雖然都反戰，譴責侵略，大多只同意號召各國工人抵制戰爭。

列寧這時相信，帝國主義戰爭將造成重大的人命傷亡及物資短缺，導致人民厭戰。俄國如果戰敗，極有可能重演日俄戰爭後的一九〇五年革命風潮。但他並不確定什麼時候這件事才會發生，所以在一九一七年初發表演講時還說自己也許不能活到那時候。不料一個月後彼得格勒（即是聖彼得堡，於一九一四年大戰爆發後改名）就發生革命，推翻了沙俄政府。

二月革命

回溯斯托雷平死後，俄國由於「妖僧」拉斯普丁干政而國事日非。同時，前線戰敗的消息不斷傳來，後方又物資嚴重匱乏，使得人民漸漸失去為國家奮戰的激情。布爾什維克的反戰宣言因而越來越深入人心。有一部分王公大臣定計除去拉斯普丁，將他殺死，但已無補於事。原本斯托雷平死前一年幾乎沒有工人罷工，到一九一五年及一九一六年參加罷工人數竟分別超過五十萬及一百萬。農民暴動也在全國各地蔓延。

為了避免王朝崩潰，王公大臣開始討論發動政變以廢黜沙皇。不料社會革命黨的議員克倫斯基在一九一七年二月突然率先在杜馬議會中公然要求沙皇下台。沙后大怒，下令處死克倫斯基。然而，彼得格勒的工人、學生和百姓群起響應克倫斯基，迅速發起數十萬人的示威遊行。工人罷工，學生罷課，商人罷市。負責衛戍首都的軍隊及喀琅施塔得海軍基地（Kronstadt）的波羅的海艦隊官兵竟也表示支持革命。工人、學生接著搶奪軍械，攻占政府機關。沙皇至此只能宣布退位，已有三百零四年歷史的羅曼諾夫王朝就此滅亡。

三月初，杜馬議會成立了一個臨時政府，以李沃夫（Georgy Lvov）親王為內閣總理，米留科夫為外交部長，克倫斯基為司法部長。資產階級幾乎完全掌控了臨時政府。在推翻沙皇的過程中，工人和士兵無疑是主要的力量，這時在臨時政府中卻沒有任何職位。但臨時政府對於擁有武裝力量的工人和士兵蘇維埃組織不敢忽視，彼得格勒蘇維埃執委會因而有極大的影響力，與臨時政府並存，形成後來列寧和托洛茨基所稱的「雙重政權」（dual power）。克倫斯基既是臨時政府的閣員，又受許多工人組織信賴，因而是負責協調雙方的主要人物。

沙皇退位後，全家被軟禁。克倫斯基建議送他們到海外。英國王室卻拒絕接受，法國也拒絕了。沙皇一家因而無法逃過一年後的悲慘命運。

列寧搭乘「密封火車」返國

二月革命後，布派在彼得格勒的情勢發生劇烈的變化。布派俄國局的負責人施略普尼可夫（Alexander Shliapnikov）復刊《真理報》，並維持被封閉前的立場，主張變帝國主義戰爭為內戰。不久後，史達林和加米涅夫獲釋從充軍地回來，強行接手俄國局和《真理報》，卻轉為主張與臨時政府合作。對於《真理報》突然轉向，俄國工人大多疑惑不解，有一部分人極為憤怒。

在國外，列寧獲知二月革命爆發後就想立刻回國，但想了很久也想不出如何可以安全地回到國內。流亡國外的其他俄國社會主義者也都急著要回國，同樣不知如何是好。後來有人提議借道德國，然後轉經丹麥、瑞典、芬蘭回國。許多人都反對，馬爾托夫和列寧卻贊成。列寧於是派人與各國政府祕密聯絡，要求容許所有的俄國革命黨人都攜眷乘火車離開瑞士，所過任何國家都不接受檢查護照及行李，也不准任何其他乘客進入專屬車廂。德皇威廉二世、首相及參謀總長竟都欣然同意，因為他們認為這是削弱俄國，或讓俄國退出戰爭最有可能的方法。德國甚至祕密贈送列寧一筆「路費」，據說金額高達五千萬馬克。

列寧與季諾維也夫、拉狄克等人搭乘「密封火車」回到彼得格勒時，已是四月初。普列漢諾夫比他早一天到，各界代表紛紛前去彼得格勒的芬蘭火車站歡迎，由彼得格勒蘇維埃代表致歡迎詞。普列漢諾夫卻沒有任何回應。歡迎的人群極為失望。施略普尼可夫目睹其事，第二天在芬蘭站的前一站上火車，先向列寧報告情況。列寧到了芬蘭站，蘇維埃代表同樣致歡迎詞，列寧立刻致答詞，說：「我幸福地以勝利的俄國革命名義祝賀你們，並祝賀你們充當全世界無產者軍隊的先鋒隊。……人民把他們的武器轉向資本主義的剝削者的時間已經不遠了。……全世界的社會主義革命萬歲！」列寧然後走出火車站外，面對聚集在廣場的群眾，站在一輛鐵甲車上發表演說，號召群眾為社會主義革命繼續奮鬥。

《雙重政權》、《四月提綱》及托洛茨基返國

列寧在回國之前已經寫了一篇〈雙重政權〉刊登在《真理報》上。他說，國家權力所屬的問題如果沒有弄清楚，就沒辦法領導革命。二月革命造成「雙重政權」的情形在歷史上並不是沒有先例。法國第二帝國在普法戰爭後被推翻，便是由無產階級組織的巴黎公社與資產階級控制的國民議會雙重政權同時存在，其結果是導致

無產階級被清洗的慘劇。工農兵因而必須發動無產階級革命，立即推翻臨時政府，以建立自己的政權。

然而列寧發現支持他的人並不多。布黨中包括加米涅夫及史達林在內有許多人都認為俄國仍然處於資產階級革命的階段，發動無產階級革命的時間尚未到來。列寧卻堅持己見，又在《真理報》上發表一篇文章，後來被稱為〈四月提綱〉。其主要內容是要求俄國退出戰爭，拒斥代表資產階級的臨時政府，拒絕議會共和體制，要求把國家權力移轉到工人代表蘇維埃，以及告別第二國際，重組國際工人組織。

但加米涅夫代表所有反對列寧的同志們也在《真理報》上發表聲明，說列寧的主張只代表他個人的意見。列寧無法說服高級幹部，決定訴諸黨員和群眾，對工人和士兵發表一連串的演講。但由於臨時政府利用「密封火車」及馬林諾夫斯基事件指稱列寧和布派都是德國的間諜，有許多工人開始懷疑列寧，有人甚至在布派黨中央門口集結示威，列寧因而陷入苦戰。但這時托洛茨基正好回到國內，決定支持列寧。兩人於是合力扭轉局勢，最終贏得勝利。

回溯二月革命爆發時，正在美國流亡的托洛茨基和西道娃決定立刻搭船回國，不料在半途中被英國海軍扣留，當作德國間諜關入戰俘營中。彼得格勒蘇維埃立即要求英國政府放人。列寧也在《真理報》上撰文，說不明白前彼得格勒蘇維埃主席怎麼會被認定是德國的間諜？到了五月初，托洛茨基終於獲釋回到俄國，受到彼得格勒蘇維埃工人盛大的歡迎。托洛茨基即席發表演講，斥責臨時政府是資產階級的俘虜，所以拯救俄國的唯一辦法就是把政權全部歸於蘇維埃。托洛茨基與列寧的觀點既然一致，兩人之間就有寬廣的合作空間。

俄國社會民主工黨有一個支派，稱為「各區聯合派」（Mezhraiontsy），其成員包括盧那察爾斯基、吳里茨基（Moisei Uritsky）、越飛（Adolph A. Joffe）、加拉罕（Lev Karakhan）等，都是一流的人才。他們對布、孟分裂十分無奈，又不願意選邊站，因而成立組織的目的就是期待將來促成兩派重新合併。托洛茨基回國後就受邀加入各區聯合派。托洛茨基同時獲得彼得格勒蘇維埃及各區聯合派支持，對列寧來說如虎添翼。

七月事變及八月叛亂

克倫斯基主張繼續戰爭，在四月轉任為戰爭部長，結果對德作戰數度遭到大敗。民心迅速趨向反戰。據統計，俄國在第一次大戰期間共投入一千二百萬人參戰，超過男丁總數的四分之一。由於俄軍武器的威力遠低於德軍，所以死傷多出數倍不止，到一九一六年底已有四百多萬人傷亡。士兵因而厭戰、畏戰，其不滿的情緒又從前線傳到後方。六月中，彼得格勒出現一次大規模遊行，人數約有三、四十萬，群眾手中拿的標語，正是布派的口號「結束戰爭！」「麵包、和平和自由！」以及「一切政權歸蘇維埃！」

到了七月，布派又挑起一次大規模的示威遊行。臨時政府派軍警強行解散隊伍，殺數百人。克倫斯基也藉機逼李沃夫下台，由自己接任內閣總理，並下令強力取締布黨，逮捕了包括托洛茨基在內許多人。列寧幸而逃脫，卻決定冒險在彼得格勒市郊召開一次祕密會議（後來被稱為社會民主工黨第六次大會），重申聯合工、農、兵推翻反革命政權的政策。這時各區聯合派決議併入布黨裡。

就在列寧派與托洛茨基派合流時，臨時政府卻發生分裂。其中右派領導人陸軍總司令科爾尼洛夫（Lavr Kornilov）要求克倫斯基取締彼得格勒蘇維埃，但被拒絕，結果竟在八月叛變，直接派軍隊驅散彼得格勒蘇維埃，又發兵向臨時政府所在地進軍。克倫斯基無計可施，只得接受孟黨的建議，向布黨求援，並同意把監獄裡的布黨全部放出來。布黨立即號召工人和士兵組織「赤衛隊」以保護革命，又命令叛軍中的革命分子遊說長官及同袍抗命，棄械投降。結果叛軍在頃刻間土崩瓦解，科爾尼洛夫被逮捕入獄。

九月，托洛茨基再度被選為彼得格勒蘇維埃主席。當他走上台時，全場歡聲雷動。布黨隨後在莫斯科、基輔、明斯克、薩馬拉等地的蘇維埃也獲得控制權。克倫斯基這時威信已失，而仍以總理的身分發出通知，請所有的黨派派員參加成立共和國的預備會議。列寧卻不同意，認為無產階級革命的條件已經成熟，必須立即武裝起義。但季諾維也夫、加米涅夫在布黨開會時仍是反對列寧，包括史達林在內的其他代表大多也不認為革命條件已經成熟，因而最後會議做成的決定只是抵制共和國預備會議，並未同意武裝起義。

十月革命

到了十月初，突然有傳聞德軍已經在芬蘭灣出現，彼得格勒人民開始驚惶。克倫斯基於是提議放棄彼得格勒，遷都到莫斯科。布黨認為這是克倫斯基的詭計，目的在打擊彼得格勒的革命勢力。托洛茨基發表演講，慷慨激昂說：「彼得格勒在危險中！革命在危險中！國家在危險中！」列寧於是召集布黨會議，經過十小時辯論，這次終於以十比二表決通過發動武裝起義，而反對的兩個人仍是季諾維也夫和加米涅夫。

決議既定，托洛茨基便受命成立一個「革命軍事委員會」。十月十七日，彼得格勒駐軍宣布不接受克倫斯基的開拔令，克琅斯塔得水兵也決定響應革命。克倫斯基大驚，下令逮捕列寧、托洛茨基和其他革命分子。但托洛茨基命令克琅斯塔得水兵派五艘軍艦駛入彼得格勒港，又命令忠於布黨的軍隊和工人赤衛隊進攻臨時政府所在的「冬宮」。十月二十五日凌晨，起義的部隊占領郵局、電話局、鐵路局、火車站及其他重要地點，幾乎沒有遭遇任何抵抗。上午十時，革命軍事委員會發布列寧起草的「告俄國公民書」，宣告推翻臨時政府。到了下午，列寧由托洛茨基陪同出席彼得格勒蘇維埃召開的會議，發表演講。他說：

> 同志們！布爾什維克常說必然到來的工農革命已經實現了。
>
> 這個工農革命的意義是什麼呢？這個革命的意義首先在於我們將有蘇維埃政府，我們將有自己的，完全不要資產階級參加的政權機構。被壓迫的群眾自己會創造政權，會連根拔除舊的國家機器而建立以蘇維

埃組織為代表的新的管理機關。

列寧同時發布《和平法令》及《土地法令》。前者斥責帝國主義的戰爭，要求各國停戰；後者規定土地國有，無償沒收皇室、貴族、教會和大地主的土地，交由各地蘇維埃公平分配。

在此必須說明一事。俄國這時尚未採用格里曆（Gregorian Calendar，即現今世界通行的曆法），而是沿用古羅馬的儒略曆（Julian Calendar）。兩者都是陽曆，每年平均日數相差極小，但經過多年累積，在一九一七年已相差十三天。因而，俄國所謂的「十月革命」是依舊制，換算格里曆是在十一月。上述的「二月革命」換算格里曆是在三月。十月革命後，布黨從次年元旦起改用格里曆。

社會主義陣營的四位領導人對十月革命的看法

列寧在建立了世界上第一個共產主義國家後，喜不自勝。如前所述，有一部分布爾什維克黨人，如季諾維也夫、加米涅夫和史達林，其實原本是不同意，最後卻被脅迫而參加起義，到此時也是欣喜。然而，許多不同派別的馬克思主義者及列寧昔日的革命伙伴對十月革命之後的俄國卻是十分悲觀。鄭學稼先生在他的著作《列寧評傳》裡引述其中幾位代表人物的看法。以下我也轉述其中一部分，供讀者們參考。

普列漢諾夫當時已經病重將死，但勉強發表他最後的一篇文章，標題是〈給彼得格勒工人的公開信〉。他認為「俄國還不具備無產階級專政必要的經濟條件，勞動階級也還沒有準備好；此時布爾什維克強取政權將只會把俄國推入一個歷史的大災難，最終將帶來極大的悲劇。」他又預言，俄國無產階級革命成功並不代表德國也能完成無產階級革命，法國、英國或美國也不會。最後，他說俄國無產階級將無法完成社會革命，只會帶來內戰，而讓二月革命取得的成果倒退。

高爾基在報紙上發表一篇抗議書，其中說：

> 盲目的幻想家們和魯莽的冒險家們正擠向「社會革命」。事實上，是走上無政府之路，是毀滅無產階級的革命。沿著這條路，我以為列寧和他的助手可能犯一切的罪惡。……
>
> 列寧在目前擁有大多數工人的支持，但我深信勞動階級將馬上睜開眼睛，看到要兌現列寧所許的諾言的不可能性，和他瘋狂的程度。……
>
> 工人必須了解，實際上是沒有奇蹟的。他們將會面臨飢餓，工業、運輸解體，長期流血的無政府狀態，以及對反動派的大屠殺和大黑暗。……

年已七十五歲，備受尊敬的無政府主義者克魯泡特金也斷言，由於布爾什維克「缺乏崇高的道德理想，俄國革命便不能創造出一種奠基於自由和正義的新社會制度，也不能像法國大革命及一八四八年革命一樣以革命的怒火點燃其他的國家。」德國社會民主黨的理論家考茨基認為，俄國共產黨已經走入歧途。他在第二年出版一本小冊子《論無產階級專政》，其中說社會主義和民主是一體的，專政絕對不是民主，列寧所謂的「無產階級專政」最終只是導致少數共產黨員「對無產階級專政」。

這四位社會主義大師的預言是否將會成真？相信讀者們在繼續閱讀本書後面的章節便能自己找到答案。

第二卷

共產世界的擴張

（一九一七～一九五三）

年	亞洲	蘇俄／蘇聯及其加盟共和國	歐洲及北美	拉丁美洲、非洲
1918	7月，俄國宣布廢除沙俄與中國簽定的不平等條約	1月，列寧解散立憲會議。3月，蘇德簽《布列斯特和約》，內戰起。8月，列寧遇刺。11月，一戰結束。德國共產革命失敗		
1919	3月，莫斯科第三國際成立大會，十九國參加，季諾維也夫任主席。6月，一戰參戰國簽《凡爾賽和約》			
1919	5月，中國五四運動	2月，波蘇戰爭起	9月，美國共產黨成立	9月，墨共成立
1920	5月，諾門罕戰役	4月，波蘇華沙之戰	12月，法共成立	
1921	7月，中共上海成立大會，陳獨秀任總書記。9月，法國里大事件	3月，蘇共十大通過新經濟政策。紅軍鎮壓喀琅斯塔得水兵 6月，紅軍鎮壓坦波夫農民起義		南非共產黨成立
1922	7月，中共二次大會。日共成立	3月，史達林任蘇共總書記 5月，列寧中風。12月，蘇聯成立		
1923	1月，中國國民黨「聯俄容共」	4月，蘇共十二大列寧缺席	11月，德國啤酒館政變	
1924		1月，列寧病逝		
1925	3月，孫文病逝 12月，朝鮮共產黨成立	1月，托洛茨基遭解除軍委主席 12月，十四大，一國社會主義列黨綱		
1926	6月，中國國民革命軍北伐	7月，布哈林任共產國際主席	5月，英國大罷工	
1927	4月，上海四一二事件 8～11月，南昌、湖南、廣州起義	5月，英國與蘇聯斷交。11月，蘇共開除托洛茨基、季諾維也夫黨籍		
1928	3月，日本三一五事件	5月，史達林提第一次五年經濟計畫		
1928	6月，中共六大在莫斯科舉行，向忠發任總書記，陳獨秀、毛澤東未與會			
1929		1月，托洛茨基遭驅逐出境	10月，華爾街股市崩盤	
1930	12月，中共富田事變		1月，西班牙政變	
1931	10月，印度支那共黨成立	史達林再推集體化		
1932	1月，中日上海一二八戰役	11月，蘇聯大飢荒起，連續三年		
1933	3月，日本在中國東北成立滿州國	2月，蘇聯推第二次五年計畫	1月，希特勒任德國總理	
1934	10月，中共長征開始	12月，基洛夫事件	8月，興登堡病逝，希特勒自任國家元首	尼加拉瓜國桑定諾遭蘇慕薩殺害
1935	1月，中共遵義會議	2月，葉若夫取代雅戈達掌內務部	3月，德軍進占薩爾省	

1936	11月，日德簽防共協定 12月，西安事變	8月，第一次莫斯科大審判，季諾維也夫、加米涅夫遭處決	7月，西班牙內戰起 9月，慕尼黑會議	
1937	7月，蘆溝橋事變	1月，第二次莫斯科大審判		
1938	8月，共產國際承認毛為中共領袖	3月，第三次莫斯科大審判	3月，德國兼併奧地利	
1939	5月，日、蘇諾門罕戰役 8月，緬共成立	3月，德軍佔領捷克。4月，西班牙內戰結束。8月，德、蘇簽密約。9月，德蘇瓜分波蘭。歐戰起。		
1940	8月，共軍對日軍百團之戰	4月，卡廷森林屠殺事件。6月，敦克爾克大撤退，德軍占巴黎		8月托洛茨基遭刺
1941	1月，國共新四軍事件 5月，越盟成立	1月，美國通過租稅法案。5月，米哈伊洛維奇組南斯拉夫游擊隊抗德。6月，德國進攻蘇聯		
1941	3月，日、蘇簽互不侵犯條約。12月，珍珠港事變。美國參戰			
1942	2月，中共延安整風	2月，德軍圍史達林格勒，前後八七二天		
1943	10月，中美遠征軍反攻緬甸	10月，墨索里尼垮台，義大利向盟軍投降		
1943	5月，史達林解散共產國際。11月，美、英、中開羅會議；美、英、蘇德黑蘭會議			
1944	8月，緬甸翁山與英軍聯合抗日 10月，羅斯福撤換史迪威	5月，邱吉爾支持狄托。6月，盟軍登陸諾曼地。8～10月，紅軍在華沙坐視德軍殲滅波蘭起義軍。9月，蘇軍佔領保加利亞		
1945	2月，雅爾達會議。5月，德國投降，歐戰結束。7月，《波茲坦宣言》。8月，美國在日投下原子彈，蘇聯出兵中國東北及朝鮮。日本投降。盟軍發佈總命令第一號。8～9月，蘇聯、美軍分佔北、南韓。9月，越盟反法戰爭、印尼反荷戰爭起			
1945	8月，國共內戰爆發 11月，馬歇爾來華調停	8月，中蘇簽同盟友好條約。蘇聯阻國軍接收東北	5月，羅斯福病逝，杜魯門繼任	10月，委內瑞拉貝坦科特任總統
1946	5月，四平街之戰 7月，美國對華武器禁運	2月，肯南「長電報」。3月，邱吉爾發表「鐵幕演說」。4月，蘇軍同意撤出伊朗。南斯拉夫米哈伊洛維奇被捕，7月遭槍決		2月，貝隆當選阿根廷總統
1947	3月，馬共萊特叛逃，陳平繼任	6月，馬歇爾計畫。7月，莫洛托夫計畫。10月，共產情報局成立		
1948	12月，遼瀋戰役	2月，捷共迫死外交部長馬薩里克。3月，蘇、南決裂		
1949	1月，淮海、平津戰役。8月，菲律賓剿虎克黨。10月，中共建國	6～10月，蘇聯在匈牙利、東德完成衛星化。12月，毛訪莫斯科，簽約合作	4月，北約成立	
1950	6月，韓戰爆發。9月，美軍登陸仁川。10月，美軍驅趕北韓軍至鴨綠江邊，毛派志願軍抗美援朝			
1950	5月，GHQ彈壓日共，馬來剿共	5月，匈共整肅內部，總統史札拉西被逐		
1951	12月，西藏抗暴	11月，捷共總書記史蘭斯基等13人被捕，一年後受審遭槍決		
1951	4月，麥克阿瑟遭杜魯門解職。9月，日本與48國簽舊金山和約，蘇聯拒簽。日美簽安保條約			
1952	8月，中共五馬進京	10月，蘇共十九大取消政治局，設中央主席團		7月，埃及納瑟政變

第六章
十月革命後蘇俄的內憂與外患

列寧發動十月革命，雖然順利地推翻了臨時政府，但真正的困難卻是在後面。他面對的是什麼問題呢？大致來說，有三方面。首先，要建立什麼樣的新政府？其次，要如何結束與外國的戰爭？最後，要如何應對即將發生的內戰？

從拒絕聯合政府到解散立憲會議

關於建立新政府。最主要的問題是要納入，或不納入什麼政治團體？布黨在革命前既是主張一切權力都歸蘇維埃，列寧在工人赤衛隊攻打冬宮當晚便召開全俄蘇維埃大會。由於布黨在會議中占六成以上席位，孟黨和社會革命黨的提議大多遭到反對，憤而退出，留下布黨單獨開會。列寧於是快馬加鞭，通過各項組織法，又通過成立人民委員會（即是內閣部會）及首長名單：列寧自任人民委員會主席，李可夫為內政人民委員，托洛茨基為外交人民委員，史達林為民族人民委員等等。但已退場的反對派拒絕承認這些任命的合法性。

回溯二月革命後，俄國各界都要求召開「立憲會議」，布派也曾表示支持，卻一直沒有進行。列寧因而決定在十一月中舉辦選舉，並說如果布派在選舉中失敗，他將服從人民的選擇。列寧原以為布黨會在選舉中獲勝，不料慘敗，竟只獲得不到總席次的四分之一。社會革命黨、立憲民主黨及孟黨在大勝後要求組織聯合政府，並要求排除列寧及托洛茨基。布黨中的加米涅夫與季諾維也夫竟也表示同意犧牲兩人，內部因而爆發劇烈的爭執。列寧和托洛茨基怒不可遏，堅決主張將同意成立聯合政府的所有黨員開除黨籍，最終迫使反對者屈服。加米涅夫被迫辭去全俄蘇維埃執委會主席的職位，由斯維爾德洛夫接任。

一九一八年一月，立憲會議開議，會中爭辯激烈，布派代表卻在會議半途逕自離席，留下其他黨派代表繼續開會。第二天，各黨派代表又到開會地點，卻發現會場大門已經上鎖，立憲會議等於被解散。各黨派紛紛抗議，列寧卻完全不予理會，此後手段更趨強橫。

《布列斯特條約》

列寧既是宣布退出戰爭，蘇維埃俄國（簡稱蘇俄）與德國就開始談判。德國提出嚴苛的條件，要求蘇俄賠款三十億盧布，割讓部分波蘭、立陶宛、愛沙尼亞，拉脫維亞及白俄羅斯的土地。布黨內部看法歧異。列寧這時正要組建「紅軍」以對付國內出現的叛亂，自認無法同時與德軍作戰，沒有什麼談判的條件，所以主張照單全給。布哈林卻堅決反對和談，主張繼續打仗。托洛茨基則是主張「不戰不和」，拖延談判。說是最好的一條路，因為當時歐戰還在進行中，德國最後極有可能戰敗。史達林也同意托洛茨基的主張。

但德國不讓蘇俄拖延，又大舉出兵，並大幅提高談判價碼勒索。列寧又一次力排眾議，主張照單全收。他說：「沒有軍隊而拒絕締結最屈辱的和約，那就是冒險。」又以去留要脅，並獲托洛茨基支持，總算得到多數人同意。一九一八年三月初，德蘇代表在布列斯特－立托夫斯克（Brest-Litovsk）簽訂和約。蘇俄除了割讓先前同意的部分波蘭土地及波羅的海三小國之外，又被迫承認芬蘭、烏克蘭、白俄羅斯獨立，賠款金額也提高兩倍為六十億盧布。簽字後幾天，布黨召開第七次代表大會，追認此一和約。大會又通過把黨名改為「俄國共產黨（布爾什維克）」，簡稱「俄共（布）」。

當初布黨主張退出戰爭，前提是「不割地，不賠款」，到頭來竟被迫割去土地一百二十餘萬平方公里及其上的六千多萬人，損失三分之一的農業，一半的工業，以及超過七成的煤礦、鐵礦生產。面對布黨內部同志和其他黨派的嚴厲指責，列寧辯稱此時必須優先解決內戰的危機，退讓只是為了保存實力，丟掉的將來還有機會拿回來。列寧的說法在條約簽訂八個月後果然應驗，德國戰敗投降。蘇俄於是趁機宣布廢除《布列斯特條約》，不但不必付賠款，又拿回失地。不過由於波蘭異軍突起，橫加阻攔，連帶使得蘇俄無法取得波羅的海三小國。有關這一部分，本章將在最後幾節中敘述。

內戰爆發

如普列漢諾夫所預料，內戰在革命後大起，但局勢發展遠比任何人想像的還要複雜。首先出現的是反抗新政府的「白軍」，其次是協約國不滿蘇俄退出戰爭，出兵干涉；另外還有捷克軍團以及波蘭革命軍出現。以下分別敘述。

白軍主要是由保皇黨、大地主、資產階級及立憲派支持，其軍官、士兵來自原先沙俄和臨時政府的部隊，但有更多士兵是被強徵的農民。起初白軍規模很小，後來逐漸擴大，形成三個大集團：東部西伯利亞鐵路沿線由海軍上將高爾察克（Alexander Kolchak）率領，南部烏克蘭、高加索地區由鄧尼金（Anton Denikin）率領，西部彼得格勒附近由尤登尼奇（Nikolai N. Yudenich）率領。但三者各自為戰，並沒有統一的指揮系統。

圖 6.1 內戰中的托洛茨基

基於戰略考量，布爾什維克政府決定遷都莫斯科。列寧又決定成立「最高戰爭會議」，任命托洛茨基為主席，負責組建「紅軍」。紅軍原先是以工人赤衛隊為核心，後來開始招募工人和農民入伍，並強徵資產階級擔任後援及賤役。紅軍的家屬可獲政府保證口糧及農忙時支援，農民因而踴躍應募。也因此，紅軍得以挑選「具有階級意識及最好的勞動階級成分」，又有政府機關或工會擔保的士兵入伍。紅軍規模此後一路膨脹，從最初數萬人增加到兩年後的三百萬。

打仗不能沒有將校，所以除了少數共產黨員出身的將領，如伏龍芝（Mikhail V. Frunze）之外，紅軍也徵調大批沙俄時代的軍官，如日後的名將圖哈切夫斯基（Mikhail N. Tukhachevsky）、布瓊尼（Semyon M. Budyonny）等。為了確保這些前沙俄將校不會叛逃，就把他們的家屬集中起來，當作人質嚴密監管。俄共（布）又安插「政委」在軍中各級指揮官的左右，就近監督。這些政委握有生殺大權，在必要時可以直接處決指揮官。因而在紅軍中「每一個軍事專家左右，都有一位手持手槍的政委。」

「契卡」及紅色恐怖

列寧在十月革命後也決定成立一個祕密警察組織「契卡」（Cheka），指定捷爾任斯基負責組建。捷爾任斯基出身波蘭貴族，十八歲起就參加革命運動，此後也和許多馬克思主義者一樣不斷地在被捕、流放、逃脫、被捕的循環中，不同的是他前後進出達十餘次，比任何人都多，並因屢遭刑求，以致於臉頰受損，腿部傷殘。但他可能沒有料想到，自己的前半生每日在逃避奧哈蘭那的追緝，後半生竟都在主持和奧哈蘭那一樣的祕密機關。

契卡的全名是「全俄肅反委員會」，成立不久後就隨著內戰擴大而迅速膨脹。社會革命黨被宣布為非法後，決定走入地下，並採取在沙俄時代的暗殺行動。該黨派殺手殺害德國駐俄大使，又刺殺了彼得格勒的契卡首領。後來竟連列寧本人在參觀一家莫斯科的工廠時，也遭到一位名叫卡普蘭（Fanny Kaplan）的女性社會革命黨員槍擊，臉頰嚴重受傷，險些喪命。同一時間，斯維爾德洛夫也遇刺，倖免於難。斯維爾德洛夫立刻發布公報，聲稱將對敵人採取無情的反制。

從此時起，契卡開始「紅色恐怖」運動，鋪天蓋地，到處捕捉及殺害反革命分子，主要的對象就是社會革命黨和無政府主義者，後來連孟黨也在被迫害之列。捷爾任斯基的權力一天比一天大，遠遠超過舊日的奧哈蘭那，手段也一天比一天殘忍。革命法庭也和契卡充分配合，草草審判，甚至未經審判就將一些嫌犯集體處決。一般估計，契卡在內戰期間至少處死十幾萬人，但也有人估計達到一百萬人。

捷克軍團的傳奇及其影響——沙皇全家遇害及協約國出兵干涉

所謂的「捷克軍團」（Czechoslovak Legion），是在第一次大戰爆發後由流亡在俄國烏克蘭地區的捷克人及斯洛伐克人發起的志願軍。他們的故事是俄國內戰中的一段傳奇。

捷克志願軍成立初期只有大約七百人，由捷克流亡政府領袖馬沙力克（Tomáš G. Masaryk）協助向沙俄政府請纓，希望協同俄軍對同盟國作戰，期盼戰勝後國家能脫離奧匈帝國的統治，所有流亡的人都能回國重建家園。沙皇批准，命令將捷克步兵團編入集團軍裡。捷克人作戰勇猛，奮不顧生，與厭戰、畏戰的俄國士兵完全不可同日而語。由於他們屢立戰功，後來又獲准吸收戰俘中的捷克及斯洛伐克人，到了一九一七年初已有七千人。克倫斯基對同盟國發動最後一次西南戰役時，也派他們參戰。結果俄軍一敗塗地，捷克旅卻大獲全勝，擄獲敵軍及槍炮輜重無數，到年底竟擴充到了四萬人，已經成為一個軍團。

由於蘇俄在十月革命後決定退出戰爭，馬沙力克再度與協約國及蘇俄協商，獲得同意讓捷克軍團搭乘西伯利亞鐵路火車到海參威，再搭船到法國，預備繼續對德作戰。不料當時發生一個意外事件。有一列載滿捷克軍人的東向火車在車里雅賓斯克（Chelyabinsk）停靠時，正與一列載著奧匈帝國戰俘的西向火車相會。雙方發生鬥毆。蘇俄地方法官審訊後，判決將一名打死匈牙利人的捷克士兵處死。捷克軍團立刻暴動，占領車里雅賓斯克。托洛茨基大怒，命令捷克軍團解除武裝。捷克軍團拒絕，竟開始協助白軍，大敗紅軍。

一九一八年七月，捷克軍團與白俄軍聯合進逼葉卡捷琳堡（Yekaterinburg），正是遜位的沙皇尼古拉二世全家被軟禁之處。結果負責監管的契卡人員竟奉命將沙皇、沙后及子女共七人全數槍殺。蘇共（布）從來就否認殺害沙皇，但尼古拉二世及其子女的遺體後來在一九九一年被發現，證實遭到毀屍滅跡，並經DNA檢驗判定身分無誤。蘇共（布）之所以如此殘忍，一般認為是因為怕萬一沙皇被救出，白軍必將從分裂轉為統一，對剛剛建立的蘇維埃政權不利。

捷克軍團攻占葉卡捷琳堡後不久，又往西攻占喀山（Kazan）。捷克軍團至此完全控制了西伯利亞鐵路從西到東沿線。協約國大喜，紛紛決定出兵，意圖將新生的馬克思主義政權扼殺在襁褓之中。英軍繞道北冰洋從阿爾漢格爾斯克（Arkhangelsk）登陸。日軍從海參威登陸，法國和希臘軍隊也在烏克蘭南方的奧德薩支援白軍的鄧尼金部隊，另有波蘭軍隊也向東窺視烏克蘭。

紅軍反攻及共產國際之成立

蘇共政權最危險的時候，是在一九一九年八至十月間。基輔、察里津、烏拉爾及高加索地區都已失守，鄧尼金與尤登尼奇各率大軍分別撲向莫斯科和彼得格勒。不過這時托洛茨基負責的紅軍已經完成訓練及整編，戰局開始逆轉。捷克軍團與紅軍大戰，屢戰屢敗，損失慘重。年僅二十六歲的紅軍將領圖哈切夫斯基獲得托洛茨基拔擢，擊潰高爾查克手下軍紀敗壞，不得民心的白軍，接著大敗鄧尼金軍，解莫斯科之危。托洛茨基在內戰中將一輛專列火車改造為總指揮部，日夜坐鎮其上，隨時奔赴最關鍵的戰場。這時他決定親赴彼得格勒指揮紅軍，終於擊退尤登尼奇。到了一九二〇年初，捷克軍團無心繼續作戰，於是和紅軍達成協議，自行安排分批從海參威搭船回國。據統計，捷克軍團在兩年的戰爭中只有四千多人戰死，最後竟有將近七萬人撤離俄國而回到祖國，其中包括一萬多名平民、婦女及兒童。

協約國眼見捷克軍團對紅軍尚且不能取勝，於是紛紛撤軍。尤登尼奇和鄧尼金的軍隊各自再撐一年也都潰散。高爾查克已因敗戰而辭職，餘黨大多向東逃竄，自己後來卻落入布爾什維克黨手中，慘遭處決。

協約國之所以決定撤軍，與「第三國際」也有關係。如前所述，列寧對於第二國際早已不滿，有意另外成立國際工人組織以取代之。俄共（布）於是在黨內成立外國小組，吸收各國干涉軍的戰俘入黨，加以組訓，灌輸其共產主義思想，然後設法將這些人送回各國軍隊裡，或回國內鼓吹反戰及革命思想。英、法等國大驚，決定加速將軍隊撤出俄國。

俄共（布）又設法在歐洲各國鼓動極左派社會主義者另組共產黨。一九一八年一整年當中，芬蘭、奧地利、匈牙利、希臘、波蘭、荷蘭、德國先後有共產黨成立。一九一九年三月，各國共產主義及社會主義代表五十人齊集於莫斯科，參加共產國際（Communist International，簡稱 Comintern，或稱第三國際）成立大會。列寧指定季諾維也夫及猶太裔波蘭籍的拉迪克分別擔任共產國際主席及書記。大會之後，在一九一九年又有南斯拉夫、保加利亞、丹麥、美國、墨西哥等國家成立共產黨。亞洲最早的共產黨是一九二〇年成立的印尼、印度、伊朗及土耳其共產黨。中國共產黨及日本共產黨分別成立於一九二一年及一九二二年。至於朝鮮、越南、馬來西亞和菲律賓共產黨，那就更晚了。

凡爾賽和約（Treaty of Versailles）及其影響

回來敘述歐戰。正當蘇俄內戰時，第一次世界大戰於一九一八年十一月結束了。如前所述，美國參戰後，同盟國已經無法支撐，只能要求停戰。協約國於是召開「巴黎和會」，經過冗長的討論，最後於一九一九年六月與德國簽訂了《凡爾賽和約》。協約國又與奧地利、土耳其等戰敗國分別簽訂和約。

巴黎和會實際上完全由英、法、美三國主導。三國對於如何處置德國的態度完全不同。由於新仇舊恨，法國總理克里蒙梭（Georges Clemenceau）主張以最嚴厲的手段懲罰德國，並確保德國從此無法再度強大。英國卻主張適可而止。美國總統威爾遜親自率團參加巴黎和會，但他的著眼點並不在於如何懲罰戰敗國，而是要如何建立戰後的秩序。早在戰爭尚未結束前，威爾遜就發表一項〈十四點和平原則〉，其中重點在於「民族自決」，讓各國人民依其意願決定自己的前途。威爾遜又建議消除貿易障礙，以及成立有強制力的「國際聯盟」，以維護未來的國際秩序及和平。

然而，《凡爾賽和約》的最後版本卻是採納大部分克里蒙梭的主張，重點在要求德國承擔戰爭的所有責任，解除其武裝。德國同意歸還在戰前及戰爭中占領的土地，其中包括法國在普法戰爭後割讓的亞爾薩斯和洛林兩省（Alsace - Lorraine）。德國在非洲及其他海外的殖民地也被戰勝國瓜分。至於賠款，則高達二千億馬克。這個數字即便是分幾十年付款，又在後來不斷地下修，仍是遠遠超過德國所能負擔的程度。

許多歷史家說，克里蒙梭在第一次世界大戰後強逼德國簽訂《凡爾賽和約》，已埋下日後第二次世界大戰的種子。德國人認為和約是奇恥大辱，目的只是要摧毀德國，因而從簽約之日起就沒有想要遵守和約，只想儘速重建強大的德國。出人意外的是，威爾遜回到國內後，國會竟否決他的提案，因而美國既未簽署《凡爾賽和約》，也沒有參加國際聯盟。英國既無美國做後盾，後來當然沒有意願幫助法國強逼德國。因而，法國沒有可能單獨強逼德國遵守和約。

實際上，德國在戰敗後就已經開始大亂，社會嚴重分化，而其亂源必須先從社會民主黨的分裂說起。

德國社會民主黨的分裂及共產黨革命的失敗

如上一章所述，自從伯恩斯坦提出「修正主義」後，德國社會民主黨中主張放棄無產階級革命，改走議會路線的右派漸成主流。此一策略發展極為成功，使得社民黨在戰前成為國會最大黨。大戰開始後，社民黨右派的黨魁艾伯特（Friedrich Ebert）不但支持對外進行侵略戰爭，又支持政府通過發行戰爭公債的法案，達九次之多。黨員如有投票反對發行公債者，幾乎都被艾伯特開除黨籍。社民黨中以小李卜克內西、盧森堡為首的左派卻認為右派早已背叛馬克思主義，在大戰爆發後不久就出走，同時成立一個「斯巴達克同盟」（Spartacus League）的組織，致力於宣傳反帝國主義戰爭，同時發動罷工抵制政府。兩人因而數度被捕入獄。

到了戰爭末期，德國戰時內閣總理馮．巴登親王（Max von Baden）已經知道必敗，於是和艾伯特商議，獲其同意以國會多數黨黨魁的身分接任內閣總理，如此有利於向協約國要求停戰。艾伯特同時也建議馮．巴登勸請德皇退位，說如果德皇不退位，必定會發生革命。巴登親王也同意了，卻在德皇尚未答應就逕自宣布德皇即將退位。此舉引起德國右翼軍人極端的不滿。

一九一七年俄國十月革命爆發後，小李卜克內西和盧森堡雖然都還在獄中，斯巴達克同盟仍決定仿效布爾什維克在德國各大城市成立類似的工人及士兵蘇維埃組織。一九一八年十一月初，德國北部基爾（Kiel）海軍基地突然發生兵變。全國各地革命隨之而起，如野火燎原。軍隊紛紛成立士兵委員會，工廠紛紛成立工人委員會，其中有許多領導人是斯巴達克同盟的成員，而大多是猶太人。不久後革命蔓延到柏林，德皇只得宣布退位，逃到荷蘭。其他各邦君主也紛紛宣布退位。德國隨即與協約國達成停戰協定。

德國的舊勢力和資產階級眼見共產革命來勢洶洶，擔心將會像俄國革命一樣發展，於是與艾伯特共同支持軍方招募前線歸來而沒有受到「思想汙染」的官兵，組織義勇軍，準備以武力鎮壓革命。義勇軍中最強大的是極右派的「自由軍團」（Freikorps）。十二月底，斯巴達克同盟與獨立社會民主黨（從社會民主黨中分裂出的極左政黨）共同成立「德國共產黨」，並發起武裝起義，結果遭到自由軍團痛擊。小李卜克內西和盧森堡剛出獄不久，也參加起義，卻雙雙被捕，遭到殘酷的刑求，然後處死。列寧獲悉後，至為傷痛。

此後德國共產黨餘黨仍在各地不斷起義，但都遭到鎮壓。其中最著名的是在一九一九年四月建立的巴伐利亞蘇維埃共和國，但不到兩個月就被消滅了。在紛亂的局勢中，艾伯特在威瑪（Weimar）召開制憲會議。通過威瑪憲法，德國威瑪共和國由此產生。艾伯特當選為首任總統，領導一個聯合政府。

有關德國戰後的紛亂情況至此告一段落。以下的敘述轉到波蘭。波蘭雖小，對戰後的演變影響極大。

皮爾蘇斯基領導下的波蘭革命

俄國內戰爆發後，有許多原先被沙俄統治的非俄羅斯民族起而追求獨立。同盟國戰敗後，原先被德、奧兩國占領的國家也都起事。新一輪的動亂及邊境糾紛於是無法避免。正如英國日後的首相邱吉爾（Winston Churchill）所說：「巨人的戰爭結束後，小矮人的戰爭開始。」因而，有高加索地區阿塞拜疆和阿美尼亞的戰爭、匈牙利與羅馬尼亞的戰爭、義大利與南斯拉夫之間的戰爭等等。其中匈牙利實際上是發生共產革命，有一位名叫貝拉孔（Bela Kun）的激進分子獲得列寧承諾支持，率領數百名共產黨人回到布達佩斯，在一九一九年三月建立了歐洲第二個蘇維埃共和國，但只撐了四個多月就被羅馬尼亞軍隊逐出。

列寧當初答應全力支援貝拉孔，為什麼沒有守信呢？因為他已經無能為力。當時蘇俄不只內戰升高，與波蘭也正要打一場大戰。如前所述，波蘭由於被俄、德、奧三國瓜分，至此時亡國已有一百二十幾年，全國人民無不熱切盼望重建國家。德、奧是戰敗國，收回失土已經不成問題，但割給俄國的領土要如何討回呢？

波蘭這時的主要領導人是皮爾蘇斯基，在本書第三章已經介紹過，是列寧的大哥的房東的弟弟，因為遭到刺殺沙皇案牽累，被流放西伯利亞五年。皮爾蘇斯基在服刑期滿後立即加入波蘭社會黨，但拒絕接受共產黨的國際主義。他認為亡國者沒有什麼選擇，只能以民族主義號召國人重建國家，並且要建立自己的武力。一九〇八年九月，皮爾蘇斯基效法一年前發生的第比里斯銀行運鈔車搶案，親自率領同志在立陶宛境內搶劫一輛俄國火車，搶得二十萬盧布鉅款。他公開承認搶劫的目的就是為了要籌款，用以招訓軍隊，為革命做準備。

第一次大戰爆發後，皮爾蘇斯基率領軍隊一萬人加入同盟國陣營，不過堅持不與英、法敵對，只攻擊俄軍。但皮爾蘇斯基在大戰結束前四個月已經預見同盟國即將戰敗，為了避免在戰後成為戰敗國，斷然下令所屬軍隊不再為同盟國效命。德國軍方大怒，將他逮捕入獄，卻無法強迫他改變心意。

皮爾蘇斯基在德國投降前被釋出獄，反過來接收德軍留下來的槍械、火砲、武器、輜重，軍力更強。當時波蘭國內外的革命組織大多歸心於他，同意加入他組織的聯合政府。皮爾蘇斯基卻不願擔任總統或總理，而只擔任軍事部長，不過終其一生卻是波蘭實際的國家領導人。為求處事公正，他宣布退出政黨。協約國卻對波蘭仍有敵意，不同意承認波蘭新政府。但當波蘭任命全世界知名的鋼琴大師、作曲家，也曾在流亡中積極支持波蘭獨立運動的帕德雷夫斯基（Ignacy J. Paderewski）擔任新總理後，協約國就都同意了。

波蘇戰爭

巴黎和會後，波蘭和烏克蘭因為邊界劃定的問題發生激烈的衝突，在一九一九年春天爆發戰爭。結果波蘭大勝。不過皮爾蘇斯基一直有一個「海間聯邦」的想法，希望波蘭能與烏克蘭、白俄羅斯和波羅的海三小國在各自獨立後能一起建立一個從黑海到波羅的海之間的聯盟，如此可以避免將來又遭到俄國或德國侵略，重蹈痛苦的歷史。因而，他在戰勝後立刻與烏克蘭獨立運動組織和解。但這時烏克蘭已成為俄國紅軍和白軍的戰場，協約國要求波蘭幫白軍打紅軍。皮爾蘇斯基卻決定保持中立，袖手旁觀。

一九二〇年初，紅軍勝勢已定。列寧這時認為，蘇俄如果是世界上唯一的共產國家，將會十分孤單，也十分危險，決定出兵前往德國營救被鎮壓的德國共產黨。紅軍裡也有人主張乾脆打到巴黎。但不管是到德國或法國，都必須經過波蘭。波蘇大戰因而無法避免，雙方各自集結超過五十萬人的軍隊。法國急忙派軍事顧問團前去協助波蘭。英國政府也決定運送戰略物資給波蘭，但遭到左派碼頭工人罷工阻攔，無法如願。

到了四月，波蘭與烏克蘭獨立運動合組聯軍，向東推進，占領基輔。但兩個月後圖哈切夫斯基就指揮紅軍大破波烏聯軍，奪回基輔，並趁勝追擊。紅軍追至華沙，又跨過流經華沙的維斯杜拉河（Vistula River）繞到後方，對華沙形成包圍之勢。蘇軍在後方的參謀本部卻認為他的軍隊過於深入，令其折回，同時下令大將布瓊尼也率兵到華沙，合力夾擊。

當時國際間所有的軍事觀察家都認為華沙岌岌可危，毫無希望。不料布瓊尼奉史達林之命，竟率大軍遠攻利沃夫（Lviv，在波烏邊界，離華沙約三百公里），等到收到參謀本部命令北進，已經來不及。蘇軍的密碼又遭破譯，以致圖哈切夫斯基的軍隊中伏，遭致慘敗。據報導，十幾萬軍隊中有一萬陣亡，三萬受傷，六萬被俘，只有兩萬多人安然逃走。布瓊尼的軍隊隨後也遭擊敗，同樣損失慘重。

歷史家稱此次波蘭的勝利是「維斯杜拉河上的奇蹟」，也是歐洲近代歷史的轉捩點。紅軍之敗，使得蘇俄不得不與波蘭言和，雙方於第二年春天在里加（Riga，拉脫維亞首都）簽署停戰協定。列寧被迫放棄大舉進軍西歐的夢想。皮爾蘇斯基為波蘭建立不世的功勳，但由於烏克蘭和白俄羅斯仍在蘇俄掌控之中，他企圖要建立海間聯邦的理想也無法實現。也因此，波蘭在二十年後仍是無法逃脫被德國和蘇聯瓜分的歷史宿命。

第七章

布爾什維克一黨專政及獨裁體制的形成

紅軍華沙之敗在俄共（布）內部引起劇烈的爭論。托洛茨基痛斥布瓊尼抗命而沒有及時支援圖哈切夫斯基，史達林卻說是圖哈切夫斯基貪功冒進，托洛茨基和參謀本部也沒有做好充分的作戰準備。敗戰的檢討到最後不了了之。然而許多人都知道，列寧也心知肚明，波蘭之敗的根本原因是將帥不合，不但布瓊尼和圖哈切夫斯基之間有歧見，史達林和托洛茨基之間也有長期的矛盾。

史達林與托洛茨基不和

史達林與托洛茨基為什麼不和呢？原因很多，以下根據諸多史家的分析，歸納幾個要點。

首先是個人的歷史問題。自從布、孟兩派於一九〇三年正式分裂後，托洛茨基有十幾年時間與列寧分道揚鑣，一直到十月革命前三個月才加入布黨，所以被布黨內許多人認為是外人而不是同志。史達林卻正是在一九〇三年加入布黨。

其次是個人行事作風的問題。托洛茨基才華過人，是超級明星，一場演講可以使得數千聽眾如痴如醉，甘心赴湯蹈火。史達林卻沒有那樣的口才和光芒。但托洛茨基恃才傲物，向來不給人顏面。史達林有很多部屬被托洛茨基奚落，斥為無用。舉一個例，伏羅希洛夫是史達林手下的大將，托洛茨基卻說他最多只能指揮一個團，不配統率大軍。

第三是權位之爭的問題。歷史家一致同意，若沒有托洛茨基成功地掌控了彼得格勒蘇維埃，十月革命完全沒有成功的機會。托洛茨基因而大有列寧的接班人的態勢。但列寧在一九一八年八月遇刺之後健康開始惡化，曾經數度發病，可能活不長。有野心想要承繼大位的人於是都以托洛茨基為假想敵，要將他拉下馬，並且有拉幫結派的現象。史達林自然是其中的一個。

第四是關於紅軍的指揮系統的歧見。托洛茨基在組建紅軍時決定徵調大批沙俄時代的軍官擔任參謀，或擔任指揮官。但當時布黨流行極左思想，許多黨員認為舊俄軍官是敵人，投誠之後極可能還是奸細，將來有機會必將反叛。雖然軍中也設置政治委員以監視指揮官，有副署及生殺大權，此一制度仍是受到排斥，許多人認為在必要時應斷然處置。

史達林自己就是一個例子。一九一八年六月，史達林奉列寧之命前往察里津（Tsaritsyn，後改名史達林格勒，今名伏爾加格勒），負責徵集糧食。史達林到了察里津就把軍權也抓到手上，並下令逮捕嫌疑分子，以誣陷的手法嚴刑逼供，處決了一百多人，手段極其殘忍。列寧獲知後也搖頭不已。史達林與其屬下又公然對抗托洛茨基及其指派的軍事專家，越來越明顯，開始在軍中形成一個反托洛茨基的「軍事反對派」。問題是紅軍的東、西方面軍都有輝煌的戰果，唯獨在史達林插手的西南面戰局日益惡化。托洛茨基忍耐不住，直接和列寧攤牌。列寧只得召回史達林。史達林與托洛茨基之間的芥蒂從此就更深了。

布爾什維克一人獨裁體制的形成——從七大到九大的變化

十月革命後不到幾個月，布爾什維克就已經是一黨專政了，列寧也日漸獨裁。其個人獨裁在後來又漸漸體制化，這從俄共（布）召開的第七次代表大會（七大）到十大的一些組織、人事變化可以清楚地看見。

一九一八年三月布黨召開七大時，除了追認對德和約，改名共產黨之外，又因內戰已經開打而通過採行所謂的「戰時共產主義」，列寧個人的權力自然因而達到高峰。

圖 7.1　蘇共八大列寧、史達林與重要同志合影，其中十一人後來死於非命。

一九一九年三月八大召開前夕，斯維爾德洛夫突患急病而死。斯維爾德洛夫既非理論家，也無華麗的口才和文筆，卻有組織長才，並且身兼許多要職而應付裕如，能直指問題核心，已漸漸成為列寧的左右手，卻不幸以三十四歲英年早逝。許多史家認為，若非如此，蘇共的歷史可能改寫。

八大中也決定在組織上做重大的改變，除了原有的中央委員會，一口氣增設了三個局處，分別是政治局、組織局及中央書記處。中委會每兩週開一次會，其間如有緊急的事務由政治局討論決定，政治局因而是權力核心。組織局有權決定省級以下的組織及任免官員，但須政治局批准。中央書記處負責黨的日常行政工作。另外，在政府部門中增加一個「工農檢察委員會」，負責監督各政府機關的濫權及貪汙的行為。

列寧既是中央委員會主席，又是政治局主席，權力因而更加擴大。托洛茨基和史達林都是政治局委員，都在權力核心內。不過托洛茨基只擔任政治局委員，史達林卻同時兼任組織局委員，又兼工農檢察委員會人民委員，既能影響人事任命，又可藉機排除異己，因而得以開始廣植黨羽。

不過黨裡有一個由老布爾什維克組成的「民主集中派」卻認為，黨和政府已經充滿了腐化的官僚，權力又太過集中，因而在一九二〇年三月九大開議時直接批評列寧，要求回歸集體領導，卻遭到否決。另有一個「工人反對派」反對列寧提議實施所謂的「工廠一長制」，不由工人管理工廠，而是聘請企業專家管理。這一派以五金職工會主席施略普尼可夫和全俄職工會主席托姆斯基為首，公然與黨中央對抗。激烈爭論的結果是採取折衷方案，同意由職工會派一人為專家廠長的副手，或由工人當廠長，專家當副手。

鎮壓喀琅斯塔得及坦波夫叛亂事件

九大到十大之間，蘇俄不幸正處於經濟恐慌中。三年內戰使得全國工業生產大幅下滑，但最大問題是糧食。由於紅軍「徵糧隊」到處強徵農民繳出大部分的穀物，因而不只人和畜生吃不飽，到了第二年春天要播種也沒有足夠的種子。部分地區農民開始抗拒徵糧。沉寂已久的社會革命黨及孟什維克黨人趁機鼓動，全國各地農民暴動風潮於是大起。其中規模最大的起義出現在離莫斯科只有五百公里的坦波夫省（Tambov），約有五萬人參加，到處殺糧官，搶糧食，其領導人安唐諾夫（Alexander Antonov）就是一位左派社會革命黨人。

一九二一年初起，全國大飢荒，全年共有五百萬人餓死。二月底，彼得格勒工人也因為飢餓而發起大罷工，全市進入緊急狀況。政府緊急運送糧食到彼得格勒，勉強壓住罷工。不料喀琅斯塔得的水兵也發生譁變，組織臨時革命委員會。列寧與托洛茨基大驚，命令圖哈切夫斯基率領六萬紅軍前去鎮壓，前後九天，剛好和十大開會的九天重疊。據估計當時喀琅斯塔得水兵一萬五千人中有二千人被殺，二千人受傷，四千人投降，其餘七千人逃往芬蘭去。

三個月後，托洛茨基又命令圖哈切夫斯基率領大軍前往坦波夫。紅軍動用大炮、機關槍對付農民，據估計共殺一萬五千人；另有超過五萬人被送往集中營，其中有許多是老弱婦孺。

回溯往事，十月革命之所以能成功，關鍵是彼得格勒工人及喀琅斯塔得水兵的支持。列寧在十月革命當天下午的演講中一開始也說：「布爾什維克常說必然到來的工農革命已經實現了！」然而，布爾什維克建立政權後不到四年，竟發生彼得格勒工人罷工，紅軍接著無情地鎮壓坦波夫農民，又血洗喀琅斯塔得的水兵。普列漢諾夫及高爾基在十月革命後的預言果然不幸應驗了。

新經濟政策及工人反對派的抗爭

蘇共在內戰期間決定採行的「戰時共產主義」，具體地說，除了徵糧之外，又把工業全部收歸國有，禁止私人貿易，甚至將鐵路、水運也都軍事化。托洛茨基受命兼任交通人民委員，雷厲風行，以軍法處置所有不聽命令的人，幾個月內就使得鐵路、水運脫離麻痺的狀態，迅速恢復通行。內戰結束後，為了迅速恢復工業生產，托洛茨基又提議採行「工業軍事化」，並獲得列寧支持，工會領袖卻一致反對。但托洛茨基在一次意外事件中自己發現，軍紀其實無法讓飢餓的工人自動服從，竟徹底改變想法。他轉而建議停止徵糧，主張設法給與農民努力耕種的足夠誘因，但被列寧否決。

然而，喀琅斯塔得及坦波夫事件發生後，列寧已經明白「戰時共產主義」無法繼續，因而指示在十大通過「新經濟政策」，決定廢止徵糧，代之以徵收穀物稅，允許農民在繳納一定比率的糧食之後可以自行處理餘糧，並在市場上自由交換。新經濟政策也包括工業方面的改革。為了要讓工業產品能與農產品交換，列寧主張，必須「在相當的自由貿易基礎上，復興小資產階級和資本主義。」具體的辦法就是請資本家來經營各種企業，同時成立各種小商品生產合作社。換句話說，就是容許資本主義企業與社會主義企業進行競爭。不過列寧又說這些只是從權之計，最後的目標仍是要引導到國家資本主義，而消滅個體經濟。

然而，許多共產黨員表示無法接受新經濟政策的大轉彎。他們擔心如此一來富農即將獲益，貧農將被犧牲；國營企業將無法與資本主義企業競爭；許多工人將被剝削，甚至失業。工人反對派的領導人如施略普尼可夫及托姆斯基原本都是工人，尤其認為如此一來布爾什維克革命的初衷將喪失殆盡。列寧剛開始時還耐心地想說服反對者，但不久後就改採壓迫，到最後壓迫也不成，竟在十大開會時提請通過進行「清黨」。據估計，一年裡共清除了十五萬名黨員。

列寧又在十大後將施略普尼可夫免職，改派到德國當貿易代表；又將托姆斯基派往中亞的突厥斯坦共和國，等於流放。職工會從此成為由布黨操縱的統治工具。托姆斯基被整肅後，開始軟化。施略普尼可夫卻堅決不屈，聯合其他資深同志聯名寫了一份「二十二人宣言書」，向第三國際控告俄共（布）及列寧。根據施略普尼可夫提供的資料，當時在各省的黨委書記中，真正工人出身的寥寥無幾。這和當初俄共（布）在八大中通過將「無產階級專政」列入黨綱的決議完全抵觸。實際上，如考茨基的預言，「無產階級專政」已經變成少數共產黨員「對無產階級專政」。

十一大——史達林獲任總書記

列寧被「二十二人宣言書」事件激怒，但不得不同意由多國共產黨員代表組成一個委員會，以調查事實。

然而，第三國際背後就是由俄共（布）主導，所以控告其實無用。但列寧餘怒未消，又在一九二二年三月召開十一大時直接斥責工人反對派不守紀律，猶如在軍隊打仗時逃跑，說：「若是有秩序的退卻轉為混亂逃跑時，那就下令開槍吧！」結果在「二十二人宣言書」簽名的人，有十九人在十一大被開除黨籍。

列寧在晚年越趨暴躁，也越來越獨裁，可能與他遭到槍擊後健康迅速惡化有關，其結果是漸漸疏遠率直進諫的人，史達林卻因能察言觀色，而在八大之後逐漸獲得寵信，開始水漲船高。在十一大時，列寧又做了一個至關重要的決定，即是以史達林執掌中央書記處，並改稱總書記，而仍兼所有其他原來的職務。史達林地位在這時到達頂點。但列寧在十一大閉幕後兩個月突然中風，經搶救後只能休息靜養，史達林的時代於是隱隱來臨。

列寧在養病期間，季諾維也夫、加米涅夫和史達林三人結為同黨，史稱「三巨頭」，目標是共同對付托洛茨基。三人都野心勃勃，也都認為托洛茨基威望太高而傲慢無禮，害怕萬一他繼列寧之後成為新領袖將不利於己。不過也正是在這段期間，列寧對史達林開始感到不安，其中最主要的導火線是喬治亞事件。如要清楚說明此事，必須從列寧的「民族自決」政策說起。

喬治亞事件及「蘇聯」之成立

十月革命後，列寧便已對原先附屬沙俄的少數民族提出一項民族自決的政策。當初布黨有關民族自決的論文還是由史達林在列寧和布哈林的協助下而撰寫的。不過這時列寧所定義的民族自決並不是放任不管，而是有條件，必須是成立共產主義蘇維埃形式的政府。當紅軍在內戰中獲得決定性的勝利後，白俄羅斯、烏克蘭及外高加索三國（阿美尼亞、阿塞拜疆及喬治亞）都已分別成立了蘇維埃政府。不過其中的喬治亞蘇維埃政府卻是由孟什維克黨建立的，這使得出生於喬治亞，卻一向與喬治亞孟什維克黨敵對的史達林極為憎惡。

一九二一年二月，史達林命令奧爾忠尼啟則率領紅軍進入喬治亞，攻陷第比里斯，成立布爾什維克蘇維埃政府。孟什維克黨人紛紛逃亡。四個月後，史達林以勝利者之姿衣錦還鄉，召集布黨大會，大談將成立一個由外高加索三國組成的聯邦蘇維埃共和國，不料與會眾人既驚又怒。原來在外高加索三個民族中，阿薩拜疆人信奉伊斯蘭，一向仇俄親土；阿美尼亞人信奉東正教，一向仇土親俄；二者時有衝突。喬治亞人卻是信奉基督教，仇俄也仇土。三者水火不容，史達林並不是不知道，卻要把三者合而為一。此外，喬治亞人最痛恨的就是「大俄羅斯沙文主義」，史達林卻在談話中說要請俄羅斯協助喬治亞發展經濟。會議於是不歡而散。

喬治亞人畏懼史達林，但不服，決定請求列寧介入。捷爾任斯基受列寧之託進行調查，在寫給列寧的報告中表示支持史達林，列寧因而也支持史達林的意見。但喬治亞人仍是不滿，暗中派代表去見正在休養中的列寧，提出受到嚴重迫害的報告及佐證資料。當時史達林也奉列寧之命草擬有關各自治共和國、自治區共同成立「蘇維埃社會主義共和國聯盟」（即是後來的蘇聯）的方案。列寧和喬治亞人見面後，又驚又怒，直接寫信給政治局，不但斥責奧爾忠尼啟則濫用權力，又表示對史達林擬議的蘇聯草案內容有不同意見。不料史達林竟也直接回覆反駁，語氣強硬，這是前所未有的事。

不久後，列寧決定結束養病，回到莫斯科，又開始開會、演講、辦公。但日夜操勞的結果是在一九二二年十二月十六日第二次中風，不能行動，只能口述給祕書打字。史達林卻在這時加速運作，未向列寧請示就在十二月三十日宣布成立蘇聯（Union of Soviet Socialist Republics，簡稱 USSR，俄語 СССР），由俄羅斯、白俄羅斯、烏克蘭、外高加索四個加盟國代表簽字。至於中亞幾個國家，因為有部分內戰仍在進行，在後來數年中才陸續加入蘇聯。

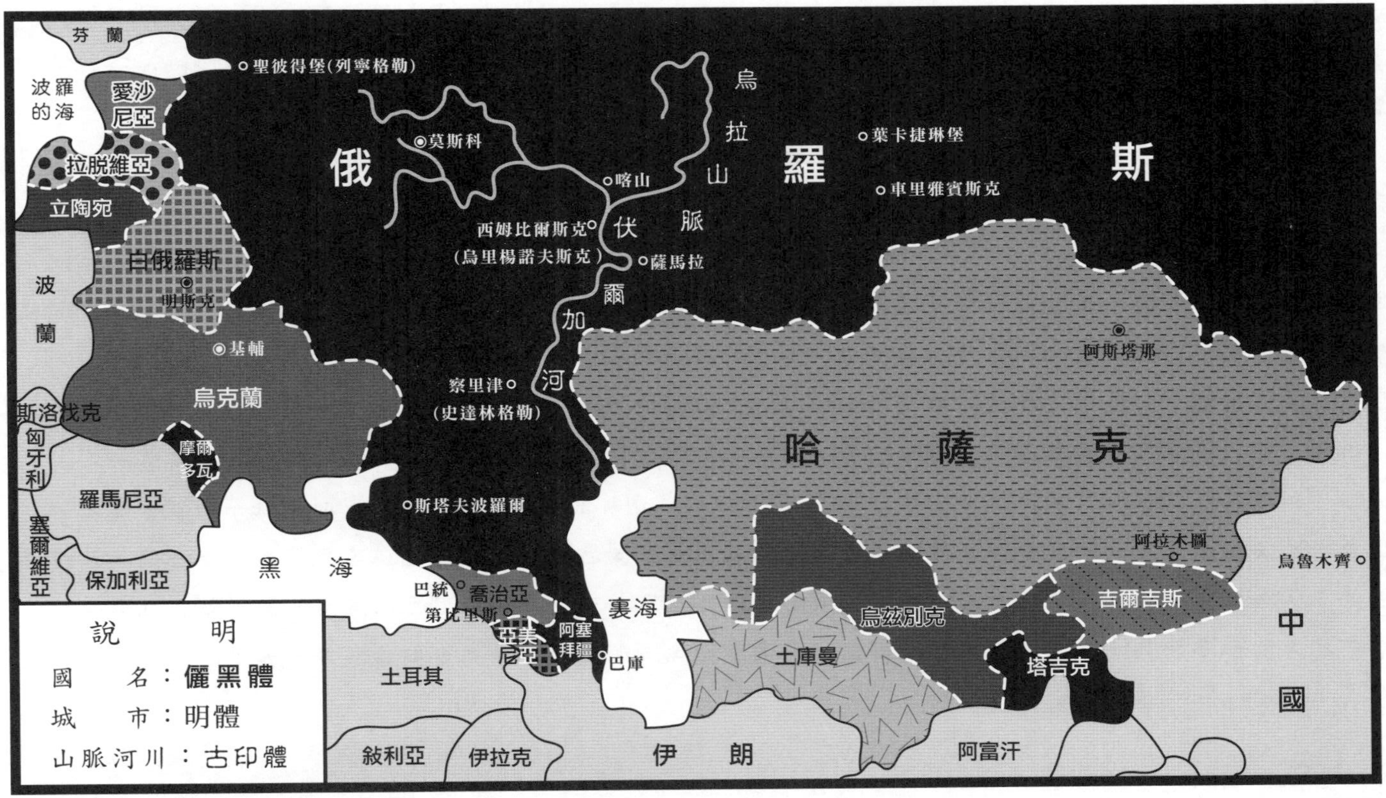

地圖 1：蘇聯的 15 個加盟共和國（1922-1991 年）

註：俄羅斯僅顯示核心部分，波羅的海三小國於第二次大戰後併入。

列寧的遺囑

列寧在第二次中風後決定預立遺囑。他當然知道三巨頭與托洛茨基之間的矛盾，也預見黨內即將發生分裂，所以希望從中避免。遺囑中說：

在最近的將來，我的心目中以為穩定是避免分裂的保證，所以在此我想對一些考慮到純屬個人的性格加以檢討。我認為，從穩定的觀點來看，根本的因素在於中委會裡像史達林和托洛茨基這些成員。以我的看法，這兩人之間的關係構成一大半分裂的危險，不過這是可以避免的，而我的意見是如果把中央委員的人數增加到五十或一百人就能增強避免的力量。

史達林同志擔任總書記後，手中緊握無限的權力，但我不確定他是否能時時審慎地使用那權力。另一方面，托洛茨基同志，如同他在交通人民委員會問題上與中委會鬥爭時證明的，不僅是一個有特殊能力的人——就個人而言無疑是現今中委會裡最能幹的人——也表現出太過自信，並且顯現出過度被純粹行政事務所吸引的傾向。這兩位中委會裡最能幹的領導人的兩種性格，很可能在不經意中導致分裂。如果我們的黨沒有採取防範的步驟，分裂是可能出人意外地發生。

我不再批評其他中委會成員的個人性格，我只想提醒大家，季諾維也夫和加米涅夫在十月革命的事件當然不是偶然的，但要少用這事來攻擊他們個人，正如不可以攻擊托洛茨基過去不是布爾什維克主義者。

……。布哈林不只是黨裡最有價值，最重要的理論家，也是全黨裡最受喜愛的人，但如果把他的論述當作是完全的馬克思主義，那是令人十分懷疑的，因為他帶有某種學究氣。（他從來就沒學會辯證法，我想也從來沒有完全懂得辯證法。）

列寧寫完這些後，剛好史達林宣布成立「蘇聯」。然而列寧不但不喜，反而大怒。他連續口述了三篇討論民族問題的長文，其中第一篇一開頭就說：「我認為，我對於俄羅斯工人幹了一件大錯事，因為我未曾大力干涉『自治化』的重要問題，也就是被正式稱為『蘇聯』的問題。」

不過列寧更擔心將來蘇聯裡面那些少數民族將被大俄羅斯的沙文主義淹沒。在他看來，史達林推動的蘇聯是「來自沙皇制，只是稍微塗上蘇維埃的聖油而已。」幾天後，他又在「遺囑」上追加了一段重要的文字：「史達林太粗暴，這缺點在我们共產主義者之間雖然可以忍受，但在擔任總書記的人身上是不能容忍的。因此我建議同志們想一個辦法撤掉史達林總書記的職位，另外找一位來代替。……。」

到了三月初，列寧獲知當他生病時，史達林曾經在電話中無禮地痛罵及恐嚇克魯普斯卡婭，大怒，寫信給史達林，要求道歉。史達林收信後立即回信向列寧道歉，不過說這只是為了維持兩人的關係，並未承認錯誤，也不知道問題出在哪裡。列寧更怒，決定在即將召開的十二大會議中「準備一顆真正的炸彈」，以打擊史達林。他寫信要求托洛茨基在中央委員會上為喬治亞案辯護。

蘇共十二大

然而，命運似乎眷顧著史達林。列寧在不久後第三次中風，這次竟連話都說不出口。一九二三年四月，蘇共（布）召開十二大，列寧無法參加大會。負責規劃所有議程的三巨頭已經知道一部分列寧預備在十二大發動的計畫，所以有充分的時間擬定因應之策。為了要在表面上符合列寧的要求，大會對中央委員會及各局處做了擴充及改組。但喬治亞代表團在大會中遭到斥責，並在會後被嚴厲整肅。托洛茨基卻沒有依原先的承諾為喬治亞人仗義執言。

十二大中最具爭議的議題，還是新經濟政策。列寧既然缺席，許多老黨員就放膽批判新經濟政策是恢復資本主義，是對無產階級的新剝削。實際上，自從實施新經濟政策後，國營企業的工業產品由於品質不良，成本又高，庫存堆滿倉庫，其結果是工人工資低，失業嚴重。在農業方面，卻由於農產品豐收，價格極低，小農、貧農更是叫苦連天。托洛茨基對這些情形其實也很清楚，卻和季諾維也夫一起斥責這些老黨員。

十二大時，托洛茨基顯然是選擇與三巨頭妥協。三巨頭卻在會後決定要削減他的軍權，增派伏羅希洛夫參加軍事會議。托洛茨基這時才發怒，寫信給中央委員會，強烈批評黨內不民主及經濟失策。老布爾什維克們見狀也共同寫了一份「四十六人聲明書」，響應托洛茨基。不料托洛茨基於十月底某日在沼澤中獵野鴨時，雙腿浸泡在冰冷的水中，結果凍僵，又因感染引發嚴重的寒熱病，十一月起已經無法參加黨內的會議。三巨頭於是藉機處分在「四十六人聲明書」上簽名的老同志，又撤換托洛茨基在紅軍中的老部屬。根據醫師們的診斷，三巨頭又建議托洛茨基到高加索地區去養病。

列寧病逝及列寧遺囑的衝擊

托洛茨基動身後沒幾天，列寧突因病情惡化，於一九二四年一月二十一日去世。托洛茨基得知，問黨中央何時舉行葬禮。史達林回電說將於星期六（一月二十六日）舉行，又說他必定無法趕到，建議他不必回莫斯科。實際上，葬禮是在星期日舉行。托洛茨基因而被愚弄，竟直奔高加索。歷史家一致認為，托洛茨基犯了極大的錯誤。當時在許多知識分子、工人和士兵的心目中，史達林並沒有什麼地位，托洛茨基卻是「列寧第二」。但在列寧的葬禮上，托洛茨基竟缺席了，這對他的傷害之大實是無法估計。

然而史達林萬萬沒有想到，列寧竟留有遺囑。列寧的葬禮後，克魯普斯卡婭決定把遺囑交給中央委員會。

史達林拿到遺囑，展開一讀，立刻臉色蒼白，表示要辭總書記。但季諾維也夫勸他不必立刻辭職，建議暫時保密，等幾個月後再來討論。加米涅夫也附和。克魯普斯卡婭反對無效。

四個月後，俄共黨中央舉行會議討論列寧遺囑。季諾維也夫發言，說列寧的遺囑雖然重要，史達林不必為其中沒有根據的擔憂辭總書記；此事不須在黨代表大會討論，也不可對外透露。托洛茨基這時已經返回，卻沈默不語。有一部分史家評論整個事件，說列寧在遺囑裡不只攻擊史達林，對其他人也都有負面的批評，所以眾人都不願多談遺囑。在此情形下，克魯普斯卡婭無論如何反抗當然也是無效。

不久後，俄共（布）於五月下旬召開十三大，會中決定選舉史達林續任總書記，而未提到列寧遺囑之事。會中也決議將俄共（布）改名為「全聯盟共產黨（布爾什維克）」，簡稱「聯共（布）」。

圍剿托洛茨基——「不斷革命論」和「一國社會主義」的爭論

托洛茨基在列寧死後長期保持沉默，在一九二四年十月卻突然發表一篇文章〈十月革命的教訓〉，引起極大的爭議。這篇文章主要內容是說，在非常的革命時期必須要有革命領袖依革命的脈動採取適當而果斷的行動，其中暗示十月革命之所以成功是由於列寧和他本人的正確領導，而季諾維也夫和加米涅夫是破壞者；又說一九二三年德國革命之所以失敗是因為第三國際領導失敗。史達林、季諾維也夫和加米涅夫三人當然無法接受托洛茨基以革命的正統自居，於是各自發表一篇論文，用以駁斥「托洛茨基主義」，說托洛茨基企圖站在列寧主義的旗幟下反列寧，但列寧主義和托洛茨基主義勢不兩立。

什麼是「托洛茨基主義」？簡單地說，就是「不斷革命論」。事實上，馬克思、恩格斯早在發表《共產黨宣言》時已經指出，德國工人必須「不斷革命」，將所有的大、小資產階級都逐出統治地位之外。列寧與孟什維克派決裂時，便是批判孟派主張先資產階級革命，後無產階級革命的「兩階段革命論」。但托洛茨基也不完全認同列寧所提的「工農民主專政」，而是主張將富農也排除在外。進一步說，俄國的無產階級在革命成功後也無法獨自建立社會主義，除非西歐的無產階級革命也成功。換句話說，只有世界革命成功才能確保俄國革命。

然而，史達林在列寧死後約半年卻開始提出一個「一國社會主義」（socialism in one country）的主張，說蘇聯可以單獨建立一個社會主義國家，並不一定要在其他國家裡鼓動革命。他認為，內外環境已經不同，世界革命已經沒有機會了。由於在內戰中遭到嚴重破壞，蘇聯只能集中力量先在國內加速經濟建設，增強國力，然後才能談到其他。

布黨的理論大師布哈林這時也加入戰圈，和三巨頭同一陣線。托洛茨基遭到圍攻後，迅速敗下陣來，在一九二五年一月被解除軍委主席的職位，由伏龍芝取代。

不過聯共（布）內部的鬥爭並沒有因此停止，而是繼續三回合的激戰，到一九二九年才結束。史達林在每一回合都獲勝，因而在黨內的地位越來越鞏固。以下先敘述其中前兩回合的鬥爭。

蘇聯的經濟政策路線之爭及其相關的內部惡鬥

三巨頭在合力扳倒了共同的敵人托洛茨基之後，便開始分裂，而其鬥爭的主題還是在新經濟政策，而布哈林也仍是其中的要角。布哈林認為，若要經濟發展成功，必須使市場規律發生作用。在農業方面，他建議一方面繼續讓富農盡量發財，另一方面以組織合作社的方式扶植中農、貧農。在工業方面，他主張國家只要控制重工業，可允許輕工業自由生產，在市場自由交換。但季諾維也夫和加米涅夫兩人分別兼任列寧格勒（即是原來的彼得格勒）和莫斯科兩個工業大城的黨部主委及蘇維埃主席，受到工人的壓力，堅決反對，嚴厲批評布哈林過於「右傾」。當時的人民委員會主席李可夫（Alexei Rykov）及工會領袖托姆斯基都表示和布哈林站在同一陣線。史達林表面上說保持中立，不過也明顯地支持右派。

一九二五年十二月，聯共（布）召開十四大。開議後，雙方從經濟政策的辯論很快就轉成對個人的攻訐。列寧遺囑中對同志們的個別批評這時成為互相攻擊最好的武器。季諾維也夫也引列寧的遺囑要求史達林辭總書記，史達林卻說自己已經辭了好幾次，但每次領頭阻止他辭職的正是季諾維也夫。不過由於史達林已經掌控了大多數的與會代表，最後投票自然是大勝。大會同時也通過決議，將史達林所提的「一國社會主義」理論列為黨綱。

季諾維也夫慘敗後，連在列寧格勒的黨政職位都被史達林拔除，由基洛夫（Sergei Kirov）取代。加米涅夫同樣丟掉莫斯科的根據地。兩人只好去敲托洛茨基的門，建議化敵為友。三人於是和解，又拉攏民主集中派、工人反對派，以及其他的老同志，共組新的反對派。然而，由於史達林在黨內的勢力龐大，已經無法撼動，不久後三人就被逐出政治局。季諾維也夫擔任多年的第三國際主席職位也被布哈林取代。一九二六年七月，掌管特務機關多年的捷爾任斯基突然暴斃，史達林立刻安排自己的人馬接管，勢力更大。

聯共（布）內部的鬥爭原本到此為止，不料國外卻在一九二七年連續發生兩件大事，使得托洛茨基得以藉機攻擊史達林。其中第一件是四月發生於中國的「國民黨清黨事件」；第二件是英國在五月指控蘇聯介入英國大罷工事件，宣布與蘇聯斷交。其中第一件無疑是共產世界歷史上的一個重大事件，不過由於內容複雜，又牽涉中國，請容我在下一章再詳細敘述。以下先說明第二件事。

英國大罷工及其影響

英國大罷工的原因起於勞資衝突。一九二五年起，由於英國出口的煤炭價格大跌，礦主要求工人接受降低工資，同時延長工時。礦工斷然拒絕。礦主無法支撐，威脅要關閉礦場。英國政府夾在其中，不得已同意提供九個月補助金給礦主，以緩和爭端，同時委任一個獨立的委員會進行調查。九個月後，補助金用完，但勞資的爭端依舊。這時委員會提出報告，稱英國礦場有七成以上嚴重虧損，如照現狀經營將無法繼續。煤礦工人卻發起全國大罷工，聲稱「工資一分錢都不能少！」礦主也都準備歇業。英國總工會卻插手進來，以支持煤炭工人為由號召電氣、鐵路、建築、印刷等其他工會加入，發起總罷工。

總罷工於一九二六年五月開始，有超過一百五十萬人參加，全國一片混亂。政府立刻徵召軍人、後備部隊及志願者，以協助維持緊急物資供應及交通運輸，同時指責左派分子鼓動非法罷工。當時社會輿論大多傾向反對過激的罷工行為，連在野的工黨也不支持總罷工。英國總工會只得宣布停止總罷工，留下煤礦工人和礦主繼續對峙。煤礦工人大多也無法支持下去，只得接受礦主的新條件，同意回去工作，或被解雇。第二年，英國國會通過一項新法案，禁止「同情罷工」，即是說任何工會都不能因為同情其他產業工會而進行罷工。

但總罷工另有餘波。一九二七年五月，英國外相張伯倫（Neville Chamberlain）宣布與蘇聯斷交，理由是查獲蘇聯職工會與英國總工會來往的郵電，證明蘇聯非法介入英國總罷工。史達林這時正想藉和資本主義國家合作來加速工業發展，因而張伯倫的宣布對蘇聯是極大的打擊。

托洛茨基這時以同時發生在中國和英國的兩件事為由攻擊史達林和布哈林，說兩人應當為領導共產國際做出的錯誤政策及失敗負責；又說，如果蘇聯與外國發生戰爭，他就要求改組無能的政府。史達林大怒，斥責托洛茨基與外國勾結。雙方鬥爭由此白熱化，波及全國。一九二七年十一月七日是十月革命十週年紀念日，莫斯科紅場舉行慶祝大會。兩派之間的衝突卻在這天達到最高峰。托派分子手持標語，高喊：「處死史達林！」雙方大打出手。最後，史達林下令軍警進場鎮壓「暴動」，在事後又命令祕密警察追捕托派分子，並召開臨時會議，將托洛茨基、季諾維也夫都開除黨籍。

許多西方國家為此額手稱慶，因為他們在史達林和托洛茨基之間無疑比較害怕後者。《紐約時報》在第二年元旦刊出的一篇文章裡說出資本家們的心聲：「今年過新年最快樂的事，莫過於托洛茨基被共產黨開除。……被開除的反對派，乃是主張把俄國和西方文明隔離的思想和制度永久化起來。」

越飛的遺書及托洛茨基的流亡

紅場事件過後九天，托洛茨基的摯友兼忠實信徒越飛突然自殺，並在死前留下一封遺書給他。越飛和托洛茨基一樣是猶太人，曾與他一起編輯《真理報》。十月革命後，越飛在蘇俄外交部門及共產國際中擔任要職，曾經到過中國，並與國民黨總裁孫中山共同於一九二三年發表「國共合作」宣言（詳見下一章）。這是蘇俄透過共產國際協助中共建立的一個重要里程碑，改變了此後中國及全世界的歷史。

越飛為什麼要自殺呢？原因在他的遺書中寫得非常清楚。這封遺書也寫得極為感人，對於後世研究共產世界的歷史的人來說更是非常重要的第一手史料。以下是其開頭起的片段：

親愛的列夫・大衛多維奇（Lev Davidovich）。

你我兩人有幾十年共同的工作關係，也有共同的私人情誼，這就給了我有權利在離開你的時候告訴你：你的錯誤在什麼地方。我從來不懷疑你指出的道路的正確；你也知道，二十多年來，也就是從《不斷革命論》發表時起，我就與你同行了。但我始終認為你缺少的是列寧那種不妥協的堅持。他隨時準備繼續走他認為正確的道路，即使剩下他一個人也不管。他預先見到多數人日後才能明白的正確道路。自從一九〇五年以來，你在政治上也始終是對的。我曾不只一次告訴你我親自聽到的話，列寧承認在一九〇五年對的不是他，而是你。人之將死是不說謊的，我今再告訴你同樣的話。……

但你時常犧牲你的正確觀點，為了你過於重視的一種和解，一種妥協。這些東西，你未免估計得過高了。這是錯誤的。……列寧之所以勝利，其祕密正在這裡面。我好多次要和你說這話，但到現在臨別時候我才決定說出來。

越飛自殺後一個月，史達林召開十五大，一次開除七十五名重量級黨員。季諾維也夫和加米涅夫這時已經絕望，為了生存和家人的安全，只能向黨承認錯誤，接受史達林的指示以個人名義申請重新入黨。托洛茨基卻不肯屈服，因而在一九二八年被充軍到哈薩克的首府阿拉木圖（Almaty）。

托洛茨基顯然受到越飛的遺書極大的刺激，在被流放後竟悍然號召其支持者到他所居住的荒野之地，幫助他繼續反抗史達林，每日對外寫信、發電報，發表文章。史達林對他一再警告，卻又不敢公然殺害他，最後決定把他強制驅逐出境。但托洛茨基到了國外之後又開始在各國建立托派組織，一面誓言埋葬資本主義，一面進行反史達林的宣傳活動。一九三三年起，托洛茨基開始籌備成立「第四國際」，聲稱要打倒「墮落不堪」的第三國際。史達林到那時才後悔當初不該把托洛茨基送到國外，但已經來不及了。

史達林與布哈林的鬥爭

聯共（布）內部的最後一回合政治鬥爭，是在第二回合鬥爭獲勝的史達林與布哈林之間。兩人爭論的焦點，還是新經濟政策。

一九二八年初，蘇俄又發生嚴重的糧食短缺，主要出現於各大城市。史達林懷疑有人囤積居奇，派人到農村徵糧，卻遭到農民強烈抵抗，於是命令黨政高官分別到各地調查，強制徵糧。史達林也親自到西伯利亞去，所到之處農民都害怕，不得不交出糧食，結果徵到的穀物數量比他的預期超徵兩倍半。但徵得的糧食越多，史達林越怒，越發認定富農都是投機分子，於是決定終止新經濟政策，改而實施農業集體化。

但布哈林反對，說強制推動農業集體化將引起所有的農民反抗，必會傷害農村經濟。農業如果失敗，也將無法籌出資金來幫助加速進行工業化。在工業政策上，史達林的思想是優先發展重工業，但布哈林又反對，認為必須同時兼顧與民生有關的輕工業。兩人在開會時大聲爭論，越來越劇烈。李可夫和托姆斯基不敢與史達林大聲說話，卻明顯地支持布哈林。到了後來，史達林開始懷疑布哈林等三人結黨成幫，對自己不利，竟將三人打成「布哈林集團」，定性為「右傾機會主義者聯盟」，全部逐出政治局。史達林又發動全國性的「反右傾分子運動」，如火如荼。布哈林等人在其迫害之下，無路可走，也只好一同寫信給史達林，表示悔過。

一九三〇年六月，聯共（布）召開十六大。史達林在會中做政治報告，說要「克服左傾，消滅右傾」。但直接地說，史達林自己在過去幾年中也是一直在左右之間變換，所以究竟怎樣才是左傾，怎樣才是右傾，這時除了史達林之外恐怕沒有人真正知道。這左傾、右傾，在日後其他的共產世界裡也將會是政治鬥爭的利器。

第八章
二〇年代的中國及蘇聯扶植下的中共

史達林在列寧過世後雖然提出「一國社會主義」論，又說當務之急不再是輸出革命，實際上只是停止在歐洲輸出革命，在亞洲並沒有停止。在亞洲國家中，土地最廣、人口最多的中國，尤其是輸出革命的重要目標。

五四運動及共產主義在中國的萌發

中國是一個文明古國，但近代以來人民的思想大多封建而守舊。一九一一年，孫中山（一八六六～一九二五，本名孫文、孫逸仙）領導辛亥革命推翻清朝，建立共和國，卻被迫辭去臨時大總統。接任的袁世凱後來竟又演出復辟的鬧劇，最終造成軍閥割據，其中最強的軍閥在北京建立「北洋政府」。孫中山雖然繼續擔任「國民黨」總裁，實際上既沒有地位，沒有錢，也沒有武力。從經濟面看，中國在列強的欺侮之下仍是次殖民地。在全國的農村裡，大致來說是鄉紳兼大地主與貧農、佃農對立，貧富不均極為嚴重。

一九一五年，有一位留日的知識分子兼革命家陳獨秀（後任北京大學文學院院長）創辦一本《新青年》雜誌，又陸續邀請著名的留美博士胡適及國內學者、作家如錢玄同、李大釗（後任北大圖書館長）、魯迅等人共同主筆，提倡「新文化運動」，高舉民主、科學（即（即「德先生」「賽先生」）、自由、平等的大旗，受到全國知識青年的支持。俄國十月革命後，李大釗開始熱心倡導馬克思主義。陳獨秀受到李大釗的影響，思想也逐漸左傾。

第一次大戰結束後，北洋政府派代表參加在巴黎舉行的和會，要求取消列強在中國的特權，收回德國原先在山東地區享有的特殊權益。協約國卻說中國在對德宣戰後並沒有出過力，只是忙於內戰，拒絕中國的主張。中國據理力爭，說在戰爭期間曾經派十幾萬名華工遠渡重洋，應英、法兩國招募以填補其後方的勞動力，也上前線修築工事、搬運彈藥，等等，不能說沒有貢獻。但中國代表有關山東權益的要求最後仍被否決。消息傳回中國，引發劇烈的風潮，即是「五四運動」。北京各大學學生三千多人發起遊行示威，高呼「外抗強權，內除國賊！」的口號。全國各地罷工、罷課、罷市。北洋政府被迫命令出席巴黎和會的代表拒簽《凡爾賽和約》。

五四運動後，陳獨秀又與李大釗合辦另一本《每週評論》雜誌，內容多與從思想、政治、時事有關。陳獨秀在發表的文章中分析資本主義如何剝削工人，介紹階級鬥爭的概念。李大釗研究早期俄國的民粹主義革命思想後，認為中國學生也應該走向農民，為其流血、流汗。不過胡適與陳獨秀、李大釗的思想不同，自認是一名懷疑主義者。他勸青年們不可將抽象的主義視為信仰或宗教，而要在實踐中仔細求證。當時他和其他思想界的領袖共同邀請美國「實驗主義派」哲學家杜威（John Dewey）、英國哲學家羅素到中國長期講學，也造成極大的影響，平衡了一部分馬克思主義帶來的左傾思想潮流。

必須說明，羅素也是一名社會主義者，對資本主義深惡痛絕。他在來中國之前不久曾經隨英國工黨代表團到蘇俄訪問一個多月，會見許多黨政高官，並深入地方及農村。但他對新成立的布爾什維克政權的觀感極為負面。羅素批評唯物史觀的根本錯誤在於完全忽略了非經濟性的因素；又說共產黨把無限的權力集中在少數人的手上，並且不擇手段地使用暴力，其結果是付出的代價將遠遠超過革命的目的。他也和列寧單獨談了一小時，對列寧本人的印象是高傲、偏狹而固執。

中國共產黨成立

共產國際成立後不久，蘇俄便主動發布一項對華聲明，表示願意取消先前中國與沙俄簽訂的不平等條約，放棄所有的特權，又說願意協助中國抵抗列強的侵略。有人認為，當時蘇俄正在內戰中，又被列強圍剿，怕中國也支持白軍對抗紅軍，所以是刻意對中國示好。但中國在先前才爆發五四運動，人民都認為在巴黎和會時遭到西方國家虛偽、不公的對待，這時聽見蘇俄如此強烈對比的友善表示，無不感動。共產主義運動在中國擴展的契機於是來到。一九二〇年三月，共產國際派吳廷康（G. N. Voitinsky）到中國尋找革命的伙伴。吳廷康在拜訪了一些軍閥、政客、學者和孫中山之後，建議與陳獨秀和李大釗合作。共產國際接受他的建議，並同意提供所有的經費。

一九二一年七月，中國共產黨第一次全國代表大會在上海法租界舉行。當時人數還很少，只有五十幾名黨員，由來自各地的代表十二人開會，其中後來比較知名的有李達、張國燾、毛澤東等。共產國際派馬林為代表列席。陳獨秀只派了一個代表，並沒有親自參加，但還是被選為中央局書記。

馬林（G. Maring，原名 Henk Sneevliet）的經歷十分特別。他原本是荷蘭的社會民主黨員，對荷屬東印度公司在殖民地的貪婪剝削極為不滿，因而於一九一三年直接到印尼參加當地的獨立運動，與殖民政府公然對抗。社民黨反對他的作法，馬林就轉而加入荷蘭共產黨，但在五年後被殖民政府強迫遣返荷蘭。一九二〇年，馬林到莫斯科參加第二次共產國際大會。列寧委請他到中國協助成立共產黨。

「勤工儉學」與周恩來、鄧小平

共產國際也陸續在法國巴黎、日本東京等地招收中國留學生，成立共產主義小組。巴黎的共產主義小組是在一九二〇年七月成立的，初期黨員有蔡和森、李維漢等人，後來又有趙世炎、周恩來、鄧小平等人陸續加入。這些人都是以參加「勤工儉學」的方式到法國的。

「勤工儉學」是在辛亥革命成功後由國民黨要員李石曾、吳稚暉和蔡元培等人發起的一項運動，目標是招收有志到國外留學的學生，協助他們到法國進入中學、大學讀書，或到工廠工作。蔡元培後來擔任北京大學校長。勤工儉學立意雖然良善，不幸選在最不好的時機。沒有人料到，當大批中國留學生到達時，正是戰後法國經濟最蕭條的時候。許多工廠被迫關閉，連從戰場上歸來的法國士兵都不容易找到工作，安排中國留學生找工作自然極為困難。中國留學生大多原本就是打算半工半讀，帶來的盤纏有限，所以不久後陷入失學、失業、飢餓及恐慌。共產國際這時正想吸收中國的青年加入共產革命，在巴黎的留學生於是成為理想的對象。周恩來、鄧小平就是因此而加入共產黨的。

周恩來（一八九八～一九七六）生於江蘇淮安，但原本是來自浙江紹興的書香世家。十五歲時，周恩來考進一所著名的天津南開中學，在校時極受創辦人嚴范孫和張伯苓器重，被認為將來必是大材。畢業後，他到日本修讀日語一年，卻無法考入大學，只得回國。五四運動爆發不久後，周恩來就加入學生聯合會，領導學生罷課、請願，出版激烈言論的報刊，結果被捕入獄，坐了幾個月牢。周恩來在出獄後獲得嚴范孫資助他坐船到法國參加勤工儉學。不過由於前述的原因，他只在雷諾（Renault）汽車廠做了幾個星期的粗活就失業了，於是成為最早被共產國際吸收的學生之一。

周恩來儀表出眾，談吐和語言能力超人，又有領導示威遊行和抗爭的經驗，不久後就成為中國共產黨巴黎支部的領導人。法國所有的勤工儉學生，如李立三、李維漢、李富春、蔡暢、王若飛、趙世炎、陳毅、聶榮臻、鄧小平等，都在他的領導之下。其中大多在後來成為中共建國的元老。周恩來不久後升任為中國共產黨歐洲支部領導人，又在德國吸收了朱德。朱德後來與毛澤東共同創立中共人民解放軍，是十大元帥之首。

鄧小平（一九〇四～一九九七）出生於四川的古城廣安的一戶殷實農家，到法國勤工儉學時只有十六歲。由於帶的盤纏不夠，他只讀了五個月中學就輟學轉到鋼鐵廠、橡膠廠做苦工，但不久後失業，被迫和其他數百名勤工儉學生擠在臨時搭蓋的帳棚裡，飽嚐髒臭、飢餓與窮困，因而也被吸收加入中共。一九二三年起，他擔任中共旅歐支部出版刊物《少年》（後改名為《赤光》）的刻寫、油印工作，因為字體端麗、印刷精良而被眾人稱讚為「油印博士」。後來他又參加編輯工作，因而與周恩來住在一起，朝夕相處。此後五十幾年，鄧小平自稱始終視周恩來為一個兄長。

毛澤東——日後中共的領導人

在法國的勤工儉學生中，以湖南人為最多，其次是四川人，合計占一半以上。日後的中共領導人毛澤東雖然沒有去留學，卻與大部分的湖南勤工儉學生關係密切。這一點對研究毛的歷史極為重要。

毛澤東（一八九三～一九七六）生於湖南省湘潭縣的韶山衝（今湘潭韶山市），離省會長沙不過五十公里。他的父親是一個刻薄而暴躁的富農，不只虐待長工，也逼他和弟弟做苦工，又時常打罵，使得他忿忿不平，時時起而反抗。毛的叛逆性格從小已經顯露，據他自己說，那時他已經知道要如何利用「罷工」和其他威脅的手段與父親進行鬥爭。毛曾在私塾讀書，熟讀儒家的經典「四書」「五經」，但最喜歡的是《水滸傳》、《三國演義》《西遊記》等中國古典章回小說，尤其喜歡其中的造反、叛逆及權謀奇計。

由於被逼在家務農，毛澤東在二十歲時才考進免費的湖南長沙第一師範學校。在校期間他和蔡和森、李維漢等人共同成立《新民學會》，有七、八十個會員，彼此激勵進取。當他們得知有勤工儉學計畫後，就積極討論如何藉此機會去留學。蔡和森後來帶了女友向警予和妹妹蔡暢，與李維漢一起出國，成為最早留法的勤工儉學生。他們又成立法國《新民學會》組織，與留在國內的毛澤東一同協助其他人前往法國。湖南的勤工儉學生最後達到四百餘人。

有人說，毛澤東之所以不出國，是因為他自認法文學不好，也不想到國外去做苦工。他到北京，在北大圖書館裡找到一份管理員的工作。當時的館長就是李大釗。五四運動爆發後，毛回到湖南發起響應五四運動，創辦一本新雜誌，也參加發起驅逐地方軍閥的運動，不過終究無用。根據毛自己說，後來他讀了《共產黨宣言》和考茨基的《階級鬥爭》的中譯本，思想確定轉向馬克思主義。一九二〇年十一月，毛與一些同志共同創立湖南共產主義小組，又應陳獨秀之邀參加一九二一年在上海舉行的中國共產黨成立大會，遂成為最早的黨員之一。陳獨秀得到共產國際定期撥給經費，也分一小部分給毛，請他進行組織勞工運動及發展黨員的工作。

里昂中法大學事件及其影響

一九二一年初，五百名勤工儉學生由於生活境況惡劣，所獲援助又少，憤而包圍巴黎的中國領事館，並毆打公使及部分館員。巴黎警察隨即強制驅離學生，逮捕其中若干人。但中國領事館不堪留學生日日抗議，只得同意發給每人每日五法郎，並勸學生們想辦法回國。共產國際決定出手吸收周恩來，就是這個時候。當時中國國內有一部分地方軍閥和實業家也響應募款，同意幫留學生回家。不過湖南人和四川人的問題始終無解，因為這兩省學生人數最多，需錢最多，割據的軍閥對留學生卻沒有好感，不願出手相助，兩省偏偏又都沒有什麼大實業家。留學生們於是繼續抗爭，結果導致九月爆發的「里昂中法大學事件」。

中法大學是中、法兩國之間的一個新計畫，由吳稚暉在國內募資，里昂市長承諾把一個舊兵營改造後，撥為校舍，供中國的留學生就讀及居住。不過法國人認為勤工儉學生良莠不齊，其中有許多人加入共產黨，其志已不在讀書，所以堅持中法大學的學生必須經由嚴格的考試及調查後才能錄取，拒絕從勤工儉學生中招募。勤工儉學生大怒，決定發起鬥爭，一百三十人直接到里昂，進占中法大學的宿舍及餐廳。不料三百名法國警察在半夜展開圍捕，並將一百零四名學生押解上船，直接送回中國。周恩來是此一行動的主要策劃者，但留在巴黎負責與共產國際聯繫，所以沒有被捕。

這一百多人回到中國時是一九二一年底，立刻使得成立不到一年的中國共產黨黨員人數暴增到將近兩百人。次年七月，中國共產黨又在上海舉行第二次全國代表大會。陳獨秀這次親自參加了會議，並被選為中央執行委員會的書記。留法學生回國後，與一部分留學蘇俄的學生（如劉少奇）及國內的黨員合流，中國國內的勞工運動也由此迅速展開。其中重要的有香港碼頭工人罷工、江西安源煤礦及鐵路罷工、河北開灤煤礦罷工，以及京漢鐵路工人罷工。但所有的工人運動最後都失敗，遭到鎮壓。

國民黨聯俄容共

孫中山領導辛亥革命，締造民國，被稱為中華民國的「國父」，然而他心中的痛卻與日俱增。國民革命的結果不幸是軍閥割據，國家分裂，而他卻無能為力，只能倚靠廣東的軍閥陳炯明保護。共產國際這時認為可以利用他的名望來加速中國共產黨的成長。馬林和孫中山見面，提議國民黨和共產黨合作，又說蘇俄其實並未推行共產主義，而是實施新經濟政策。孫中山雖有疑慮，卻認為列寧的政策與他自己所提出的「三民主義」中的

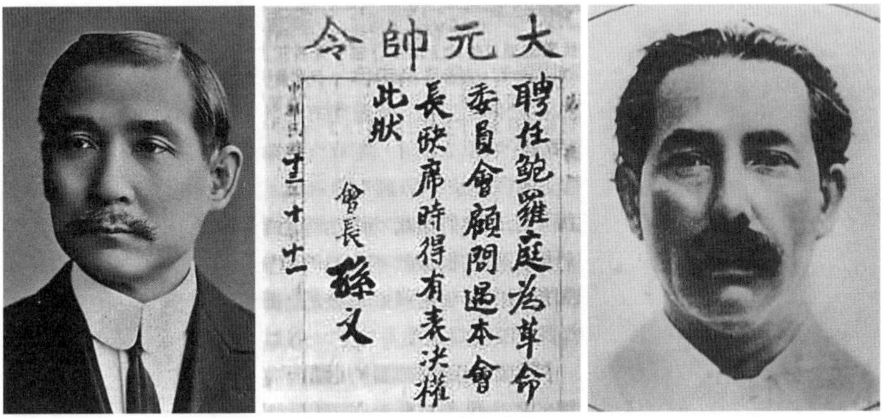

圖 8.1 孫中山（左）聯俄容共，聘鮑羅廷（右）為革命委員會顧問

主權在民、平均地權及發展民生經濟有若干契合之處。

一九二二年，孫中山遭陳炯明驅離廣東，正在憤顢，徬徨無計時，共產國際又派越飛為代表來中國，雙方一拍即合。因而，中共在七月召開第二次代表大會時也討論到與國民黨合作的可能。馬林提議中共黨員加入國民黨，但陳獨秀、蔡和森等人一致反對。然而，黨員最後還是不得不服從共產國際的命令。在此必須指出，當時托洛茨基也反對國共合作，卻被史達林和布哈林否決了。一九二三年一月，孫中山與越飛在上海共同發布公報，孫中山同意接受蘇俄的協助，建立軍隊，以完成中國統一；越飛重申願意拋棄帝俄時代對華的不平等條約，但保留軍隊留駐外蒙古。國民黨「聯俄容共」的政策由此確立。但孫中山特別聲明共產主義及蘇維埃制度並不適用於中國，對此越飛也表示同意。根據雙方協議，中國共產黨員隨後都以個人身分加入國民黨。

雙方決定合作後，孫中山正好獲得部分南方地方勢力加盟，重回廣州，開始建立自己的軍政府。共產國際於是派鮑羅廷（Mikhail M. Borodin）於七月到廣州，擔任政治顧問，以協助孫中山徹底改造國民黨。孫中山也派參謀長蔣介石（一八八七～一九七五）到俄國考察，於八月啟程，十二月回國。蔣介石回國後寫給孫中山的報告卻是極為負面。他發現列寧已長期臥病，而史達林與托洛茨基鬥爭

圖 8.2　黃埔軍校校長蔣介石（左）、政治部主任周恩來（中）及軍事顧問加侖將軍（右，即布柳赫爾）

激烈，蘇聯政權乃是奠基於專制獨裁及高壓。他在訪問克琅斯塔得時，也發現人人避談兩年前此地遭血洗的事件。總之，他的結論是不贊成聯俄容共。國民黨當時也有許多右派分子與蔣介石一樣看法。但孫中山堅持己見。蔣介石於是以無法達成任務為由，辭歸故里。

蔣介石、周恩來與黃埔軍校

蔣介石的家鄉在浙江省奉化縣。他曾留學日本，在就讀士官學校時認識孫中山的革命組織「同盟會」的成員陳其美，經其介紹入會。陳其美是中國祕密幫會「青幫」的重要頭領。一九一一年辛亥革命爆發後，蔣介石立刻回國協助陳其美領導的上海及浙江起義，自此漸漸為孫中山所倚重。蔣介石雖然反對聯俄容共而請辭回鄉，孫中山反而堅持任命他為黃埔軍官學校校長。

黃埔軍校於一九二四年六月開辦，是國共合作的重中之重。國共兩黨後來的重要軍事將領中有很多是該校訓練出來的學生，兩黨有許多要員也在該校任職，或當教官。國民黨除了派蔣介石擔任校長之外，又派廖仲凱為黨代表，戴季陶為政治部主任，另有教練部、教授部主任及總教官都由國民黨人擔任。但副手大多由共產黨員擔任，例如：政治部副主任周恩來、教授部副主任葉劍英，以及擔任教官的聶榮臻。周恩來是奉命直接坐船從法國回到廣州的。由於戴季陶在任很短，所以他報到後就是政治部主任了。毛澤東也加入國民黨，後來被任命為國民黨代理宣傳部部長，同時負責訓練、組織農民運動。

蘇俄同意支付黃埔軍校所有的經費，又從海上運來槍砲彈藥及輕型飛機，並派加倫（Galen）到廣州擔任軍政府的軍事顧問，率領約一百多人的顧問團。加倫是蘇俄內戰期間的紅軍名將，本名布柳赫爾（Vasily Blyukher），與圖哈切夫斯基、布瓊尼齊名。

孫中山之死與國民黨內部的分裂

國共合作之後，廣州軍政府開始壯大，引起以英國商人為首的廣州商團不安，意欲進行武力干涉，不料被蔣介石率領黃埔軍校學生軍擊敗。孫中山這時應北洋政府邀請北上商談國是，當他到達北京後，蔣介石又率領學生軍與地方勢力共同擊潰陳炯明，以少勝多，殲滅四萬多人。各方大吃一驚。不過孫中山卻開始染病，於一九二五年三月病逝。北京城萬人空巷，夾道送別。

國民黨內部原已有左派及右派之分，左派的代表是廖仲愷；右派的代表是胡漢民；汪兆銘（汪精衛）介於其中。孫中山之死是國民黨內部分裂的開始。

中共藉與國民黨合作而茁壯之後，在全國各地發展大規模的工人運動。上海、漢口等大城市的外資工廠都發生罷工事件，全國爆發反日、反英的風潮。一九二五年五月，一名共產黨員顧正紅在上海租界一家日本人開設的棉紗棉布廠內率領工人罷工，與日本管理者起衝突，竟遭到槍殺。上海學生及工人數千人為此舉行示威遊行，要求收回租界。英國巡捕竟又開槍，造成數十人死傷，史稱「五卅慘案」，引起中國全民激憤，紛紛響應。周恩來也策劃並領導十幾萬人在廣州英租界遊行示威，結果又遭英軍開槍射擊，造成五十幾人死亡，史稱「沙基慘案」，廣州及香港因而爆發「省港大罷工」，有二十幾萬人參加，香港經濟瞬間暴落，當年進出口貿易減少一半。

對於沙基事件，廣州軍政府和英國政府代表互相指責。國民黨內右派也嚴厲批判中共的作法過激，左派卻不以為然。廣州軍政府於七月改組為國民政府，由汪精衛擔任主席，內部鬥爭卻更激烈。廖仲愷在八月竟遭數名暴徒亂槍打死。當時胡漢民被汪精衛、蔣介石、鮑羅廷聯合指控涉有嫌疑，遭到軟禁。其他右派分子紛紛避難出走，在上海另設黨中央。國民黨左、右派由此正式分裂。

一九二六年三月，又有「中山艦事件」爆發。蔣介石自稱為在軍艦上險遭暗殺，懷疑是一名蘇聯顧問在背後陰謀策動，要求鮑羅廷解任該顧問。不久後，汪精衛也被迫出走。陳獨秀原本就不贊成國共合作，這時更無法忍受，建議中共退出國民黨。鮑羅廷卻堅持利用國民黨繼續發展。

究竟廖仲愷之死背後真正原因是什麼？中山艦事件究竟是蘇聯顧問的陰謀，還是蔣介石自導自演？國共各有不同的說法，真相難明，至今仍是謎。

國民革命軍北伐及國民黨清共、分共

國共雖有矛盾，目標仍是一致指向北方。一九二六年六月，蔣介石率領國民革命軍開始北伐。當時廣西實力派人物（桂系）李宗仁與白崇禧也率部參加北伐。國民革命軍一共有八個軍，約十幾萬人，每一個軍都有俄國顧問，由加倫將軍負責總策劃。革命軍勢如破竹，於半年之內席捲華南各省。國民政府隨之搬到武漢，但在前線的蔣介石與後方的鮑羅廷之間不合，鬥爭越來越激烈。

國民革命軍每克復一座城市，共產黨便發動群眾排外運動。各城市外僑紛紛撤退到上海，達數萬人。一九二七年三月，革命軍占領南京。共產黨又發起排外運動，造成外國使館、教堂、醫院及學校被毀損，許多洋人及傳教士被殺的事件。英、法艦艇發炮護僑，聲明不惜進行武力干涉。蔣介石這時公開指責「南京事件」是左派分子過激的行動，明顯地表示要與左派決裂。

三月底，國民革命軍攻克上海。共產黨立即派周恩來到上海，負責組織工人糾察隊，傳聞將直接攻占租界。蔣介石卻公開保證不以任何武力方式改變租界的地位。雙方立場南轅北轍，一時劍拔弩張。國民黨右派見到蔣介石公然反抗武漢政府，立即邀他一同召開緊急會議，決定「清黨」，也就是清除國民黨內的共產黨。

四月十二日，蔣介石下令上海衛戍司令白崇禧派軍警鎮壓工人糾察隊，又請青幫、洪門等幫會分子共同加入「剿赤」的行動。各國駐上海的軍隊這時也決心以武力保衛上海租界。起事的工人因而死傷達三百多人。第二天，中共再次發動十萬名工人、學生舉行集會、抗議。蔣介石下令士兵持槍直接掃射，隨後大肆捕殺共產黨員。數千人因而死亡或失蹤，其中包括趙世炎及陳獨秀的兩個兒子。陳獨秀本人和周恩來幸而及時逃走。國民黨右派同時在全國各大都市全面清黨。東北軍閥張作霖派兵直接進入蘇聯的使館，捕獲李大釗，又搜獲大批涉及祕密顛覆活動的文件。李大釗與其他二十餘名中共分子全部被以「裡通外國」的罪名絞死。

四一二事件後，蔣介石與國民黨右派共同成立南京政府，同時下令通緝鮑羅廷及近兩百名中共首要分子。武漢政府大怒，公開宣布開除蔣介石黨籍，稱他是「總理之叛徒、本黨之敗類」。國民黨的歷史稱此事為「寧漢分裂」。武漢方面以汪精衛為黨主席，聽命於蘇聯顧問；南京方面以胡漢民為黨主席。

但共產黨內部也開始發生分裂。毛澤東在當年三月曾寫了一篇〈湖南農民運動考察報告〉，其中說鄉村人口中分貧農、中農、富農及地主，其中貧農占七成，又最聽共產黨的話，所以要讓貧農做革命的先鋒，以打倒土豪劣紳。毛又說：「農村革命是農民階級推翻封建地主階級的權力的革命。農民若不用極大的力量，絕不能推翻幾千年根深蒂固的地主權力。……質言之，每個農村都必須造成一個短期間的恐怖現象，若非如此絕不能打倒紳權。」共產國際的新代表，印度籍的羅易（Manabendra Nath Roy）支持毛的主張，於四月底中共召開五大時要求加速進行土地革命。當時陳獨秀和鮑羅廷都反對，認為時機未到，卻不得不聽命於羅易。

然而，當時武漢政權各級軍官的家中都擁有田產，共產黨卻組織黨員帶領貧農到他們的家鄉去，逕行沒收他們的田產，並以極其殘酷的手段殺害他們的父兄親友。許多軍官因而群情激憤，發生多次兵變，其中最嚴重的就是湖南地區。汪精衛因此表示極為擔心，這時羅易竟把共產國際的指示文件拿給他看。汪精衛大驚，不久後就宣布「分共」，驅逐蘇聯顧問。中共也立刻反擊，宣稱武漢政府是「反革命」。

國民黨右派先清共，左派後分共，雙方歧見既已消失，不久後就復合，建立統一的國民政府，定都南京。

中共在一九二七年的三次暴動

史達林從孫中山決定聯俄容共時起就每年撥鉅款支持國民政府，連同後來創立黃埔軍校及建軍的花費，投資的金額極為驚人，卻被托洛茨基批評是路線錯誤。但史達林堅持既定政策，結果導致一九二七年「四一二事件」，被國民黨先下手為強。又經過一個月，如上一章所述，英國宣布與蘇聯斷交。托洛茨基藉機發難，將兩人的惡鬥挑到最高點，並延續到年底。在此期間，由於鮑羅廷、羅易都被驅逐出境，史達林派他的同鄉羅明納茲（V. Lominadze）接替，指示中國共產黨人設法攻取根據地。

一九二七年八月，周恩來、朱德、葉挺等人奉令率領兩萬人發起「八一南昌起義」，宣稱要打倒土豪，進行土地重分配，但三天後就失敗，被迫退出。中共的歷史上卻認為此次起義意義非凡，因為這是共產黨脫離國民黨後自行打響了革命的第一槍。不過羅明納茲在幾天後就迫不及待地召開「八七會議」，批評陳獨秀是「右傾主義者」，拔去他的領導權，改以長期在蘇聯留學的瞿秋白為新領導人。陳獨秀之所以被黜，主要是民族意識太強，又一再抗拒共產國際的命令，羅明納茲因而以他為代罪羔羊，把所有的失敗責任都委罪於他。

南昌起義時，毛澤東建議另外在湖南、江西邊界也發動「秋收起義」，並獲得撥給軍隊及武器。但他在得知南昌大敗後，未盡全力就帶領部隊退入江西西南的井岡山，也未照原訂計畫進攻長沙。

另一方面，周恩來在南昌敗退後率殘部南走廣東，被國民黨軍隊一路追殺，死傷萬人以上。另有葉挺、張太雷、葉劍英率部於十二月發起「廣州起義」，一度成立廣州蘇維埃政府，或稱為「公社」。這是中共在半年內發動的第三次暴動，但英、美、法、日艦隊發砲，又派軍隊助國民黨收復廣州。張太雷被殺，部眾也有數千人被殺。不久後，國民政府宣布與蘇聯斷交。

毛澤東在井岡山建立根據地，中共在莫斯科召開六大

羅明納茲對於毛澤東在湖南秋收起義未盡全力就率部退入井岡山至為不滿，在當年十一月召開會議時嚴厲批判毛是「軍事投機」，「完全違背中央策略」，撤除他的政治局候補委員職位。但毛從上了井岡山後就以之為根據地，在附近各縣、各城鄉「打土豪」，沒收地主、富農的土地，分配給貧農、佃農。他又召開「萬人大會」，強迫民眾到場觀看，當眾以血腥恐怖的手法處死土豪，目的正是要造成他在先前有關農民報告中所說的恐怖現象。此後一年中，朱德、陳毅及彭德懷分別率領所屬，先後到井岡山與毛澤東會合。井岡山因而在日後被稱為中共建立的第一個農村革命根據地。史達林也因此注意到，毛澤東雖然不太聽話，又常自作主張，卻可能是一個「能成事」的人。

一九二八年六月，中共決定在莫斯科召開第六次代表大會，黨內要人除了少數，如陳獨秀拒絕到蘇聯開

會，毛澤東、朱德留守井岡山之外，共有一百四十二名代表與會。毛雖未與會，仍被選為二十三名中央委員會委員之一。中共之所以選擇在莫斯科召開六大，最主要是因為新近受到重創，許多人希望能與共產國際直接接觸，獲得指導及支持。史達林與布哈林當時已經徹底擊敗托洛茨基，布哈林也取代了季諾維也夫擔任共產國際主席。布哈林因而應邀在中共六大會議中發表演講，講題是《中國革命與中國共產黨的任務》。史達林也接見與會代表，指示儘速重建紅軍。

對於毛澤東而言，史達林的指示的意義就是他可以走出井岡山，向外擴張。毛因而在一九二九年初就和朱德率兵前往福建，攻克汀州，建立「閩西根據地」，又因大打土豪，獲得大批糧食給養，士氣大振。不過朱、毛率部離開井岡山後，國民黨軍隊就攻占井岡山，兩人已經回不去。

日本軍部阻止中國統一

國民黨內部的鬥爭並未因在南京成立聯合政府而停止。左、右兩派與蔣介石都有宿仇，於是聯合逼迫蔣辭去北伐軍總司令的職位。但蔣在下台後仍然牢牢掌握其黃埔嫡系部隊。一九二七年十二月，蔣介石在上海與宋美齡結婚。宋美齡的家族在中國堪稱第一顯赫，無人能比。她的父親宋嘉澍是孫中山革命最主要的經濟支持者之一；大姐宋藹齡嫁給出身山西孔家的孔祥熙，是中國第一富豪，對中國財經界有絕對的影響力；二姐宋慶齡嫁給孫中山，是「國母」。蔣宋聯姻的意義因而不比尋常。南京政府又缺錢，不得不請蔣復職，繼續北伐。

蔣介石率領四個集團軍，除了嫡系部隊之外，也包括三個由西北、西南地方軍閥率領的軍隊。不過這時由於日本政局已經丕變，北伐前景被一片烏雲籠罩。陸軍大將出身的日本新首相田中義一認為日本過去的政策過於軟弱，無法阻止中國熾烈的排外風潮，因而在上任後便派軍隊到山東，聲稱要保護當地日本僑民的權益。對於中國東北（即是滿州），田中也主張採取強硬的政策。

蔣介石的北伐軍到了山東濟南後，與日軍發生衝突，據估計中國軍民死亡三千多人。中國派員與日軍交涉，竟也被射殺。日本稱此為「濟南事件」，中國稱之為「五三慘案」。蔣介石不願擴大與日本的爭端，下令繞道往北。不過這時日本關東軍竟在中國東北瀋陽附近的皇姑屯車站預埋炸彈，炸死東北軍閥張作霖。「皇姑屯事件」震驚國際。

張作霖原本是馬賊出身，因接受日本扶植而稱霸東北。後來張作霖卻不願配合日本壓制東北的反日風潮，又百般推託與日本合作，更不肯配合日本而脫離中國建立一個新國家。關東軍因而決定要置他於死地，然後趁亂奪取東北。張作霖的部屬卻擁護他的兒子張學良迅速地控制了東北。張學良又不顧日本的威脅而與南京政府直接議和，在一九二八年底改插國民政府的青天白日國旗。中國統一後，歐、美各國大多宣布承認國民政府，日本卻不肯。

實際上，這時法西斯主義已經在歐洲的義大利及德國興起，並日趨狂熱，第二次世界大戰正在醞釀中。日本的軍國主義也已飆起，軍部決定向外侵略，而首當其衝的正是中國。這對蘇聯而言，既是危機，也是機會。對中共而言，從日後的發展來看，卻是大大的機會。

第九章
三〇年代的歐、亞局勢及史達林統治下的共產世界

第二次世界大戰可說是三個法西斯主義（Fascism）國家：義大利、德國及日本，對其他國家的戰爭。法西斯是一種極端的民族主義，主張由強人集權統治，動員所有的資源對外侵略，對內壓制一切反對的聲音。

法西斯主義為什麼會興起呢？以下先簡略說明義大利及德國的情況。

義大利及德國法西斯主義的興起

義大利是第一次世界大戰的戰勝國，不過戰後在巴黎和會的談判大多由美、英、法三國主導，義大利原本期望獲得補償大部分落空，國人因而不滿。又由於俄國十月革命成功，義大利的貴族及資產階級都怕國內也發生共產革命，於是在一九一九年三月共同支持一位退伍軍官墨索里尼（Benito Mussolini）創立國家法西斯黨，以對抗當時國會中勢力最大的社會黨。義大利國王伊曼紐三世更是被沙皇全家的悲慘遭遇所震驚，也決定在暗中支持法西斯黨。

一九二一年，義大利舉行大選，法西斯黨在國會中竟只得到兩席。墨索里尼至為失望，決定以武力奪取政

權。次年十月，墨索里尼率領一萬四千名由退伍軍人組成的「黑衫軍」，「向羅馬進軍！」沿途軍隊、警察都奉國王之命不加干涉。第二天，墨索里尼接受伊曼紐三世任命為總理，完成政變。一九二四年，法西斯黨在國會選舉中大勝，獲得三分之二席次。社會黨黨魁指稱法西斯黨選舉舞弊，不料幾天後就遭到暗殺。又過一年，墨索里尼宣布所有法西斯黨以外的政黨都是非法。義大利人民從此失去言論、出版及其他自由，不得不接受法西斯獨裁統治。伊曼紐三世國王也成為傀儡。

德國法西斯主義的領袖希特勒（Adolf Hitler，一八八九～一九四五）出生於奧地利的貧困家庭，並沒有讀完高中。第一次大戰時，希特勒志願參戰，在戰敗後被分發到一個政府的調查站工作，奉命去監視一個工人黨的集會。希特勒卻因不滿一名分離運動者的發言，起身痛斥那人是中了猶太人的毒，企圖分裂德國，語驚四座，因而獲得德國工人黨邀請入黨。希特勒欣然加入，竟在兩年後就被選為黨魁。德國工人黨是納粹黨（Nazi Party）的前身，黨員中有很多是先前自由軍團的成員。德國前參謀總長魯登道夫（Erich Ludendorff）也在背後支持。

當時德國在戰後國家混亂，暴動頻繁，其主要原因除了敗戰的不甘和恥辱，還有狂貶的馬克。由於德國政府故意放任通貨膨脹，致使馬克對美元的匯率在一九二二年一年中貶值為兩千分之一，在一九二三年一年中又貶值為兩萬分之一。德國中產階級的財富因而蕩然無存，無不痛恨。

一九二三年一月，法國以德國無法支付賠款為由出兵占領德國的魯爾工業區。德國人盡皆憤怒，暴亂四起。希特勒也率領三千名納粹衝鋒隊與政府軍在慕尼黑激戰，史稱「啤酒館暴動」，但被徹底鎮壓。希特勒被捕入獄，但只坐了一年牢。出獄後，他出版了一本小書《我的奮鬥》（*Mein Kampf*），其中說日耳曼民族是世界上最優秀的人種，如果和劣等民族混血，必定沒落。猶太人卻是德國社會的寄生蟲，馬克思主義也是猶太人創立的。猶太人又控制了德國報紙，在大戰期間鼓吹罷工，與共產黨互相呼應，必須為德國的戰敗負責。

許多人認為《我的奮鬥》裡的言論充滿了錯誤及病態的認知，但當時有很多心理受創，經濟受害的德國人卻認為希特勒說出了他們的心聲，決定加入納粹黨。不過由於美國提供鉅額貸款，德國經濟在其後數年中漸趨平穩。一九二五年，艾伯特病死，第一次世界大戰時的德軍最高統帥興登堡（Paul von Hindenburg）獲選為威瑪共和國新任總統。此後德國更是在快速復興中，納粹黨的活動因而並沒有繼續擴大。

蘇聯的五年經濟計畫

一九二七年十二月，聯共（布）在召開十五大時通過決議開始實施第一個五年計畫（一九二八～一九三二），其重點在發展農業集體化及推動重化工業。其結果如何呢？以下用一些具體的數字說明。

蘇聯原有富農約一百五十萬戶、中農一千五百萬戶、貧農五百萬戶。史達林下令沒收富農所有的土地、財產，將其掃地出門，或流放到西伯利亞，其中也有遭到殺害或自殺的。必須指出，這些富農大多並非世襲的貴族，而是在新經濟政策實施之後才靠自己勤勞節儉而發家致富的，不料在國家政策一旦改變後竟招來殺身之禍。當時中農裡也有一部分被劃為富農，一樣慘遭清算，其餘和貧農一樣被納入國營的集體農場，引進新式的農業機械，擴大面積耕種。

但史達林忽略了農民的天性是希望擁有自己的土地，當集體農場一切歸公，便怠工反抗，所以糧食生產不增反減。這種情況在牲畜的數目可以看得更清楚：一九二八年農家飼養的牛、豬、馬的數目分別為七千萬、二千六百萬、三千四百萬頭，到一九三三年數目卻全都減半。農民寧願將牲畜宰來自己吃也不願意和他人分享。史達林發現農民消極怠工後也曾踩煞車，於一九三〇年初在《真理報》發表了一篇〈勝利沖昏頭腦〉。承認集體農場運動可能跑得太遠。文章刊出後，許多農民開始依「自願原則」申請退出集體農場。史達林卻大怒，百般恐嚇。農民於是又被趕進集體農場，但依舊怠工。飢荒於是無法避免。據估計，五年內有將近一千萬人餓死，其中將近半數在號稱為穀倉的烏克蘭地區。

那麼工業發展又如何呢？從重工業看，蘇聯總共進行了一千五百個建設項目，原先極端落後的蘇聯各城市在一九三三年竟出現了許多鋼鐵廠、機械廠、汽車廠、拖拉機廠、水電站、肥料廠及化學廠。重化工業的基礎由此奠定，國防工業也由此逐步建立。然而，同一時期蘇聯在輕工業的投資卻只有重化工業的六分之一。其結果是人民生活水準仍低，生活困苦，消費不足。工人大多也是消極怠工。

雖然人民活困苦，史達林在第一次五年計畫又繼續推動第二次五年計畫（一九三三～一九三七），以及第三次、第四次，不容任何人以任何理由反對。

柳廷事件及史達林妻子的自殺事件

史達林可能自認其政策有益於國家社會，但在許多同志看來卻是倒行逆施。有一部分老共產黨員忍不住批評，其中的代表人物是內戰時期的紅軍名將斯美爾諾夫（Vladimir Smirnov）及前宣傳部長柳廷（Martemyan Ryutin）。斯美爾諾夫當時已在獄中，卻仍在報紙發表文章，直接說：「由於當今的領導者不能打破經濟及政治上的死結，黨內都深信只有更換領導者。」柳廷是布哈林的舊部，撰寫了一份兩百頁的論文，在黨內傳發。其中列舉史達林的錯誤，措辭激烈，稱史達林是「革命和黨的掘墓人」，主張改變政策，要求放慢工業化的速度，結束國營農場，回到個體農業，恢復黨內民主，又要求將史達林免職。

史達林大怒，下令延長斯美爾諾夫的刑期，逮捕柳廷及其同黨。他又認為柳廷的行為等同叛國，必須處死。不料當他召開政治局會議討論時，提議竟被否決。史達林極為憤怒。當他發現基洛夫和奧爾忠尼啟則等核心幹部竟也投下反對票時，更是耿耿於懷。

又過一個月，史達林家中發生一件悲劇。他的妻子，年僅三十二歲的娜捷日達・阿利盧耶娃（Nadezhda Alliluyeva）竟舉槍自殺身亡。

娜捷日達是史達林在革命年代老友的女兒，性情善良。她在婚後甚少外出，卻和常來他們家中的蘇共領導人都熟，小孩們尤其喜歡風趣的布哈林。但在史達林將政敵一一鬥倒後，來家裡的老朋友越來越少，使她悵然若失。史達林與布哈林反目成仇，尤其使得她和孩子們困惑不已。

一九二九年，娜捷日達獲得史達林同意到莫斯科工業學院去上學，開始交了一些朋友。其中有一位名叫赫魯雪夫（Nikita Khrushchev，一八九四～一九七一），正是日後的蘇聯總書記。赫魯雪夫後來在回憶錄裡承認，娜捷日達是他人生中的一張「彩票」。他因而認識史達林，獲得賞識，從此青雲直上。不過當時娜捷日達的同學大多不知道她的身分，其中有些人每日大膽地在談論工廠工人的悲哀和日益嚴重的大飢荒。娜捷日達不但親耳聽到，也親眼目睹有同學接到家書後一邊讀一邊流眼淚。她大為不安，於是將她所見所聞告訴史達林。不料史達林竟派人去監視那些同學，有人還被抓去審問。娜捷日達大怒，開始與丈夫爭吵，有時甚至不顧場合。兩人在一九三二年十月革命十五週年的宴會上當眾大吵一架。過兩天，娜捷日達又於午夜時分在家中與史達林吵了最後一架，然後舉槍自盡。

史達林在妻子死後向政治局請辭總書記，但獲得慰留。許多歷史家認為，柳廷事件及娜捷日達之死對史達林造成極大的影響，揭開其心理的黑暗面。

基洛夫事件

圖 9.1　史達林（右）、基洛夫（中）及米高揚（左）

兩年後，列寧格勒發生一件驚人的大案，政治局委員兼列寧格勒黨委第一書記基洛夫被謀殺。後世有很多學者認為「基洛夫案」是大清洗的前奏，而基洛夫之死可能與史達林有關。過了二十幾年，赫魯雪夫當選為蘇聯總書記之後曾經下令成立一個特別委員會，負責調查史達林時代無辜受害者的案件，也調查了基洛夫事件，並根據調查結果認定史達林的嫌疑極大。由於「基洛夫案」影響重大，本書以下特別要詳細敘述。

一九三四年十二月初，有一名矮小瘦弱，名叫尼古拉耶夫（Leonid Nikolaev）的三十歲失業工人於傍晚時分進入列寧格勒黨委辦公大樓。他在走廊上遇見剛走進大樓的基洛夫，轉而跟在他後面走，然後突然掏出一把左輪手槍，對基洛夫的後腦開一槍。基洛夫當場死亡。史達林在第二天清晨匆匆地從莫斯科趕到，親自參加審訊兇手。在審訊後，他指示將此案定性為與反對派的陰謀有關。蘇聯的報紙都奉命依此方向報導。兇手在當月月底就被處決了。

基洛夫案發生前一個半月，尼古拉耶夫也曾因形跡可疑而在大樓附近被保安人員拘捕，不過不久就被釋放，連他身上帶的一把槍也一起發還。尼古拉耶夫既是不久前才被拘捕，如何可能在光天化日之下又被允許進入黨委辦公大樓？並且剛好在基洛夫到達之前進入？基洛夫有十幾名保鑣，其中有一人專門負責護送他從門口到辦公室。這名保鑣當天卻沒有跟上基洛夫的腳步，尼古拉耶夫因而有機會下手。第二天，這名保鑣在趕去應詢時突然因發生車禍而死，同車其他三人卻未受傷，但在後來又都被處決。

總之，赫魯雪夫指定的調查委員會認定有人在幫助兇手，並且不排除雅戈達（Genrikh Yagoda）涉入其中。基洛夫案發生前四個月，史達林才將契卡、祕密警察及情治機關全部整併，改組為內務部，任命雅戈達擔任人民委員。

基洛夫是史達林手下的大將，善於演說及群眾工作，在史達林與其政敵歷次的激烈鬥爭中都堅定地支持他。但基洛夫有自己的思想及原則，並非對史達林一味盲從。前述基洛夫反對處死柳廷，即是一例。基洛夫又與老布爾什維克們都熟悉，極受擁護。史達林因而漸漸對他產生疑忌。

莫斯科三次大審判

史達林在基洛夫案發生後立刻指示修改法令，規定政治謀殺案件必須加速偵察、送審；不必為犯人聘請辯護律師，也不一定要公開審訊。一經審判有罪，可立即處決。新法頒布後，一年內全國有將近二十萬人被捕。新任列寧格勒黨委書記日丹諾夫（Andrei Zhdanov）同時奉令整肅所謂的列寧格勒反對派。史達林又指示清黨，兩年內開除一百五十萬名黨員的黨籍。與此同時，史達林宣布成立修憲委員會。新憲法於一九三六年十二月公布後確立蘇聯是一個工農社會主義國家，由共產黨一黨專政。史達林自詡這是世界上「最民主的憲法」。事實上，幾乎所有的選舉都只有一個候選人，人民並沒有什麼選擇。

但新憲法尚未公布，史達林就在八月把季諾維也夫、加米涅夫、斯美爾諾夫等十六人送交軍事法庭。這是第一次莫斯科大審判。法庭指控被告與流亡國外的托洛茨基父子勾結，圖謀暗殺史達林和其他黨政要員，或是充當外國的間諜。十六名被告全部服罪，並在開庭後一週內全部被處決。在大審判進行中，有人供稱布哈林、李可夫和托姆斯基也涉案。總檢察長維辛斯基（Andrey Vyshinsky）於是下令調查。過幾天，托姆斯基就自殺了。內務部人民委員雅戈達奉命對其餘兩人繼續調查，後來竟稱無何實據，宣布結束調查。史達林大怒，將雅戈達免職，以葉若夫（Nikolai Yezhov）取而代之。

一九三七年一月，第二次大審判開庭，維辛斯基指控拉狄克等十七名老布爾什維克是「反蘇維埃托洛茨基中心」的領導人，勾結德國和日本，陰謀推翻政府。所有的被告都爭相認罪，自我誹謗，並在宣判後迅速被槍決，只有四人被判處十年徒刑，逃過一死。兩次大審判後，老布爾什維克都陷入極度恐慌。史達林的同鄉兼老友，重工業人民委員奧爾忠尼啟在其副手被槍決後與史達林大吵一架，然後自殺而死。

一九三八年三月，第三次莫斯科大審判開始。這次共有二十一名被告，主角是布哈林、李可夫及雅戈達。所有的被告也都爭相承認有罪。一位前駐英大使承認自己是英國的間諜。前人民委員會主席李可夫承認自己是波蘭的間諜。布哈林也承認自己是托洛茨基集團的一分子，要求對自己從重量刑。

為什麼三次大審判的被告明知將要被處極刑，卻都服罪呢？那是因為當時這些人的家屬大多已被扣留當作人質，只能以認罪換取其家屬的安全。然而，他們的家屬的結果究竟如何，其實也沒有人能保證。

為什麼被告們又都承認與托洛茨基勾結，或做外國的間諜呢？原因是史達林心目中最大的敵人始終是托洛茨基，害怕國內有人和他勾結，一起反叛自己。史達林在國外也有很多假想的敵國，包括英、法、美、日、波蘭等，不過他更擔心的是德國，因為德國政權這時已經落入納粹黨的手中。

從納粹執政到德、義、日結盟

德國納粹政權上台，又與義大利、日本結盟，是第二次世界大戰爆發的關鍵之一。本書在繼續敘述蘇聯及史達林之前必須先簡單地分段予以說明：

■「刀刺在背」說法對德國共產黨、社民黨及猶太人的負面影響

圖 9.2 「刀刺在背」圖

首先要指出，德國在第一次大戰後曾經流傳一種「刀刺在背」的說法。其主要內容是說德國國力強大，原本不可能戰敗，但因共產黨在戰爭期間鼓動頻繁的罷工，重創國家經濟；後來社會民主黨又強逼德皇退位，嚴重打擊民心士氣；國家因而是在最緊要的關頭上被從背後插上一刀，終至戰敗投降。後世的歷史家大多認為，這種說法是由一戰時的參謀總長，德國納粹黨背後最重要的支持者之一魯登道夫首先提出的，其目的在為自己敗戰的恥辱尋找藉口，但完全昧於事實。

不過戰後許多德國軍人卻對「刀刺在背」的說法深信不疑，因而對共產黨、社會民主黨及猶太人深具仇恨，連帶也不認同威瑪共和政體。德國國防軍中有許多領導人因此暗中計畫推翻共和國，以復辟回歸君主制。邱吉爾在回憶錄裡也說，假如德國在大戰後採行君主立憲制，而不是為迎合美國而採行共和制，德國人或許不會如此憤怒，社民黨也不會揹黑鍋。

興登堡也屬於保皇派，傾向復辟，因而與國防軍代表達成默契，計畫以多次解散國會，重新選舉的方式弱化國會，然後趁機發動政變。

■ 德國經濟崩盤，納粹執政，取締共產黨

如前所述，由於美國的援助，德國在興登堡擔任總統期間欣欣向榮。然而好景不長，美國華爾街股市突然

在一九二九年十月一夕崩盤，導致世界性的經濟大恐慌。德國經濟依賴美國至深，導致許多企業瞬間破產，無數人失業，原本已經停止擴張的納粹黨又突然重獲動力。興登堡政府在這時卻還是繼續其原來的計畫，經過幾次解散國會及重選，其結果是納粹黨獲益最多，從一個原本微不足道的小黨一路扶搖直上，竟成為第二大黨，又在一九三二年一躍而為第一大黨。希特勒在一九三三年初獲得興登堡任命為總理。保皇派原以為可以利用他來推翻威瑪體制，不料他在獲悉保皇派的計畫後另有圖謀，決定要自行發動政變。

希特勒在上台後宣布將於三月初進行國會改選，不料二月底突然發生一個國會大樓大火的意外事件。警察在火場找到一名失業的建築工人，發現他是共產黨員。希特勒在不久後也趕到，立即宣稱這是共產黨的陰謀，宣布進入緊急狀況，下令警察出動，在一夜之間逮捕了四千名共產黨員及左派政治人物。日後有許多歷史家認為國會縱火案是納粹黨自導自演。

■第三國際及德國共產黨的錯誤

一部分歷史家指出，希特勒之所以能上台執政，有很大的原因是第三國際及德國共產黨的重大錯誤所造成的。回顧歷史，德國共產黨是從社會民主黨中分裂出來的，後來在第一次大戰時因發起罷工而被社民黨打壓，在戰爭結束時又因發動革命而被自由軍團鎮壓，死傷慘重，從此無法消除對社民黨的仇恨。史達林也透過共產國際指示德共要以社民黨為主要敵人。納粹黨在上述幾次國會重選的過程中躍升為第二大黨時，德共也大有斬獲，是第三大黨。德共卻在國會中與納粹黨聯合抵制第一大黨社民黨，又在街頭運動中支持納粹黨對抗社民黨。納粹黨因而是得到德共的助力才能壓過社民黨，最後成為第一大黨。等到希特勒藉國會縱火案大舉逮捕共產黨員，史達林才知道錯了，但已經太遲。

納粹黨一黨專政，希特勒一人獨裁，德、義、日簽《反共產國際協定》

國會縱火案後，希特勒又提出一項《授權法》，要求總理有權不經國會同意逕行頒布法律。當時社民黨傾全力阻擋，許多小黨卻投了同意票，《授權法》因而獲得通過。希特勒與納粹黨從此可以「合法地」為所欲為，後來又將社民黨和其他黨派全部關閉。到了一九三三年七月，納粹黨已是德國唯一合法的政黨。

但希特勒還有一事必須解決。當時納粹黨所屬的衝鋒隊已有數萬人，卻被國防軍鄙視，認定只是一支毫無軍紀，製造街頭暴力的亂兵。希特勒無法取得國防軍同意將衝鋒隊併入，這時竟下令逮捕衝鋒隊首領及其屬下數百人，逕行處死。國防軍於是向希特勒宣誓效忠。興登堡病逝後，希特勒決定不再有新總統，而任命自己為國家「元首」，從此集黨、政、軍大權於一身，接著又大幅擴軍，並命令國防軍開入萊茵非軍事區。凡此種種，都是《凡爾賽和約》禁止的，但當時英、法兩國政府態度軟弱，竟都默許了。

一九三六年十月，希特勒與墨索里尼建立外交同盟條約；一個月後，又和日本簽訂《反共產國際協定》。三個法西斯國家隨時可能進一步建立軍事同盟，不由得英、法兩國心驚膽戰。史達林也意識到東、西兩面受敵的危險越來越近。一部分歷史家認為，史達林正是因此決定要整肅異己，以確定在戰爭來臨時不會有人反叛。因而，蘇聯不只有三次大審判，還有大清洗。

史達林的大清洗——兼述圖哈切夫斯基案始末

大清洗與莫斯科三次大審判的時間重疊，都在一九三六年到一九三八年之間，後者可說是前者的一部分。但須指出，三次大審判時都是公開審判，受害者總共也只有區區五十四人。大清洗的案件卻大多是祕密審判，草草結案，又牽連極廣，所以受害者多到無法統計。不過勉強估計，有五百萬到一千萬人被捕，其中約五十萬人遭到處決，其餘不是坐牢，就是被流放、勞改。為此史達林下令在全國各地建造數以百計的勞改營，由一個名為古拉格（Gulag）的機構統轄。這時勞改營的數目已經十倍於列寧時。

史達林首創「人民敵人」這個名詞，戴在大清洗中被他迫害的黨、政、軍同志身上。關於黨和政，根據日後赫魯雪夫指派的委員會的調查，當初出席蘇共十七大的一九六六名代表中，有一一〇八人被捕；在一三九名中央委員及候補委員中，有九十八人被捕。至於軍，首當其衝的是紅軍名將圖哈切夫斯基。

一九三六年起，史達林得到情報，說有一批蘇聯將領與一些老布爾什維克正在密謀發動政變，並勾結德國軍方，而其領導人是副國防人民委員圖哈切夫斯基。史達林猶豫了大約一年，最終決定在一九三七年六月將圖哈切夫斯基交給一個特別法庭進行祕密審判，法庭成員包括由維辛斯基、伏羅希洛夫、布瓊尼、布柳赫爾及葉戈羅夫（Alexander Yegorov）等人。必須指出，上列成員中後四人與圖哈切夫斯基在兩年前都一起被史達林捧為蘇聯紅軍的五大元帥。不過圖哈切夫斯基與伏羅希洛夫、布瓊尼有宿仇，其中又牽涉到托洛茨基與史達林之間的仇怨。圖哈切夫斯基一向主張軍隊必須進行現代化及機械化，是史達林賴以提升紅軍戰力的重要將領。然而，最終圖哈切夫斯基還是被指控為德國間諜，在審判後立即被槍決。

圖 9.3 蘇聯五大元帥。前排左起：圖哈切夫斯基、伏羅希洛夫、葉戈羅夫；後排左起：布瓊尼、布柳赫爾。其中三人大清洗期間遭到處決。

後來有資料顯示，許多有關圖哈切夫斯基謀反的文件和謠傳大多是德國人假造的。史達林生性多疑，正好中計。希特勒及德軍將領向來忌憚圖哈切夫斯基，在獲知他死後，無不大喜。然而，圖哈切夫斯基之死只是史達林清洗軍隊的開始，此後兩年內又有三萬多名軍官被處決，其層級包旅長、師長、軍長，一直到集團軍司令以及各級政委。布柳赫爾及葉戈羅夫在後來也都被處死。

蘇聯軍隊中的菁英大半被史達林清洗後，希特勒命令參謀本部開始擬定將來進攻蘇聯的計畫。不過史達林和希特勒在此之前其實早已交過手，只是戰場不在兩國或其邊界，而是在西班牙。

西班牙內戰——第二次世界大戰前德、蘇的代理戰爭

回溯俄國十月革命後，歐洲各國革命運動熾烈，西班牙也在一九三一年爆發革命，國王被迫流亡海外，共和國成立。但各股勢力爭鬥，導致社會動盪，其中以極右的長槍黨與極左的共產黨對立的情況最為嚴重。史達林為了防堵法西斯主義蔓延，於一九三五年七月共產國際大會中宣布，將聯合各國的反法西斯政黨，共同組織「人民陣線」（Popular front）。西班牙共產黨奉命與其他左翼勢力聯合，在一九三六年二月贏得大選之後便設法將右派軍人調到偏遠地區。其中前參謀總長佛朗哥（Francisco Franco）被調到摩洛哥外海的康納利群島（Canarias）。此後國內連續發生政治謀殺案，左右派都有國會議員或部長遭到綁架殺害。雙方仇恨越積越深，內戰終於在七月爆發。

希特勒從戰爭一開始就支持佛朗哥領導的西班牙國民軍，同意提供飛機、大砲、坦克、船艦及通訊設備，又派出顧問團及地面部隊，最多時達到一萬多人。墨索里尼也支援佛朗哥，派出五萬人參戰。英、法兩國並沒有直接參戰，而是提議各國簽署不干涉協議。蘇聯也簽了協議，卻祕密提供大批飛機、坦克、大砲給左翼的共和軍。史達林又透過共產國際組織全世界五十幾個國家的志願者前往西班牙加入共和軍，稱為「國際縱隊」，

有三萬多人應募而來。

西班牙內戰持續兩年八個月，到一九三九年才結束。獲勝的國民軍領導人佛朗哥宣布長槍黨是西班牙唯一合法的政黨，從此開始其長達四十年的獨裁統治。據估計，交戰兩方合計有五十萬人陣亡，平民還未計算在內。國民軍在戰爭中及戰後實施的「白色恐怖」處決了十五到二十萬人。共和軍在戰爭中也殺害了數萬名右派人物、民眾及數千名天主教的神父、修女，又清洗了自己陣營裡國際縱隊中大約五千名的「托派」士兵。

國際縱隊中大部分是年輕的知識分子及工人，原本是為反法西斯主義的思想而參戰，不料也目睹了共產黨內部的權力鬥爭及清洗，受到極大刺激。這些人後來很多成為西方世界知名的文學家或思想家，其中包括兩名諾貝爾文學獎得主：美國的海明威（Ernest Hemingway）和英國的喬治．歐威爾（George Orwell）。歐威爾的《動物農莊》和《一九八四》都是經典的反烏托邦小說，主要在揭露史達林式的極權統治及謊言。

三〇年代日本狂飆的軍國主義及其對中國的侵略

正當歐洲發生大戰的危機越來越迫近時，亞洲的陰雲也開始密布。美國華爾街股市崩盤後，極度倚賴出口的日本也和德國同樣受到衝擊，導致軍國主義越加狂飆。軍中無論是高級將領或少壯派軍官，根本沒有把首相或其他內閣閣員放在眼裡。此後數年，日本內閣卻大多主張縮減軍備開支，又反對向外侵略，更引起軍部強烈不滿，因而發生數起政變及刺殺首相的事件。其中最具代表性的有兩件。其一是一九三二年的「五一五事件」，少壯派軍人直接闖入首相官邸，槍殺年已七十七歲，堅決主張護憲的首相犬養毅。其二是一九三六年的「二二六事件」，皇道派軍官率領一千多名士兵分襲各大臣的官邸，以及警視廳、各大報社。兩名前首相遇害，現任首相幸而逃走。

日本積極想要侵略的對象是中國，但如前所述，張學良對日本人採取不合作的態度。日本關東軍遂決定以武力占領東北。一九三一年九月，「九一八事變」爆發。關東軍在奉天（今遼寧省瀋陽市）附近的柳條湖爆破南滿鐵路，卻指稱是東北軍蓄意破壞，以此為藉口出兵攻打瀋陽、營口、長春等地。張學良卻命令軍隊「不抵抗」，關東軍於是輕易地在三個月內占領整個東北。

中國的兩種內戰——蔣介石分兵對付各路軍閥及共產黨

張學良為何命令東北軍不抵抗？因為他接到蔣介石的指示就是「不抵抗」。蔣介石又為什麼指示張學良不抵抗？因為這時他正陷入兩種內戰中，分別與各路軍閥及共產黨作戰。

蔣與各路軍閥之戰其實在北伐完成後即已發生。北伐雖說完成，實際上中國還不能說是統一，因為西北軍、山西軍、粵桂軍及東北軍割據的局面仍然不變。蔣介石於是以國家財力有限為由，召集各路軍閥，要求接受裁軍。各方雖然同意，後來卻一致認為蔣介石所提的裁軍方案不公，目的無非是要藉機削藩。會議不歡而散，雙方於是兵戎相向。

一九三〇年五月，中國的大內戰「中原大戰」開始。反蔣聯盟有八十萬大軍，蔣介石的政府軍有六十萬人，雙方鏖戰激烈。張學良原本保持中立，六個月後卻突然下令東北軍加入政府軍陣營。反蔣聯盟大敗。大戰後，西北軍、山西軍被收編。蔣介石這時卻與國民黨右派大老胡漢民為憲政問題發生爭執，竟悍然將他軟禁。國民黨右派要員於是紛紛投奔粵桂系的李宗仁，另組廣州政府。

但這時蔣介石也正在進行「剿匪」。如前所述，毛澤東逃入井岡山後，其他各路共產黨人紛紛前去與毛會合。由於蔣介石忙著與各路軍閥打仗，中共勢力遂趁機擴張。中國內戰最激烈的時候，正是中共發展最迅速的時期。到了一九三〇年初，中共已經據有江西、福建、湖南、湖北各省的邊界地方一百二十個縣。中共在其所轄的蘇維埃區內實施激烈的土地改革，一如毛早先在井岡山所為，因而獲得許多貧農、佃農的支持，

中共壯大起來之後，當權的李立三決定改採「都市路線」攻取城市。毛澤東反對無效。結果紅軍在各城市起義都遭致慘敗。共產國際不滿，將李立三拔除，改由瞿秋白、周恩來主持。但李立三的行動已使得蔣介石清楚地看見共產黨勢力再起，於是在一九三〇年十月下令出動十幾萬大軍圍剿江西蘇維埃。毛澤東、朱德、彭德懷率領紅軍迎敵，利用地形誘敵深入，結果國軍大敗。

中共「富田事變」

當時中共中央設在上海，與各蘇維埃區距離遙遠，聯絡不便，所以各蘇維埃區領導人都大權在握。如果有人不服，極可能直接被清洗。毛澤東自己便曾發動一次「肅AB運動」，結果引起兵變，中共歷史上稱此一重大事件為「富田事變」。史家高華及鄭學稼對此都有深入的研究，本書以下引述其概略。

毛由於行事專斷，又殘忍好殺，朱德及彭德懷都極為不滿，但兩人都勉強忍耐。然而，當毛率領紅軍回到江西時，又與當地紅二十軍的領導人李文林發生衝突。李文林是黃埔軍校最早期的畢業生之一，不服毛的指揮，又堅決反對毛推動的極左土地改革，使得毛極為痛恨。

當時國民黨為了要剿共，在江西成立一個滲透組織「AB團」。AB的意思，簡單地說就是反布爾什維克（Anti-Bolshevik）。江西蘇區為此進行肅反。毛也藉機在自己統轄的四萬紅軍中以「肅AB團」為名處決四千多名過去曾經反對過他的人。毛又派親信到紅二十軍指揮部所在地富田肅反，誣指一百多人為AB團成員，施以非人道的刑求。受刑者皆「體無完膚」，只得招供，其中有十幾人被處決。紅二十軍因而叛變，攻占

富田縣城，救出同袍。毛稱紅二十軍是「反革命」，立即派兵剿叛。正當兩邊紅軍即將進行內戰時，中共中央有一名代理書記項英正好到達，於是介入調停。

項英雖未公開指責毛，明顯不同意毛的作法，決定不追究發動兵變的紅二十軍。不料到了一九三一年四月，周恩來接獲莫斯科的指示，下令將項英撤職，改以毛為代理書記。毛立即下令逮捕紅二十軍所有層級的幹部，任由親信對之施以種種酷刑，例如：用香火炙身、以鐵釘釘手心手背、以竹片插手指頭、以火條通肛門、以及其他種種令人不忍敘述的手法。一直到年底，周恩來親自到江西蘇區走馬上任，解除毛代理書記之職，慘劇才緩解，但已有上萬人橫死。

必須指出，一九二八到一九三一年正是蘇聯政策從右傾到反右傾的一段變化期，中共的方向直接受到影響。中共在莫斯科召開六大時，應邀講話的布哈林還是和史達林站在一條線。富田事變時，布哈林卻已被鬥垮。史達林接著推「反右傾運動」，又派米夫（Pavel Mif）到上海改組中共中央，罷黜瞿秋白，支持王明（陳紹禹）、博古（秦邦憲）上台，「蘇聯國際派」於是開始掌權，走左傾路線。李文林在推動土地改革時明顯右傾，不僅與毛相左，也不符史達林的新政策，再加上發動兵變犯了大忌，本人及其部屬因而都死得悽慘。

事實上，為了要應對國民黨的策反工作，當時中共也在其他各蘇維埃區雷厲風行推動肅反。例如，張國燾曾在河南發起一項「白雀園肅反」行動，逮捕六百人，其中約一百名高級幹部遭到處死。

蔣介石「先安內，後攘外」，四次剿共失敗

蔣介石在第一次圍剿中共失敗後，又發動兩次圍剿，規模一次比一次大，但都以失敗收場。蔣介石至此認為中共已成為心腹之患，決心再調大軍圍剿。不料前述的九一八事變突然爆發。蔣介石只得與廣州政府會商，

要求一致對外。廣州政府要求他立即釋放胡漢民，指責他命令張學良對日軍不抵抗，又堅持要他辭職下台。蔣被迫宣布第二次下野。然而，粵桂系接手後於一九三二年一月與日軍在上海激戰，大敗，只得同意蔣介石復出。蔣介石於是調派嫡系中央軍七萬人馳援，但同樣損失慘重，只得求和，與日本簽訂《松滬停戰協定》。

事實上，蔣介石早已決定「先安內，後攘外」的政策。十幾年來他對共產黨從來不曾有好感，三次剿共失敗後，他更加認定共產黨必定要先徹底消滅，然後才能全力抵禦日本的侵略。《松滬停戰協定》簽定後，蔣介石立即布置對共產黨進行第四次圍剿，出動五十萬大軍，但不幸又以慘敗收場。

但王明在掌權後與毛澤東明顯不合。對於國軍圍剿，兩人意見也不同。毛主張誘敵深入的游擊戰，王明卻堅持正面進行陣地戰，結果毛被迫交出軍隊指揮權，又被送到福建汀州的一個醫院裡去「療養」。周恩來與朱德接手指揮紅軍擊退國軍第四次圍剿後，毛更是遭到冷落。許多研究中共的史家說，毛為此次被奪權痛恨不已，那些在這時反對他的人在日後大多遭到他嚴厲報復。周恩來終其一生也被迫為此不知對毛認錯幾十回。

在這時，日本對中國的野心也在膨漲中。一九三二年三月，日本在中國東北成立「滿洲國」，請清朝末代皇帝溥儀擔任傀儡皇帝，又鼓勵日本百姓大批移民到滿州國，據估計在其後十年間約有一百五十萬移民。中國政府向國際聯盟控告日本侵略。國際聯盟派調查團調查的結果指出日本並不是如其所宣稱只是為了自衛，而是明顯的侵略者。日本大怒，宣布退出國際聯盟。德國和義大利不久後也跟著退出國際聯盟。第二次世界大戰從這時起其實已經無可避免了。

一九三三年一月起，關東軍又出兵南向，到達熱河，進犯長城。蔣介石當時正在進行第四次剿共，不得不分兵前去協助張學良禦敵。中、日激戰數月後，又簽《塘沽協定》，同意停戰，劃定以長城為界。

紅軍「長征」

儘管第四次剿共還是失敗，蔣介石卻堅持要先剿滅共產黨，然後再全力抗日。回溯中國與蘇聯斷交後，蔣介石便決定與德國開始進行經濟及軍事合作。一九三三年，蔣介石更聘德國素負盛名的軍事家塞克特上將（Hans von Seeckt）為顧問，請其提出整軍計畫，並協助制訂對中共進行第五次圍剿的戰略。十月起，國軍動員將近一百萬人，加上兩百架飛機，重砲一千五百餘門，決心要將共產黨消滅乾淨。國軍在江西築成將近三千座碉堡，對中共中央蘇區進行封鎖，然後步步進逼，如捕魚收網。中共領導人博古及蘇聯軍事顧問李德（原名Otto Braun）決定與政府軍正面決戰，結果大敗，死傷慘重。一九三四年十月，紅軍被迫撤出中央蘇區。其他各蘇維埃區的紅軍也被圍剿，紛紛逃竄。

紅軍主力先往西逃，到達貴州、雲南之後，轉而向北，經過四川，最後到達陝西北部。中共的歷史稱此次大撤退為「長征」，沿路經過十一省，二萬五千里，一路上攀山越水，為逃避政府軍和地方軍的截堵追擊，備極艱難。

紅軍之所以潰敗，大部分黨員都認為是博古和李德的領導路線錯誤所致。毛澤東一向批評國際派只會背誦馬列主義教條，完全不切實際，在逃亡時更是一路串連同志的反對意見。一九三五年一月，紅軍到達貴州遵義，當權派被迫召開中共中央會議，遭到嚴厲的批評，並作自我檢討。結果李德被奪去軍權，毛獲任為政治局常委，與王稼祥共同協助周恩來負責軍務。張聞天取代博古擔任中共中央總書記。「遵義會議」是中共建黨以來第一次脫離共產國際的指揮而自行決定大事，又是毛澤東進入權力核心的起點，因此意義極為重大。

同年六月，中共中央紅軍在四川西北的懋功與張國燾率領的第四方面軍會合。當時中央紅軍由於一路上損失最慘重，這時只剩下三萬多人，而第四方面軍還有八萬餘。張國燾不但在黨內資歷極深，又野心勃勃，在獲知遵議會議的決定時，也曾質疑其合法性，對毛是極大的威脅。毛後來回憶說，那是他一生中最黑暗的時刻，因為隨時有可能爆發內戰。不過毛與中共中央後來趁夜率領八千人逃走，一路往北，目標是陝北紅區，抵達時已是十月中。當時陝北紅區的領導人劉志丹、高岡、習仲勳等人因遭到上級肅反，正在獄中，並且遭到刑求，有生命之虞。他們在中央紅軍抵達後被釋放，於是公開表示擁護中央。

中共中央至此總算取得一個新的根據地，其後又有各路人馬逐漸加入，並重新與蘇聯取得聯絡。毛其實在這時已經成為中共實質上最高的領導人，位在周恩來之上，又被《真理報》稱為「中國人民的領袖」。反之，張國燾率領其餘紅軍，卻遭到國軍及地方軍圍剿，損兵折將。他也曾一度自立黨中央，後來卻不得不自行取消，從此被邊緣化。張國燾最終投奔蔣介石，但沒有受到重用。

西安事變及其影響

毛澤東在陝北立定腳跟後，蔣介石仍不肯放過，命令張學良派東北軍去圍剿。張學良在九一八事變時因不抵抗日軍而被輿論譏嘲，這時卻帶兵剿共，更引起全國輿論不滿。中共藉機宣傳「停止內戰，一致抗日」的口號，向蔣介石提出要求第二次國共合作，說國難當前，應當一致抗日，而不是互相殘殺。中共又暗中遊說東北軍將領，說蔣介石派東北軍對付共軍，是使得二者兩敗俱傷的陰謀，東北軍因而軍心動搖。張學良在與周恩來祕密會面後竟也勸蔣介石停止剿共。蔣介石大怒，斥責張學良意志不堅。一九三六年十二月，蔣介石到達西安，又威脅要將他調職。張學良又驚又怒，於是發動兵變，劫持蔣介石。

「西安事變」的消息傳出，震驚中國及全世界。毛澤東及其他中共領導人都大喜，要求張學良立刻處決蔣介石。不料史達林命令《真理報》發布新聞及評論，明白表示支持蔣介石，痛斥張學良敵我不分，發動政變等於是幫助日本侵略中國。共產國際主席季米特洛夫也奉史達林之命拍電報給毛澤東，措辭嚴厲，指示中共必須阻止張學良殺害蔣介石，而與國民政府一致抗日。

史達林為什麼要保護蔣介石？因為他已看見德國即將成為蘇聯的大敵，如果日本輕易地征服中國，蘇聯將有立即被東西夾攻的危險，因而必須盡力幫助中國抵抗日本，而蔣介石是唯一能領導中國各方共同抗日的領袖。周恩來接到命令，立刻前往西安調解。蔣介石被逼無奈，只得簽字同意張學良和周恩來所提的條件，「停止剿共，改組政府，共同抗日」。

蔣經國返回中國

史達林不僅在西安事變中力保蔣介石，又在事變後送蔣介石一份大禮，把他在蘇聯滯留多年的兒子蔣經國遣送回中國。

蔣經國（一九一〇～一九八八）是在十五歲時到莫斯科「孫逸仙大學」（簡稱孫大）留學。孫大是蘇聯在孫中山死後為紀念他而辦的一所學校，目的是為了加速培養中國革命的核心幹部。當時國共是合作關係，所以學員三百多人都是國民黨員，其中有一部分同時也是共產黨員。蔣介石其實不願意讓兒子到蘇聯去，卻因為蔣經國堅持而不得不答應。當時孫大的校長是素為列寧所敬重的拉狄克（**Karl Radek**）。蔣經國的同學裡有王明、博古、張聞天、王稼祥等。鄧小平從法國回到中國之前也曾在莫斯科停留一年，與蔣經國是同窗。

然而如前所述，一九二七年上海發生「四一二事件」，國民黨開始清共，國共合作只有四年多就結束了，比任何人的想像還短。蔣經國立刻首當其衝，被迫在集會上譴責自己的父親是「殺人的兇手，革命的叛徒」，聲明與蔣介石斷絕父子關係。後來他被流放到西伯利亞，備極艱辛，又大病，幸而由於一位白俄羅斯女子悉心照顧，得以不死。國共既然決定第二次合作，史達林允許蔣經國帶著與他結婚的白俄羅斯籍妻子回國。

拉狄克後來被史達林指為托派，在莫斯科第二次大審判被處十年徒刑，但死於獄中。孫大校長職位由米夫取代。米夫後來又奉派主導上海中共中央，孫大學生王明、博古便是因為與米夫親近而成為中共的領導人。

中日爆發全面戰爭

西安事變後，中共同意停止武裝暴動及沒收土地，又同意將紅軍編入政府軍中。各路軍閥也同意團結一致，公推蔣介石為統帥，建立抗日統一戰線。中國各界欣喜若狂，認為抗戰有望。

一九三七年七月，中、日兩國於「七七事變」（或稱為「蘆溝橋事件」）後爆發全面戰爭。日軍不久就攻陷了北平和天津，又在上海與中國軍隊大戰。日軍大勝，又接著西進，攻陷南京，在城裡姦淫婦女，屠殺百姓，連嬰兒也不免，造成中外喧騰的「南京大屠殺」事件。日本和中國發布的死亡人數有極大的差距，但據西方國家的估計大致在數萬到十幾萬人。

歐洲各國由於自顧不暇，並不關心中、日之戰。美國的民意又傾向孤立主義，政府只得保持中立。只有史達林在七七事變後一個多月就和中國簽訂《中蘇互不侵犯條約》，又同意提供中國五千萬美金貸款，用以購買飛機、大炮。蘇聯還派出空軍志願隊「正義之劍」來協助中國脆弱的空防。當時德國並不贊成日本侵略中國，說中國又一次聯俄容共是被日本逼出來的。中國與蘇俄關係越近，越有被赤化的危險，屆時德、日之間防共協定的目的就完全喪失了。但日本軍部自信滿滿，說是三個月內就能迫使中國投降，並不理會德國的警告。

日軍雖然不能如其所願「三月亡華」，在戰爭開始一年後已經占據整個華北。蔣介石被迫遷都重慶。一九三八年五月起的半年裡，日軍又在華中徐州、武漢、長沙三次大會戰中擊潰中國軍隊。中國軍隊在其中每一次戰役都死傷數十萬人，損失慘重，岌岌可危。

日、蘇之戰——張鼓峰事件及諾門罕戰役

史達林雖然支持中國抗日，卻不願過份刺激日本，怕日本出兵報復。日本卻主動挑釁，引發兩次衝突。其中第一次發生於一九三八年七月，地點在圖們江出海口附近的張鼓峰。不過規模不大，雙方各自死傷不過一、兩千人。但一九三九年五月在外蒙古的諾門罕草原（Khalkhyn Gol）爆發的第二次衝突卻是大戰役，雙方各自出動了大約六萬人。蘇軍在戰爭初起時大敗。

回溯張鼓峰事件發生前約一個半月，蘇聯有一名高階祕密警察留申可夫（Genrikh Lyushkov）突然越過邊界到滿州向日本投誠。日本從他的口中得悉蘇聯在遠東的軍事布置，又獲知那時外界還不清楚的恐怖大清洗的詳情，又驚又喜。當時日本軍部正在討論下一步的戰略，不能確定究竟是北進，還是南進？北進是進攻蘇聯，南進是出兵東南亞。部分歷史家認為，留申可夫的情報使得日本軍部認為蘇聯軍事將領大多被處決了，在遠東軍力也不強，所以決定試探北進。因而，張鼓峰事件是日本第一步的試探，諾門罕戰役是第二步。

留申可夫叛逃時，蘇聯遠東軍區的最高指揮官是布柳赫爾，也就是蔣介石的老友加倫將軍。史達林大怒，派特務前去將布柳赫爾帶回莫斯科，又經酷刑逼供後予以處決，罪名是「日本間諜」。蘇聯遠東軍區有許多軍官也連帶慘遭清洗，指揮系統因而大亂，導致蘇軍在諾門罕戰役開戰後大敗。

史達林大驚，命令朱可夫（Georgy Zhukov）接任為指揮官。朱可夫勇猛善戰，是少數仍獲史達林信任，未被清洗的蘇聯高級將領之一。他到達諾門罕後，請求史達林增派機械化部隊，又要求運來大批新型坦克、大砲及飛機，史達林一一應允。朱可夫等布置完成後發起大進擊，關東軍大敗。朱可夫一戰成名。正在此時，蘇

聯和德國也在密商簽訂互不侵犯條約，又私下達成瓜分波蘭的協議。歐戰隨之於九月初爆發。日本獲知德國竟背棄雙方簽定的防共協定而與蘇聯結盟，大驚，不得不主動提議與蘇聯簽訂停火協議，從此決定放棄北進，而專注於研究如何南進。史達林於是也放心地將一部分在遠東地區的軍隊調回，而專注於歐洲戰場。

有關希特勒為何私下和史達林簽訂互不侵犯條約，我將在下一章裡再為讀者們敘述。

第十章
第二次世界大戰及其對共產世界的影響

自從一九三三年希特勒出任德國總理，又逮捕所有的共產黨人後，史達林不得不與西方國家加強聯繫，分別與法國、捷克結盟，又想方設法要拉攏英國。英國卻只想維持和平，而與法國一起對德國採取「綏靖主義」政策。希特勒卻下令德軍進入萊茵非武裝區，又在一九三八年三月併吞了奧地利。英、法兩國當然震驚，但在事後只是發布聲明表示遺憾。依邱吉爾的說法，當時「英國政府的愚蠢和法國政府的軟弱實是不可思議」。

蘇聯與德國簽定《德蘇互不侵犯條約》及《李賓特洛甫密約》

希特勒接著要求捷克割讓蘇台德地區（Sudety），理由是該區的居民大多是德裔。捷克政府拒絕，誓言捍衛國土。不料英國和法國在當年九月召開的「慕尼黑會議」中竟同意德國的主張。捷克政府自知無法獨自抵擋德軍，只得忍痛接受英、法的建議而退讓。當時希特勒一再對英國首相張伯倫（Neville Chamberlain）說此後沒有其他擴大領土的野心，並在備忘錄上簽字。不料只過了半年，希特勒又出兵把整個捷克併吞了。

蘇聯既與捷克同盟，便建議英、法一起協助捷克對抗德國。英、法兩國卻充耳不聞，也不同意蘇聯參加慕尼黑會議。德國占領整個捷克後，史達林又建議與英、法共同出兵保護波蘭及羅馬尼亞，竟又被拒絕。史達林又驚又怒，這時才明白原來英、法兩國認為防備蘇聯比防堵德國重要，也知道蘇聯必須改變策略，設法緩和與德國的關係。一九三九年五月，史達林發布以莫洛托夫代替李維諾夫（Maxim Litvinov）為外交部長。李維諾夫長期主管蘇聯外交事務，不過是一個猶太人，根本沒有可能代表蘇聯與德國人談判。改由莫洛托夫負責，便可以進行兩面外交，不論和英國或德國結盟，都是勝局。

希特勒注意到莫洛托夫上台所代表的意義，立刻釋出善意，又在八月派外交部長李賓特洛甫（Joachim von Ribbentrop）到莫斯科，同時提出一份《德蘇互不侵犯條約》的草案。當時英國也派代表到莫斯科，但對蘇聯的態度依舊冷淡，史達林於是毫不猶豫，立刻在德國擬好的條約上簽字。兩國同時簽定一份密約，決定共同瓜分波蘭。蘇聯和德國也曾分別向波蘭表示希望結盟，波蘭卻只願接受英國保護。史達林認為波蘭愚不可及，英國如此遙遠，一旦有緊急狀況根本救不了波蘭。

史達林當然知道德國提議簽約只是權宜之計，終有一天還是要消滅共產黨，但也只能簽了再說，因為沒有更好的辦法。希特勒也怕蘇聯與英、法簽約，所以顧不得背棄與日本簽定的防共協定。德、蘇關係後來只維持一年半，不過這讓史達林獲得一年半的時間來準備與德國打仗。

歐戰爆發

德國與蘇聯簽約後就在九月一日出動坦克，如閃電般地入侵波蘭。兩天後，英、法兩國對德國宣戰，歐戰爆發。蘇聯也在兩週後進擊波蘭。波蘭未料情勢如此變化，無力抵抗，又一次被瓜分，距離皮爾蘇斯基領導復國只有二十年。皮爾蘇斯基這時才剛過世四年，如果地下有知，當會唏噓不已。

蘇聯接著入侵芬蘭，國防部長伏羅希洛夫親赴戰場指揮，卻慘遭擊潰。史達林在軍中大規模清洗的後遺症於此一役中顯現無疑。當年托洛茨基說伏羅希洛夫最多只能帶領五萬人打仗，也再一次獲得證實。史達林只好改以鐵木辛哥（Semyon Timoshenko）接手，戰局才逐漸好轉。芬蘭只是一個蕞爾小國，動員全國三十幾萬人對抗蘇聯近百萬大軍，苦戰後算是慘勝，原本希望英、法兩國拔刀相助，但獲得援助有限，不得不向蘇聯乞和。不過芬蘭堅持只接受割地賠款，拒絕被併吞，蘇聯也接受了。

蘇芬戰爭後，蘇聯又出兵到愛沙尼亞、拉脫維亞及立陶宛，逼迫三國簽訂互助友好條約。之後，史達林決定改以鐵木辛哥為國防部長，又命朱可夫為總參謀長。兩人知道紅軍欠缺高素質的軍官，勸史達林把大清洗時被判刑的四千多名軍官召回軍隊，又決定辦理各種軍官養成訓練班。

德國進軍波蘭後，接著占領丹麥、挪威、荷蘭、比利時，又聯合義大利進攻法國。一九四〇年六月，德軍攻陷巴黎，成立維琪傀儡政府（Régime de Vichy）。但戴高樂（Charles de Gaulle）發起「自由法國運動」，在倫敦成立流亡政府，繼續對納粹德國作戰。

英國從戰爭爆發後就派軍隊跨海支援各國，但終歸無效，只得在巴黎失陷前把英、法兩國的軍隊全部撤回英國。這就是歷史上有名，由新上任的英國首相邱吉爾發起的「敦克爾克大撤退」（Battle of Dunkirk），結果救回了三十三萬人。敦克爾克成功的大撤退為日後盟軍反攻埋下重要的契機。

巴爾幹、北非及中東之戰

希特勒當然也想跨海一舉消滅英國，無奈德國的陸軍雖強，海軍卻遠遜於英國。德國派飛機到英國本土上空進行轟炸，也無法迫使英國屈服。

一九四〇年九月，德、義、日三國代表在柏林簽訂同盟條約，正式成立「軸心國」軍事同盟。德、義接著共同出兵，指向巴爾幹半島。巴爾幹各國政府紛紛表示臣服。其中的南斯拉夫是在第一次世界大戰後才成立的君主制聯邦共和國，塞爾維亞籍的國王也決定向希特勒靠攏。但人民走上街頭示威反對，軍人於是發起政變，推翻國王。希特勒立刻調集德國、義大利、匈牙利及保加利亞聯軍八十萬人大舉入侵，南斯拉夫軍隊三十萬人不戰而降。南斯拉夫於是被支解，分別被四國占領，但仍有一部分軍隊拒絕投降，逃入山區，成立游擊隊，繼續與占領軍奮戰。其中有兩支最強大，一支是由米哈伊洛維奇（Draža Mihailović）領導的「切特尼克」（Četnici），屬於保皇派；另一支是由狄托（Josip Broz Tito）領導的人民解放軍。

義大利當時也出兵進攻希臘，不料被擊潰，大軍被圍。希特勒不得不派兵馳援。英國也派出空軍、海軍及地面部隊參戰。但德軍銳不可當，希臘不支而投降。墨索里尼同時出兵到北非及中東地區，但又不敵英軍及法軍。因而，希特勒又不得不派兵馳援，深入北非及中東。

日蘇簽互不侵犯條約，德軍進攻蘇聯——兼述托洛茨基之死

軸心國簽訂軍事同盟後，史達林雖然不安，卻認為有機會拉攏日本，因為日本在德、蘇簽訂互不侵犯條約時，自認被德國出賣，後來又決定南進東南亞，也怕蘇聯在背後偷襲，或直接出兵幫助中國抵抗日本。雙方因而一拍即合，於一九四一年三月簽訂了《日蘇互不侵犯條約》。此一條約簽訂的時間點至為重要，因為希特勒在六月底就下令德軍總動員攻打蘇聯。

希特勒其實原本的計畫是在春天開始進攻蘇聯，卻因義大利出師不利而被拖進希臘、北非之戰，因而延誤了至少三個月。許多歷史家認為，希特勒也因此重蹈拿破崙的覆轍，德軍在後來深入敵境時嚴冬已將來臨，進

退不得。史達林自己也斷定希特勒必定是在春天發起進擊，所以到了六月就放心了，以為德軍會等到明年才出動。儘管鐵木辛哥和朱可夫都一再建議在邊境積極布置備戰，以防萬一，史達林竟不以為意。因而，德軍入侵後蘇聯立刻陷入慌亂。九月，基輔失守，列寧格勒被圍。十月起，莫斯科也被圍。

史達林雖然陷入苦戰，卻慶幸在戰爭爆發前已經除去心腹之患托洛茨基。托洛茨基在流亡期間境況其實極慘，真正是「家破人亡」。他的第一任妻子被流放於西伯利亞，下落不明。兩人所生的女兒，一個病死，另一個自殺。他的第二任妻子西道娃所生的兩個兒子也都被蘇聯特務所殺。因而，他的心中燃燒著復仇的熊熊之火。一九三七年，托洛茨基在墨西哥落腳，正式成立「第四國際」，與第三國際針鋒相對，號召蘇聯人民起來革命。史達林如臨大敵，下令設立專責對付托洛茨基的特務機構，幾次對托洛茨基發起暗殺和直接攻擊，都被躲過。然而，托洛茨基最後還是死於一名假扮為商人，成功接近他的蘇聯特務之手，地點就在他自己的書房中，時間正是德軍閃電進攻蘇聯的前一個月。

美國參戰及第二次大戰的逆轉

歐戰爆發後，國際聯盟以蘇聯入侵波蘭為由將其除名。中國當時未投反對票，蘇聯以此為由通知中國停止所有的援助，使得中國的情況更加危急。當時日軍已經占據中國整個東半部，封鎖所有的出海口，中國只能靠從雲南到越南北部的鐵路（滇越鐵路）及到緬甸的公路（滇緬公路）運入戰略物資，勉強支撐。日本因而決定出兵越南，以切斷中國的補給線。英國受到日本威脅，同意關閉滇緬公路。此舉對中國而言，更是雪上加霜。

美國當時的民意仍是傾向孤立主義。但羅斯福總統（Franklin D. Roosevelt）對中、日之戰十分關注，怕中國頂不住而投降，對美國不利，因而排除萬難，開始提供第一批貸款兩千五百萬美元給中國。此舉對中國而言，猶如雪中送炭。後來由於媒體及國會批評美國販售戰爭物資給日本，等於是日本的幫凶，羅斯福又決定對日本實施禁運。剛開始只是禁運武器、彈藥，到後來連油品、廢鐵也在禁運之列。

歐戰爆發後不到一年，希特勒就幾乎囊括整個歐洲，只剩下英倫三島孤懸海上，羅斯福更是無法坐視。雖然不能直接參戰，他在一九四一年一月提出《租借法案》，要求國會「授予足夠的權力及經費，以便製造各種的軍需品與戰爭裝備，供給那些正在與侵略者作戰的國家。」羅斯福並且在咨文上首次提出人類的四項基本自由，分別是「尊重言論的自由、宗教的自由、免於匱乏的自由和免於恐懼的自由」。羅斯福又鼓勵陳納德（Claire L. Chennault）創辦「飛虎隊」，吸收志願退休的美國空軍人員到中國協助對日抗戰。英國在美國的壓力下，不久後也重開滇緬公路。中國重新得到補給，又喘過一口氣。德軍大舉進攻蘇聯後，羅斯福也把蘇聯列入《租借法案》援助的對象。

美國的態度轉變後，日本軍部認為與美國的戰爭已經無法避免，決定不宣而戰，在一九四一年十二月七日突然發起偷襲美軍太平洋艦隊的基地珍珠港。美國完全沒有防備，珍珠港內的所有船艦、飛機幾乎全部被炸毀而沈沒。兩天後，英國的東洋艦隊也遭到日本空襲，全軍覆沒。日本皇軍接著迅速地進占關島、香港、馬尼拉、馬來半島、新加坡、爪哇及緬甸。西方國家花了三個世紀才完成建立東南亞的殖民地，日本不到幾個月就全部占據了。不料美國受到重創後很快地又站起來。僅僅八個月後，美國海軍在中途島（Midway Islands）大敗日本艦隊，接著又在太平洋上各島連戰皆捷。麥克阿瑟（Douglas MacArthur）將軍也率兵從澳大利亞，一路北上到菲律賓。

同一時間，蘇聯也與德國殊死戰鬥，在兩年半中共發生三大圍城戰：莫斯科之戰、列寧格勒之戰及史達林格勒之戰。三次戰役中蘇聯每次死傷及失蹤人數加總都遠超過一百萬人。其中列寧格勒之戰持續最久，達到八百七十天，蘇聯連平民在內死傷超過三百萬人。不過由於天候嚴寒及補給困難，軸心國軍隊最後都無法支撐。

蘇聯從一九四三年下半年起已能反守為攻。

盟軍這時已進占中東、北非。墨索里尼政權已經垮台。義大利王國暗中與盟軍談和，於一九四三年九月與盟軍簽訂停戰協議。但希特勒悍然派黨衛軍救出被軟禁的墨索里尼，脅迫義大利軍隊繼續對同盟國作戰。

中日戰爭期間的國共內鬥

對於中共在中日戰爭中應該採取何種策略，毛澤東與史達林有不同的看法。史達林希望中國拖住日本，指示中共與蔣介石通力合作。毛卻認為中共只能消極地進行游擊戰，不應和日軍正面作戰。剛開始時，中共高層如周恩來、朱德、彭德懷等都遵從共產國際的指示，不同意毛的主張。一九三七年九月，共軍配合國軍在山西與日軍對敵，林彪在平型關取得勝利，殲滅日軍一千多人。毛對外大肆宣傳，但心中至為不滿。

一九三七年底，中共駐莫斯科代表王明奉史達林之命從莫斯科回到延安，嚴詞批評毛未遵從史達林「抗日高於一切」的指示，大有威脅毛的地位之勢。但王明的靠山米夫在他離開莫斯科之前突然被指控為托派分子，遭到收押，後來又被處死。王明雖與米夫劃清界線，終究還是受到影響。一九三八年七月，接替王明擔任駐莫斯科代表的王稼祥回國，帶來共產國際主席季米特洛夫的「口信」，說應該支持毛澤東同志為領導人。季米特洛夫的口信實際上就是史達林的命令，毛的領導地位由此再一次獲得確認。

中日戰爭開始時，中共兵力只有五、六萬人，活動地區狹小。依毛的指示，中共一面對日進行游擊戰，一面擴充實力。經過三年，在華北的八路軍已經有三、四十萬人，控制兩百多個縣；另外在華中的新四軍約有十萬人，占領五十個縣。當時日軍在華北封鎖、隔絕各抗日據點，又實施「三光政策」（即是殺光、燒光、搶光），殃及無數百姓。朱德、彭德懷及鄧小平等人不滿，在山西集結一〇四個團，約三十萬人，於一九四〇年八月起與日軍大戰三個多月，史稱「百團大戰」。結果造成日軍及偽軍（日本扶植的傀儡政府的軍隊）死傷三萬多人，又破壞了華北所有重要的鐵路。毛立即發賀電。事實上，彭德懷在戰前一再向毛請示，毛卻沒有回電作任何表示，彭德懷便直接發起戰爭。共軍後來損失也極為慘重，至少是日軍的損失加倍。毛因而是憤怒已極，在日後清算彭德懷時將百團大戰列為重大罪狀之一。

蔣介石當時也向共軍發出賀電，但百團大戰也讓他清楚地看見共產黨又坐大了，於是下令阻止其無限制地擴展。在此之前，國、共軍早已有互相暗中偷襲的事例，即是共軍所謂的「摩擦戰役」及「反摩擦戰役」；自此以後，事例就越來越多、越大了。一九四一年一月發生於江蘇、安徽一帶的「新四軍事件」就是其中最重大的一個事件。一支落單的政府軍遭到共軍伏擊，死傷超過一萬人。蔣介石大怒，下令其他政府軍包圍共軍，俘虜九千人，並處決其中一部分人。新四軍領導人項英在逃亡中被部屬所殺。中共強烈抗議國民黨同室操戈，卻不提自己先啟釁。輿論跟著攻擊國民黨，蔣介石辯稱是新四軍不聽號令，必須整肅軍紀。美國及蘇聯都緊急介入調解。蔣介石卻在後來派政府軍包圍陝北延安，竟達到二十幾個師，引起更多輿論撻伐及盟國的不滿。

滇緬之戰及史迪威事件

珍珠港事變後，美國派史迪威（Joseph W. Stilwell）擔任駐華美軍司令，兼中印緬戰區的參謀長，以協助蔣介石。當時中國對外所有的交通都被日軍封鎖，滇緬公路又被日軍切斷，因而只能靠從昆明起飛，越過喜馬拉雅山，到印度的「駝峰航線」補給，但無法運輸大量物資。為了重開滇緬公路，蔣介石派遠征軍十萬人與少數美軍進入緬甸，和英軍共同作戰，而由史迪威指揮。中國遠征軍先取得大捷，後來卻陷入日軍的包圍，導致六萬人喪生。緬甸之敗後，蔣介石與史迪威互相指責，以致關係惡劣。

史迪威後來獲得羅斯福同意，一面重整從緬甸逃至印度殘餘中國部隊，成立「新一軍」，一面請蔣介石再派兵入緬，以便夾攻日軍，但被蔣拒絕。史迪威失望之餘，對蔣介石和國民黨更是反感，而對中共卻越來越有好感。當時美國派來中國的官員、顧問、特使寫給白宮及國務院的報告，大部分也是同樣的看法。

一九四三年五月，史達林下令解散共產國際，停止輸出革命。直接地說，史達林的目的是在鬆懈美國、英國的防範，更要藉由《租借法案》獲得更多的援助。但美國官員大多因而認為沒有理由不借重中共的力量參加抗日。有人建議羅斯福將部分美援直接撥給延安。史迪威更建議在武裝中共後使其直接投入滇緬之戰。蔣介石大怒，要求撤換史迪威。羅斯福卻不同意，反而逼使蔣介石同意再次派出遠征軍。到了十月，史迪威率領新一軍及美國志願軍反攻緬甸，最終擊敗日軍，與中國遠征軍會師，共同打通了滇緬公路。

開羅會議及德黑蘭會議

由於歐、亞的戰況對同盟國逐漸有利，羅斯福建議與各盟邦領導人見面，以便商議如何加速結束戰爭，並討論戰後事宜。但因史達林拒絕與蔣介石一起開會，羅斯福只得於一九四三年十一月在開羅（Cairo）先召開一次會議，邀請邱吉爾及蔣介石參加；幾天後，又與邱吉爾及史達林在德黑蘭（Tehran）召開另一次會議。

開羅會議期間，邱吉爾對蔣介石顯得極為輕蔑不耐。他在後來所寫的二戰回憶錄裡說：「關於中國那些冗長、複雜和瑣碎的情況，嚴重地打亂了英、美參謀長的會議。」會議結束後，美、中、英共同發表宣言，其中主要內容為：要求日本無條件投降；日本必須將中國東北及台灣歸還給中國；朝鮮應該恢復自由與獨立；美國接受託管太平洋各個島嶼。

德黑蘭會議的主要決議是將共同成立聯合國以代替國際聯盟；同意蘇聯在戰後可以獲得部分波蘭東部的土

地；又決定將在歐洲選擇某地開闢第二戰場。依此決議，盟軍後來選定於一九四四年六月六日（即是D day）在法國北部的諾曼第（Normandy）搶灘登陸。隨後攻克巴黎，並分兵朝北方推進。德軍也不得不分兵南下禦敵，蘇聯軍隊所受的壓力頓輕，於是出兵占領波蘭，收復烏克蘭、白俄羅斯，逐步南下，直抵巴爾幹半島。

盟軍在太平洋戰場方面也有進展。這年十月，美、日在菲律賓海域進行歷史上最大的一次海戰。日本艦隊全軍覆沒。麥克阿瑟接著指揮雷伊泰島登陸戰（Battle of Leyte），殲滅日本皇軍將近八萬人。

史迪威不僅與蔣介石交惡，也與盟軍新任印太區總司令，英國籍的蒙巴頓勳爵（The Earl Mountbatten）發生衝突。蒙巴頓認為史迪威對英軍及其本人言語輕蔑，公開表示無法與其共事。羅斯福大驚，對史迪威開始發生疑問。但他在收到許多國務院及駐華大使館人員的報告之後，對蔣介石的惡感與日俱增，因而仍對蔣介石施壓，竟要求蔣介石把軍隊的指揮權交給史迪威。史迪威大喜。但蔣介石憤怒至極，竟說寧願脫離同盟國，獨自抗日。羅斯福只得派赫爾利（Patrick Jay Hurley）為特使到中國。赫爾利寫回來的報告最終促使羅斯福決定將史迪威調離，而以魏德邁（Albert C. Wedemeyer）代替。

四個月後，即是一九四五年二月，羅斯福前往克里米亞半島，與史達林、邱吉爾一同舉行雅爾達會議（Yalta Conference）。

雅爾達會議及其影響

當時德國敗勢已定，所以會議的重點是要如何處置戰敗的德國，而結論是：德國必須無條件投降，土地將分割為四塊，由美、英、法、蘇分別暫管。至於東歐國家，由於這時大部分已經被蘇聯所控制，史達林建議先在這些國家裡建立過渡性的政府，以後再「經由自由選舉，盡快成立關心人民願望的政府」。然而，這項承諾

圖 10.1 雅爾達會議三巨頭，其中羅斯福（中）當時已患重病。

從來沒有實現過，東歐國家後來都被關入「鐵幕」之中。

事實上，東歐國家的命運從華沙發生的一個悲劇已能看見。回溯盟軍發起諾曼第登陸後約兩個月，英國與波蘭流亡政府指示華沙地下反抗軍起義，配合蘇聯軍隊從外面進擊，計畫共同殲滅德國占領軍。不料當波蘭地下軍起義時，蘇軍竟在城外停止不進。結果波蘭地下軍四萬人孤軍奮戰，被德軍殲滅。希特勒下令將華沙夷為平地，德軍又搜捕華沙居民二十萬人。羅斯福與邱吉爾又驚又怒，但他們不知道史達林早已成立了一個受其控制的波蘭民族解放組織「盧布林委員會」（Lublin Committee），所以不承認波蘭流亡政府，說那是一個「罪犯集團」。蘇軍奉令止步，目的就是要讓德軍把波蘭地下軍全部消滅，然後才進軍，單獨解放了華沙。當雅爾達會議討論到波蘭問題時，史達林聲稱波蘭是歷來入侵蘇聯的走廊，所以不容談判，不過願意討論成立聯合政府。但後來波蘭流亡政府的代表應邀到莫斯科談判時，竟都被逮捕入獄。

對於日本，羅斯福十分頭痛，因為日本皇軍悍不畏死，在太平洋諸島戰役中雖然屢戰屢敗，卻戰到最後一兵一卒也不投降，使得美軍付出極大的代價。羅斯福又斷定蔣介石沒有能力擊敗日本，相信只有蘇聯早日參戰才有可能提早結束戰爭，因而在雅爾達會議中近乎哀求蘇聯早日參戰。結果是史達林同意在歐戰結束後三個月內出兵對日本作戰，但要求恢復一九〇五年日俄戰爭前俄國在遠東的權益，包括歸還庫頁島南部，租借大連、旅順，與中國共同經營南滿鐵路，又要求同意外蒙古維持獨立。這些條件實際上是嚴重損害正在與美國並肩作戰的中國的權益，羅斯福卻承諾將「設法」獲取蔣介石的同意。

羅斯福到達雅爾達時，其實已經重病在身，病容極為明顯，卻勉強成行，也沒有帶副手去。雅爾達會議後兩個月，羅斯福去世，副總統杜魯門（Harry S. Truman）繼任。此後一個月內，義大利傀儡政府和納粹德國先後投降。墨索里尼逃亡被捕後遭到槍決。希特勒於盟軍攻入柏林後自殺。歐戰結束。

後世的學者對於《雅爾達會議》及其密約的批評大多是負面的，認為羅斯福不只犧牲盟邦中國，也葬送了波蘭、東德及所有的東歐國家。

波茨坦會議

雅爾達會議後不久，美國在硫磺島、沖繩島的惡戰中都取得勝利，死傷卻超過十萬人。美國飛機又不斷地轟炸東京及其他都市，但日本仍是絲毫沒有投降的跡象。美國越是勝利，越是害怕。美國軍方估計，如果直接攻打日本本土，美軍至少會有五十萬人死傷。杜魯門和羅斯福一樣，不願如此犧牲美國的子弟兵，因而不斷地催促蘇聯對日宣戰，但史達林只是推託。

羅斯福在死前並沒有對蔣介石透露有關雅爾達的協議，杜魯門繼任後，史達林便催促他取得中國的承諾。蔣介石後來知道了，當然拒絕。史達林雖然一再表明，將尊重中國的主權及領土的完整，支持蔣介石領導一個統一的中國，將來也不會支持中國共產黨，但蔣介石仍是不同意。

一九四五年七月，美、英、蘇三國又在柏林西郊召開「波茨坦會議」（Potsdam Conference）。美國這時急於把軍隊撤出歐洲，以便轉到太平洋地區。但邱吉爾清楚地知道，美軍一旦撤走，蘇聯在歐洲其他各地的擴張就無法阻擋，因而建議在盟軍力量還沒有撤出前先直接和史達林談判此一問題。杜魯門接受他的建議，因而有此會議。史達林這時對東歐國家，如波蘭、羅馬尼亞及保加利亞的問題，態度已經十分強硬。杜魯門和邱吉爾唯一能做的只是拒絕給予這三個國家外交承認。但兩人總算還有其他兩項收穫。其一、是迫使蘇聯同意讓盟軍進入已經被紅軍占領的奧地利，與德國一樣交由四國共管；這是奧地利最終免於被關入鐵幕的關鍵。其二、是成功地阻止狄托指揮的南斯拉夫軍隊占領義大利東北角的重要海港的里亞斯特（Trieste）。

史達林這時其實已在鄰近滿州國的邊境集結大軍，但對於是否出兵，何時出兵，始終不願做任何承諾。

美國投擲原子彈，蘇聯出兵中國東北，日本投降

波茨坦會議第二天，美國陸軍部長史汀生（Henry Lewis Stimson）專程飛到波茨坦面見杜魯門，報告說「小男孩生下來了」。史汀生所說的「小男孩」，就是原子彈。從一九三九年起，羅斯福就根據愛因斯坦（Albert Einstein）領銜的一群頂尖科學家的建議，命令進行「曼哈頓計畫」（Manhattan Project）。經過六年，花費二十億美元，最後在新墨西哥州的一個沙漠中試爆原子彈成功。

邱吉爾也得到史汀生的報告，高興地說：「美國人現在不希望蘇聯人參加對日作戰了。」由於波茨坦會議期間正逢英國大選，邱吉爾雖然自認有機會勝選連任，為防萬一還是帶反對黨黨魁艾德禮（Clement R. Attlee）一同赴會。不料大選的結果是工黨獲勝，因而邱吉爾在波茨坦會議最後幾天並沒有出席。

但盟軍對日作戰並不是如邱吉爾所說那樣發展。杜魯門並沒有對史達林說不需要蘇聯出兵了，只是和英國、中國於七月二十六日聯合發表《波茨坦宣言》（*The Potsdam Proclamation*），再次呼籲日本無條件投降。由於蘇聯和日本簽訂的互不侵犯條約仍然有效，史達林不便在《波茨坦宣言》上簽名，所以反而是沒有參加會議的蔣介石在上面具名。

然而，日本對《波茨坦宣言》置之不理，聲稱寧願「一億玉碎」，戰至最後一兵一卒也不願投降。杜魯門卻等不及要結束戰爭，下令於八月六日在廣島投擲一顆原子彈。瞬時間，方圓數公里內所有的建築物都化為齏粉，造成十幾萬人傷亡。史達林得知後，立刻對日宣戰，並下令於八月九日凌晨起出動飛機、大砲及地面部隊進入滿州國。杜魯門等了三天，還不見日本投降，又命令在長崎投下第二顆原子彈。日本至此不得不宣布無條件投降。八月十五日，裕仁天皇透過廣播訓令皇軍全部放下武器。第二次世界大戰至此全部結束。

蘇聯勢力在二戰後期的擴張

第二次世界大戰中，美國經由《租借法案》援助蘇聯的物資，總金額達到一百十三億美元，占美國對外租借總金額的23%。這些租借出去的金錢及物資大多是不必償還的，其中包括食物、衣服、鞋子、汽油、飛機、坦克、卡車，以及用於生產後三者的材料。然而，二次大戰後不久世界就逐漸分為兩個敵對的勢力，一邊是以美國為首的資本主義世界，另一邊是以蘇聯為首的共產主義世界。但直接地說，蘇聯之所以在戰後能強大到足以和美國抗衡，主要的原因是邱吉爾及羅斯福對史達林的野心及善變未能及早認清，也未能及早因應。其中邱吉爾的責任更大。

舉一個例。邱吉爾在回憶錄中寫道，他曾在一九四四年十月到莫斯科與史達林討論如何決定雙方在巴爾幹及其他各國的「發言權」，並在一張紙上寫下：「羅馬尼亞—蘇聯90%，其他國家10%；希臘—英國90%（與美國一起），蘇聯10%；南斯拉夫—50%-50%；匈牙利—50%-50%；保加利亞—蘇聯75%，其他國家25%。」

史達林接過字條，立刻在上面畫一個勾，表示同意。當時戰爭尚未結束，史達林為了爭取更多將來在談判桌上的籌碼，必然是命令紅軍多占土地。在此四個月前，盟軍又在諾曼第大舉登陸，吸住德國軍隊主力，事實上已經為蘇聯擴大戰果創造有利的條件，使其得以輕易地占領大部分的東歐國家。蘇聯後來趁機在東歐各國逐一扶植共產政權，同時消滅非共產勢力。前述波蘭華沙的悲劇就是一個典型的模式。

不過在東歐國家中有一個南斯拉夫並不是完全靠蘇聯，而是主要靠自己的奮鬥掙脫法西斯的占領。以下就為讀者們介紹南斯拉夫這個例外。

狄托與南斯拉夫共產黨

如前所述，南斯拉夫被軸心國支解後有一部分軍隊拒絕投降，退入山區組織游擊隊。英國決定支持其中由米哈伊洛維奇領導的「切特尼克」，蘇聯決定支持由狄托領導的南共人民解放軍（以下稱「南解」）。後來英國與蘇聯結盟，米哈伊洛維奇與狄托奉命談判如何合作。由於切特尼克實力較強，狄托同意由米哈伊洛維奇統一指揮，不過希望保有獨立的部隊，但不被接受。結果雙方發生武裝衝突。當時史達林有求於英、美，勸狄托配合，狄托卻仍是不從，如同毛澤東不肯讓蔣介石指揮紅軍一樣。美、英兩國最後只得分別派軍事代表團到切特尼克及南解總部，而以支援切特尼克為主。

必須指出，塞爾維亞人和克羅埃西亞人之間有歷史仇恨。當時另有一個規模極大的克羅埃西亞右翼組織，名叫烏斯塔沙（Ustaša），不但肆意殺害塞爾維亞人、猶太人及吉普賽人，又與義大利法西斯黨關係密切。米哈伊洛維奇是塞爾維亞人，身為領袖卻未阻止切特尼克中的極端分子殺害克羅埃西亞人。狄托是由克羅埃西亞及斯洛凡尼亞父母所生，但表明尊重各民族的獨立性，同時主張南斯拉夫人必須團結一致對抗法西斯。南解由此獲得南斯拉夫所有民族的反抗軍加盟，聲勢越來越大，逐漸超過切特尼克。

但希特勒也注意到南解迅速膨脹，多次下令剿滅，不料都失敗，於是又發動圍剿，規模達到數十萬人。南解雖敗，突圍而走，仍繼續與軸心國軍隊頑抗。當時羅斯福主張南斯拉夫將來應該接受流亡倫敦的南斯拉夫國王統治，史達林也附和羅斯福的意見。狄托卻斷然拒絕，對史達林反生惡感。不過狄托不敢得罪史達林，後來親自飛到莫斯科去見他。史達林也表示善意，撥三個坦克師去幫狄托。

一九四四年五月，邱吉爾根據接獲的情報認定米哈伊洛維奇與敵人暗通，在英國國會中公開宣布將改而支持狄托。米哈伊洛維奇被迫逃亡，後來被捕，遭到處決。但須指出，日後有證據顯示邱吉爾是被潛伏的共諜所提供的假情報誤導，米哈伊洛維奇被陷害，以致於喪命。狄托此後獲得盟軍提供「最大可能範圍的物資供應」，實力更強，把軸心國軍隊數十萬人拖住在南斯拉夫，為盟軍立下大功。

德國投降後，狄托成立的新政府與其他東歐國家不同，採行聯邦制，由六個共和國聯合組成。狄托雖然如願統一南斯拉夫，卻有一事不滿。他派兵攻占的里雅斯特港後，意欲永久占領，結果如前所述，被英、美兩國強行要求撤出。狄托為此與兩國發生衝突，卻因史達林不支持而不得不放棄。狄托因而認定史達林夥同英、美對南斯拉夫施壓，對他更加不滿。

總之，狄托自認在二戰時是靠自己的力量獨立，獲得史達林的幫助有限，建國後更不想讓史達林插手南斯拉夫的事務。兩人日後反目因而不可避免。

紅太陽升起——中共的延安整風運動

類似狄托與史達林之間的矛盾，也發生在毛澤東與史達林之間。毛尤其痛恨史達林在二次大戰期間明白表

圖 10.2　延安窯洞中的毛澤東（右）與周恩來（左）

示不支持他而支持蔣介石。毛也十分清楚，中共歷任的領導人都是在鬥爭中下台的，所以即便史達林承認他是中共的領袖，並不可靠。因而，毛決定趁著史達林忙於戰爭時鞏固自己的地位，以免將來被扳倒。這就是延安整風運動的背景。以下的敘述，大部分是引述已故的中國學者高華的名著《紅太陽是怎樣升起的？》。

整風運動是從一九四二年二月開始的。第一個被整的是作家王實味。由於毛澤東公開宣布鼓勵延安的知識分子批評共產黨，表示願意接受「除破壞團結者的惡意攻擊以外的一切善意批評」，王實味就在報紙上發表一篇〈野百合花〉，在其中鼓吹平等、博愛及人道主義，又說了許多旁人不敢說的話。例如：延安的等級制度有官僚化的趨向；「食分五等、衣著三色」；青年學生一天只得兩餐稀粥，大人物卻極盡享受，在大禮堂舉行舞會，通宵達旦；許多懷抱理想的知識分子無不失望。王實味的結論是，如果共產黨不能改正許多黑暗面，「天是必然要塌下來的」。這是針對毛曾經說過「天塌不下來」的譏刺。

〈野百合花〉轟動延安。許多人紛紛響應，發表文章，或寫壁報。不料毛大怒，說這不是善意批評，而是惡意攻擊，命令逮捕王實味，罪名有三條：反黨分子、托派分子及國民黨特務。許多人立刻與王實味劃清界線，或自我檢討。但毛澤東決定進一步整風，下令成立一個稱為「中央總學委」的機關。毛自任為主任，以黨內第二號人物劉少奇及政治局委員康生為副主任。康生負責實際執行，又兼中央情報部部長，手段狠毒，極盡誣陷之能事，人人畏懼。

整風運動中，康生要求黨員參加學習馬列主義，研讀毛的著作，又推出「審幹」「反奸」及「治病救人」。審幹就是逼迫所有幹部反覆撰寫反省報告和自傳，誠實交代自己的過去，交由總學委審查及糾正。反奸就是逼所有的人揪出托派、特務及反革命。治病救人就是要拯救那些被認為已經「失足」的黨員，使其「重新做人」。康生採取嚴刑逼供的殘忍手法，使得許多黨員身心嚴重受傷，或痛哭流涕，或精神失常。當時中共也在延安以外其他的根據地推動整風，據估計共有一萬五千人受害。

在整風運動中，毛最在意的其實是如何消除蘇聯對中共的影響。「毛澤東思想」因而是在這段期間提出，獲得中共領導階層一致推崇。王明被迫率先表態要向毛澤東同志學習。周恩來、朱德、彭德懷、陳毅等人繼之。周恩來公開說：「我們黨二十二年的歷史，證明只有毛澤東同志的意見是貫穿整個歷史時期，發展成為一條馬列主義中國化，也就是中國共產主義的路線……。」

但毛仍然指示康生發起批判王明、博古的大會，迫使兩人不斷地寫自我檢討材料。周恩來也被迫寫反省筆記。季米特洛夫獲知王明和周恩來的處境後，於一九四三年底發電報給毛，直接表示不應對兩人批鬥，又斥責康生把黨搞得面目全非，等於幫助敵人瓦解共產黨。這時蘇聯已經明顯即將贏得對德國的戰爭，史達林的聲望正達到頂峰。季米特洛夫的電報背後代表史達林的不滿，毛當然不敢不遵命，於是指示康生鬆手。

但毛仍指示撰寫〈關於若干歷史問題的決議〉，總結中共歷史上從陳獨秀的「右傾機會主義」，經過瞿秋白和李立三的「左傾盲動主義」，到王明的「左傾教條主義」的錯誤。此一決議通過後，毛等於統一了中國共產黨的思想，如同史達林以「史達林主義」統一蘇聯一樣。「紅太陽」由此升起。但高華在書裡說：「由毛澤東植入中共肌體的極左的審幹、肅反政策，經過整風運動，演化為黨的性格的一部分，對一九四九年後的中國帶來長期不良的影響。」

一九四五年四月起，中共在延安舉行第七次代表大會，會中確立「毛澤東思想」是黨的指導思想，毛在中國共產黨裡的領導地位從此不可動搖。

第十一章 共產勢力在東歐、中國及朝鮮半島的擴張

二次大戰結束後，共產世界的版圖迅速擴張，主要在兩個地區：東歐及亞洲。其中，東歐國家在第二次大戰後期都被蘇聯紅軍占領，所以命運早已決定，剩下來的只是史達林要如何在其中逐步建立其所扶植的共產政權。至於亞洲，關鍵無疑是在史達林如何協助中共打贏國共內戰。東歐與中國共產化的過程雖是截然不同，卻幾乎是同步發生的。但本書作者無法同時敘述，所以請先從東歐說起。

東歐鐵幕降下

雅爾達會議時，史達林說波蘭的問題不容談判，但同意成立聯合政府。至於其他東歐國家，史達林也同意要在未來成立經由自由選舉產生的聯合政府，包容所有的政黨。邱吉爾回到倫敦後，在國會中發表演講，明白地表示他相信史達林將會履行其承諾。他說：「我的印象是，史達林元帥和蘇聯領導人希望與西方民主國家共同生活在光榮的友誼和平等之中。我也覺得他們言行一致。我不知道有任何政府，即使本身不利，仍比蘇聯政府更信守義務及責任。」邱吉爾可能忘記了，就在雅爾達會議之前四個月，史達林為了要獨吞波蘭，竟下令紅

軍在華沙城停止前進，等波蘭地下義勇軍被德軍消滅後才進城。

羅斯福及杜魯門無疑也受到邱吉爾的影響。舉一個例，當德國即將投降時，由艾森豪將軍（Dwight D. Eisenhower）指揮的美軍其實最早到達柏林城外，德國守軍也明白表示希望向美軍投降。杜魯門卻因為史達林的要求而請艾森豪多等幾天，禮讓朱可夫的紅軍先進城。杜魯門或許也不完全了解先進城和後進城對於史達林有什麼不同的意義。

但邱吉爾終究還是知道錯了。雅爾達會議後三個月，確切地說是德國投降後第五天，邱吉爾寫一封信給剛上任不久的杜魯門，說他對歐洲局勢感到十分憂慮，因為：「他們對雅爾達會議的決定作了曲解」，又說：「他們將拉下一道鐵幕。我們不知道這個鐵幕後面將發生什麼事。」杜魯門接受他的請求，同意暫緩從歐洲撤軍。這雖然減緩了共產勢力在歐洲繼續擴張，卻已無法改變既成的事實。美國這時才發現，千辛萬苦終於擊垮德國，結果卻是出現一個更強大的敵人。美國除非決心與蘇聯再進行一場大戰，已無法迫使其退出東歐。

事實上，自從列寧以來，布爾什維克的目標一直是要埋葬資本主義國家。史達林雖曾主張「一國社會主義」，並沒有忘記世界革命，在二戰期間解散共產國際也只是障眼法。蘇聯既已掌控了東歐各國，自然要依照其本身的模式全部馴化為衛星國家。東歐各國的國情雖然不同，後來被馴化為衛星國的過程卻是大同小異。其步驟大致如下：首先，軍隊一旦進入後就不撤退，以作為後續行動的後盾。其次，在當地組織一個完全服從莫斯科指令的共產黨。第三，成立聯合政府，然後伺機打壓競爭的其他政黨。第四，在共產黨政權穩定後開始清洗黨內異己。最後，通過新憲法，確立共產黨一黨專政。

過程既是大同小異，本書在此就不一一詳述，只取幾個國家為例說明：

■ 波蘭

如前所述，波蘭義勇軍既已覆滅，流亡政府成員大多又被誘騙、逮捕、判刑，史達林屬意的「盧布林委員會」便受命組織新政府。但英國堅持送流亡的波蘭人回國組織農民黨，以與共產黨公平競爭。一九四六年，波蘭通過企業國有化及土地改革政策。一九四七年又舉行大選，但由於共產黨操控選舉，農民黨只獲得極少的國會席次。農民黨黨魁後來害怕而逃亡，整個黨於是被併入共產黨。波蘭共產黨黨魁戈慕爾卡（Wladyslaw Gomulka）雖然表現得百依百順，史達林卻還是認為他具有民族主義的思想，將他下獄，改以貝魯特（Boleslaw Bierut）為總理。一九五二年，波蘭通過新憲法，成立人民共和國，行一黨專政。

■ 匈牙利

一九四四年八月，蘇聯大軍攻到布達佩斯（Budapest），德軍在抵抗半年後投降。又過半年，匈牙利舉行大選。共產黨只得到17%的選票。小店主黨（Smallholder's Party）遙遙領先，獲得57%選票，於是組閣。然而，蘇聯占領軍竟將該黨總書記下獄，罪名是「陰謀不利於占領軍」。內閣總理納吉（Ferenc Nagy）也被迫辭職。政府被迫通過銀行國有化及計畫經濟方案。一九四七年八月，共產黨在占領軍主導之下躍居第一大黨，卻仍然讓小店主黨員擔任總統及總理。一九四八年起，小店主黨被併入「聯合勞工黨」內，總統及總理都被撤換。一九四九年五月，共產黨在大選中獲得完勝，但共產黨內許多被認為偏離親蘇路線的黨員開始被清洗，甚至被處決。最後，新憲法於八月通過。

上述分四年逐步完成的衛星化過程即是所謂的「臘腸戰術」（Salami tactics），「像切臘腸一樣，一段一段切」。蘇聯既有軍隊在匈牙利坐鎮，史達林就有辦法慢慢整治，而務求最終完全掌控。

■ 捷克

一九四五年五月，蘇聯軍隊解放布拉格（Prague）。捷克流亡政府的領袖，前總統貝尼斯（Edvard Benes）與流亡莫斯科的共產黨領導人葛特瓦德（Klement Gottwald）都回到國內，在第二年經由大選共組聯合政府。前者續任總統，後者任總理。一九四七年起，捷克共產黨開始滲透政府機關和工會，發起示威暴動，逮捕許多人民及非共產黨閣員。一九四八年初，內閣中只剩下外交部長馬沙力克（Jan Masaryk，捷克國父馬沙力克之子）一人不是共產黨員。到了三月，馬沙力克被人發現從外交部大樓樓上的浴室掉落到窗外的廣場上，身穿睡袍，已經死去。官方說他是自殺，但許多人認定他是被推下來的，遭到謀殺。隨後的大選中已經沒有非共產黨的候選人。葛特瓦德在貝尼斯病逝後繼任為總統。

一九五一年，史達林指示整肅捷克共產黨，逮捕包括總書記史蘭斯基（Rudolf Slansky）在內共十四名高幹。這些人在獄中飽受苦刑，然後交付公開審判。審判前他們被迫一再排練自白口供，在審判時完全依照指示演出，但最後都被處決。其中只有三人倖免一死，於日後述說在獄中的悲慘故事。

史達林之所以嚴厲整肅上述幾個國家的共產黨，其實背後另有兩個重大的原因。其一是馬歇爾計畫，其二是狄托事件。這兩件事對共產世界及整個世界的局勢發展都有極大的影響，所以必須從源頭詳細說明。

肯南的「長電報」及邱吉爾的「鐵幕演說」

二次大戰中，史達林對邱吉爾及羅斯福百般要求，貪得無厭，越到戰爭後期越明顯。杜魯門在波茨坦會議時是新上任，一時還無法掌握狀況，只能追認羅斯福在雅爾達答應過的事。但史達林野心勃勃，不只囊括東歐，暗中支持中共進行國共內戰，又企圖染指伊朗和土耳其。

伊朗是重要的產油國，美、英、蘇在戰爭期間都以保護油源為名派兵進入伊朗。戰爭結束後，美、英兩國

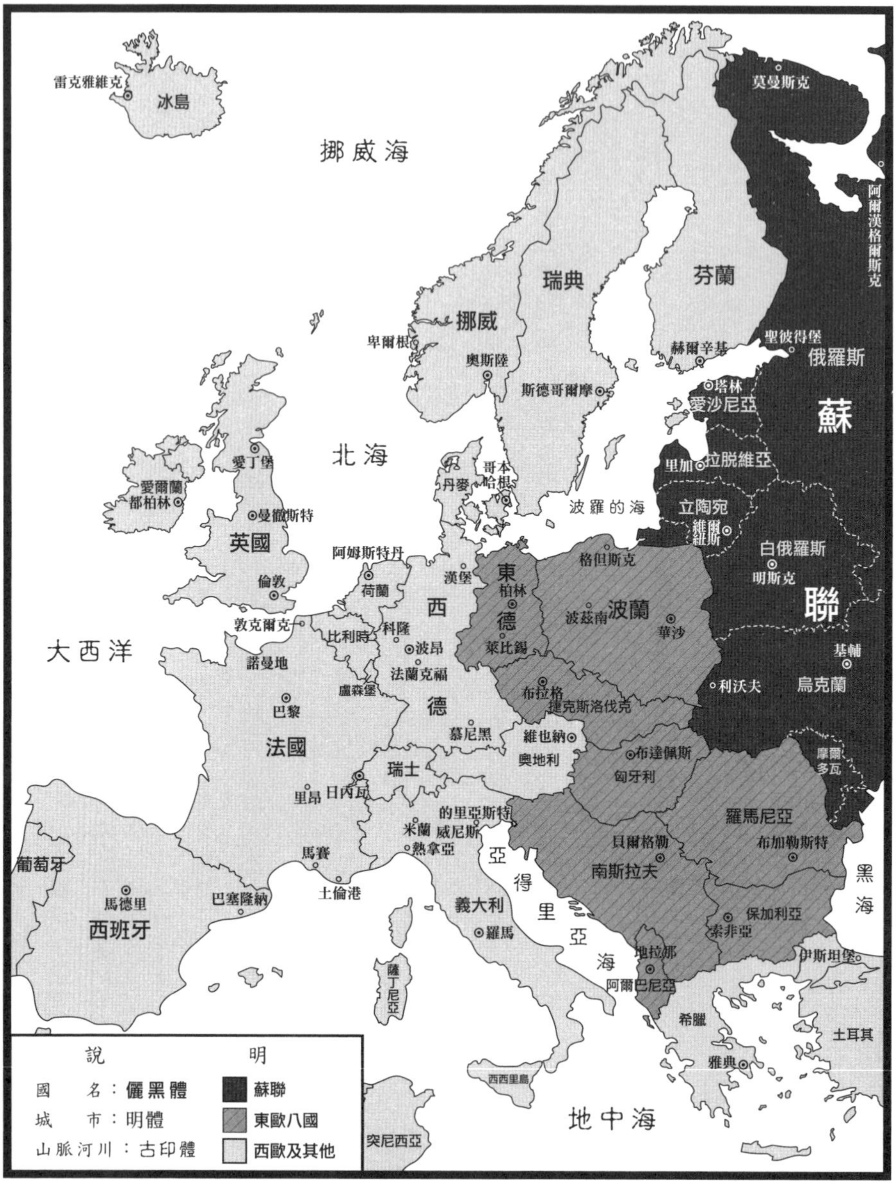

地圖 2：歐洲及部分蘇聯地圖

（二次大戰後至 1989 年前）

依約撤軍，蘇聯卻不肯撤，反而藉機要求與伊朗合辦石油公司。蘇聯同時出兵到土耳其邊界，企圖迫使土耳其簽約同意蘇聯取得博斯普魯斯（Bosporus）和達達尼爾（Dardanelles）海峽的控制權，以便從黑海自由通行到地中海。伊朗和土耳其都向美國求援。杜魯門正在思考如何因應，史達林恰好在一九四六年二月初發表一篇演講。史達林說，資本主義國家由於內在的不平衡，通常經過一段時間均勢就會破壞。那些自認沒有足夠原料和市場的國家就企圖以武力來改變現狀，因而發生第一次世界大戰及第二次世界大戰。其言下之意是，將來還有第三次、第四次世界大戰。美國的政界和媒體被激怒，評論此一演說充分表明史達林對資本主義的仇視。

兩週後，白宮收到一位駐蘇聯大使館官員肯南（George Kennan）的八千字「長電報」（Long Telegram），其中詳述蘇聯在戰後的形勢，分析其背後的思維，預測其未來政策走向，並提出美國的因應之道。肯南說：「它（即蘇聯）對理智的邏輯無動於衷，對於武力的邏輯卻高度敏感。由於這個原因，當它在任何時地遭遇到強大的阻力時，可能輕易地就退卻了。所以，如果敵手有足夠的力量並且明白表示預備出手，很少有必要真正去動手。」肯南又認為，共產主義世界就像有害的寄生蟲，靠吃有病的組織細胞維生。因此，美國不但要正視自己的內部問題，更要設法解決歐洲各國對國家安全的擔憂，提供其必要的指引，不可冷漠地坐視戰後歐洲社會中的諸多匱乏，以免蘇聯從中得利。「長電報」引起白宮和國務院超乎尋常的重視。

又過兩週，英國前首相邱吉爾在美國密蘇里州富爾敦市（Fulton, Missouri）發表演說，講題是〈和平的砥柱〉（*The Sinews of Peace*）。邱吉爾說：

> 從波羅的海邊的斯德丁（Stettin）到亞得里亞海邊的的里雅斯德（Trieste），一道橫貫歐洲大陸的鐵幕已經降下。這道鐵幕的後面散布著所有中歐、東歐古老國家的首都——華沙、柏林、布拉格、維也納、布達佩斯、貝爾格勒、布加勒斯特和蘇菲亞。這些著名的都市及其周邊的居民無不位於我稱之為蘇聯勢力範

圍圈之內。……土耳其和波斯（即伊朗）已經接獲來自莫斯科的一些令人震驚、困惑的要求，感受到重重的壓力。我不相信蘇聯想要戰爭。他們要的是戰爭的果實，使其權力和信條得以無限擴張。我從此次大戰中觀察蘇聯，深信他們最尊敬的莫過於實力，而最缺乏敬意的莫過於軟弱。

如前所述，邱吉爾其實早就在寫信給杜魯門時提到「鐵幕」，不過這場演講後「鐵幕」二字才廣為人知。杜魯門在邱吉爾演說時為他做開場白，顯示美國已經決定要出手協助西歐國家對抗蘇聯。不久後，杜魯門下令照會蘇聯，表明不惜以武力對付侵略。史達林果然召回在伊朗和土耳其的軍隊。

杜魯門主義、馬歇爾計畫和莫洛托夫計畫—冷戰開始

繼土耳其、伊朗之後，希臘也向美國告急。杜魯門於是在一九四七年三月對美國國會發表一篇重要的演講。杜魯門說，美國外交政策的首要目標是「為自己和其他國家創造條件，從而可以過著一種免於受壓迫的生活方式」。美國必須阻止少數國家想要將自己的意志和生活方式強加在別的國家和人民身上。杜魯門要求國會撥款美金四億元，提供經濟及軍事援助給希臘、土耳其等國。「杜魯門主義」（Truman Doctrine）於是出台。

三個月後，美國國務卿馬歇爾又在哈佛大學發表演講，提出一項復興歐洲的計畫。馬歇爾說：「我們的政策並不是要反對任何國家或主義，而是要對抗飢餓、貧窮、絕望和混亂。我們的目的應當是要恢復世界的經濟運作，從而使自由體制賴以生存的政治和經濟條件得以出現。……我保證，任何願意協助此一復興工作的政府必能獲得美國政府的充分合作。但任何意圖阻撓別國復興的國家不能期望從我們獲得援助。」西歐各國於是開始從「馬歇爾計畫」（Marshall Plan）獲得無償的經濟援助或貸款，由此迅速揮別貧窮和飢餓，從廢墟中重新

站起來。據統計，此一計畫的總金額達到一百三十億美金。

馬歇爾計畫其實並未排除東歐國家，史達林在一開始也允許波蘭、捷克、南斯拉夫向美國提出申請。但他漸漸懷疑馬歇爾計畫的背後陰謀是引誘東歐國家脫離共產集團，於是斷然禁止所有東歐國家參與。東歐各國大為不滿，蘇聯因而也從一九四七年起開始提供貸款給各國，並簽訂經濟、貿易合作協定。這就是所謂的「莫洛托夫計畫」（Molotov Plan）。西方資本主義經濟圈和東歐共產主義經濟圈於是各自形成。一九四九年，美國又與西歐各國共同成立軍事聯盟，即是北大西洋公約組織（NATO）。蘇聯與東歐各國也在六年後成立華沙公約（Warsaw Pact）組織，與北約對抗。雙方壁壘分明，不過總是盡量避免大規模的軍事衝突，以免引發第三次世界大戰。「冷戰」從此開始，持續數十年。

「狄托事件」——蘇聯與南斯拉夫決裂

如前所述，南斯拉夫是東歐國家中最特別的一個，其抗拒軸心國侵略主要是靠自己的力量和英、美的支援，對蘇聯依附不大。狄托對史達林也無好感。狄托一向支持希臘境內的共產游擊隊，在建國後更要積極發展，史達林卻因為受到杜魯門警告而不表支持。狄托大怒，對史達林出言不遜。當南斯拉夫希望加入馬歇爾計畫卻被史達林否決時，狄托就更憤怒了。

還有一事。南斯拉夫一向與鄰國保加利亞、阿爾巴尼亞交好，史達林卻時時防範他們過於親近，不想看見南斯拉夫在共產陣營裡以老二自居。但狄托還是取得阿爾巴尼亞同意讓南斯拉夫派兵進駐，而在事前完全不和蘇聯商量。史達林震怒。狄托派副手去向他解釋，但拒絕道歉。史達林揚言制裁。狄托根本不理，反而下令停止提供情報資料給「共產情報局」。

共產情報局成立於一九四七年九月，其目的是恢復一部分已經解散的共產國際的功能，藉交換情報以加強控制東歐國家，其總部設在南斯拉夫的貝爾格勒。狄托拒絕合作等於要把共產情報局趕出去。史達林再也無法忍耐，於一九四八年三月下令撤回數千名派到南斯拉夫支援的專家和軍事顧問團，並對之採取經濟封鎖。他給狄托按上「背叛馬列主義，採行民族主義的道路」的罪名，卻對狄托無可奈何，因為狄托在南斯拉夫的地位無法撼動。然而，前述波蘭、匈牙利和捷克共產黨裡有「狄托傾向」嫌疑的領導人就都慘遭清洗了。

美國一見狄托和史達林決裂，立刻主動向南斯拉夫提供經濟援助。狄托欣然接受，不過還是奉行馬列主義，並沒有加入西方陣營。

戰後東亞局勢發展的關鍵——麥克阿瑟發布的「總命令第一號」

東亞共產勢力崛起的關鍵在中國，因為只有當中共在內戰中勝出且建國後，朝鮮半島及東南亞才有可能跟著赤化。但本書在敘述這一連串的事件之前必須從另一個關鍵，即是盟軍發布的「總命令第一號」開始講起。

總命令第一號是杜魯門在日本投降後任命麥克阿瑟為遠東區盟軍最高統帥，又指示他發布的。日本天皇在同時也向日軍發布同樣的命令，內容如下：

中國、台灣和北緯十六度以北的印度支那地區由蔣介石受降。滿州、北緯三十八度以北的朝鮮、庫頁島和千島群島，由蘇聯司令官受降。東南亞、北緯十六度以南的印度支那和從緬甸至所羅門群島，由英國蒙巴頓勳爵或澳大利亞的司令官受降，其分界線由兩人自行劃定。日本、菲律賓以及北緯三十八度以南的朝鮮，由麥克阿瑟將軍受降。

直接地說，這道命令決定了其後東亞各國的命運。

日本既是由美軍單獨受降，麥克阿瑟又是後來日本最高的統治者，所以政治、社會都很容易獲得穩定，經濟也得以迅速復興。菲律賓也由美軍單獨受降，所以情況相似，共產勢力沒有機會擴大。台灣由蔣介石的軍隊單獨受降，當地又沒有任何足夠強大的武裝反抗力量，所以國民黨順利地接收，意外地在數年後成為蔣介石從中國大陸戰敗後撤守的基地。

然而，中國東北地區（滿州）由蘇聯紅軍受降，卻直接埋下後續發展的變數。中共後來正是在東北國共內戰中取得勝利，然後席捲南下。同樣的原因，朝鮮南、北由美國和蘇聯分別受降，直接導致後來的韓戰及南、北韓分立。至於受降的規定對東南亞地區所產生的影響，我將在下一章再詳細說明。

以下先敘述中國的內戰，不過要從內戰前的國共衝突開始回溯。

國共的衝突——迪克西使團訪延安及赫爾利的調解任務

本書在上一章已經舉例說明國軍和共軍在對日抗戰期間經常發生武裝衝突，都在暗中尋找機會殲滅對方的部隊。我在此再舉一例。紅軍元帥彭德懷曾在文革期間寫了一份自傳式的材料，後來以《彭德懷自述》出版。從書中可以看出他對國軍發起多次「反摩擦戰役」。其中有一次他調集七個旅，於一九四〇年在太行山區殲滅國軍十幾個團，並自認是「有理、有利、有節」的偉大勝利。第二年發生的「新四軍事件」雖然震驚國內外，其實不是新聞，因為類似的衝突早已不知道發生過多少次。

由於國共的摩擦無法停止，美國副總統華萊士（Henry A Wallace）奉命於一九四四年六月到中國進行調解，並設法促使中共更積極投入抗日戰爭。華萊士迫使蔣介石同意美國派一個「迪克西使團」（Dixie Mission）

到延安考察。迪克西使團到延安後，受到中共熱烈的歡迎。使團中有一名政治代表謝偉思（John S. Service）從此長期駐在延安，撰寫許多對中共有利的觀察報告。史迪威的部屬中也有很多人同情中共，其中以戴維斯（John P. Davies, Jr.）為首，與謝偉思被合稱為「戴謝集團」，對美國的中國政策產生極大的影響。

羅斯福後來又命赫爾利為特使以協助調解史迪威和蔣介石之間的爭執，並調停國共的衝突。赫爾利受命後決定先飛到莫斯科，以探詢蘇聯的態度。史達林接見他，說蘇聯於一九四三年解散共產國際後，和中共已經沒有聯繫，蘇聯將全力支持蔣介石領導中國對日抗戰，不過建議考慮成立聯合政府，容納中共於其中。赫爾利大喜。事實上，華萊士和其他許多美國官員也曾訪問莫斯科，聽到史達林和莫洛托夫說同樣的話。

赫爾利接著飛到重慶，開始在蔣介石與史迪威之間進行調解，而如上一章所述，促使羅斯福決定撤換史迪威。蔣介石欣喜之餘，也同意他到延安去。赫爾利到延安和毛澤東見面討論國共合作的方案後，又由周恩來陪同飛回重慶，當面建議蔣介石停止國民黨一黨專政，改為成立聯合政府；又建議公平分配中國從盟軍得到的戰略物資。但蔣介石拒絕，堅持共軍必須接受整編為正規國軍。毛當然不接受，和談遂陷入僵局。毛澤東為此憤而對人說：「蔣先生總以為天無二日，民無二王。我不信邪，偏要出兩個太陽給他看看。」

從國共和談到內戰爆發

雅爾達會議後，史達林一再要求美國逼蔣介石同意密約條款，蔣介石卻堅決不肯接受。但蘇聯在美國投擲原子彈後立刻出兵中國東北，蔣介石大驚，這才急忙派宋子文和蔣經國到莫斯科去見史達林，並迅速簽訂《中蘇友好同盟條約》。中國同意蘇聯取得在中國東北的特權，也承認外蒙古獨立。蘇聯也重申同意尊重中國的主權及領土完整，保證支持蔣介石統一中國，不提供武器給中共。史達林又保證日本投降後三個星期內開始從東北撤軍，並在三個月內完成。條約簽訂後，史達林對毛澤東施壓，要求他和蔣介石進一步舉行和談。毛澤東只得和周恩來一起飛往重慶。

然而，國共之間的互信早已蕩然無存，所以談判從一開始就注定失敗。雙方談了四十三天，在十月十日簽訂了《雙十協定》，其中說要避免內戰，實際上只是空話。協定簽訂後的第二天，一場大內戰正好打完，共軍劉伯承、鄧小平部隊在山西上黨擊敗國民黨的閻錫山部隊，擊斃三萬五千人。

國共爭執的焦點是對日受降的問題。「總命令第一號」雖然指示日軍向蔣介石的部隊投降，中共卻命令解放軍攻擊日軍，逼其投降，並收繳武器。蔣介石大驚，也發出命令，要求共軍「應就原地駐防待命」，不許擅動；同時又命令國軍「積極推進，勿稍鬆懈。」毛澤東大怒，拒絕接受命令。不過日軍在華派遣軍總司令官岡村寧次支持蔣介石，命令日軍抗拒共軍逼降。蔣介石這時發表演說，聲稱不會對日本人民以暴易暴，造成永世冤冤相報。這就是國民黨後來宣稱的「以德報怨」，其目的主要是取得日軍的合作。

然而，共軍這時在華北、華中已擁有近百萬的正規軍和兩倍多民兵，國軍精銳部隊卻大多在西南後方，對受降極為不利。依據魏德邁和蔣介石的協議，美軍在日本投降後數週內便已占領中國沿海的青島、上海、廣州等大城市，並以運輸機、輪船協助運送國軍。但共軍控制華北、華中幾條重要的鐵路、公路，全力阻擋，使得國軍無法迅速移動到內陸。國共衝突於是急速升高。

馬歇爾來華調解

國共內戰開打後，杜魯門決定再請德高望重的馬歇爾將軍（George C. Marshall）擔任特使，到中國調解。馬歇爾到達後不久，國共立刻恢復談判，並於一九四六年一月簽署「停戰協定」，發出停戰令。當時國軍遠遠

圖 11.1　馬歇爾（左）、蔣介石（中）與毛澤東（右）

強於共軍，所以停戰對共軍有利。馬歇爾又請國共與其他各黨派代表共同舉行「政治協商會議」，達成共識，同意政治民主化，軍隊國家化，召開國民大會，制訂憲法。然而，國共的軍事衝突在協商中並沒有停止過，在東北問題尤其嚴重。

東北的問題根源在蘇聯。當初史達林承諾在受降後三個月內從東北撤軍，後來卻一直駐軍不退。蘇聯遠東軍總司令馬林諾夫斯基（R. Y. Malinovsky）下令將價值超過美金二十億元的各種工廠設備當作戰利品，全部拆卸後運回蘇聯，又一併擄走許多日本工程師。蔣介石派代表前去要求國軍接防，但馬林諾夫斯基總是推託阻撓。毛澤東卻在這時下令華北的共軍急行軍趕到東北，由林彪組建一支「東北民主聯軍」。由於美國的壓力，蘇聯不得不承諾於一九四六年一月底完成撤軍，但依據毛澤東自己發表的文章，東北的共軍已經從十幾萬人增加到五十萬人。蘇聯把投降的七十萬日軍的現代化武器裝備暗中轉到共軍的手裡，共軍由此迅速壯大起來。蘇聯於是撤軍，但每撤離一地，共軍隨即進占，長春和瀋陽遂先後落入共軍手中。等到俄軍完全撤出東北時，已是四月底。

這時，國軍在西南的精銳之師終於由美國以軍艦運到秦皇島，然後經山海關進入東北。五月，國軍杜聿明率孫立人、陳明仁等將領指揮三十萬大軍在四平街和林彪指揮的共軍激戰。共軍大敗，國軍接著繼續追擊。不料馬歇爾卻在此時強迫蔣介石發布第二次停戰令，停止追擊。必須說明，馬歇爾與蔣介石對於內戰的觀念完全相反。馬歇爾認為國共和談是第一要務。蔣介石卻認為中共只有徹底消滅一途，但被迫停止追擊，共軍因而又獲得第二次喘息的機會。

國共消長，情勢逆轉

話說回來，蔣介石政權內部其實問題重重。在黨內可說是派系林立，其中CC系最跋扈，並強硬地反對國共談判，使得馬歇爾極為反感。在軍中，也有被稱為「天子門生」的黃埔嫡系，如陳誠；極為輕視地方軍閥出身的非嫡系將官，如李宗仁；又排斥少數外國軍校畢業的將官，如孫立人。孫立人曾在緬甸對日軍作戰大捷，一戰成名，又在四平街之戰建功，卻在不久後被調離東北，改為主管訓練。毛澤東為此欣喜慶賀。

陳誠在抗日戰爭結束後奉命主持裁軍，竟解散許多有功的游擊隊及所謂的「偽軍」。數十萬官兵頓時失業，於是憤而投奔共產黨。馬歇爾協調國、共裁軍時，陳誠又裁撤了許多非嫡系的「雜牌軍」。這些人大多也投奔了共產黨。國共軍力由此你消我長。

但一般認為，國民黨最大的失敗是失去民心。回溯抗戰勝利後，國民黨派到各地負責接收的官員大多任意以漢奸罪名逮捕人，藉機搜刮、勒索。說是接收，其實是「劫收」。國軍大多也是違法亂紀。相對地，共軍要求士兵嚴守軍紀，不可擾民，一再申明「三大紀律」和「八項注意」，獲得百姓擁護。

此外，中共也發動輿論批評美國，說蘇聯已經撤軍了，美國卻還有大批部隊留在中國，刻意挑動反美情緒。一九四六年底，北京發生一起大學女生沈崇疑似被兩名美國大兵強姦的案子。北京學生立即罷課，全國各地的學生同時響應，掀起前所未有的反美風潮。馬歇爾原本早已灰心，於是辭職離華。事實上，沈崇案的背後並不簡單，有許多疑點及爭議，但至今真相未明。

馬歇爾返美後被任命為國務卿，國共都大吃一驚。但國共內戰這時再也無人阻擋，於是全面升高。毛澤東這時將共軍改稱為「人民解放軍」，蔣介石也宣布全面動員勘亂。但總體而言，戰況逐漸對國軍不利。

一九四七年九月，蔣介石派陳誠到東北主持戰局，以接替患病的杜聿明。這時孫立人已被調離，陳誠將其舊部分拆，又以貪汙罪查辦陳明仁，導致部分軍人離心。陳誠又宣布裁撤東北的雜牌軍，數萬名經過關東軍嚴格訓練的「偽滿軍」於是也紛紛投共。一九四七年冬，國共又戰於瀋陽，國軍大敗。

一九四八年三月起，共軍包圍長春。由於毛澤東指示務必「要使長春成為死城」，林彪下令禁止任何物資進入城內，也不准任何人出城。因而，在半年後國軍開城投降時，城內百姓大多已經餓死。各方估計死亡人數有極大的爭議，從十萬到五十萬不等，但其中無疑有極大部分是老人、婦人及孩童。在後來的數十年中，仍有人在問：究竟有什麼理由內戰竟必須如此殃及無辜？

中共建國，國民黨退守台灣

國民黨政權的失敗，更在財經方面。內戰開始後，由於惡性通貨膨脹，法幣對美金的匯率在兩年內貶值達九百倍。公務員及升斗小民無不受害，豪富之家卻藉機操縱套利。其中尤以孔、宋兩家最為不擇手段，只有宋慶齡不齒自己家人的貪腐，選擇與共產黨站在一起。學生和百姓因而發起示威遊行，浪潮洶湧。有識之士都認為國民黨已經無藥可救，共產黨必然取得勝利。一九四八年八月，國民政府眼見法幣已經破產，又推出「金圓券」，結果在十個月內貶值將近十萬倍，造成更大的風暴。許多百姓乖乖地依規定將私蓄的金銀首飾都拿出來兌換金圓券，結果都在風暴中沒頂，對政府最後的一點點向心力於是完全喪失。

與金圓券風暴同時，共軍開始在戰場上取得決定性的勝利。一九四八年九月起至年底，毛澤東指示陸續發起「遼瀋戰役」「淮海戰役」及「平津戰役」，都獲得大勝，總共殲滅國軍超過一百二十萬人。在此三大戰役中，由農民組成的支前民工發揮了巨大無比的力量。以淮海戰役為例，解放軍雖然只有六十萬正規軍，據估計「支前民工」有五百四十萬人，是正規軍的九倍。民工協助架設電話，運送糧食、彈藥，搶救傷兵；也有挖戰壕，或挖深溝破壞道路，以阻滯國軍機動部隊前進；甚至有上第一線衝鋒。國軍無論如何奮勇，事實上無法抵擋中共的「人海戰術」。

農民為什麼要幫助解放軍？原因是共產黨人在各蘇維埃區、解放區進行土改，鼓動佃農、貧農清算地主、富農，將階級敵人打傷、打死、掃地出門，其身家性命就和共產黨綁在一起了。許多農民又相信，共產黨如果失敗，國民黨必將展開報復，因而只有拚死幫共產黨打倒國民黨。

國軍之敗，也敗在間諜戰。當時由於人心思變，有部分黨政要員早已被中共吸收。也有部分人的親戚、子女加入共產黨或其地下組織，或為共產黨蒐集情報。因而，共產黨對於國民政府的一舉一動無不清楚。國軍將領在前線戰場上所獲得的指示，共軍將領也往往同步獲知，國軍因而處處受制。

一九四九年四月起，共軍又渡過長江，席捲華南。蔣介石至此不得不辭去總統職位，由副總統李宗仁代理。國民黨人大部分認為大勢已去，決定投共。不過蔣介石已經暗中布置台灣以為退路，安排陳誠為台灣省主席。蔣介石又命令蔣經國前往上海，將庫藏的黃金、白銀和外幣祕密運到台灣，據估計總共價值約為當時的美金五億元，對國民黨台灣政權產生重要的穩定作用。

一九四九年十月一日，毛澤東、劉少奇、周恩來以及其他中共的領導人站在北京紫禁城的城樓上，宣布成立「中華人民共和國」。到了十二月，蔣介石也宣布將「中華民國」政府遷到台北，繼續統治台灣、澎湖，以及金門、馬祖等外島。海峽兩岸從此處於分裂分治的狀態。

毛澤東第一次與史達林會面

中國共產黨竟然擊垮了國民黨，把蔣介石趕到台灣，許多人都覺得難以置信，連史達林都覺得意外。毛澤東的頭上開始頂著無產階級革命成功的光環，一時成為世人矚目的焦點。然而，史達林對毛澤東並不放心。前述的「狄托事件」使得史達林耿耿於懷，而他懷疑毛也和狄托一樣，並不是真正的馬列主義者，而是一個民族主義者。毛也很清楚史達林並不信任他。

一九四九年十二月，史達林歡度七十大壽，全世界各國共黨的領袖都獲邀參加慶祝大會。毛也懷著忐忑不安的心情乘坐長途火車到莫斯科，第一次見到史達林。不料史達林對他非常冷淡，除了第一天和他見面說一些話，又在自己的壽誕宴會時請毛澤東坐在身旁，並沒有什麼特別表示。毛被安置在郊外的一棟別墅裡，無人理睬。毛每日無事可做，至為惱怒，對蘇聯官員發飆，說他被叫來莫斯科，難道只是為了天天「吃飯、睡覺、拉屎」嗎？在此期間，蘇聯的報紙對毛來訪也沒有什麼報導，西方媒體卻發布新聞說毛被軟禁了。

史達林大驚，立刻指示《真理報》專訪毛，又請莫洛托夫對毛說，先前蘇聯與蔣介石政權簽定的《中蘇友好同盟條約》對新中國不利，不如取消，另訂一個新約。史達林又同意對新中國提供三億美元的低利貸款，承諾派專家技術組到中國支援進行項目建設。毛大喜，於是電召周恩來率團到莫斯科，和蘇聯正式談判、簽約。但一般認為，即使到此時史達林對毛還是有疑慮，因而接下來的韓戰就是他對毛的考驗。

韓戰的起因

若要完整地敘述韓戰，必須從第二次大戰前韓國志士為追求獨立的抗日運動開始談起。

■二戰前的韓國抗日運動

日本在朝鮮半島殖民時，有許多韓國志士逃亡，在海外進行各種獨立運動。各路人馬後來在上海共同成立一個臨時政府，以金九為首。金九具有強烈的民族意識，領導愛國志士採取恐怖暴力的手段進行抗日活動，曾在東京對天皇的車隊投擲炸彈，但未傷及天皇。不過朝鮮志士又在上海一次突襲行動中成功地炸死日本的支那派遣軍司令官，並重傷日本公使。金九因而是日本政府頭痛的恐怖分子，卻是韓國人心目中的英雄。蔣介石也曾協助金九組建一支韓裔的「光復軍」，到二戰末期號稱已有數萬人，預備伺機回到韓國對日作戰。不過韓國抗日運動中也因意見紛歧而發生嚴重的派系對立問題。臨時政府中有一位留美博士李承晚因為和本土派人士不合，後來只得赴美擔任駐美代表。

一九二五年，朝鮮共產黨在漢城祕密成立，其中有一部分人後來前往蘇聯，另外也有人到中國東北從事抗日運動。但共產國際一向有「一國一黨」的規定，因而命令其中在蘇聯者歸共產國際高麗支部管轄，在中國東北者都加入中國共產黨。日後北韓的領導人金日成便是於一九三一年在滿州加入中國共產黨。金日成（一九一二～一九九四）本名金成柱，出生於現今平壤市萬景台的一戶農家，幼年時跟著父親到滿州，入黨後曾參加東北抗日聯軍。一九三七年，金日成率領部屬越過邊境回到北朝鮮，發起「普天堡戰役」，從此廣為人知。

■二戰後美國及蘇聯分占朝鮮半島南北

日本投降後，蘇聯及美國依據「總命令第一號」的規定分別占據朝鮮半島北部及南部，以北緯三十八度線為界。蘇聯軍隊進駐平壤後，海內、外的共產黨人紛紛歸國，共同組成「北朝鮮共產黨」，但其中有蘇聯派、延安派、滿州派、國內派等，十分複雜。金日成這時只有三十三歲，但不久後就位居高層。當時在北方另有一個「朝鮮民主黨」，規模遠超過共產黨，其黨魁曹晚植長期從事非暴力的民族獨立運動，屢次進出監獄，被稱為「朝鮮的甘地」，備受人民尊敬。蘇聯命令北朝鮮共產黨接近曹晚植，一面合作，一面滲入其組織。

南方這時也是黨派林立，其中包括金九的重慶臨時政府派及朴憲永組織的「南朝鮮共產黨」，以及其他的中間派。但美國軍政府不承認重慶臨時政府，又拒絕讓金九帶光復軍回國，只准流亡人士以個人的名義申請回國。光復軍於是解體。美國這時明顯地屬意在美國流亡的李承晚，緊急用專機送他回國。

一九四五年十二月，美、英、俄三國共同發表聲明，決定將韓國交付國際託管五年。金九立即發起罷市、罷工、罷課，聲稱凡是同意託管者都是民族的叛徒。美軍司令霍奇（John R Hodge）大怒。李承晚受命壓制反託管運動。不久後，一位支持金九的右派領袖竟遭暗殺而死。朴憲永原先也支持反託管，但在接到蘇聯的指示後突然公開表示贊成託管。在北方，曹晚植也強烈反對託管，結果竟被蘇聯軍部拘捕下獄，後來死於獄中。美、俄雖有共識託管，但對如何託管卻有不同意見。雙方談判破裂，於是各行其是。

南、北韓分裂

一九四六年二月，蘇聯在北方成立一個「北朝鮮臨時人民委員會」，以金日成為委員長，開始推動激烈的土改運動。史達林後來又指示金日成及朴憲永分別成立「北朝鮮勞動黨」（以下稱北勞黨）及「南朝鮮勞動黨」（以下稱南勞黨），由北勞黨支援南勞黨在南方擴大發起工農運動。據統計，南方在一九四六年發生至少一百七十起罷工及農民抗爭事件，美國軍政府及其扶植的李承晚政權派軍隊鎮壓，共逮捕十二萬人，造成四千多人喪生。南方同時出現許多暴力的右翼組織，如「西北青年團」「大同青年團」等，以恐怖手段暗殺左翼政治人物，襲擊參加罷工的工人和農民。

美國軍政府在南方成立「南朝鮮民主議院」，由李承晚擔任議長，金九為副議長。金九主張南、北合作，經由過渡政府而建立一個統一的國家。李承晚卻認為這不過是為共產黨鋪路，主張成立南方單獨的政府。

由於蘇聯和美國始終無法達成共識，聯合國決定在南方單獨進行選舉。金九卻堅決反對，甚至率團到平壤，與金日成共同發表反對聲明。但美國軍政府仍依計畫在一九四八年五月舉行大選，並依憲法選出李承晚為大統領。同年九月，北韓也選出金日成為國家主席。南、北韓於是正式分裂。

■「濟州島四三事件」及金九被刺

戰後南韓的人民普遍失業，又由於天候異常導致飢荒；再加上李承晚政權貪汙腐敗，通貨迅速膨脹，使得人民普遍不滿。南勞黨趁機擴大工農運動，被政府強力鎮壓，因而導致許多悲劇發生，其中最具代表性的是一九四八年四月爆發的「濟州島四三事件」。濟州島上居民多為貧農和佃農，因響應南勞黨的號召而群起暴動，遭到政府軍及右翼團體屠殺，結果有六萬人遇害，占濟州島當時人口的五分之一，島上的農舍幾乎全部被焚燬。政府派去鎮壓的軍隊中竟有兩支拒絕前往，導致另兩個叛亂事件發生。

次年六月，金九突然在自宅中遭到刺客槍殺。一般認為，金九案是一件赤裸裸的政治謀殺案，而李承晚脫不了關係，許多南韓人民因而對李承晚政權更加痛恨。從金日成看來，南韓李承晚政權明顯地不得人心，正是北韓出兵南下統一朝鮮半島的大好機會。一九四九年十月，毛澤東在北京天安門上宣布成立「中華人民共和國」，金日成更是大受刺激，不斷地公開表示希望揮兵南下。

韓戰爆發

然而，史達林和毛澤東對於金日成的野心都不表贊同。史達林擔心北韓南侵將會拖蘇聯下水。毛的戰略思想是以跨海攻取台灣，消滅殘餘的蔣介石勢力為第一優先，認為北韓南侵可能導致美國干涉攻台的計畫。金日成因而無可奈何，只能在焦急中等待，不過在不久後看見一個機會。

一九五〇年一月，美國國務卿艾奇遜（Dean G. Acheson）突然在一場演講中宣稱「美國關心的是從菲律賓到沖繩、日本、阿留申群島的戰略防線，對其他地區沒有防禦的責任。」從地圖上看，台灣和朝鮮半島都在這條防線之外，也就是都不在美國的防禦範圍之內。艾奇遜的聲明完全出乎史達林的意外，金日成也受到鼓舞。幾天後，金日成在一次外交餐會中當眾激動地向蘇聯駐平壤使節要求前往莫斯科，以便當面向史達林請求協助。不久後，金日成和朴憲永就受邀前往莫斯科，向史達林說李承晚政權已經遭到全民唾棄，在南韓潛伏的游擊隊二十萬人正等待起義；又說美國並沒有不計代價捍衛南韓的決心。

史達林表示同意，但要求兩人到北京去，看毛怎麼說。金日成見到毛後，自信滿滿地說只要中國同意他出兵，北韓不需要什麼幫助。美國必定不會參戰，所以戰爭很快就可結束。毛並不同意他的說法，不過當初中共軍隊在東北與國軍進行殊死戰時，北韓也曾不遺餘力地支援中共；而史達林既然表態了，也已無從反對。金日成於是在六月二十五日下令出動十個步兵師和坦克、砲兵部隊大舉南侵，跨過北緯三十八度線。韓戰爆發。北韓軍三天內便攻占漢城。南韓軍隊一路敗退，到七月底已經退到半島東南的洛東江一帶，即將被趕下海。

美國出兵朝鮮半島

北韓南侵後第三天，美國就宣布出兵朝鮮半島。陸軍中將沃克（Walton H. Walker）率領第八集團軍從朝鮮半島南端登陸。聯合國安理會也通過決議，要求各國派出部隊，由杜魯門提名的麥克阿瑟擔任聯軍統帥，統一指揮。杜魯門同時命令美國第七艦隊駛入台灣海峽，以防備中共渡海攻擊台灣。

美國的迅速行動，又一次出乎史達林和金日成的意外。事實上，艾奇遜發表聲明時，杜魯門確實是支持他的看法。一般認為，美國當時還認為中共有可能會和南斯拉夫一樣與美國維持關係，而不是完全倒向蘇聯。但毛澤東卻在不到一個月後就在莫斯科與史達林簽定和平友好條約，杜魯門於是明白原先的期望完全不切實際。美國軍方原本就不贊同艾奇遜的意見，這時開始占上風。艾奇遜也曾在一九四九年八月發表《中美關係白皮書》，辯稱國共內戰的失敗完全是國民黨和蔣介石的責任，與美國無關。當時美國國內的麥卡錫主義正要興起，參議員麥卡錫（Joseph Raymond McCarthy）指稱國務院裡隱藏大量的共產黨員，影響其對華政策，這才是美國「失去中國」的主因。

同時，剛就任為國務院特別顧問的杜勒斯（John Foster Dulles）也主張改變美國的政策。杜勒斯出身共和黨的政治世家，祖父和舅舅都曾任美國國務卿。他強烈批判美國的圍堵政策只是防禦性質，主張改採具有攻擊性的「回擊」（rollback）以對付共產黨，其主張迅速成為共和黨一致的政策。杜魯門雖是民主黨籍的總統，決定也聘杜勒斯為特別顧問，請其獻策。

總之，美國的東亞政策在韓戰爆發前就已完全改變了，因而韓戰爆發後杜魯門不假思索就決定出兵介入。九月中，麥克阿瑟下令聯軍四萬多人在仁川登陸，攻克漢城。北韓軍南侵的部隊被切斷後路，於是崩潰，數萬人被俘。麥克阿瑟接著下令聯軍北上，不理周恩來發出的一再警告，越過三十八度線打到北韓境內。金日成驚慌失措，緊急向史達林和毛澤東求救。但史達林回覆說北韓只能向中國求助。金日成只得火速派特使到北京。

中國志願軍抗美援朝，麥克阿瑟遭撤換

毛澤東擔心的事終於發生了。他不確定要如何因應，但在召集兩次政治局會議時提議派軍隊到北韓，竟都遭到反對，只好委婉地對史達林說不能出兵。史達林大表不滿。毛又召開第三次會議，並派專機把彭德懷從西

安接到北京。彭德懷是所有將領都尊敬的元帥，直接發言表示支持出兵，與會眾人只得同意。毛於是發布彭德懷為「抗美援朝志願軍」總司令。

關於毛澤東為什麼選擇出兵朝鮮，說法很多。一種說法是「唇亡齒寒論」，毛怕北韓滅亡後，美軍接著渡過鴨綠江。另有一種說法是新中國成立後百廢待舉，政權也尚未完全穩固；中國如不出兵，不但所有蘇聯承諾援助中國進行的項目都可能喊停，還有其他種種無法預料的事可能發生。毛在日後也曾經說，史達林並不相信他，一直到中國出兵抗美援朝之後才相信。再有一種說法是，毛野心勃勃，企圖獲取史達林同意擔任在亞洲輸出革命的領導人，因而不論損失多大也要出兵北韓。真正的原因可能是許多原因加在一起。

中國決定出兵後，史達林同意提供中國大砲、坦克和全新的武器裝備，也提供鴨綠江以北地區的空中掩護。至於鴨綠江以南所需的空防，必須等兩、三個月準備才能提供。這使得毛極為不滿。彭德懷也知道志願軍缺少空中掩護後將暴露在美軍的空中攻擊之下，無法還手，但也只能冒險踏上征途，率領中國志願軍三十萬人悄悄地跨過鴨綠江，並與朝鮮聯軍共同布置陷阱。麥克阿瑟對此一無所知，卻自信滿滿地對杜魯門說不用擔心中國人會出兵，又說戰爭很快就會結束。不料由於麥克阿瑟誤判情勢，聯軍攻到鴨綠江邊正好落入共軍設下的陷阱，大敗，潰不成軍。中國志願軍與朝鮮聯軍追擊，收復平壤。

杜魯門大怒，於一九五一年四月下令將麥克阿瑟撤職，以李奇威（Matthew B. Ridgway）代替。事實上，杜魯門對麥克阿瑟不滿的原因極多，也非一朝一夕，不過其中最重要的是杜魯門怕韓戰演變為美、蘇之間的直接衝突，引發更大的戰爭，所以只想打一場「有限度的戰爭」。麥克阿瑟偏偏主張在中國大城市投擲原子彈，建議邀請蔣介石派兵到朝鮮半島參戰等等，可說是肆無忌憚。

韓戰結束及其後續影響

彭德懷獲勝後，原本希望暫時停留於三十八度線以北，卻因史達林和金日成透過毛不斷催逼，只得率大軍渡過漢江。不料李奇威下令炸毀漢江大橋，截斷其後路。中朝聯軍在敵人的飛機、大砲猛烈攻擊下，傷亡慘重。彭德懷至此忍無可忍，緊急搭專機回到北京，在清晨直接闖入毛澤東的臥室，請求毛允許軍隊撤回三十八度線之北。毛不得不同意。

韓戰由此轉折，從攻城掠地的運動戰轉為持久的陣地戰。不久後，雙方代表開始在板門店舉行和談，但仍邊談邊打。一九五三年三月，史達林病逝，意味戰爭即將結束。到了七月，北韓、中國及聯合國代表簽署了停戰協定，同意南、北韓以北緯三十八度線為界，分別統治，等於回到了戰爭前的原點。

韓戰是二次大戰以來規模最大的一場戰爭。據估計，南北韓各有一百萬人戰死或失蹤，平民死傷更多。戰後到處滿目瘡痍，經濟的損失無法估計。美軍也有十五萬人死亡或失蹤，但花掉的戰費達到兩百五十億美元，幾乎是馬歇爾計畫的兩倍。中國志願軍約有四十萬人死亡或失蹤。中國原本希望無償取得蘇聯的坦克、飛機、武器及裝備，但史達林只同意借貸，據估計金額達到三十二億盧布，還要加計利息，必須在日後分年償還。這對中國無疑是極大的負擔。不過從中國出兵之日起，史達林便下令加速協助中國推動電力、鋼鐵、煤炭、機械、化肥等項目建設，共五十項，後來都併入「第一期五年計劃」（一九五三～一九五七）中。蘇聯又提供每年約十億盧布的貸款，加速中國的經濟發展。但中國與西方各國貿易的大門在韓戰後也已經關閉，此後只能和共產集團往來。

美國在韓戰之後越來越趨反共。艾森豪於一九五三年一月就任總統，直接聘請杜勒斯為國務卿，以落實「回擊」的策略。杜勒斯的弟弟艾倫（Allen W. Dulles）有豐富的諜報工作經驗，艾森豪將他升任為中央情報

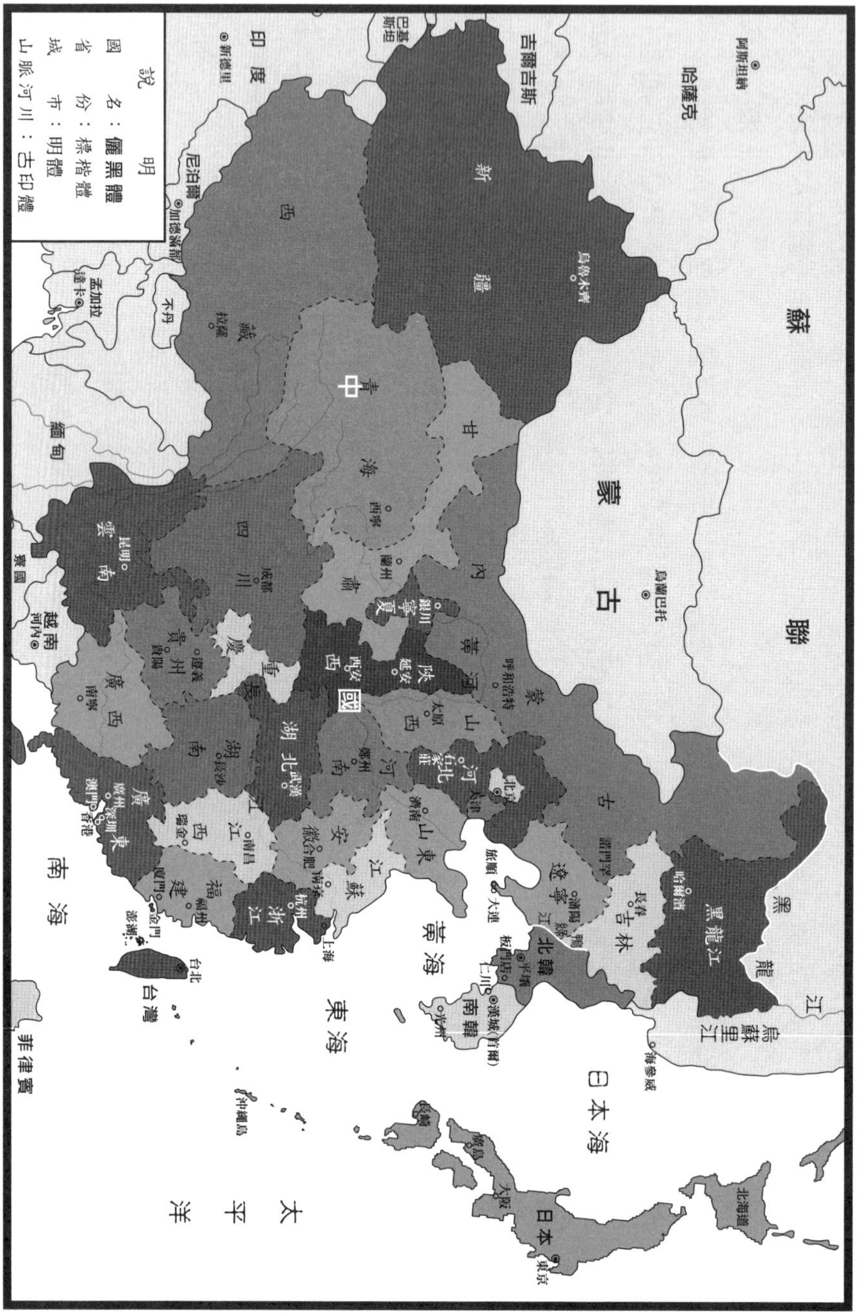

地圖3：中、日、韓、台灣地圖（1950年後）

局（CIA）局長。兩兄弟從此聯手對付「美國的敵人」，主要是對外進行祕密顛覆工作。舉一個例。伊朗民選的左派政府宣布要將英國擁有大半股份的石油公司收歸國有，邱吉爾剛好回鍋擔任英國首相，於是請杜勒斯兄弟協助。一九五三年八月，CIA策動伊朗軍方發動政變，推翻政府。原本虛位多年的國王巴勒維（Mohammad Reza Pahlavi）由於和英、美合作，取得政權，從此執政，一直到一九七九年才被趕下台。

共產黨統治下的新中國——新民主主義、土改運動及三反、五反

回溯中共建國後，和東歐國家一樣，剛開始並沒有立刻實施共產黨一黨專政，而是成立一個聯合政府，同時延續一九四六年馬歇爾來華調解時成立的政治協商會議（「政協」），納入各民主黨派、產業界、文化界人士。中共又通過一個《共同綱領》，實質上就是臨時憲法，其重點是採行「新民主主義」。毛澤東早在一九四〇年就提出過這個名詞，基本上是代表從資本主義到社會主義的一個中間過渡階段。共產黨在此階段將領導工農階級，聯合小資產階級及民族資產階級，實行「人民民主專政」，在財經方面的原則是不排斥私營企業及資本主義。「新民主主義」與當年列寧在內戰結束後所提出的「新經濟政策」有些類似。列寧為權宜之計，允許「在相當的自由貿易基礎上，復興小資產階級和資本主義」。列寧死後不過幾年，史達林就向左轉，開始拿富農、中農開刀。毛澤東卻在建國不到一年後就開始轉向。

一九五〇年六月起，中共重新發動如狂風暴雨一般的土改運動，並且採取「村村見血」的暴力手段。大批的土改工作隊被派到全國各地的農村，組織貧、下、中農及流氓、地痞、乞丐，對「土豪劣紳」進行公審。其手法在前面幾章已經多次敘述，此處不再重複。土改運動在推動二年半後大致完成。據統計，全國有三億貧農、雇農無償獲得約七億畝的土地，每人平均獲得兩畝多。至於究竟有多少地主被清算，全國並沒有可靠的統

圖 11.2　中共的土改運動

計數字。不過根據部分學者的研究，粗略的估算是約有一百萬人被鬥爭，其中超過二十萬人在鬥爭大會中當場被打死，或自殺，或被判死刑。

一九五一年底起，中共又推出三反、五反運動。所謂「三反」，是指反貪汙、反浪費、反官僚主義。這是針對黨政機關和國營企業的幹部，也就是要清洗內部的敵人。毛說：「全國可能要槍斃一萬到幾萬貪汙犯才能解決問題。」最高領導人既然在數字上有明確的指示，各級政府只有努力達成，最好是超標，於是採取「逼、供、信」。數十萬人遭到調查，被判刑、處死或自殺。所謂「五反」，是指反行賄、反偷漏稅、反竊盜國家財產、反偷工減料和反盜竊國家經濟情報。這是針對不法的資產階級，也就是外部的敵人。毛長久以來對資產階級的仇視，這時明顯表露。他說：「資產階級……盛氣凌人，向我們猖狂進攻起來。現在已經到時候了，要抓住資產階級的小辮子，把它的氣焰整下去，如果不把它整得灰溜溜、臭哄哄的，社會上的人都要倒向資產階級方面去。」五反運動同樣是採取「逼、供、信」，也同樣有數十萬人遭到調查，被判刑、處死或自殺。

高饒事件

當毛澤東開始推動極左政策時，劉少奇和周恩來的思想仍停留在鞏固新民主主義的階段。舉一個例，劉少奇認為國內還有嚴重的失業問題，所以公然說不但要繼續允許資本家「剝削」失業的工人，也要鼓勵農民雇工，不怕有人因此而發展成為富農。東北局書記高崗為此與劉少奇衝突，向毛告狀。毛大怒，決定要削奪劉、周兩人的權力，在一九五二年八月將一些地方大員調入北京。鄧小平、習仲勳、鄧子恢、高崗和饒漱石於是都成為中央大員。其中高崗分管原先周恩來掌管的政務院中將近一半的部會，尤其炙手可熱。

一九五三年六月，毛直接說從此不准再提新民主主義，聲稱「要在十到十五年使資本主義絕種」。劉少奇被逼認錯。高崗誤以為有機會取而代之，不但和饒漱石在會議中猛批劉少奇，又在會後到處串連，企圖扳倒劉少奇。毛接獲報告，大怒，決定反過來整肅高崗。

毛澤東其實想要整肅高崗已經蓄積很久。高崗在國共內戰時曾是林彪的副手，後來奉令留守東北，一人身兼各種要職，有人說他已經建立了一個自己的獨立王國，又和史達林走得太近。一九四九年九月，香港有一些資本家組團到東北訪問，之後又到北京。毛接見後問他們旅行的觀感。他們說，東北秩序井然，但完全沒有中國的味道，反而像是蘇聯的土地。街道上連一張毛主席的肖像也沒有，只看到史達林的肖像。到了十二月，毛乘專列火車前往莫斯科，沿途經過瀋陽。毛下車一看，果真所有高大的房屋上懸掛的都只有史達林的巨幅肖像。毛大怒，讓人帶話給高崗，說東北現在還是屬於中國的。

高崗時常越過毛而和史達林直接聯絡，也寫報告給史達林，其中包括對一些中共高幹的批評。毛到達莫斯科之後，史達林竟親手將高崗寫的報告全部交給他。沒有人知道史達林為什麼要這樣做，但高崗的命運因此早已決定，只是史達林在世時，毛還不敢動手。一九五四年二月，中共在北京開會，毛請劉少奇、周恩來主持，高崗、饒漱石在會中遭到嚴厲批判。高崗回家後舉槍自殺未遂，但幾個月後仍是服下大量安眠藥而死。

「高饒事件」是中共繼三反、五反之後又一次重大的整肅事件。此後每隔幾年毛總是發動一次新的整肅，或是大規模的政治運動，越演越烈。

第十二章
日本、台灣及東南亞各國共產黨的早期發展

第二次大戰後不過幾年間，中國及朝鮮半島的政治地貌已經完全改變。日本、台灣及東南亞各國的變化雖然沒有那麼大，卻也受到二次大戰極為劇烈的影響，而共產黨或多或少都參與在其變化中。事實上，共產黨在這些國家裡的歷史都必須往前再推十幾或二十幾年。本章的目的就是介紹共產黨在這些國家裡從二次大戰前到戰後的發展。以下先從日本說起。

二次大戰前後的日本及日本共產黨

日本很早就有社會主義政黨，主要由片山潛、幸德秋水、堺利彥等人領導。後二者合作將《共產黨宣言》翻譯成日文出版。幸德秋水的思想傾向無政府主義，主張廢除天皇，結果被誣指企圖刺殺天皇，因而遭到逮捕，與同志十二人一起被處決，史稱「幸德大逆事件」。日本社會主義者從此銷聲匿跡。一九二二年，日本共產黨成立，但被宣布為非法，黨員大多被捕，只得解散。一九二六年，日共再度成立，不料兩年後上台的新首相田中義一下令逮捕一千多名共產黨員。當時的日共重要領導人德田球一也被捕，從此在牢中度過十八年。

日本戰敗投降後，麥克阿瑟獲任為盟軍總司令部（General Headquarters, GHQ）最高司令官，接管日本。他到任後不久就下令逮捕主要戰犯，並籌設遠東軍事法庭負責審判。天皇原本也被列為戰犯之一，但麥克阿瑟從親身接觸中很快就得到一個結論：如果天皇作為戰犯受審而被絞死，那麼日本很可能爆發沒完沒了的戰爭，屆時盟軍部隊在日本即使有一百萬人也沒有用。因而，軍事裁判法庭尚未開庭，麥克阿瑟已經寫報告給杜魯門，表示不贊成審判天皇。

不過麥克阿瑟更重要的任務是改造日本。GHQ因而頒布「五大改革」，其中包括給予婦女參政權，制訂勞動組合法，給予勞工組織工會及罷工的權力，以及開放言論、集會、結社的自由。GHQ又推動國會選舉，修訂新憲法，公職追放，解散財閥等等。所謂的「公職追放」，就是要將那些被認定曾經協助軍部發動戰爭的人一概排除在新政府之外。原本日本大選後應由勝選的鳩山一郎組閣，不料麥克阿瑟以一紙命令直接將鳩山追放，改由吉田茂接任首相。至於「財閥」，主要指三井、三菱、住友、安田等由家族掌控的日本大企業。這些財閥在戰爭期間大多從事於製造槍枝、大砲、坦克、飛機及軍艦，被認為是軍國主義的幫凶。GHQ要求其自行解體，否則將被強制執行。

原本被禁止的日本共產黨這時又成為合法的政黨，前述的德田球一於是獲釋出獄。當時日本也和朝鮮半島一樣天候乾冷，糧食收成不足而鬧飢荒。德田對群眾發表演講，說「糧食比憲法重要！」一下子獲得許多飢餓的老百姓的支持。另有一名居留在延安多年的日共領導人野坂參三也與毛澤東握別，返回日本，受到三萬人盛大歡迎。日本共產黨的聲勢於是扶搖直上。

由於謠傳飢荒可能造成一千萬人餓死，黑市米價飆漲，共產黨藉機鼓動二十幾萬人於一九四六年五一勞動節在東京都示威，高唱「紅旗歌」，宣稱要解放日本。吉田茂請麥克阿瑟向杜魯門總統求救，杜魯門於是下令運送一百萬噸糧食到日本，緩解了危機。日共卻又計畫在第二年春天發動總罷工，號召全日本所有工會的勞工加入，總人數預計將達到六百萬。但麥克阿瑟斷然下令禁止罷工，一股赤焰狂潮因而暫時受挫。

不過GHQ的官員認為，日本農村以貧農、佃農居多，被大地主剝削，如不進行改革，共產黨必將坐大。麥克阿瑟因而要求日本政府進行土地改革，強制收購地主的土地，再便宜賣給農民。日本推動農地改革五年後，全國的佃地只剩下十分之一。農業生產在十年內增加一倍。農地改革的成功也為日本後來社會穩定、經濟起飛打下堅實的基礎。

美國對占領日本政策的改變

正當麥克阿瑟在雷厲風行地進行改造日本時，美國國務院突然派一位特使於一九四八年三月到東京，要求他立即改變對日本的占領政策。這位特使名叫喬治．肯南，正是前述撰寫「長電報」，影響美國對蘇聯政策的關鍵人物。肯南說，冷戰已經開始，美國決定對共產集團採取圍堵政策，因而必須讓日本加入資本主義陣營。肯南又傳達了白宮對麥克阿的指令。其要點為：各項改革與追放免職應適可而止；及早結束戰犯審判；儘速復興日本經濟；盡快還政於日本政府；鼓勵日本重整軍備。總之，「復興重於改革」。麥克阿瑟不論在過去進行了什麼改革，這時只能遵照新命令執行。財閥於是復起，許多戰前的日本政治人物也紛紛再起。

美國又派了一位銀行家道奇（Joseph M. Dodge）到日本協助進行財經改革，推動所謂的「道奇路線」。由於當時通貨膨脹已經失控，道奇要求日本政府編列嚴格的無赤字預算，又裁撤大批的公務員。民間企業也紛紛倒閉，或大幅裁員，因而引發嚴重的勞資糾紛。當時日本國鐵有十二萬名員工被一次裁掉，陷入恐慌，於是配合日共進行激烈的罷工抗爭，結果導致國鐵突然連續發生三次驚人的意外事件。日本警方在調查後認定都是共產黨在背後指使的，並逮捕了二十幾個嫌犯。日本百姓對共產黨的印象因而迅速惡化。在此情形下，日共卻仍於一九五〇年五月聚集十萬人舉行抗爭大會。麥克阿瑟大怒，發出指令驅逐所有公、私營企業裡的共產黨員。德田和野坂都被通緝，只得逃亡到中國。到了六月底，韓戰爆發，共產黨在日本就完全消失了。

台灣共產黨、謝雪紅、二二八事件及白色恐怖

台灣在戰前是日本的殖民地，共產黨也和日本國內一樣沒有活動的空間。不過台灣共產黨還是在一九二八年四月成立於上海租界，其成員中最知名的是曾到蘇俄留學的一位新女性，名叫謝氏阿女，後來改名謝雪紅。不料上海租界的日本警察在台共成立後就大舉搜捕其成員。謝雪紅被捕後遭到強制遣返台灣，但在不久後又開始招募農民加入台共。日本總督府大驚，下令強力取締。

謝雪紅轉而滲透台灣文化協會。該協會原本是由台灣仕紳林獻堂和蔣渭水創辦的政治及文化團體，卻漸漸被謝雪紅領導的左派分子占據。林、蔣兩人憤而退出自己創辦的協會。蔣渭水另創台灣民眾黨，卻又被謝雪紅滲透。一九三一年，中共突然指示發起圍剿謝雪紅，開除她的黨籍。日本特務警察卻在同時大舉搜捕謝雪紅及所有鬥爭她的對手，共七十九人，台共組織瞬間瓦解。謝雪紅在飽受長期苦刑後，於一九四〇年出獄，卻仍暗中活動。

日本戰敗後，蔣介石派陳儀接收台灣。陳儀大量任用「外省人」（即大陸各省來台者）及「半山」（即台灣人曾到大陸為國民黨工作者），極端歧視台灣人，又放縱部屬貪汙腐化，結黨營私。台灣人民怨日深。謝雪紅開始成立各種群眾組織，但拒絕接受中共派來的台共分子的指導。其根本原因是謝雪紅主張台灣自治，與主張台灣回歸中國的台共分子水火不容。

一九四七年二月，台灣突然爆發「二二八事件」，僅僅為了警察查緝一名販賣私菸的老婦人的事件便點燃

了台灣全島人民蓄積已久的怒火，一發不可收拾。陳儀表面上同意接受台灣紳商名流協助維持社會秩序，卻在暗中報告蔣介石，指稱事件是因為潛伏的共黨分子勾結本地流氓而引起的。當時蔣介石正忙於國共內戰，收到報告後立刻派軍隊到台灣進行血腥鎮壓，然後進行「清鄉」。其清洗對象不只是暴亂分子，也包括社會名流及知識分子，其中多為無辜，或被惡誣告陷害者。據估計死難人數約在一萬至三萬之間。

當時也有極少數的台灣人武裝反抗，其中最大的一支武力就是謝雪紅所領導的「二七部隊」，不過也只有數千人，實力薄弱，只支撐十天就潰敗了。謝雪紅逃到香港，但最後只得進入中國大陸，投靠中共。

二二八事件造成「本省人」和「外省人」之間嚴重分裂，其後遺症在後來數十年仍然無法消除。二二八事件也是台灣白色恐怖的濫觴。蔣介石自認在大陸失敗的重大原因之一是共諜無所不在，因而命令臺灣省主席兼警備總司令陳誠嚴防共諜和反蔣人士入境台灣，同時開始「掃紅」。其對象因而是不論本省人或外省人。據估計，光是在一九四九年一年之間就逮捕一萬多人，槍決了一千多人。其中有一件「澎湖七一三事件」被稱為「外省人的二二八事件」，約有三百人受害，而大多是外省籍的老師及學生，因而鎮懾了所有來到台灣的外省人。

不過陳誠也奉命主持土地改革，借鏡GHQ在日本的改革經驗，實施「三七五減租」「公地放領」及「耕者有其田」辦法。十年後，台灣的自耕農人數已經達到農民總數的八成，每畝稻米產量增加了五成。有人評論，國民黨如果在大陸早早進行和平的土地改革，或許不至於被共產黨趕到台灣來。

蘇共中央委員會國際部及共產情報局的對外顛覆活動

以下接著要談的是東南亞共產黨的發展，不過為了使得讀者更明瞭這些共產黨的活動與蘇聯共產黨之間的關係，請容我先說明蘇聯在解散共產國際後是以什麼方式繼續輸出革命。

蘇聯在一九四三年宣布解散共產國際是為了要取悅於美國和英國的權宜之計，但直接地說並沒有完全解散，因為不久後蘇共就在中央委員會裡成立一個「國際部」，其任務就是接收共產國際所有的資料及部分人員，只是工作更隱密，規模相對縮小，其負責人就是原先共產國際的負責人季米特洛夫。二次大戰結束後，史達林任命蘇共理論大師蘇斯洛夫（Mikhail Suslov）接掌國際部，實際上由其副手波諾馬瑞夫（Boris Ponomarev）負責執行。

一九四七年十月，蘇聯又與東歐各國共同成立共產情報局（Cominform）。史達林的左右手日丹諾夫（Andrei Zhdanov）主持成立大會，在會中說蘇聯與東歐各國不但要團結一致，也要「協助世界上所有被殖民壓迫的人民驅逐殖民者」。自此以後，西歐各國的海外殖民地就開始發生一連串的叛亂，其中最顯著的正是在東南亞。共產情報局的總部原本是設在貝爾格勒，後來因狄托與史達林決裂而遷到莫斯科。但蘇共國際部並未因共產情報局的成立而取消。一九五五年起，波諾馬瑞夫正式升為國際部負責人，任期超過三十年，一直到一九八六年為止，實際上是蘇共對外進行滲透顛覆工作的最主要的人物之一。

西方國家對蘇共國際部的工作原先並不清楚，後來因為有蘇聯及東歐國家的特工投奔西方，才漸漸明白。國際部的主要工作是負責將莫斯科所有的指示、命令，包括文宣、情報及金錢，都傳遞給世界各國的共產黨。蘇聯克勃格（ＫＧＢ）、軍事情報局、共產情報局，以及其他涉及顛覆滲透工作的單位雖然各自活動，基本上必須接受國際部發出的指導方針。

根據倫敦一位「衝突研究中心」的創辦人柯洛齊（Brian Crozier）的說法，西方國家有很多小報都接受蘇聯的祕密津貼，知名的大報記者、撰稿人也有部分充當蘇聯的代理人。他們偽造或散布假新聞、假消息，影響社會輿論。蘇聯特務也蒐集西方國家的政府官員、知識分子及有影響力的人士的生活細節，從中尋找可以用來敲詐、威脅特定對象的資料，使其不得不同意擔任間諜。當然，也有故意設局引誘，對象如果不慎入彀，就可能被箝制，從此為其所用。

蘇共也成立了很多外圍組織，大多以「世界」或「國際」為名，如世界工會聯盟、世界和平大會、國際新聞工作者聯盟、國際學生同盟等。其中世界工會聯盟滲透到所有國家的總工會，影響極大。蘇共又固定提供鉅款給外國的共產黨、左翼政黨及進步人士，其經費由蘇聯及東歐各國分擔。中共建國之後也提供資金、武器、訓練及其他支援，主要用於協助東南亞各國的共產黨進行革命。中國國力漸強後，出錢也漸多。六〇年代初起，中蘇逐漸分裂，毛澤東就直接與蘇聯競爭，互別苗頭。

二次大戰前後的東南亞獨立運動及其與共產黨的關係

東南亞的近代史，直接地說就是被西方國家殖民統治的歷史。馬來亞、北婆羅洲、沙撈越（Sarawak）、新加坡和緬甸是英國的殖民地。越南、柬埔寨和寮國（或稱佬撾）合稱法屬印度支那，是法國的殖民地。印尼當時稱為荷屬東印度，是荷蘭的殖民地。菲律賓原本是西班牙的殖民地，後來轉到美國手中。只有泰國是英、法勢力範圍之間的一個緩衝區，倖免於被殖民。

殖民政府在剝削、壓榨殖民地時，通常都選定一部分土著領袖，給予特權，使其分沾少許利益，願意與殖民政府合作。但也有許多人擎起民族主義大旗，從事獨立運動，一心一意要把外國人趕出去。不幸的是，東南亞各國所有的獨立運動直到十九世紀末都以失敗收場。

社會主義及共產主義出現後，東南亞各國的獨立運動開始有了不同的面貌。有一部分土著蘇丹派其子女或族中的菁英到歐洲接受西式教育，受到革命思潮洗禮，回國後大多成為追求獨立運動的中堅分子。同時也有一部分歐洲的白人社會主義者因為同情被殖民者而自願幫助殖民地的獨立運動。美國總統威爾遜提倡的「民族自決」也激勵了很多人。

日本在二次大戰時揮軍南進，提出「大東亞共榮圈」的口號，聲稱「亞洲是亞洲人的亞洲」，獲得東南亞各國許多人民響應，很快就把白人殖民者都趕出去。但由美國領頭的盟軍也很快又回來反擊日軍。當時各國的人民反應分歧，有人選擇與皇軍配合，也有人選擇與盟軍合作。史達林雖然還未對日本宣戰，卻在暗中支持各國的共產黨與盟軍配合，對日軍展開游擊戰。

日本投降後，依「總命令第一號」的規定，除了菲律賓之外，其他東南亞地區都由蒙巴頓將軍受降。當時各國參加抗日戰爭者無不想要建立完全屬於自己的獨立國家，法國及荷蘭卻都想要回到舊屬地重建殖民地。結果蒙巴頓竟決定協助法軍及荷軍，戰爭於是無法避免。蘇聯及中共趁機介入，協助各國的獨立運動，戰爭於是進一步擴大而複雜化。

美國在太平洋戰爭中派子弟兵到亞洲參戰，出錢、出力最多，目的當然不是要幫歐洲人在戰後回到殖民地繼續剝削，因而對法國及荷蘭十分反感，決定置身事外。然而，當中國大陸變色後，美國漸漸看出東南亞各國也即將次第陷入共產黨手中，只好改弦易轍，決定出手對抗共產黨。

以上概述了東南亞各國獨立運動的共同背景，以下接著請為讀者分述各國的情況。首先要說的是菲律賓。

菲律賓虎克黨的盛衰

西班牙統治菲律賓時，土地和財富逐漸集中在各地世襲的少數幾個大地主家族手中。他們和殖民政府充分配合，取得特權，分沾利益。貧農、佃農被壓榨，憤恨不平，因而暴亂不斷。美國從西班牙手中奪得菲律賓後，基本上仍是籠絡大地主。菲律賓農村因而仍是貧富尖銳對立，正是共產主義擴張最佳的溫床。一九三〇年，菲律賓共產黨由共產國際扶植成立，但被殖民政府取締，只能從事地下活動。此後美國的政策是逐步訓練菲律賓人自治，助其制訂憲法，選舉總統，並於一九三四年承諾在十年後讓菲律賓獨立。

珍珠港事件爆發後，日本皇軍迅速抵達菲律賓。美國派駐在菲律賓的麥克阿瑟將軍率領美菲聯軍在巴丹半島（Bataan Peninsula，在馬尼拉之西）與日軍奮戰，大敗，死傷約三萬人。麥克阿瑟逃走，留下七萬五千名官兵被日軍強迫步行一百多公里到馬尼拉附近的戰俘營，結果因為飢渴，被凌虐，或被處決，竟有一半人死亡，史稱「巴丹死亡行軍」。麥克阿瑟誓言：「我必回來。」兩年後，麥克阿瑟率領美軍捲土重來，並得「虎克軍」（Hukbalahap，簡稱 Huks）之助，擊潰日軍。美國在一九四六年實踐其諾言，讓菲律賓獨立。

「虎克軍」是日軍占領期間菲律賓最重要的一支抗日游擊隊，由菲律賓共產黨創始人塔魯克（L. Taruc）率領。然而，由於戰後菲律賓的農村依舊是貧富嚴重不均，塔魯克遂率領虎克軍及農民繼續與菲律賓新政府對抗。菲律賓新政府和虎克黨多次談判，但始終沒有結果。一九五〇年起，菲律賓政府任命麥格塞塞（Ramon Magsaysay）為國防部長，負責剿滅虎克軍，又請美國派經驗豐富的藍斯岱上校（Edward Lansdale）為其參謀。麥格塞塞獲得美國提供軍事援助，得以強化武裝力量，整頓軍紀；又與藍斯岱共同建議美國及菲律賓政府提供農民土地、耕牛、食物、醫療及貸款，從根本上改善農民的生活，減低其對虎克黨的向心力。虎克軍因而失去群眾基礎，逐漸轉弱。一九五四年，塔魯克率部眾接受政府招安，集體投降。

胡志明與越南的獨立運動

東南亞地區在一九三〇年除了菲律賓之外還有三個共產黨成立，分別在越南、泰國及馬來亞。其中的越南共產黨是由胡志明創立的，後來改稱印度支那共產黨，將柬埔寨及寮國也納入。

胡志明（Ho Chi Minh，一八九〇～一九六九）出生時，越南是在法國殖民政府扶植的「阮朝」傀儡政權的統治之下。由於阮朝無力阻止法國人剝削越南百姓，巧取豪奪，胡志明至為痛恨，矢志終有一天要將法國殖民政府趕出去。一九一一年，胡志明偷渡出國，在一艘法國商船上當雜工，後來又在倫敦、巴黎分別居住多年，也是從事各種卑微的工作。然而，胡志明在困頓中卻能大量閱讀書籍，並仔細地觀察西方社會。一九一八年，胡志明加入法國社會黨，兩年後又成為從社會黨中分裂出來的法共創始會員。周恩來、鄧小平在巴黎「勤工儉學」時，也曾與胡志明來往，彼此建立其後五十年的革命情誼。

一九二三年，胡志明前往莫斯科接受共產國際的訓練，並在第二年被派到中國廣州，在黃埔軍校裡擔任鮑羅廷的翻譯。胡志明藉機推薦一部分越南人進黃埔軍校，後來都成為越共的重要人物。由於當時國共合作，他也參加由一位越南右派革命家潘佩珠所領導的「越南國民黨」及「心心社」的活動。潘佩珠後來卻在上海租界被法國特務逮捕入獄。胡志明於是接收「心心社」，這就是「越南共產黨」的前身。有很多歷史家懷疑潘佩珠是被胡志明密告而遭難，但沒有足夠的證據。

胡志明實力漸增後，於一九四一年成立「越南獨立同盟會」（簡稱「越盟」），並回到闊別三十年的越南，率領范文同、武元甲和長征等幹部配合中國軍隊對日抗戰。美國參戰後也撥給越盟武器，使其對法國維琪殖民政府和日軍進行游擊戰。法國維琪政府在盟軍登陸諾曼第後倒台，日軍怕越南的法軍可能倒戈，突然發動突襲，將所有的法軍都關入俘虜營裡。

日本投降後，胡志明在河內的巴亭廣場舉行群眾大會，宣讀《獨立宣言》，聲稱越南從此脫離殖民統治而獨立。然而根據「總命令第一號」，越南受降是以北緯十六度線為界，由英軍及中國軍隊一南一北分別受降，越南是否能獨立建國並不是胡志明所能掌控。不料英軍登陸西貢後就立刻釋放被關在日本俘虜營裡的法軍。法國同時從國內增兵，預備重建殖民地。

蔣介石這時指派陳修和將軍為赴越南受降團的副團長，實際負責。陳修和是解放軍名將陳毅的大哥，兄弟倆卻各自在不同的陣營裡。法國向蔣介石表示願意廢棄在中國的不平等條約，以換取中國軍隊撤出越南。蔣介石這時關注的是國共內戰，不願與法國衝突，因而表示同意。陳修和與其部屬卻不願遵照蔣介石的指示，在暗中支持越盟組織臨時政府，選胡志明為主席。中國受降軍隊又違背蔣介石的命令，私下轉送受降的日軍武器給越盟，然後撤軍。

一九四六年底，越盟與法軍在河內激戰，結果戰敗，被迫撤出。法國為了爭取越南人民的支持，請已退位的保大當皇帝，但仍只是傀儡。一九四九年，中共在內戰中獲勝而建國，是影響越南此後戰局的關鍵因素。史達林在當年年底七十大壽時，胡志明也前往莫斯科祝賀，並趁機取得史達林、毛澤東承諾支援，獲得供應十個師的武器裝備。毛又先後派解放軍名將陳賡和韋國清率領軍事顧問團到越南，但越盟仍在抗法戰爭中苦戰。

圖 12.1 胡志明訪毛澤東

一九五四年三月起，武元甲率領越盟軍隊與法軍大戰於奠邊府。法軍竟然大敗，死傷及被俘共二萬人。法國只得在其後舉行的日內瓦會議中同意以北緯十七度為界，將越南分為南、北越，北越由越盟統治，南越由法國扶植的保大政權統治。事實上，法國這時已經決定撤出越南，由美國接手。日內瓦會議至關重要，本書在第十五章還要詳細敘述其經過及後續發展。

二次大戰前後的寮國、柬埔寨及泰國

二次大戰前，寮國、柬埔寨的國王都是法國殖民政府的傀儡。日本出兵東南亞後，仍然請他們當傀儡。日本投降後，兩國的情況不同。以下先說寮國。

寮國國王在法國重回殖民地後表示接受繼續保護。首相佩差拉親王（Prince Phetsarath）卻不願再做傀儡，逕自宣布獨立，並發起「寮國伊沙拉」（Lao Issara，意為「自由寮國」）運動，領導對法抗戰。佩差拉的兩個弟弟梭發那．富馬（Souvanna Phouma）和蘇發努．馮（Souphanou Vong）也跟著他一起奮戰。但伊沙拉軍隊屢戰屢敗，無以為繼，最後在一九四九年宣布解散。

三兄弟這時各自做出不同的選擇。佩差拉選擇流亡曼谷。梭發那．富馬決定接受邀請加入寮王國傀儡政府，成為首相。蘇發努．馮決定接受胡志明協助成立「巴特寮」（Pathet Lao，巴特是國家的意思），誓言將法國趕出寮國。後二者此後便分在不同的陣營中進行長期內戰，達二十餘年。

一九五一年三月，印度支那共產黨奉共產國際之命分拆為越南勞動黨、寮國人民黨及高棉人民革命黨。實際上，後二者仍在越南勞動黨的羽翼之下。寮國人民黨以凱山．豐威漢（Kaysone Phomvihane）為總書記，兼巴特寮的國防部長，是真正掌握巴特寮實權的人物。蘇發努．馮實際上受其節制。

其次說柬埔寨。柬埔寨國王施亞努（Norodom Sihanouk）是高棉王族的後裔，於一九四一年登基。如果從吳哥王朝起算，王位傳承至此已有一千一百多年。施亞努在法國殖民及日本占領期間都是傀儡國王，法國重回柬埔寨後又請他當傀儡。但施亞努不願再接受這樣的命運，決定出國流亡，臨行前發表宣言，說「除非完全獨立，將永不回到金邊。」法國後來面臨前述越盟的強力反抗，無法同時兼顧，不得不在一九五三年同意讓柬埔寨完全獨立。

施亞努如願以償，光榮地返回故土擔任國王。但他漸漸覺得國王的權力在君主立憲制之下受限制，所以在一九五五年把國王的位置讓給父親，自行組織一個執政黨，同時擔任黨魁和首相。一直到五年後父親去世，施亞努又給自己一個新頭銜「國家元首」，同時兼任首相。施亞努在國內基本上是採取兼容並蓄的手法，使左、右兩派互相制肘；在外交上也維持中立，以求國家安定。然而，不幸的是柬埔寨在地理位置上與越南緊密相鄰，當越戰日漸升高後，柬埔寨事實上是不可能安定的。

接著說泰國。從一九三〇年代初起，泰國的政權便一直掌控在右翼軍人手中。二次大戰時，泰國政府領導人鑾披汶（Luang Pibun）決定與日本站在同一陣線，對英、美宣戰，結果在戰後被認定是戰犯，被捕入獄。冷戰開始後，美國卻認為鑾披汶反共立場堅定，強迫泰國政府把他釋放出獄。鑾披汶後來又領導右翼軍人發動政變，從此長期執政。泰國共產黨遭到右翼政府強力鎮壓，只能轉入地下，因而是東南亞所有國家中最弱的共產黨，此後也沒有什麼發展餘地。本書在此後的章節裡因而將略過泰共不再敘述。

二次大戰前後的馬來亞與馬共

馬來亞共產黨的歷史十分複雜，而與華僑極為相關，所以必須先對華僑作一概述。十八、九世紀時，中國人大量移民海外，而大多到東南亞，其中南洋（主要指新加坡、馬來亞、北婆羅洲和沙撈越）人口中的華僑比例尤其高。孫中山在中國領導革命時，南洋愛國的華僑踴躍捐款，中國國民黨因而成立一個「南洋總工會」，是極重要的華僑社團。國民黨聯俄容共後，共產國際和中共也派員到馬來亞成立「南洋共產黨」。但隨著國共分裂，南洋的國共也分裂。一九三〇年，共產國際決定解散南洋共產黨，成立新的馬來亞共產黨，派胡志明為代表，到森美蘭州的一個橡膠園裡主持成立大會。

中日戰爭爆發後，南洋華僑掀起反日運動。不料珍珠港事變後日軍打到南洋，華僑立刻遭到報復。日軍在新加坡及馬來半島進行「檢證」，依其編列的名冊清查，凡在名冊上者一律處死，共約十五萬人。因而，二次大戰期間在馬來亞選擇武裝抗日者大多是華人。游擊隊中最大的一支是由馬來亞共產黨主席萊特（Loi Tak，越南籍華人）所領導，主要接受英國的援助。

日本戰敗後，英軍返回馬來亞，要求馬共解除武裝，馬共拒不接受。一九四六年，英國計畫成立一個「馬來亞聯盟」，宣稱聯盟中無論是馬來人、華人或印度人都一律平等，同享公民權。但馬來人群起反對，自認是原住民，應當享受特別待遇，向英國當局積極交涉，又為此成立一個全國性的組織「巫統」（UMNO）。當時華人和印度人大多有雙重國籍，對母國關切的程度遠超過居住國，所以在英國當局徵詢意見時大多極為冷漠。英國當局後來決定設立「馬來亞聯合邦」，其中高級官員都由英國人和馬來人擔任，又限制華人和印度人取得公民權的資格。等到新法律公布後，華人和印度人才發現自己成為二等公民，事態嚴重，但再想爭取，已失去先機。

這時馬共內部發生一件大事。總書記萊特被懷疑過去曾經擔任英國及日本的間諜，結果因畏懼而於一九四七年攜帶鉅款潛逃。馬共於是選舉一位年僅二十四歲的激進分子陳平接任總書記，並開始進行激烈的罷工和暴力活動。許多橡膠園主、錫礦主和工商企業主遭到綁架、暗殺。馬來人和華人都驚懼萬分。英國當局宣布馬來亞進入緊急狀態，於一九五〇年任命布里格斯（Harold Briggs）將軍負責圍剿馬共。為了截斷馬共獲得糧食、補給和情報的管道，布里格斯強制馬共活動頻繁地區的農民及工人搬到政府所建的「新村」居住。據報導，三年內共建了五百個新村，收容五十萬人，其中大多是華人。

中共建國後，馬共受其援助而擴大。因而，當布里格斯於一九五二年病死時，英國及馬來政府仍看不見他預期的效果，也看不見馬共叛亂何時才能停止。

印尼的獨立運動與印尼共產黨的發展

二十世紀初，印尼爪哇有一位托克羅雅敏諾多（Oemar Said Tjokroaminoto）創立「伊斯蘭聯盟」，擁有會員一百萬人，漸漸從事反殖民運動。一九一三年，又有一位荷蘭社會民主黨人史尼偉勒到印尼，自願協助伊斯蘭聯盟的抗荷運動。史尼偉勒同時建立自己的組織，其中部分成員也加入伊斯蘭聯盟。史尼偉勒所創立的組織於一九二〇年改名為「東印度共產黨協會」，是東南亞最早成立的共產黨，但他本人這時已被強制驅逐出境。托克羅雅敏諾多後來因「涉及地下叛亂」被荷蘭殖民政府逮捕入獄。伊斯蘭聯盟中有很多人原本就反對共產黨，更無法接受無神論，於是在他入獄後發起清共，將共產黨員全部逐出。

史尼偉勒後來轉到莫斯科，列寧驚為奇才，請他到上海，以「馬林」的化名協助成立中國共產黨。此後中共黨員加入國民黨，同時滲透國民黨的策略，其實都是當初他在印尼時的同樣作法。一九二四年，東印度共產黨協會直接改名為「印尼共產黨」，並發動農民起義、工人罷工。荷蘭殖民政府大舉鎮壓，印尼共產黨被迫轉入地下活動。

印尼第二代的革命領袖是出身土著貴族的蘇卡諾（Kusno Sukarno，一九〇一～一九七〇）。他在讀中學時曾經寄住於托克羅雅敏諾多家中，後來又娶托氏的女兒，所以被認定是托氏的繼承人。一九二八年，蘇卡諾創立印尼國民黨（Partai Nasional Indonesia），直接說要爭取印尼獨立，因而被逮捕入獄。一年後，蘇卡諾出獄回到故鄉，受到民眾夾道歡迎，印尼的獨立運動從此越趨熱烈。

日本皇軍南下到印尼後，對蘇卡諾刻意籠絡，承諾在太平洋戰爭結束後將讓印尼獨立，以換取蘇卡諾同意協助維持治安，穩定石油、米糧等資源。當時日軍最主要的敵人是由沙里佛丁（Amir Sjarifuddin）領導的印尼共產黨游擊隊。不過蘇卡諾與沙里佛丁關係良好。沙里佛丁曾被日軍捕獲，因蘇卡諾營救而倖免於死。日本戰敗後，蘇卡諾立刻宣布印尼獨立，成立共和國，被推舉為總統，哈達（Mohammad Hatta）為副總統，沙里佛丁任總理。不料英國決定協助荷蘭重回殖民地，命令投降的日軍不得將武器交給印尼人。正當印尼人為搶奪日軍的武器而與英軍爆發劇烈衝突時，荷蘭派十二萬大軍到達，擊敗印尼軍。沙里佛丁這時主導對荷蘭談判，被迫於一九四八年初簽定協議，同意將一部分土邦劃歸荷蘭統治，又同意各邦可自行決定是否要加入印尼共和國。

然而，印尼各黨派及人民大嘩，拒絕接受此一協議，沙里佛丁被迫下台，由副總統哈達兼任總理。哈達一向反共，政府軍因而與共軍在九月間發生劇烈的衝突。共軍戰敗，逃往茉莉芬市（Madiun）。哈達再派大軍追擊，殺一萬人，俘虜三萬人，連沙里佛丁也被殺。

「茉莉芬事件」對印尼共產黨是巨大的打擊，但也削弱了印尼本身的力量。荷蘭人大喜，又一次出兵擊潰印尼軍，俘虜蘇卡諾和哈達。但國際社會對荷蘭至為不滿，美國威脅將把荷蘭剔出「馬歇爾計畫」援助的名單。荷蘭只得釋放蘇卡諾和哈達，並與印尼另簽新約。印尼同意賠償荷蘭軍費四十三億荷蘭盾，並與荷蘭「永久合作」。荷蘭同意撤出在印尼的軍隊，承認印尼獨立自主。

翁山與緬甸的獨立運動

緬甸也曾擁有悠久的歷史，但在十九世紀飽受英國侵略。貢榜王朝最後一任的錫袍王（Thibaw）被英國人擊敗，遭到放逐，死於國外。此後緬甸獨立運動便不曾停止。一九四〇年代緬甸獨立運動的主角是由翁山（Aung San）領導的「自由聯盟」，其中包括德欽黨、共產黨及其他黨派。德欽黨是民族主義者的組織，翁山是其領導人。「德欽」的意思是主人，意味要做自己的主人。緬甸共產黨成立於一九三九年，翁山也曾入黨，並擔任第一屆總書記，但後來決定退出。不過緬共領導人如德欽索、德欽丹東仍是翁山的革命伙伴。

翁山在尋找獨立建國之路時曾與日本軍部搭上線，同意接受協助組織一支軍隊，幫日軍阻斷中國的補給動脈滇緬公路。日本也承諾將協助緬甸驅逐英國人，並在戰爭結束後讓緬甸獨立。翁山於是率領「三十志士」到日本占領下的海南島接受軍事訓練，在回國後又組建一支五萬人的獨立軍，與日軍並肩作戰，迅速地擊潰英軍。然而，翁山逐漸發現日本宣傳的大東亞共榮圈其實只是幌子，目的在掠奪東南亞的豐富物資，例如印尼的石油，馬來亞的橡膠和錫礦，緬甸的石油和大米。日本人嚴重歧視其他亞洲人，對緬甸人也是一樣。翁山看見，緬甸脫離英國的統治之後不免仍要受日本宰制，於是決定反過來和盟軍合作，與英軍並肩攻克仰光。不久後，日本就戰敗無條件投降了。

翁山於一九四七年初到倫敦，與英國首相艾德禮簽約，英國同意讓緬甸獨立。翁山回國後又在緬北撣邦的彬龍鎮（Panglong）召集撣族、欽族、克欽族、克倫族等少數民族所有的土司與會，宣布將以平等、自治及互相尊重為基礎，共同建立一個多民族的聯邦國家。這是緬甸歷史上的一件劃時代的大事，一千多年來第一次有這麼多民族一同簽訂這樣的和平共處條約。可惜三個月後翁山竟在開會時遭到強行闖入的武裝人員槍殺，死時只有三十二歲。

翁山之死使得彬龍會議中簽定的協議成為廢紙一張。由於繼任的總理無力治國，幾個月後克倫邦和緬共便開始叛亂，其他各邦繼之。在混亂中，政權逐漸落入軍事強人尼溫（Ne Win）之手。尼溫最後發動政變，此後成為緬甸長期的獨裁統治者。

第三卷

共產世界的分裂及持續擴張

（一九五三～一九七八）

年	亞洲	蘇聯及其加盟共和國	歐洲及北美	拉丁美洲、非洲
1953	1月，中國第一次五年經濟計劃 10月，推統購統消，集體化	3月，史達林病逝。6月，貝利亞被捕。9月，赫魯雪夫任蘇共第一書記	1月，艾森豪就任美國總統	
	7月，各方簽板門店停戰協議。9月，美韓簽共同防禦協定			
1954	5月，菲虎克黨投降	9月，赫魯雪夫初次訪華		
	5月，奠邊府之戰。7月，日內瓦會議分割南北越。12月，台美簽共同防禦協定			
1955	12月，金日成處死朴憲永。馬來華玲會議	2月，馬林科夫辭部長會議主席	1月，美國會通過台海決議案	9月，阿根廷政變，貝隆下台
	4月，萬隆會議。5月，華沙公約成立；赫魯雪夫訪狄托修好			
1956	8月，北韓勞動黨宗派事件 9月，鄧小平任中共總書記	2月，蘇共二十大，赫魯雪夫秘密報告。4月，赫魯雪夫解散共產情報局。6月，波蘭波茲南事件。10月，匈牙利事件		10月，蘇伊士運河事件
1957	6月，中共反右運動始 11月，金日成清洗蘇聯派、延安派。	6月，蘇聯流產政變 10月，蘇聯發射 Sputnik 人造衛星		3月，恩克魯瑪任迦納總理
	10月，毛率團訪莫斯科。蘇聯同意轉移核技術給中國。			
1958	5月，八大二次會議。8月，赫魯雪夫訪毛澤東。三週後金門砲戰			
1959	3月，達賴十四逃印度 7月，廬山事件，反右傾運動	6月，蘇聯通知中共停止協助發展核武器。	9月，赫魯雪夫訪美十三天後訪中國	1月，古巴卡斯楚推翻巴第斯塔
1960	1月，蘇聯停止中國合作項目 9月，黎筍任越共第一書記	2月，蘇聯古巴簽合作協議 5月，U2飛機事件。巴黎四方會議流會 11月，甘迺迪獲選美國總統		非洲十七國獨立 9月，民主剛果政變推翻盧穆巴
1961	3月，蔣介石拒兩個中國案 5月，南韓五一六政變	6月，赫魯雪夫與甘迺迪維也納會談。8月，東德建柏林圍牆	1月，美、古斷交。4月，豬灣事件 7月，尼加拉瓜桑解成立	
1962	5月，中國大飢荒累計死三千萬人。9月，中印邊界戰爭	9月，古巴飛彈危機事件，赫魯雪夫同意退讓		
1963	4月，中共四清運動 11月，越南政變，吳廷琰兄弟遇害	7月，鄧小平率團訪蘇，會談破裂	11月，甘迺迪遇刺，詹森繼位	5月，非洲統一組織成立
1964	8月，北越東京灣事件 10月，中國羅布泊試爆原子彈成功	10月，赫魯雪夫被黜，布里茲涅夫繼任	12月，詹森當選美國總統	3月，巴西左派總統古拉特被迫下台

1965	9月，印尼九三〇事件 11月，〈評《海瑞罷官》〉出刊	3～4月，蘇共二十三大	3月，美國開始轟炸北越	4月，格瓦拉赴民主剛果指導革命
1966	5月，「五一六通知」 6月，全國各校停課 8月，紅衛兵串連		美國反戰風潮起	2月，迦納政變 8月，格瓦拉死於玻利維亞
1967	1月，上海風暴。7月，武漢事件。8月，英國代辦處事件		11月，美反戰高潮，麥納馬拉辭職	2月，以阿戰爭 12月，葉門內戰
1968	7月，停止紅衛兵運動。10月，鄧小平停職。12月起，上山下鄉	11月，蘇聯發表「布里茲涅夫主義」	11月，尼克森當選美國總統	7月，剛果恩固瓦比七三一政變
	7月，59國簽禁止核擴散條約。8月，布拉格之春，蘇聯坦克入侵捷克；歐美國家及中共、古巴譴責蘇聯			
1969	3月，菲共組新人民軍。5月，越戰越南化。9月，胡志明病逝	3月，珍寶島事件 8月，新疆衝突事件	8月，美國制止蘇聯核武攻擊中國計畫	5、9、10月，蘇丹、利比亞、索馬利亞分別政變
1970	1月，柬埔寨龍諾政變推翻施亞努。8月，中共廬山會議		4月，美國出兵柬埔寨；肯特大學反戰事件	9月，阿葉德當選智利總統。埃及納瑟病死
1971	9月，林彪逃亡事件 10月，臺灣退出聯合國，中國入聯	4月，蘇共二十四大	4月，中美乒乓外交 7月，季辛吉密訪中國	7月，蘇丹政變，尼邁瑞脫險，大捕共產黨人
1972	9月，日相田中訪中建交。台日斷交	5月，美蘇簽《反彈道飛彈協議》	2月，尼克森訪中國，簽「上海公報」	7月，埃及沙達特驅逐蘇聯顧問
1973	4月，鄧小平復出 12月，南韓百萬人反政府運動		1月，美、北越簽《巴黎協定》	7月，阿富汗政變。 9月，智利政變推翻阿葉德
1974	1月，中共批林批孔運動 4月，鄧小平在聯合國演講「三個世界」	4月，蘇聯強制驅逐索忍尼辛出境	4月，葡萄牙康乃馨革命 8月，水門案，尼克森下台	7月，阿根廷總統貝隆病逝。9月，衣索匹亞共產革命推翻帝制
1975	4月，蔣介石病逝；柬共、越共陷金邊、西貢。8月，寮共攻陷萬象	8月，三十六國簽《赫爾辛基協定》	11月，美國與南美國家啟動兀鷹計畫	6月，莫三比克內戰起 11月，安哥拉內戰起
1976	4月，天安門事件。9月，毛病逝，華國鋒代主席。10月，四人幫被捕。7月，南、北越統一		11月，卡特當選美國總統，標榜人權外交	2月，阿根廷軍人政變推翻伊莎貝爾
1977	7月，鄧小平復出。越南、高棉邊境衝突		1月，捷克哈維爾等人發表七七憲章	11月，索馬利亞、衣索匹亞戰爭起

第十三章

從赫魯雪夫反史達林到毛澤東的反右運動

一九五三年三月五日，史達林病逝於莫斯科，享年七十五歲。官方說他是死於腦溢血，實際上說法不一，死因至今是個謎，不過可以確定的部分大致如下：

史達林於二月二十八日（星期六）晚上在自己的別墅裡和貝利亞、馬林科夫（Georgy M. Malenkov）、赫魯雪夫及布爾加寧（Nikolai Bulganin）四人一起吃飯喝酒，都喝得醉醺醺的，一直到凌晨四點才散會。第二天早上他卻遲遲未出房門。警衛人員不敢擅入，到當天晚上十點多才大膽開門進入他的房間，卻發現他躺在地板上，已經昏迷而無法言語。警衛以電話通知馬林科夫和貝利亞。貝利亞命令警衛不許通知其他人，所以醫生、赫魯雪夫和其他人都是在第三天早上才趕到。依此推斷，對史達林的急救被延誤了至少十小時。

有人懷疑史達林是被貝利亞下毒，也有人懷疑當晚與史達林在一起的四個人全都涉案。其原因是史達林在晚年時疑心病越來越嚴重，行為也越來越乖戾狠毒，使得眾人害怕。以下舉出一些當時發生的案子。

史達林晚年的暴政

史達林其實在第二次大戰後就對一部分光芒外露的老同志顯得不放心。紅軍參謀長朱可夫首當其衝，在戰爭結束後第二年就被貶為邊遠地區的軍區司令。接著是日丹諾夫，不但遭遇悽慘，連帶手下也都遭殃。

日丹諾夫原本擔任列寧格勒黨委書記，後來被調到莫斯科負責組織及意識形態工作，並負責組建共產情報局，被認為可能是史達林的接班人之一。一九四八年六月，日丹諾夫在布加勒斯特主持共產情報局大會，南斯拉夫的狄托卻因與史達林交惡而根本拒絕參加會議。日丹諾夫雖然在會議中嚴厲地批判缺席的狄托，史達林仍是大怒，命令將他撤職。日丹諾夫一向患有嚴重的心絞痛，史達林這時建議他到一處風景優美的國家療養院去調養，並從克里姆林宮派一群頂尖的醫師前去會診。不料幾天後日丹諾夫就一命嗚呼了。

日丹諾夫在列寧格勒時已經培養了一批青年才俊，漸漸位居要職，使得馬林科夫及貝利亞倍感威脅，於是在日丹諾夫死後取得史達林同意，大舉整肅「列寧格勒派」。據估計，約有兩千人被捕，遭到刑求後被監禁、流放或處死。

一九四九年，長期擔任外交部長的莫洛托夫也被解除職務，又被逐出政治局。其副手米高揚（Anastas H. Mikoyan）一併下台。莫洛托夫被迫下台的罪狀之一是娶了猶太妻子。史達林在晚年時反猶太情結日深一日，曾經說猶太人都是美國的走狗。莫洛托夫甚至被強迫離婚。他的妻子說：「如果黨認為有必要，我們就離婚吧。」但她在離婚後被開除黨籍，又被逮捕入獄。

一九五一年，史達林的家鄉喬治亞也發生一件「明格列爾人案」。明格列爾人（Mingrelian）居住在喬治亞，不過屬於不同的族群，說不同的方言。貝利亞正是明格列爾人。史達林接獲密報說，明格列爾人由於有貝利亞作靠山，正在喬治亞坐大，於是直接下令逮捕五百名所謂的明格列爾黑幫，全部予以嚴刑拷打，逼供認罪。史達林雖然還沒有向貝利亞問罪，貝利亞可能自認已經烏雲罩頂，擔心即將遭到整肅。

一九五二年十月，蘇共舉行第十九屆代表大會，史達林突然決定取消政治局，改設中央委員會主席團，成員增加為二十五人，其中有很多是新面孔。黨內高層都開始擔憂，這意味史達林準備隨時撤換他們。

一九五三年一月，蘇聯國安局突然宣稱接獲密報，說當年日丹諾夫是死於醫生故意誤診；另有幾位紅軍元帥、將軍也同樣被一個恐怖醫生集團害死。當年為日丹諾夫診治的醫生全部被捕，並遭到嚴刑拷打，只得招供，並咬出其他的醫生來。全國於是掀起一場揭發無處不在的「白衣殺手集團」的政治運動。由於被捕的醫生大多是猶太人，此一運動也被解讀是針對全國的猶太人。

總之，由於上述一連串的事件，蘇聯全國人民及蘇共高層這時大多焦慮不安，有人擔心又發生一次大清洗，因而都不希望史達林活太久。根據赫魯雪夫的回憶錄，史達林在發病後還稍有知覺時，貝利亞就跪在地上，抓住他的手不住地親吻；但當他失去知覺時，貝利亞就站起來，往地上吐口水。莫洛托夫也曾回憶說，貝利亞當時說了一句：「我把他幹掉了！我拯救了你們所有的人。」

「三頭馬車」集體領導及其間的鬥爭

史達林死後，克里姆林宮形成一個集體領導的「三頭馬車」制度，由馬林科夫擔任部長會議主席，貝利亞擔任副主席兼內務部、國安部部長，赫魯雪夫擔任蘇共中央委員會第一書記。

事實上，史達林死的時候蘇聯國內、外都處於困境。從外部說，冷戰方興未艾，與南斯拉夫關係惡劣。從內部看，農業凋敝，民生困苦，各地監獄人滿為患，勞改營裡還關著二百五十萬人。新政府不得不大幅降低糧食和民生用品的價格；釋放一百萬名案情較輕，刑期較短的犯人；又下令停止調查「明格列爾人案」「醫生謀殺案」，以及其他案件。

史達林在世時內務部和國安部是由不同的部長掌管，以便互相箝制。貝利亞原本只掌管內務部時已經人人懼怕，這時由於馬林科夫的支持竟兼管兩個部門，權力更大。但貝利亞似乎變了一個人，舉凡頒布大赦，釋放勞改營犯人，停止各項政治案件，為部分政治犯平反；限制內務部職權，強化司法等等，都是貝利亞主動提出的。有部分歷史家認為，貝利亞之所以有如此巨大的變化，是因為知道自己過去的形象惡劣，急於要洗刷。

當時東德共產黨黨魁烏布瑞契（Walter Ulbricht）正在推動加速社會主義化的政策，大幅提高企業稅率，加速農業集體化，強迫工廠工人加班而不加薪，因而引發人民抗拒。貝利亞與馬林科夫竟電召烏布瑞契到莫斯科，嚴厲地指責他，要求改採緩和的措施。烏布瑞契回國後只得依指示發布公報。但東德人民對政府突然轉向十分困惑，政府又遲遲不宣布取消工人加班不加薪的規定，結果導致東柏林三百名工人在一九五三年六月發起罷工，接著演變成全國數十萬人參加反政府、反蘇聯化的示威遊行。蘇聯不得不出動坦克到東柏林，大舉鎮壓，又槍決數十名帶頭分子，才平息了動亂。由於此一事件，莫洛托夫、布爾加寧等保守派越來越擔心，怕貝利亞自由化的傾向將危及共產黨的大業。

圖 13.1　左起：米高揚、赫魯雪夫、史達林、馬林科夫、貝利亞、莫洛托夫

三頭馬車中，馬林科夫能力平庸，事事都聽從貝利亞，赫魯雪夫擔任的蘇共第一書記並不是有實權的職位，貝利亞因而可能自認已經掌握大權。不過貝利亞也刻意拉攏主席團的其他成員。例如，貝利亞把莫洛托夫的猶太妻子從勞改營裡放出來，親自送回給他。赫魯雪夫也發現貝

利亞對自己的態度特別友善。但他認為貝利亞是兩面人，背後必有陰謀，一旦真正掌權後所有的人都將大禍臨頭，因而決定要除去貝利亞。赫魯雪夫於是暗中遊說其他人，最後竟連馬林科夫也被他說動。史達林死後不過三個多月，貝利亞就被拘捕。當時由於特務、警察都掌握在貝利亞手中，赫魯雪夫和馬林科夫只能在主席團開會時請國防部副部長朱可夫及其他高級將領帶領親信共十餘人，暗中埋伏，在開會時逕行逮捕貝利亞。日後的蘇共總書記布里茲涅夫（Leonid Brezhnev，一九〇六～一九八二）也是埋伏人員之一。貝利亞在當年年底就被處決了。

貝利亞倒台後，赫魯雪夫又鬥倒馬林科夫，迫使他在一九五五年接受降職為電力部部長。赫魯雪夫這時還是蘇共第一書記，不過黨權已經高於行政權。又過三年，赫魯雪夫兼任部長會議主席，從此獨掌大權。

赫魯雪夫的家世、宦途及其反史達林情結

赫魯雪夫出生於現今庫爾斯克州（Kursk）的一個小村莊，家中務農。他自己也曾經是機械廠工人、礦工，後來投效紅軍，參加內戰。退伍後，他擔任黨工，獲得烏克蘭黨委書記卡岡諾維奇（Lazar Kaganovich）提拔，擔任縣委書記，從此迅速爬升。一九二九年，卡岡諾維奇調任莫斯科黨委書記，赫魯雪夫又跟著到莫斯科。如前所述，赫魯雪夫便是在此時認識史達林的妻子娜捷日達·阿利盧耶娃。此後他一直跟著卡岡諾維奇，工作內容包括清洗黨內的「反革命分子」及數以萬計的富農。一九三八年，也就是史達林大清洗達到最高峰時，赫魯雪夫被任命為烏克蘭黨委書記。一九四九年，赫魯雪夫被調到莫斯科擔任市委書記，又一路升任為中央書記處書記、政治局委員，從此進入權力核心。

前述的三頭馬車期間雖然只有兩年，史達林時代的暴政有一部分已經獲得改革，不過在為許多政治犯平反

的過程中有一個副作用逐漸發酵。由於大清洗的恐怖真相逐漸曝光，社會大眾紛紛要求追究相關的責任。赫魯雪夫原本只是把責任推給貝利亞，以及在他之前的雅戈達及葉若夫，但根據貝利亞被捕後受審訊時的供詞，許多內務部的濫權和黑暗面顯然與史達林脫不了干係。赫魯雪夫於是下令成立特別委員會，負責調查真相。

赫魯雪夫對史達林另有一層反感。蘇聯官方曾出版一本《聯共（布）黨史簡明教程》，完全按史達林的指示編寫，最後由史達林本人審定，發行超過四千萬本。這本書被稱為「共產主義的聖經」，是蘇共黨員和蘇聯學生都必須研讀的材料，在書中史達林被描述得和列寧一樣神聖不可侵犯。一個造神運動於是興起。赫魯雪夫後來在回憶錄中說，他在運動達到高峰時不得不也跟著所有的人高呼口號：「史達林萬歲！」「史達林，生身之父！」心中卻深以為恥。

赫魯雪夫訪問中國及南斯拉夫

一九五四年九月，赫魯雪夫第一次率團訪問北京，參加中華人民共和國建國五週年的慶典。蘇聯原先已經和中國簽約同意援助進行一百四十一項建設，赫魯雪夫又追加十五項。這些項目大部分是重、化工業和國防工業，包括鋼鐵廠、煉油廠、發電廠、機器廠、汽車廠、坦克工廠等。中國第一個五年計畫由此更加充實。

赫魯雪夫顯然是極力要討好東道主，但在訪問期間對中共卻留下非常負面的印象。根據他的回憶錄，中共無論是在會議或是閒談中，對待蘇聯人「殷勤得令人肉麻，周到得無微不至，可就是沒有真情」。毛對蘇聯訪問團上了一小時的中國歷史課，使他觀察到毛有強烈的民族情結。他的結論是毛不會忍受任何別國在世界共產主義運動中占優勢，那怕是只有一點點優勢。不等到回莫斯科，赫魯雪夫就私下和同志們說：「我們同中國的衝突不可避免。」舉一個例。當時赫魯雪夫正在號召國人前往西伯利亞開發處女地，所以在喝茶聊天時詢問毛是否也能派人去協助開墾森林。不料毛竟說他的提議是把中國當作廉價勞動力的供應來源，和資本主義國家的態度一樣，會被中國人民當作是一種侮辱。然而，中國在幾天後卻又主動同意送二十萬人到西伯利亞。

蘇聯在後來幾年中又同意繼續幫中國進行國防及經濟建設，推動第二個五年計畫，並同意從旅順港撤軍。赫魯雪夫雖然對毛澤東有疑慮，但自知在國、內外還有很多敵人，必須維持兩國良好的關係。

一九五五年五月，赫魯雪夫又率領一個代表團訪問貝爾格勒。他為當年兩國交惡的往事向狄托道歉，兩人同意改善雙邊的關係。然而，當討論到史達林的暴政時，赫魯雪夫又拿貝利亞當藉口。狄托和他的同志們的反應卻是啞然失笑，又反唇相譏。赫魯雪夫因而越加認定，有必要揭露、譴責史達林的暴行。

赫魯雪夫掌權後，曾有一位當年他在烏克蘭的老上司斯涅戈夫（Alexey Snegov）想要接近他，企圖向他進言，說三〇年代發生那些史達林的暴行並非偶然，其根源在於列寧發動十月革命及其後內戰的許多邪惡事件的本質中。但赫魯雪夫在獲知斯涅戈夫的來意後根本拒絕接見他。

蘇共二十大及赫魯雪夫的《祕密報告》

赫魯雪夫收到特別委員會的報告，發現有關史達林的暴行越來越多，於是向同志們提議在即將舉行的蘇共二十大中予以揭露。但政治局委員們或多或少都參與了部分迫害活動，都擔心被追查責任，因而都反對。不過赫魯雪夫說，與其將來被人民逼迫，不如主動報告。眾人反覆討論，最後勉強同意由赫魯雪夫報告，但不是排在正常的議程中，而是在大會結束後才進行祕密報告。

蘇共二十大是在一九五六年二月召開的。在十幾天的會期中並無任何特別之事，不過赫魯雪夫在總結報告中指出，由於國際形勢發生巨大變化，資本主義國家向社會主義過渡有可能不須經過武裝起義，而可以採用和平的手段，未必不能避免戰爭。這種「和平過渡」的說法其實在六十年前已由德國的伯恩斯坦提出，被批為「修正主義」，但二十大與會代表們大多第一次聽到，都大吃一驚。二十大最後一天深夜，蘇共所有的代表都被邀到會議大廳，聽赫魯雪夫宣讀一份《祕密報告》。他整整講了四小時，直到第二天東方既白。赫魯雪夫開始宣讀後不久，所有的人就全部豎起耳朵，深怕漏掉任何一句話。

赫魯雪夫報告的標題是《關於個人崇拜及其後果》，其中譴責個人崇拜，引述列寧在遺囑裡說史達林如何粗暴，如何不適於擔當國家領導人，又指控史達林如何不擇手段地迫害同志。報告的內容片段如下：

誇大某個人的作用，把他變成具有神仙般非凡品質的超人，是和馬克思列寧主義的精神相違背的，是不能容許的。這個人似乎無所不知，洞察一切，能代替所有人的思考，能做一切事情，他的行為沒有半點錯誤。多年來，我們養成了用這樣的觀點去看待人，具體地說就是這樣看待史達林的。……

「人民敵人」這個概念，實質上已經排除了任何思想鬥爭和就某些問題那怕是實際問題表達自己意見的可能性。定罪的主要依據，實質上唯一的證據就是被告本人的「自供」，然而這種「自供」後來經查明，乃是對被告施行肉刑逼出來的。……

一個人的專橫也就慫恿了另外一些人的專橫，把成千的人大批逮捕和流放，不經法庭審訊和正規調查就處以死刑等等。……事實證明：許多濫用職權的事都是根據史達林的指示做的，根本不顧黨的準則和蘇維埃法制。

最後，赫魯雪夫呼籲要根除個人崇拜，在蘇共的組織中必須嚴格遵守「集體領導」的原則。

《祕密報告》在蘇聯國內的影響

《祕密報告》在蘇聯國內引起軒然大波。共產黨過去宣傳史達林像神一樣地崇高，在祕密報告裡竟一無是處。赫魯雪夫又下令停止出版《聯共（布）黨史簡明教程》，老百姓一時不知如何是好。不過政治局委員們擔心的究責問題並沒有立刻發生。只有史達林的家鄉喬治亞在他逝世三週年時發起追悼會活動，強烈抗議《祕密報告》對史達林的「侮蔑」，轉為暴動。蘇聯當局被迫出動軍隊和坦克才終於把暴亂鎮壓下去。

從文化和藝術來說，《祕密報告》卻是「解凍」的開始。許多具有改革思想的作家開始發表評論或小說，新的雜誌如雨後春筍出現。不過思想開放仍是有限度的。共產黨員普遍擔心改變太快、太大將影響到自己的地位，對赫魯雪夫的新方向大多陽奉陰違，官位越高越不想改變。蘇共主管意識形態的蘇斯洛夫（Mikhail Suslov）是反對派的代表人物，利用其職權在暗中阻撓「去史達林化」運動。

舉一個例，一九五六年有一名猶太作家巴斯特納克（Boris Pasternak）寫了一本小說《齊瓦哥醫生》（*Dr. Zhivago*），主要是藉發生在第一次大戰、十月革命到俄國內戰期間一個醫生的三角戀愛為故事背景，描繪人民在戰亂中所遭遇的痛苦和悲哀，以及人的價值觀和理想如何因為他無法了解的意識形態而破滅。蘇聯當局卻認為該書隱含對布爾什維克的負面批評，禁止其出版。該書後來卻被送到國外，翻譯成十幾國文字，並在兩年後獲得諾貝爾文學獎。然而，蘇聯作家協會竟將巴斯特納克開除會籍，也有人主張把他驅逐出境。《齊瓦哥醫生》卻又在一九六五年被拍成電影，轟動全世界，歷久不衰。

由於保守派明顯地抗拒改革，使得前述的斯涅戈夫極為焦慮。他對赫魯雪夫的兒子說他的父親已經被孤立，又說蘇斯洛夫所領導的一夥人正在號召蘇共黨員從二十大的震撼中清醒過來，準備待機反撲。赫魯雪夫卻認為斯涅戈夫的說法太誇大，仍然拒絕接見他。

《祕密報告》對中國的影響

蘇共召開二十大時，有五十五個共產國家依慣例派代表參加。赫魯雪夫宣讀《祕密報告》時並沒有邀請這些兄弟黨，不過在報告後立即知會他們。

中國的代表團是由朱德和鄧小平率領，讀了報告後私下議論紛紛，但不敢公開表示意見。鄧小平回到北京後立刻提出報告，毛澤東也立即召開會議，討論要如何因應。毛說，赫魯雪夫的報告「揭開了蓋子」，同時也「捅了摟子」，讓人們知道蘇聯和史達林也不是不會犯錯，讓沒有思想準備的兄弟黨必須各自決定要如何繼續搞社會主義。毛又說，史達林有功也有過，起碼是七分功，三分過，不是一點功勞也沒有。他又說，這樣大的事，蘇聯事前沒有和任何兄弟黨商量是非常不對的。

不過毛澤東同意大多數人的意見，認為還是應當支持蘇共，因而親自撰寫一篇〈關於無產階級專政的歷史經驗〉，在《人民日報》上刊出。文中讚揚蘇共二十大有勇氣揭露個人崇拜的問題；為吸取教訓，必須重新學習馬列主義，反對教條主義。赫魯雪夫大喜，下令將全文翻譯後在《真理報》上刊出，並印成小冊子，發行二十萬冊。東歐各國也紛紛表示重視。

同年九月，中共召開第八次代表大會。毛澤東在會中獲選繼續擔任黨、政、軍的領導人，仍然大權在握。不過為了實踐反對個人崇拜，大會決定修改黨章，刪除原先在「七大」時放進去的有關「毛澤東思想」的部分，並重申「集體領導」的原則。八大實際上代表了中共建國以來的一次政策大轉彎，明顯地從先前的社會主義高潮中退燒。八大中另有一件事值得注意，就是毛澤東決定成立一個新的書記處，以鄧小平為總書記，並提升他為政治局常委。此後十年，鄧小平一直擔任書記處總書記，是毛的左右手，曾經被毛稱為「副帥」。換句話說，毛在此後十年中無論發起什麼政治運動，鄧小平都是奉命執行的人，與毛分不開。

然而，在中共召開八大時，東歐的波蘭已經出現動亂。八大開完後，匈牙利又爆發更大的動亂。這兩者都迅速發展成為重大事件，影響整個共產世界，並影響了中共的政治路線再度轉向。

波蘭動亂

赫魯雪夫的《祕密報告》曝光後，東歐各國也受到巨大的衝擊。當年史達林在蘇聯進行大清洗時，東歐各國的領導人也都在國內進行大清洗，人民紛紛要求共產黨承認錯誤，為無辜受害的人進行平反，也有要求擺脫蘇聯強加在他們頭上的生活模式。其中波蘭最早發生動亂。

波共總書記貝魯特收到《祕密報告》時正因病住在莫斯科的醫院裡，讀了報告後竟因驚嚇過度而一命嗚呼。他的繼任者是歐查布（Edward Ochab）。赫魯雪夫決定親自到華沙參加貝魯特的葬禮。在華沙時，他又花了很長的時間向波蘭人解釋為什麼要推行「去史達林化」。他說：「這是個悲劇。如果你們問，我們現在該如何評價史達林？他是個什麼樣的人？都做了什麼事？他是不是黨和工人階級的敵人？那麼答案是否定的，而這正是悲劇之所在。同志們，他不是我們的敵人，他是真正殘暴的人。但他認為他的種種殘暴，無法無天以及濫用權力，這一切都是為了黨的利益。……」

但這樣的說法完全無法讓憤怒的波蘭人民接受。到了六月，波蘭中西部的大城波茲南（Poznan）爆發一場大規模的罷工事件。數萬人在遊行後衝破監獄，搶奪武器。歐查布立即下令軍隊前往鎮壓。但他自知無法撫平動亂，自動辭職，請剛剛獲得平反出獄的前總書記戈慕爾卡接任。兩人立即改組政治局，又宣布將推動具體的改革政策，但完全沒有知會蘇聯。赫魯雪夫擔心如果波蘭失控將在東歐引起連鎖反應，命令軍隊開往波蘭，又親自飛到華沙，氣勢洶洶地指責波共前後兩位總書記在搞反革命。但兩人態度堅定，不接受威脅。

波蘭動亂的消息引起許多共產國家關注。毛澤東獲知後，立刻召見蘇聯大使，直接說反對蘇聯出兵干涉波蘭。赫魯雪夫考慮再三，認為波蘭領導人雖然強硬，還不至於脫離社會主義陣營，於是下令撤軍。

匈牙利革命

波蘭的問題雖然暫時解決，緊接著匈牙利也發生動亂。十月下旬，布達佩斯有大學生發起遊行，結果竟聚集了二十萬人。群眾高呼和波蘭一樣的口號「俄國佬滾回去！」又要求改革。但警方竟對學生開槍，立刻引發暴亂。史達林的巨型銅像被推倒。同情學生的匈牙利軍方打開軍械庫，分發武器給示威群眾。總理被迫去職，由已被罷黜的前總理納吉（Imre Nagy）回任。匈共總書記格羅（Erno Gero）慌忙請求蘇聯派軍隊進入布達佩斯。此舉更是火上加油，各地於是掀起總罷工，但納吉呼籲民眾冷靜。赫魯雪夫派蘇斯洛夫和米高揚聯袂到布達佩斯與納吉會談，並同意暫時撤出軍隊。納吉卻對外宣稱將舉行自由選舉，結束一黨專政。米高揚和蘇斯洛夫當晚立即發電報給赫魯雪夫，建議再度派兵。兩天後，納吉竟又宣布匈牙利將退出華沙公約組織。納吉此舉，無異為匈牙利革命敲響喪鐘。

回顧一九四九年，美國領導西歐國家成立北大西洋公約，蘇聯除了抗議之外並沒有什麼動作。等到一九五五年西德也決定加入北約，赫魯雪夫不得不成立華沙公約組織，以確保共產主義國家的集體安全。波蘭動亂當中，戈慕爾卡主動表示要留在華沙公約組織中，赫魯雪夫雖然不滿，尚可忍耐。如今納吉竟然宣稱要退出華沙公約，在蘇聯看來，無疑是「反革命」，已經踩到紅線。赫魯雪夫與其他蘇聯的領導人於是一致決定再度出兵鎮壓反革命。

由於波、匈事件極為嚴重，毛澤東應赫魯雪夫之請派劉少奇、鄧小平到莫斯科參加討論。毛原本指示兩人要求蘇聯不干涉匈牙利，但在納吉發表聲明後也改變主意，同意蘇聯的決定。赫魯雪夫獲得毛表示支持後，搭專機在三天內遍訪東歐各國的領導人，要求表態。據他自己說，所有的人都贊成他的決定。赫魯雪夫於是下令朱可夫調集坦克、大砲及機械化部隊開始進行鎮壓。匈牙利軍隊無力抵抗，幾天內就被擊潰，革命以悲劇收場。自此以後，其他東歐國家再也不敢發出改革的聲音。

萬隆會議及不結盟運動

匈牙利事件發生時，狄托其實曾經公然發聲反對蘇聯干涉，又說社會主義並不是只有一種道路。當蘇聯軍隊再度開進布達佩斯時，納吉逃到南斯拉夫大使館，獲得政治庇護。納吉後來獲得匈共新任總書記卡達（János Kádár）的書面保證，以為可以安全回家，決定離開使館，結果竟在半路上遭到逮捕。狄托大怒，向蘇聯提出強烈抗議，不過納吉還是在一年多後被處決。

狄托至此不得不進一步思考，南斯拉夫將來究竟要如何自處？

回溯一九五五年四月，印度、巴基斯坦、印尼、埃及、中國等三十幾個國家在印尼舉行「萬隆會議」，蘇卡諾擔任會議的召集人兼主席。這是全世界第一次把蘇聯及歐美國家全部排除在外的重要國際會議，討論的主題是關於如何在美、蘇對峙中互相合作，共同保障和平。不過與會代表不滿蘇卡諾邀請日本和中國參加會議，認為日本曾經是侵略者，又懷疑中共陰謀顛覆鄰國。中國總理周恩來面對各國代表提出的尖銳問題，不得不和一部分東南亞國家簽定協議，以解決長久以來有關華僑的雙重國籍問題。華僑移居南洋大多不只一、兩代，卻始終自認還是中國人，使得東南亞各國土著對華僑充滿敵意。周恩來雖然公開鼓勵華僑入籍僑居國，但後來效果仍然有限。

狄托並沒有參加萬隆會議，卻十分贊同在該會議中形成的「不結盟」理念。狄托認為，南斯拉夫在冷戰時期的外交政策必須是保持中立，同時與美國和蘇聯交往，但不受干涉，也不願被強迫選邊站。但南斯拉夫勢孤力單，所以要與其他開發中國家密切合作。狄托因而比任何其他國家的領導人更努力推動此一理念。一九六一年九月，「不結盟國家」組織在貝爾格勒舉行成立大會，共有二十五國參加。狄托是東道主，又被選為第一任主席。該組織的宗旨就是反對「任何形式的殖民主義」，不僅排除美、蘇，也排除中國和日本。

波匈事件對中國的影響——毛澤東決定「引蛇出洞」

波、匈事件對中國也產生巨大的影響。毛澤東一下子堅決地反對蘇聯干涉兄弟國，一下子又轉而贊成派軍隊和坦克去鎮壓反革命。經此變故，他開始擔心過度批判史達林最終將導致社會主義陣營的危機，因而說：

> 關於蘇共二十次代表大會，我想講一點。我看有兩把「刀子」，一把是列寧，一把是史達林。現在，史達林這把刀子，俄國人丟了。戈慕爾卡、匈牙利的一些人就拿起這把刀子殺蘇聯。……帝國主義也拿這把刀子殺人，杜勒斯就拿起來耍了一頓。這把刀子不是借出去的，是丟出去的。我們中國人沒有丟。……列寧這把刀子現在是不是也被蘇聯的領導人丟掉一些呢？我看也丟掉相當多了。東歐一些國家的基本問題就是階級鬥爭沒有搞好，那麼多反革命沒有搞掉，沒有在階級鬥爭中訓練無產階級認清敵我，分清是非，分清唯心論和唯物論。現在呢？自食其果，燒到自己頭來了。

毛又說，史達林功高於過，「不能一棍子打死」。針對狄托的說法，毛也提出反駁，認為蘇聯社會主義的政策都是正確的，並不需要修正，錯誤只是在於發展出「教條主義」。因而，共產主義者一方面要堅決地反對「教條主義」，另一方面也要堅決地反對「修正主義」。此後「蘇聯修正主義」（簡稱「蘇修」）及反革命分子就成為被清洗的對象。

回溯五〇年代初，毛曾經提出「百花齊放」及「百家爭鳴」（「雙百政策」）的說法，鼓勵文藝界及知識分子多多發表意見。有一部分人就大膽提出。其中最突出的是一位知名的作家胡風，竟公然指責共產黨箝制思想，窒息了文藝創作。不料毛大怒，於一九五五年親自發起大整肅，逮捕胡風及其他九十幾人，定性為「胡風反革命集團」。胡風被判徒刑十四年。此後知識分子無不噤聲，不敢再表示任何意見。

這時毛既是想要搞掉更多反革命分子，便決定「引蛇出洞」，來一個一網打盡，於是再提「雙百政策」，公開表示希望知識分子及各民主黨派放膽批評，共同監督共產黨，協助共產黨整風。但等了很久還是沒有人敢表示意見。毛於是又再保證，說：「知無不言，言無不盡；言者無罪，聞者足戒；有則改之，無則加勉。」並下令將三份重要的報紙都轉交民主黨派主辦，又指示中央統戰部舉辦十幾場座談會，邀請知識分子參加。民主黨派人士於是漸漸信以為真，其中勢力最大的中國民主同盟（「民盟」）成員紛紛開始發言。

一九五七年五月，民盟副主席兼《光明日報》社長章伯鈞在一次座談會上建議成立一個政治設計院來討論一些政治上的基本建設。他又建議，大學裡的黨委制度應該檢討。章伯鈞對改簡體字也有意見，說如果文字改革問題等同於社會主義、共產主義，那麼他沒有意見；但如果是文化問題，就應該多討論。民盟另有一位副主席兼《文匯報》社長羅隆基也建議成立一個特別委員會，平反各種運動中的錯誤及偏差。章伯鈞的「政治設計院」和羅隆基的「平反委員會」後來都分別成為他們被鬥爭的主要罪狀。當時另有一位國際知名的甲骨文學者陳夢家也堅決反對簡體字，後來也一樣被清算。

不過「大鳴大放」的最高點是《光明日報》總編輯儲安平批判「黨天下」。儲安平以〈向毛主席和周總理提些意見〉為題發表談話。他說：

解放以後，知識分子都熱烈地擁護黨，接受黨的領導。但是這幾年來黨群關係並不好，而且成為我國政治生活中急需調整的一個問題。這個問題的關鍵究竟何在？據我看來，關鍵在「黨天下」這個思想問題上。……在全國範圍內，不論大小單位，甚至一個科一個組，都要安排黨員做頭兒。事無巨細，都要看黨的顏色行事，都要黨員點頭才算數，是不是太過分了一點？……我認為這個黨天下的思想問題是一切宗派主義現象的最終根源，是黨和非黨之間矛盾的基本所在。

反右運動及其影響

儲安平的意見全文刊登在報紙上，如石破天驚，震動朝野。據說毛澤東讀了以後好幾天睡不著覺，於是決定開始收網。毛在《人民日報》上發表一篇文章，其中說有少數人對社會主義是口是心非，心裏嚮往的其實是資本主義。這些人以「幫助共產黨整風」為名，正在向共產黨的領導權挑戰，企圖把社會主義的偉大事業打翻，拉著歷史向後倒退，退到資產階級專政。

「反右運動」的號角於是吹響全國。由於毛說：「右派大約占百分之一、百分之三、百分之五到百分之十，依情況而不同。」這百分之一到百分之十就成了各省、各縣、各單位揪出右派分子的寬廣範圍。鄧小平這時是總書記，於是將整風帶向中央及地方，帶向農村、工廠及各級學校，因而株連極廣。據估計，全國被劃為右派分子的人數達到五十五萬人，全部被迫不斷地參加開會，接受批評，直到願意寫檢討書上繳。有些人丟掉職位，有些被降級，大部分被強迫接受「勞動教養」。舉一個例。《光明日報》總編輯儲安平被撤職後，奉命在北京的一個小胡同裡養羊。章伯鈞的女兒章詒和在三十年後寫了一本《往事並不如煙》，敘述有關反右運動及後來文化大革命期間一些文化、藝術界人士的遭遇，其中寫到儲安平，說：「他有頭腦，但社會不要他思考；他有精力，但國家不要他出力；他有才能，但國家不要他施展。」

毛澤東在發動「反右運動」之後洋洋得意，說：「讓大家鳴放，有人說是陰謀，我們說，這是『陽謀』，因為事先告訴了敵人。牛鬼蛇神只有讓它們出籠，才好殲滅他們，毒草只有讓它們出土，才便於鋤掉。」反右運動中受害的不只是五十五萬人。右派分子的家屬、親戚、朋友也連帶受害，在生活、就學、就業都受到歧視。因而，全國有三百萬人以上遭到連累。

凡是不想受到連累的人，就必須主動舉發右派分子及其「罪行」，與其劃清界限。因而，為自保而出賣親友、同志、長官、老師的例子不勝其數。第一號大右派分子章伯鈞受意想不到的民盟同志出賣尤其多，不禁感嘆這些人在決定出賣他之前「先要吃掉良心」。

蘇伊士運河危機——赫魯雪夫與納瑟合作之始

一九五六年是多事之秋，在埃及也發生一件大事，即是蘇伊士運河危機（Suez Canal Crisis），其主角是埃及總統納瑟（Gamal Abdel Nasser）。納瑟曾在一九五二年領導「自由軍官」革命，推翻在英國保護下的傀儡國王，從此統治了埃及。納瑟生平樸素、廉潔而有大志，是泛阿拉伯民族主義的倡導者，以建立聯合的阿拉伯世界為己任。由於埃及位在非洲東北角，是非洲的門戶，他又說要致力於「開展非洲黑暗大陸的視野」。

然而，納瑟面臨的是內憂外患。納瑟由於引入西方的文明與制度，引起國內勢力龐大的保守派穆斯林兄弟會不滿，不只一次要暗殺他。納瑟憤而將數千名穆斯林兄弟會成員下獄。納瑟倡議組織聯合的阿拉伯國家也不受鄰國歡迎，只有敘利亞願意。英、法兩國都想維持在中東既有的利益，因而與納瑟也時有衝突。美國不遺餘力地提供以色列先進的武器及裝備，納瑟也要向美國採購軍火，艾森豪卻拒絕了。

萬隆會議後，納瑟經周恩來牽線而與蘇聯開始有聯繫，由此獲得先進武器。美國大怒，與英國一致決定取消資助埃及興建阿斯旺水壩（Aswan Dam）。納瑟也大怒，宣布將蘇伊士運河收為國有。英、法兩國在蘇伊士運河有將近一半持股都被沒收，無法忍耐，於是聯合以色列於一九五六年十月入侵埃及，占領西奈半島及運河大部分地區。全世界各國，包括蘇聯及美國，群起指責。蘇聯甚至暗示不惜動武。英、法及以色列最終被迫撤軍。

說到這裡也必須指出，蘇伊士運河危機發生時匈牙利正發生革命。英、法兩國既是出兵埃及，對蘇聯出兵匈牙利當然無法批評。美國也不可能在這時聯合英、法出兵到東歐。匈牙利不幸在這最不利的時刻革命，因而沒幾天就滅頂了。

赫魯雪夫藉蘇伊士運河事件與納瑟進一步拉近關係，後來又決定支持埃及繼續興建阿斯旺水壩，甚至承諾幫納瑟興辦大煉鋼廠。數以千計的蘇聯技術專家及政治、經濟、軍事顧問於是奉派到埃及工作。埃及與持無神論的共產黨走得這樣近，使得穆斯林兄弟會更無法接受，鄰近的阿拉伯國家也有極大的保留，但納瑟已經沒有別的路可以走了。

克里姆林宮的流產政變

綜合以上，赫魯雪夫雖因波匈事件而威信受損，在蘇伊士運河危機中為馬列主義在阿拉伯世界找到一個突破口，卻是一項巨大的成就。從內政來說，赫魯雪夫也極為成功。一九五六年起，蘇聯宣布在不減少工資的前提下縮減工人的工作時數。這一年全國穀物豐收，在西伯利亞開墾處女地成果也令人滿意。許多大型的工廠項目在進行中，各大城市也都在建新住宅。此外，許多在集中營裡關押的人獲得平反。

但在這些平反過程中，不免要揭露一部分舊日的罪行，連帶有人必須為此負責。一部分黨政官員為此心驚肉跳。赫魯雪夫又因堅持取消支付給黨政高官的津貼，裁撤許多中央部會，將權力下放給地方政府，也得罪了許多蘇共高層人士。這些人裡有很多原本就不滿赫魯雪夫公開揭露史達林的罪行，這時便暗中串連，企圖將赫魯雪夫拉下馬。

一九五七年六月，斯涅戈夫所擔心的事情果然發生。當時蘇共正在召開中央主席團會議，反對派突然發難，投票通過罷黜赫魯雪夫。但赫魯雪夫拒絕下台，說他是由中央委員會票選為第一書記，主席團沒有權力罷黜他，要求召開中央全會。反對派只得同意。然而，由於中央委員支持赫魯雪夫的人較多，會議尚未召開勝負已定。當時擔任國防部長的朱可夫為了要確定赫魯雪夫大勝，不但以軍機將一部分在偏遠地區無法趕到的中央委員送到莫斯科，又在全會中痛斥反對派。政變流產後，赫魯雪夫把帶頭反對他的部長會議主席布爾加寧撤職，由自己兼任。

朱可夫先前曾協助赫魯雪夫拘捕貝利亞，此時又為赫魯雪夫保駕護航，可說是居功厥偉。有人卻對赫魯雪夫說他恃功而驕，黨已經無法控制軍隊，將來可能又發生政變。赫魯雪夫於是在三個月後就趁朱可夫在國外訪問時將他免職，強迫他退休。朱可夫憤恨至極，公開地痛批赫魯雪夫。無論赫魯雪夫的理由是否正當，可以確定的是當他下次再遭罷黜時，將不會再有人出手幫他了。

第十四章

從大躍進、中蘇決裂到美蘇交惡

一九五七年十月，蘇聯在事前極端保密的情況下成功地發射了世界上第一顆人造衛星「史普尼克一號」（Sputnik 1）。社會主義國家無不振奮，西方國家無不大驚。美國更是驚覺軍事科技發展已經落於蘇聯之後，決定加緊發展核子彈、導彈、太空火箭等。美蘇之間的軍事競賽從此越加激烈。

十月革命四十週年慶典中的赫魯雪夫與毛澤東

蘇聯發射「史普尼克一號」的時機，正是十月革命四十週年的前夕。赫魯雪夫大舉邀請全世界八十幾個國家的共產黨代表到莫斯科參加慶祝大典。毛澤東親自率領代表團前往，團員中包括劉少奇、周恩來和鄧小平。

由於克里姆林宮在四個月前才剛發生一次流產政變，赫魯雪夫自知在國內的地位其實並不穩固，在八十幾國的共產黨代表眼中的威信也不如以往。因而，他決定拉攏毛，與毛簽訂一項祕密協議，同意逐漸移轉核能及導彈相關的技術，並承諾在一九五九年交付一枚原子彈給中共。毛大喜，在大會中說共產國家必須有一個頭，蘇聯就是這個頭；又說中國的經驗不足，沒有資格當頭。

毛澤東表面上對蘇聯老大哥又謙虛又效忠，但言行之間給與會者的觀感剛好相反。赫魯雪夫宣稱蘇聯預計在十五年內能趕上，或超越美國的經濟生產。毛澤東立刻回應，說十五年後中國也可以超越英國。他又發表「東風壓倒西風」論，說：「這個世界上有兩股風，東風和西風。我們中國有一種說法，不是東風壓倒西風，就是西風壓倒東風。我認為，現在國際形勢的關鍵是東風壓倒西風。這就是說，社會主義的力量，已經大大勝過資本主義的力量。」

毛又認為，第三次世界大戰絕對無法避免，但不用怕，因為美國不過是一隻「紙老虎」，即使是原子彈戰爭，社會主義國家也會取勝。以中國來說，「如果帝國主義把戰爭強加於我們，而我們現在六億人，即使我們損失其中三億人又怎麼樣？戰爭嘛，若千年後，我們培育出新人，就會使人口得到恢復。」毛說完後，會場上一片靜默。然後義大利共產黨代表問說義大利會怎樣。毛回答：「誰說義大利一定會倖存下來呢？」

八大二次會議與大躍進

毛澤東既是說要超英趕美，回國後就決定重新推動社會主義高潮。他馬不停蹄，帶領中央部會首長到杭州、南寧、成都、漢口等地開會。各省市首長奉召而來，無不表態支持。上海市長柯慶施帶頭諂媚，說：「相信毛主席要相信到迷信的程度，服從毛主席要服從到盲從的程度。」

毛又嚴厲地警告劉少奇、周恩來及財經首長，說不許再提什麼預算平衡那一套，也不准再提「反冒進」，否則「離右派只有五十米」。所有的人聽了都心驚膽顫。毛對周恩來尤其不滿，又逼他自我批評，承認錯誤。一九五八年五月，中共召開「八大二次會議」，周恩來當著一千多名代表說：「中國幾十年革命和建設的歷史證明，毛主席是真理的代表。離開或者違背他的領導和指示，就常常迷失方向，發生錯誤，損害黨和人民的利益。我所犯的多次錯誤就足以證明這一點。」當初赫魯雪夫在《祕密報告》中痛斥個人迷信，毛也同意。不過兩年，中國又再度興起了造神運動。

「八大二次會議」是一次極特別的會議。無論是在蘇共或中共的歷史上，共產黨召開全黨代表大會從來不曾有開兩次的例子。中共八大開了兩次大會，是絕無僅有的一次，此後也不曾再發生過。這就顯示毛痛恨一年半前召開八大的決議，要重新定調。他決心不顧一切地推動「大躍進」，其主軸是大辦人民公社和大煉鋼鐵。八大二次會議決定的總路線是「鼓足幹勁，力爭上游，多快好省地建設社會主義」，其中特別強調「多、快、好、省」四個字。然而事實證明，中共後來推動大躍進只有「多、快」，並沒有「好、省」。

大辦水利、人民公社和大煉鋼鐵

中國其實早在八大二次會議之前就已開始大辦水利工程。其中有部分水庫和灌溉系統工程在完成後確實有助於開墾土地，增加收成。然而，有更多的工程卻沒有經過仔細思考，完善規劃，以致於失敗。越大的工程，越是從政治的著眼點出發，只是為了逢迎拍馬，所以失敗得越悽慘。

舉一個例。甘肅省是中國最乾旱的省分之一，只有在南方的洮水流域有豐沛的水源。甘肅省的官員提出一個宏大而荒誕的計畫，建議修建一條運河，把洮水引上山，再連通到東部的黃土高原，如此便可以創造出一千五百萬畝的良田。這項計畫於一九五八年六月開始後，每日有十幾萬農民在深谷中，在高山上，憑著萬丈的熱情，企圖使用徒手拿的簡單工具來建造一條「山上的運河」。中央政府官員不斷為此一「改造自然」的偉大工程打氣，全國有二十個省派員來觀摩。然而，這項工程最終還是無法繼續推動，只得在一九六一年喊停。

再舉一例。河南省的官員建議在黃河三門峽建造水壩，雖然完工，卻因黃河的河水裡泥沙含量太高，不久後就開始淤積回堵，墊高河床。上游只要下雨，便決堤淹沒兩岸的農田，釀成大災害。

至於人民公社，主要目的是進行徹底的農業集體化。早在中共完成土改後，毛澤東便命令把一億兩千萬農戶都納入農民生產合作社體系。大躍進開始後，毛又命令將全國的生產合作社都併進二萬六千個人民公社中。人民公社之下設生產大隊及再下一層的生產隊。原則上所有的生產資料，如農具、牲畜、種子、肥料等都歸集體公有。也有連住家、家具都歸公，不許有自留地。所有的勞動工作由人民公社統一分配，所有的人在大食堂一起吃「大鍋飯」。

人民日報
RENMIN RIBAO
麻城建国一社出现天下第一田
早稻亩产三万六千九百多斤
福建海星社創花生亩产一万零五百多斤紀录

圖 14.1 農業放衛星

農民當然都希望擁有自己的土地，因而消極抗拒人民公社，但人民公社的領導卻開始「放衛星」虛報畝產的競賽。「衛星」是從蘇聯發射人造衛星之後開始流行的一個用語，代表大突破的意思。毛曾經親自為農業生產訂了一個目標，希望在十年內達到水稻每畝八百斤，小麥每畝四百斤，比當時實際產量高一倍。湖北省有一個公社卻在一九五八年初就宣稱每畝水稻產量達到了八百斤。到了六月，河南省也有一個公社宣告在小麥田裡實驗突破二千斤。這時有一位頂尖的科學家錢學森竟在報紙上說，理論上達到畝產幾萬斤是可能的。虛報畝產數字於是從一萬斤、三萬斤，衝到年底的十萬斤。

毛剛開始對這些數字半信半疑，到後來卻開始擔心農民生產這樣多糧食，要怎麼才吃得完，竟說：「以後就少種一些，一天幹半天活，……社員可以多吃糧，一天吃五頓也行嘛！」許多公社於是遵照指示，讓社員一天吃掉原本三、四天的份量，吃不完拿去餵豬，或是倒掉。然而，不論「放衛星」如何吹噓，一九五八年的水

圖 14.2　大煉鋼鐵

稻生產每畝實際上並沒有超過三百斤。各地人民公社既未能增產，又糟蹋糧食，大饑荒已經不遠了。

工業的生產同樣也是放衛星。一九五八年，鋼鐵計畫生產經過數度調升，最後的數字是一千零七十萬噸，是前一年實際產量的兩倍。毛欣然同意。問題是國內所有的煉鋼廠總產能遠遠不夠，要如何才能達到目標呢？有人提議在全國各地建造簡易的小高爐，以土法煉鋼。各省市的領導人於是動員人民「大煉鋼鐵」，全國共建了五十多萬個小高爐。白天時，許多人守著小高爐，也有人去挖煤礦或撿煤渣，或砍樹或撿枯木，甚至拆樓板、床板，拿去當燃料。又有些人被派去蒐集廢鐵，或是沒收各家的鐵製鍋碗瓢盆，一概投入高爐之中。到了晚上，紅色的高爐火光照耀天空，從南至北，由西到東。許多人民公社一面放衛星，一面把農民抽調去參加大煉鋼鐵，大片的農田因而荒廢休耕。中國離大饑荒又近了一步。

赫魯雪夫對大躍進的評價

赫魯雪夫在晚年回憶說，原本他看見中國崛起，經濟蒸蒸日上，人民生活水平提高，不料大躍進突然推動，使得農業衰敗，工業解體。

集體農場其實是蘇聯最先在二〇年代後期推動的，但如第九章敘述，那是一場大災難，導致五年內有一千萬人餓死，其中將近半數在號稱為穀倉的烏克蘭地區。赫魯雪夫當時就是烏克蘭的官員，所以深知其中的錯誤，也知道必須適度地讓農民保有部分的自有地。赫魯雪夫又說，只有在高度機械化的基礎上才有可能把農民組織成為合作社。中國比蘇聯還要貧窮落後，農民大多是用手拿鋤頭和木犁耕田，有什麼條件搞集體化？

對於土法煉鋼，赫魯雪夫尤其不以為然，說「簡直是一場瘟疫」。他認為，這是遙遠的年代以前的冶煉業，在這樣粗陋條件下產出的鐵，成本和品質都是問題，也達不到工業用鋼鐵所需的規格。

赫魯雪夫雖然對大躍進持負面的看法，東歐有些國家卻十分好奇，也想學著做。其中保加利亞不聽赫魯雪夫勸阻，一心一意也要辦人民公社和大煉鋼鐵。六個月後，保加利亞知道錯了，果如赫魯雪夫預料，回來向蘇聯求援。赫魯雪夫說他不得不提供援助，否則保加利亞就破產了。

赫魯雪夫對大躍進的批評，毛澤東當然聽見，認為是惡意的冷嘲熱諷，心中憤怒不已。不僅如此，兩人的關係也因為一連串其他的事件越來越惡化。

毛澤東對尤金的談話——中、蘇交惡表面化

一九五八年四月，蘇聯向中國提出一項建議，希望在中國建造一座長波無線電台，以便和在太平洋的蘇聯潛艇聯繫，又建議由雙方分攤費用。毛表示同意，但要求費用全部由中國負擔，所有權也完全屬於中國。

兩個月後，赫魯雪夫又請蘇聯駐中國大使尤金（Pavel F. Yudin）面見毛澤東，建議雙方聯合建立一支現代化的艦隊。不料毛聽後面色青紅，語氣不善。尤金原本是一個哲學家，曾經協助毛把他的論文《矛盾論》、《實踐論》翻譯成俄文，因而與毛的私交非比尋常。但他在告辭時已知大事不妙。

第二天，毛請尤金到中南海，又請所有政治局委員都到齊，然後開始講話。他說一晚上睡不著，所以必須

說清楚，接著講了四個多小時，講的完全是長久以來他對史達林、赫魯雪夫以及所有其他蘇聯人累積的不滿。由於毛指示把他的講話全部錄音，今天我們仍很清楚他當時說了什麼，其中的片段如下：

你們就是不相信中國人，只相信俄國人。俄國人是上等人，中國人是下等人，毛手毛腳的，所以才產生了合營的問題。要合營，一切都合營，陸海空軍、工業、農業、文化、教育都合營，可不可以？或者把一萬多公里長的海岸線都交給你們，我們只搞遊擊隊。你們只搞了一點原子能，就要控制，就要租借權。……

我們對米高揚不滿意。他擺老資格，把我們看做兒子。他擺架子，可神氣了。……什麼兄弟黨，只不過是口頭上說說，實際上是父子黨，是貓鼠黨。

蘇聯人從什麼時候開始相信中國人的呢？從打朝鮮戰爭開始的。

……史達林支持王明路線，使我們的革命力量損失了百分之九十以上。當革命處在關鍵的時候，他不讓我們革命，反對我們革命。革命勝利後，他又不信任我們。他大吹自己，說什麼中國的勝利是在他的理論指導下取得的。一定要徹底打破對他的迷信。……

你們講的話，使我感到不愉快。請你照樣告訴赫魯雪夫同志，我怎麼說的，你就怎麼講，不要代我粉飾，好讓他聽了舒服。

赫魯雪夫接到尤金的報告，大驚，決定親自飛到北京。毛請赫魯雪夫在游泳池畔見面，一邊在水裡游來游去，一邊向赫魯雪夫炫耀人民公社的偉大成就，說他現在只擔心糧食多了吃不完。赫魯雪夫再提合作要求，毛卻說，百年來列強帶給中國的恥辱，正是像這一類的要求。兩人最終不歡而散。

中、蘇裂痕加深，蘇聯決定取消交付原子彈

又過三星期，毛澤東突然毫無預警地下令砲轟在福建外海，由台灣蔣介石政權控制的金門島，在兩個小時內落彈四萬餘發。蔣介石下令回擊。「金門砲戰」爆發。美國立刻派航空母艦進駐台灣海峽，又提供蔣介石飛機、導彈及各種先進武器，以對抗共軍的海、陸、空三面攻擊。

赫魯雪夫對金門砲戰的反應是又驚又怒。原來當時蘇聯已經和美國、英國在討論防止核武擴散，並達成協議要一起發表暫停核試驗的聲明，金門砲戰卻發生在預定發表聲明的前一天。赫魯雪夫不得不懷疑毛發動砲戰的目的是為了破壞三國的核武限制談判。由於他才離開北京不久，金門砲戰不免被人認為是他和毛共同商定的。但毛在北京時根本沒有提過金門，砲轟前也不曾知會他。

不過使得赫魯雪夫更生氣的事還在後面。台灣在金門砲戰中發射一款由美軍提供的「響尾蛇」導彈，其中有一枚故障，掉落在地面上，被共軍拾獲。蘇聯自認導彈技術不如美國，要求中共把這枚導彈送到蘇聯，以便拆解研究。但中國人說等他們研究完後會送給蘇聯。蘇聯又不斷地施壓，中國不得不把導彈送去，蘇聯人卻發現其中少了一個非常關鍵的感測元件。中國人說可能在運送過程中遺失，蘇聯人卻認定是中國人私藏而不願交出。赫魯雪夫說，這個小小的事件大大地刺傷了蘇聯人。蘇聯自認過去對中國如兄弟般地對待，支援無數的建設項目，提供貸款、設備，又派出數千名專家。如今中國在戰場上獲得了一點點戰利品，卻不肯和蘇聯共享，千方百計地拖延，最後又說謊。

一九五九年一月，蘇共召開第二十一次大會，周恩來率領代表團參加。赫魯雪夫公然譏評大躍進，周恩來起身直接反駁。這是雙方衝突第一次公開化。

又過兩個月，西藏發生抗暴運動。由於中共在青海、西藏推動土改及人民公社，損毀喇嘛寺廟，又逼迫僧

人還俗，藏人起而反抗。中共派解放軍大舉鎮壓，十四世達賴喇嘛逃亡。印度同意達賴喇嘛及其隨從入境。中、印之間原已為邊境問題發生糾紛，至此關係更加惡劣。蘇聯頓時陷於兩難。印度雖不是共產國家，與蘇聯一向友好。蘇聯不願得罪印度，所以沒有公開聲明表示支持中國。兩國之間的敵意就更深了。

到了六月，蘇聯突然發出通知，說經過內部慎重的討論，決定停止協助中國發展核能技術，並取消原先交付一顆原子彈給中國的承諾。蘇共中央為此寫了一封信給中共中央，其中說：「在日內瓦外長會議期間，蘇、美、英三國討論了禁止核試驗的談判進程。……不能不考慮，如果西方國家獲悉蘇聯將核武器的樣品和設計的技術資料交給中國，那麼這就有可能嚴重地破壞社會主義國家和平和緩國際緊張局勢所做的努力。」毛接獲通知後憤恨至極。這時中共預定於七月初在廬山舉行的政治局擴大會議正要召開，不料後來竟演變成一場政治風暴，而被鬥爭的是彭德懷。

廬山事件及反右傾運動——兼述毛岸英之死

關於各級人民公社宣稱的輝煌成就，有一部分中共官員在暗中懷疑，決定回鄉去實地考察。其中國防部長彭德懷在一九五八年底回到了湖南家鄉，發現農民完全失去積極性，地方政府領導又集體造假，縱容各級幹部毆打、虐待農民。許多鄉親向他哭訴，對他造成極大的衝擊。次年五月，他奉派到東歐參加會議，也見到赫魯雪夫和一些東歐的領導人。在私下的言談中，彭德懷對他們透露自己對大躍進的憂慮。不料毛澤東收到密報，對彭德懷十分不滿。

廬山會議召開時，彭德懷在和一些同志私下談論大躍進的問題後決定寫一封「八萬言書」給毛澤東。毛把他的信印發給與會同志，讓大家討論，結果許多人紛紛發言支持彭德懷的意見。彭德懷自己也越說越激動，其中觸及到部分敏感的個人崇拜問題。他說：「浮誇風、小高爐等等，都不過是表面現象；缺乏民主，個人崇拜，才是這一切弊病的根源。」毛卻突然發難，直接批評他對赫魯雪夫說大躍進如何如何不好是「裡通外國」，屬於反黨性質。毛又厲聲說：「假如辦十件事，九件是壞的，都登在報上，一定滅亡，應當滅亡。那我就走，到農村去，率領農民推翻政府。」又說：「我一個兒子被打死了，一個兒子瘋了，我看是沒有後的。始作俑者是我，應該是斷子絕孫。」

毛的話一出口，所有的人都驚呆了，因為大家都知道，毛說有一個兒子被打死的事和彭德懷有關係。毛有兩個兒子，大的叫毛岸英，小的叫岸青。由於毛忙於革命，母親楊開慧又不幸被國民黨處決，兩兄弟七、八歲就被送到上海，交給一個地下黨員牧師收養，但時常遭到毆打。岸青因而腦部受傷，導致後來精神失常。岸英只得帶著弟弟在街頭流浪。當時許多中共要員的子女遭遇也都類似，共產國際決定把他們的子女都送到莫斯科的一所兒童院裡。岸英、岸青因而和劉少奇、瞿秋白等人的小孩都在這個兒童院裡成長。

毛岸英成年後加入蘇聯紅軍，參加對德戰爭，升至上尉。一九四六年，毛澤東患重病，史達林派專機送兩名醫生到延安為他診治，順便送岸英回國，父子倆將近二十年來第一次見面。一九五〇年，岸英自願參加抗美援朝。彭德懷不敢讓岸英上前線，把他保護在指揮部裡。不料岸英竟在一次美軍飛機轟炸時被炸死，當時只有二十八歲。毛岸英的死當然是毛澤東心中的大痛，但此後不曾再提起。廬山會議時，毛終於忍不住，把深藏心中多年的痛一下子發洩出來。

毛最後決定嚴厲處置彭德懷，把他和中共前總書記張聞天及其他兩人一起打成「反黨聯盟」，全部撤職。毛又指示發起「反右傾運動」，比兩年前的「反右運動」牽連更廣，規模更大。據統計，竟有三百萬多名「右傾機會主義分子」受到嚴厲處分。如彭德懷那樣敢講真話的人的下場既是如此，從此沒有人敢再批評大躍進。一場大饑荒於是不可避免。

赫魯雪夫訪美

一九五九年九月，赫魯雪夫應艾森豪之邀訪問美國。這是歷史性的一次訪問。赫魯雪夫帶了大隊人馬，除了華盛頓、紐約之外，又訪問了加州灣區、好萊塢，以及農業大州愛阿華、鋼鐵大城匹茲堡。美國的政、商人物爭相與他見面談話，媒體也大幅報導。美國人民對赫魯雪夫的印象大多是樸素、直率、機智、精力充沛，但有時不免粗魯。赫魯雪夫與瑪麗蓮夢露（Marilyn Monroe）等知名電影明星一起吃飯，尤其打破一般人對蘇聯的刻板印象。

赫魯雪夫的美國行可說是一個學習之旅，他希望藉助美國讓蘇聯經濟加速發展。但直接地說，他的目的並沒有成功，一部分原因是美蘇關係到第二年就惡化了，另一部分原因是蘇聯的國情與美國不同，無法把美國的東西照樣全搬到蘇聯。推動種植玉米就是其中的一個失敗例子。

赫魯雪夫在烏克蘭曾經有領導種植玉米的成功經驗。他聽說美國人大面積種植玉米，連帶發展出極為成功的畜牧業，於是派人到愛阿華州，向一位大農場主加斯特（Roswell Garst）取經。這時他飛到愛阿華，便是為了要親自參觀加斯特的農場，並且在回國後下令在蘇聯全境推廣。然而他忽略了，蘇聯大部分地區的天候及地理條件並不適於種植玉米，因而收成極差。但各級地方黨委書記大多不敢反映實情，反而虛報產量，連屠宰牲畜都造假。有一名州黨委書記因為無法圓謊，最後只得自殺。總之，種植玉米最終造成蘇聯全國性的災難。

不過赫魯雪夫訪美時最重要的行程是到大衛營（Camp David）與艾森豪總統一起過了三天，又閉室密談。兩人一致同意東西方必須和平共處，共同致力於裁軍，停止核武，並擴大貿易合作。

蘇聯停止援助中國及阿爾巴尼亞，撤回技術專家

赫魯雪夫結束美國之旅後，又匆忙地率團到北京，正好趕上中共建國十週年紀念的慶典。但毛澤東早就認定赫魯雪夫已經走上「修正主義」的道路，對他的訪美之行看法極為負面，尤其懷疑他究竟在大衛營與艾森豪談了些什麼。毛這時關心的其實只是蘇聯是否願意重新考慮移轉核技術，但赫魯雪夫始終不答應，毛只有聲稱中國將自己研究。關於中印衝突之事，兩人也是激烈地爭吵。赫魯雪夫回國後，中國各地的示威運動就不只是反印度，也開始反蘇。

中、蘇漸行漸遠，東歐國家都看在眼裡，其中阿爾巴尼亞開始向中國示好。阿國共黨總書記霍查（Enver Hoxha）一向緊緊跟隨史達林，在國內也學習史達林多次清洗異己，所以在黨內地位穩固，沒有人敢挑戰。但在赫魯雪夫批判史達林後，阿共黨內開始有反對批判的聲音，霍查因而對赫魯雪夫大為不滿。中共也趁機籠絡阿爾巴尼亞，雙方一拍即合。

一九六〇年六月初，中國在北京主辦一個有六十多個國家共產黨代表參加的大會。蘇聯代表奉令鼓吹和平共處，中共卻在暗中邀各國代表私下開會，指稱和平共處是一個騙局。赫魯雪夫得知後，說：「中國人在朝我們臉上吐痰。」六月下旬，又有五十幾個國家的共產黨代表在布加勒斯特開會。赫魯雪夫親自與會，發表演講猛烈批評毛澤東，說不是只有依靠戰爭才能進入社會主義。各國代表也群起指責中共。不料中共代表團團長彭真在接獲國內的電報指示後竟起而直接反駁赫魯雪夫，阿爾巴尼亞代表竟也發言表示支持彭真，公開頂撞赫魯雪夫。赫魯雪夫怒不可遏，下令通知中國從七月起取消兩國先前簽訂的三百多項合作協議，撤回一千三百九十名技術專家。中國境內有許多工廠於是一夕之間停擺，或工程進行了一半而無以為繼。

九月起，霍查決定清洗黨內的親蘇派，開除一部分的人的黨籍，將之逮捕入獄，或處決。赫魯雪夫獲知後

無法忍耐，在次年春天下令也停止與阿爾巴尼亞的經濟和軍事援助合約，撤回在阿國工作的全部蘇聯專家。阿國只得向中國求援。這時中國自己其實已經面臨大飢荒的危機，但毛還是同意援助阿國。

中國大飢荒

據統計，中國在一九五八年全國實際糧食產量是四千億斤。但國家徵購糧食是根據人民公社報告的生產數字核計，生產量如果浮報，徵購量就隨之增加。然而，當時所有的人民公社無不浮報產量。地方幹部當然知道，如果照這樣的數字上繳必定有人餓死；但如果不上繳，自己必將遭到撤職查辦。因而，不肯上繳規定數量糧食的農民就遭到毒打和酷刑。接下來的兩年，全國實際糧食產量更分別跌到三千四百億斤及二千八百億斤，情況就更慘了。

一九五八年起，大飢荒就在各省出現，一九五九年更加擴大，但黨政高層大多被矇在鼓裡，一直到一九六〇年十月河南省爆發一個「信陽事件」，中央政府才知道事態嚴重。信陽農民被拷打，一部分被打死，一部分人開始外逃。信陽地委封鎖消息，又指示各縣、市設崗哨攔堵，不准任何人離開，怕有人去北京「上訪」。但北京還是得到消息。周恩來大驚，派員前往調查，結果證實無誤。有一部分村子裡死的死，逃的逃，竟已空無一人。據後來統計，信陽地區原有八百萬人，這時已經死了一百多萬人，其中有六萬人是被酷刑致死的。

農民希望擁有一部分自己的土地，其實是天性，抗拒人民公社和大鍋飯是必然的。當飢荒初現時，農業工作部部長鄧子恢曾請求允許人民公社社員私自餵養家禽、家畜，又可擁有不超過百分之五的自留地，並在一九五九年六月獲得毛批准。但不久後廬山事件導致反右傾運動，地方官大多害怕，不敢執行。信陽事件爆發後，周恩來取得毛的同意，才又發出一個緊急指示，再次重申政策。到了一九六一年六月，毛又同意人民公社社員的收入改為按勞分配，並解散公共食堂。農民的積極性至此才顯現出來，飢荒開始減緩。

關於中國在大饑荒期間中究竟死了多少人，中外的學者有很多人研究，其中比較著名的有曹樹基、楊繼繩、陳一諮及荷蘭籍的馮克（Frank Dikötter）。綜合他們的結論，總共死亡人數約在三千五百萬至四千五百萬之間。其中楊繼繩提到一個重點，一九五八至一九六二年都是氣候正常的年分，因而大饑荒不能推說是由於天災，絕對是人禍引起的。事實上，鄧子恢後來在回憶錄裡也說：「什麼因為天災，我的家鄉一九五八年、一九五九年、一九六〇年完全是風調雨順……。」

馮克也發現一件奇怪的事。中國在大飢荒時仍然繼續出口糧食換取外匯，用以償還韓戰及推動五年經濟計劃時向蘇聯貸款的本息。穀物出口在一九五九年達到最高峰，四百二十萬噸，但這也是飢荒最嚴重的一年。另有一事必須指出，毛在大飢荒期間人民大量死亡時仍然指示繼續輸出革命，也就是繼續撥出鉅款支援東南亞各國的共產黨。關於這一部分，本書在第十七章裡還要詳細敘述。

中共後來在國內宣傳，說中國發生大饑荒時「蘇修逼債」。但這些債原本可以分十年償還，蘇聯並沒有要求中國加速還債，是毛堅持要縮短還債期間。毛誤信人民公社糧食生產形勢大好，說：「延安時期那麼困難，我們吃辣椒也不死人。現在比那個時候好多了，要勒緊褲帶，爭取五年內把債務還清。」毛主席這樣說，於是從中央到省、市，從縣級單位又到鄉、鎮，一層一層往下催逼徵購超額的糧食，全國各地餓死的人就更多了。

中、蘇決裂

一九六一年十月，蘇共第二十二次代表大會在莫斯科舉行，毛澤東派周恩來率領代表團前往，並在臨行前指示必須準備與「蘇修」進行鬥爭。

赫魯雪夫在大會中致詞，既批判史達林和個人崇拜，又攻擊霍查走上民族主義的道路，不是正統的馬克思主義者。事實上，霍查根本被拒絕參加會議。周恩來早已準備好，也發表演講為霍查撐腰，說赫魯雪夫對兄弟黨進行公開的、片面的指責無助於團結及解決問題，也不是馬克思主義者應有的態度。周恩來又率領中共代表團前去拜謁列寧及史達林的陵墓，各獻上一個花圈。其中稱史達林是「偉大的馬克思主義者」，明顯表達反對赫魯雪夫批判史達林。

第二天，赫魯雪夫召集所有的黨政要員和中國代表團舉行會談，表示希望盡力挽回雙方瀕臨破裂的關係。然而，雙方之間意識形態的差距這時已經大到無法彌補。周恩來引述毛的話，說史達林功大於過，不同意蘇共用對付敵人的方法對待史達林。赫魯雪夫反唇相譏，說：「如果你們喜歡史達林，你們可以把他的遺體運到北京去。」周恩來憤而率團提早離開莫斯科。周恩來回到北京時，毛破例率領劉少奇、鄧小平等人到機場迎接。蘇共卻在二十二大通過決議，把史達林的水晶棺從陵墓中移出來，草草改葬。蘇聯全國千百個與史達林的名字有關的城市、鄉鎮、街道、廣場、工廠、農場也都全部改名。「去史達林化」此時達到最高峰。

中、蘇兩國這時在實質上已經決裂了。

美蘇關係惡化

就在中蘇關係破裂時，美蘇關係也因為接連發生三件事故而急速惡化。

美國空軍多年來一直派飛行員駕駛 U2 高空偵察機飛到蘇聯的領空上，高度達到兩萬米。蘇聯發現後，向美國提出抗議，但美國否認其事。蘇聯人十分氣憤，卻無可奈何，只能暗中發展能對付高空飛機的導彈。一九六〇年，美國 U2 飛機在蘇聯舉行五一勞動節大閱兵時又飛到蘇聯上空偵測。赫魯雪夫一時忍耐不住，下令發射研發成功的導彈把飛機打下來，並俘虜了跳傘的飛行員。蘇聯同時發表聲明嚴厲譴責美國好戰。原本美、蘇、英、法已經約定要在巴黎舉行四方會議以談判裁軍問題，這時立刻蒙上陰影。赫魯雪夫要求艾森豪為U2事件道歉，並保證以後不再派U2在蘇聯領空上進行偵察。但艾森豪拒絕把此事列為開會的先決條件。四方會議於是流會，美蘇關係急速降溫。

到了九月，赫魯雪夫率領蘇聯及所有東歐國家的代表團到紐約參加聯合國大會，卻受到美國種種的限制及敵意的對待，對比前一年赫魯雪夫在美國各地受到熱烈招待及歡迎，有如天壤之別。赫魯雪夫大怒，領導代表們在會議中與西方國家代表互相鼓譟，干擾對方發言。

繼此三件事而來的，是一九六一年接連發生的古巴「豬灣事件」及「柏林圍牆危機」，雙方竟發展到以武力對抗。本書以下先敘述豬灣事件。不過若要清楚地說明豬灣事件，又必須從古巴革命說起。

古巴革命

十九世紀末起，美國有一個聯合水果公司（United Fruit Company）壟斷了加勒比海（Caribbean Sea）周邊所有國家水果的種植及出口，連帶控制了各國的經濟及政治。這些「香蕉共和國」的總統可說大部分是聯合水果公司供養的，與其利益一致。不料瓜地馬拉（Guatemala）有一位總統阿本斯（Jacobo Arbenz Guzmán）在共產黨的支持下突然在一九五二年公布一項土地改革法，開始徵收聯合水果公司的閒置土地。聯合水果公司大驚，但一時無計可施。

然而，從一九五三年初起，杜勒斯和他的弟弟艾倫分別擔任美國國務卿和中央情報局局長，而兩人都曾經擔任聯合水果公司的董事。阿本斯的命運因而已經決定。CIA開始提供資金及武器給流亡海外的瓜地馬拉

圖14.3　卡斯楚（右）與格瓦拉（左）

軍人，送他們回國發動武裝叛變，又請尼加拉瓜（Nicaragua）出兵支援。阿本斯無力抵抗，被迫於一九五四年六月逃亡。右派新政府宣布共產黨為非法組織。

再說古巴。從一九三四年起，古巴就由強人巴第斯塔（Fulgencio Batista）統治，既專制又腐敗。古巴共產黨雖然從一九二五年起就成立了，並沒有足夠的力量，因而奉莫斯科之命支持卡斯楚（Fidel Castro）進行革命。卡斯楚是西班牙移民之子，出身律師，常為貧民辯護，演講極富煽動力，又具非凡的領袖魅力。一九五三年起，卡斯楚率眾盤據在古巴東部馬埃斯特拉山區（Sierra Maestra），多次發起反政府游擊戰，但都失敗。巴第斯塔也發兵圍剿游擊隊，同樣無功而返。不過到了一九五九年初，卡斯楚終於率部攻占首都哈瓦那（Havana），起義成功。巴第斯塔逃亡。

卡斯楚身邊有兩名重要助手，都是共產黨員，其中之一是他的親弟弟勞爾（Raul），另一位是阿根廷籍的切·格瓦拉（Che Guevara）。格瓦拉有愛爾蘭人及西班牙人血統，祖先曾是祕魯總督，十分顯赫，不過到他的父祖只是中產階級。他在醫學院當學生時，曾騎一摩托車遊遍中南美，卻被沿途所見的貧窮及貪婪震驚，因而決定要以實際的行動推動世界革命。

格瓦拉也曾參加阿本斯在瓜地馬拉的社會改革，失敗後才遇見卡斯楚兄弟，受邀到古巴參加革命。卡斯楚本人在初期否認自己是共產黨員，不過在革命成功後宣布要推動土地改革及企業國有化政策。格瓦拉在新政府中擔任陸軍副司令兼工業部長及國家銀行總裁，被認為是古巴政策向左轉的重要因素之一。美國由於失去在古巴壟斷經濟的地位，又可能被沒收達到二百五十億美元的資產，開始對古巴強力施壓，悍然切斷古巴的石油供應，又中斷向古巴買糖。古巴頓時陷入困境，不得不向蘇聯求援。

豬灣事件

蘇聯其實早已密切注意古巴的局勢，認為這是共產主義打開中南美的大門的絕佳機會，於是立刻伸出援手。一九六〇年二月，赫魯雪夫派米高揚訪問哈瓦那，與卡斯楚簽定協議，同意提供石油，向古巴購買五百萬噸蔗糖，給予一億美元貸款，又主動提供各種武器裝備。古巴主要的經濟支柱是出口蔗糖，但完全由美國人掌控，所以蘇聯向古巴高價買蔗糖的意義重大。

圖 14.4　赫魯雪夫與卡斯楚

卡斯楚獲得蘇聯的支持後，宣布逕行沒收境內所有的美國資產。艾森豪大怒。但赫魯雪夫宣稱如果美國侵略古巴，蘇聯將不會坐視。此一聲明正好在前述U2飛機事件及四方會議流產之後發表，美蘇關係由此更加惡化。這也是赫魯雪夫九月參加聯合國大會時受到美國惡意對待的主因。

一九六一年一月初，卡斯楚進一步下令驅逐美國駐古巴大使館館員，要求從三百人降到剩下十一人。美國憤而與古巴斷交。兩個星期後，艾森豪下台，新當選的總統甘迺迪

(John F Kennedy)，認為中美洲是美國的「後院」，容不下共產主義，決定要推翻卡斯楚政權。由於甘迺迪不希望直接派美軍侵入古巴，CIA奉命在瓜地馬拉招募約一千五百名流亡的古巴人，組成一支游擊隊，計畫在豬灣（Bay of Pigs，在哈瓦那東南約兩百公里）登陸，發起起義行動；然後美國將「應邀」派一萬名海軍陸戰隊協助起義軍推翻卡斯楚政權。不料事機不密，古巴游擊隊在登陸後竟遭到政府軍迎頭痛擊，少數人被殺，大部分投降。甘迺迪只得放棄整個行動。

柏林圍牆危機

豬灣事件後，古巴檢具證據向聯合國投訴，引起國際間對美國強烈的批評。中南美許多國家的反美情緒也因而更加強烈。甘迺迪當選總統後第一次對外行動就灰頭土臉，聲望立刻掉到谷底，顏面盡失。為了緩和局勢，他決定到歐洲訪問，並約赫魯雪夫於一九六一年六月在維也納見面，希望重談和平共處，尤其是想解決東西德之間的問題。

如前所述，東德曾經在一九五三年夏天發生暴亂，導致蘇聯出兵鎮壓。在此之前，東德每年已經有很多人選擇逃離，投奔西方；在此之後就更多了。西德後來的經濟發展明顯高於東德，逃亡的人更多。當時在東、西柏林之間並沒有隔離，市民可以自由來往，是東德人民逃往西德的跳板。據估計，從一九五三年到一九六一年共有二百五十萬東德人逃到西柏林。其中大多是菁英人才，如醫師、法官、教授、科學家、工程師，以及熟練工人，兩邊經濟差距因而更大。另有一個現象，有數萬東柏林人在西柏林上班，大多也在西柏林消費，因為東柏林的商品價錢高，品質差，或根本缺貨。

東德估計上述的情況造成其經濟損失累計達到三百億美元，但對此束手無策，只能向蘇聯求助。赫魯雪夫決定要把西柏林這個「毒瘤」割除。他在豬灣事件後對甘迺迪已經有些輕視，在維也納與甘迺迪見面時更是態度強硬，竟直接表示要封鎖西柏林，或以武力占領西柏林。甘迺迪大驚，竟致言語失措，因而在開完會後臉色鐵青。後來他自己承認，這是他一生中最大的一次挫敗，認為赫魯雪夫欺他年輕，經驗不足，故意要再一次給他下馬威。

但甘迺迪不敢掉以輕心，連忙調坦克進入西伯林，以防萬一。結果東德突然在八月中派警察帶工人到西柏林四周，立刻圍上鐵絲網，從此隔斷兩邊。幾天後，工人又開始用磚塊砌起牆來。甘迺迪得到報告後鬆了一口氣，說：「這不是很好的解決方法，但一堵牆比一場戰爭真是好太多了。」

柏林圍牆共長約一百六十公里，其中截斷東西柏林部分長約四十三公里。雖然西方政治家和媒體都認為柏林圍牆是共產主義徹底失敗的明證，赫魯雪夫卻自認是為所當為。但他和甘迺迪很快就在第二年的「古巴飛彈危機」中第三度交手。以結果論，一般認為是赫魯雪夫的一次大挫敗。

古巴飛彈危機及其影響

豬灣事件後，蘇聯與古巴決定建立更緊密的關係，於是向古巴輸出更多新式的武器，又以克格勃的組織架構為樣版，在古巴複製了一個情報總局。一九六一年十二月，卡斯楚公開宣稱古巴將奉行馬列主義，並將致力於支援中南美及非洲的共產革命，協助解放所有被侵略及壓榨的民族。許多歷史家認為，古巴之所以最終完全投入蘇聯的懷抱，主因是被美國逼入絕境，以致於沒有選擇。

但赫魯雪夫意猶未足，又想在古巴布置導彈。當時美國在西德、義大利及土耳其都有數百枚導彈布置在蘇聯四周，其中有一部分裝有核彈頭，每顆的威力都比十幾年前投在日本的原子彈至少高五十倍。赫魯雪夫因而自稱每日提心吊膽。相對地，蘇聯雖有導彈，並沒有一個能布置到接近美國本土。如果能偷偷地在古巴布置核導彈，他認為就能讓美國人一樣提心吊膽。

赫魯雪夫在取得蘇共高層共識後下令開始祕密地把導彈，連同大批的坦克、米格機、戰鬥快艇及防空飛彈等全都裝上船，分批偷偷運到古巴。但美國的U2飛機在九月初已經發現蘇聯在古巴布置了多處核導彈發射裝置。甘迺迪大驚，下令攔截所有開往古巴的船隻，又要求蘇聯撤除所有在古巴的導彈。美國軍方強烈建議蘇聯如不回應就直接出兵古巴，摧毀所有核彈裝置。冷戰以來美蘇都想避免的核子戰爭一觸即發。

但甘迺迪和赫魯雪夫都不想冒險，決定談判。在十月底局勢最緊張時，甘迺迪派弟弟司法部長羅伯・甘迺迪（Robert Kennedy）前去拜會蘇聯駐美大使杜布萊寧（Anatoly Dobrynin）。據杜布萊寧的報告，羅伯神態疲憊不堪，眼睛布滿紅絲。他說已有六天沒有回家，又說他哥哥和他都不知道要如何擺脫困境，但雙方如果都不退讓結局必是萬劫不復。他又保證，如果蘇聯願意撤離導彈，美國將永遠不會入侵古巴。赫魯雪夫最終同意讓步，但要求美國把土耳其和義大利的飛彈也撤走。甘迺迪也同意了，一場巨大的浩劫於是消弭於瞬間。

古巴飛彈危機落幕後，赫魯雪夫雖然自認做了絕對正確的決定，在蘇聯和其他共產世界裡獲得的批評大部分卻是負面的。

卡斯楚和格瓦拉在危機當口時強烈建議搶先向美國本土投擲導彈，赫魯雪夫卻根本不和他們商量就逕自決定對甘迺迪退讓。卡斯楚和格瓦拉得知後暴跳如雷，都認為是被出賣了。不過卡斯楚後來仍與蘇聯密切來往，繼續幫助蘇聯在拉丁美洲及非洲輸出革命。格瓦拉卻拒絕與蘇聯合作，在一九六五年帶領少數部屬到剛果及玻利維亞去協助當地的共產革命，最後不幸在玻利維亞被捕，慘遭處決。格瓦拉死後成為全世界許多反體制、反社會的青年人崇拜的偶像，是美國及歐洲各國後來反越戰運動風潮中的圖騰。

對於古巴飛彈危機反應最尖銳的是毛澤東。他在中國發動遊行示威聲援古巴，又不斷地發電報給卡斯楚，說蘇聯人不可信賴。毛認為赫魯雪夫最後決定撤出導彈是一種背叛、膽怯、失敗及投降，證明蘇聯已經沒有資格繼續做共產世界的老大哥，於是也派人到中南美及非洲，自行到處點燃革命的火苗。

對於毛澤東和一些其他人的好戰言論，赫魯雪夫的回應是：「挑起戰爭並不需要智慧，一個傻瓜也能發動戰爭，其結果卻是聰明人無法解決的。」赫魯雪夫雖然被許多人批評是自大而粗魯，但在關鍵時刻無疑是以避免核武造成人類的大浩劫為至高的原則。反之，毛澤東早就反對「和平共處」，認為共產革命只有戰爭一途。毛也不止說過一次，原子彈、核彈，不管什麼彈都不可怕，人類即使死一半，也還有一半。

話說回來，赫魯雪夫在危機中決定退讓對他自己在黨內的威信確實造成極大的傷害。當初是他首倡偷運導彈到古巴，中央主席團的同志們也批准了，大部分人這時卻把責任都推到他的身上。不過赫魯雪夫並沒有因此立即下台，而是在三年後才被罷黜。

第十五章

越戰、文化大革命及其影響

如前所述，美國原本是極為厭惡法國重返東南亞的殖民地，卻因為擔心共產勢力擴張而不得不提供法國經濟及軍事援助。剛開始時，每年援助金額不過是一千萬美元，後來漸漸增加到每年一億美元。最後，美國自己就跳進去了。美國正式介入東南亞事務的起點是一九五四年四月在日內瓦召開的九國外長會議。

日內瓦九國會議

日內瓦會議是在奠邊府戰況緊急時召開的，共有美、蘇、英、法、中、越盟、南越、寮王國及柬埔寨王國等九國派代表參加。中國總理周恩來及美國國務卿杜勒斯也都親自與會。

當時戰局對法軍有利，毛已指示周恩來做最壞的打算，不料在五月初完全逆轉，越盟竟在奠邊府擊潰法軍。越盟參加日內瓦會議的代表范文同的態度立刻轉趨強硬。但中、蘇兩國都知道美國即將直接參戰，前景不樂觀，勸越盟接受「兩個越南」。越盟勉強同意，但要求以北緯十三度為界。法國卻堅持十八度線。最後，周恩來向毛請示，建議以北緯十七度為界。這比當初「總命令第一號」規定的北緯十六度還要向北退一度。越盟當然不肯，卻被迫接受，又被迫從寮國和柬埔寨撤軍。

但胡志明和范文同在日內瓦會議後都在黨內遭到嚴厲的批評，說協議完全沒有考慮到越盟在奠邊府戰勝的事實，簽約等於賣國。越盟在中國的壓力下屈服，尤其不滿。日內瓦會議因而埋下日後兩國決裂的遠因。

關於日內瓦會議，另有一事必須說明。在此之前，美國國務卿杜勒斯的反共形象已經十分鮮明。傳聞中共總理周恩來在開會前遇見杜勒斯，伸出手來要和他握手，杜勒斯竟無禮地拒絕了。此一說法於六〇年代在國際上流傳很廣，但杜勒斯早已過世，所以無從承認或否認。不過在後來竟連尼克森和季辛吉也都聽聞其事，並且向周恩來表示奇怪。然而，日內瓦會議時周恩來的副手王炳南後來在一九八四年出版回憶錄，說他自己在整個會議期間都跟在周恩來左右，並不知道有這樣的事。依據共產黨的規定，周恩來也不可能單獨和杜勒斯接觸。王炳南又說：「杜勒斯是堅決反共的頭子，總理從來就沒想去和他握手。因此無論從客觀或主觀都不存在總理主動去握手而遭到拒絕的可能。」總之，傳聞並非事實，並且可能是刻意散播的。

北越南侵

南、北越分割之後，北越推動激烈的土改運動，又迫害宗教。美國於是和南越總理吳廷琰合作，由美國提供援助，利誘北越人民南遷，發給土地、耕牛、種子等。結果吸引了一百多萬北越人移居南方。然而，吳廷琰和他的家族成員都信仰天主教，竟也開始迫害佛教和其他越南特有的高台教、和好教及平宣黨等，結果導致大規模的靜坐示威、遊行抗議，甚至武裝反抗。吳廷琰後來驅逐保大皇帝，自任為總統，又推動土地減租及重分配，但在過程中貪汙舞弊，人民至為反感。軍中對吳廷琰的獨裁更是不滿。

日內瓦協議中規定兩年後要舉行選舉，以促成南、北越統一。但胡志明和吳廷琰都無此意願。日內瓦協議也規定數萬名越盟游擊隊撤退到北方，但這些游擊隊後來又回到南方。越共在南方最高的領導人黎筍利用反吳廷琰情緒，結合各宗教、幫派、政黨，組成「越南民族解放陣線」（簡稱「南解」）。原已撤退到北越的寮共游擊隊這時也回到寮國再次發起內戰，控制了兩國邊界的地區。胡志明於是下令沿著邊界線開闢「胡志明小徑」，便於游擊隊南下及運送武器。小徑的南段又進入柬埔寨境內，柬埔寨的施亞努國王對此也無可奈何。

越共沿著胡志明小徑，在任何一點都可以輕易地越過邊界，發起突襲，因而沒有一般所謂的前線或後方，南越政府軍只能被動地打叢林戰、田埂戰或城市巷戰，疲於奔命。越共所需的糧食和補給大部分是向南越的農民購買或「徵稅」。如有人拒絕，越共可能突然出現，召集鬥爭大會將反抗的人處死。因而，在政府軍無法控制的地區沒有人敢不聽從越共的命令。

美國總統艾森豪曾經提出一個「骨牌理論」，認為萬一南越、寮國和柬埔寨淪入共產黨之手，東南亞其他各國也將應聲而倒。甘迺迪完全同意他的理論，繼任後立刻擴大在越南的軍事顧問團，人數從原先數百人增加到一九六三年底的一萬六千人。但由於中、蘇交惡後兩邊都爭著要做共產集團的老大，爭相提供北越援助，使得北越和南方的越共游擊隊的實力也迅速增強。

南越政府的腐敗及連續政變

吳廷琰寵信他的弟弟吳廷瑈及弟媳婦，但美國官員對這三人的印象都很差。美國國防部長麥納馬拉（Robert S. McNamara）後來在回憶錄裡說：「吳廷琰是一個謎一樣的人，專橫而多疑，與百姓完全疏離而沒有感情。」又說吳廷瑈夫人是一個「惡毒、工於心計的女人，真像是一個女巫。」麥納馬拉的觀感竟是如此，吳廷琰的前途不問可知。當時南越軍人和百姓對吳廷琰的不滿也迅速累積。一九六二年，竟有三名空軍軍官駕駛飛機到總統府上空投擲炸彈。一九六三年，又一位七十幾歲的老和尚在西貢街頭自焚而死。這一幕經由報紙和電視報導，震驚美國和全世界。吳廷琛卻在不久後又下令軍警突襲全國各地的佛教寺廟，毆打僧尼。

美國政府中早已有人建議發動政變推翻吳廷琰。甘迺迪原本拒絕，後來卻同意了，遂有南越將領楊文明、阮慶在一九六三年十一月發動政變。結果吳廷琰兄弟都遭到槍殺。然而，三星期後甘迺迪自己竟也在德州（Texas）遭到槍殺。副總統詹森（Lyndon Johnson）於是依法宣誓繼任為美國總統。

一九六四年八月，有兩艘美國驅逐艦報告在北越東京灣公海的海域遭到北越魚雷攻擊。美國國會對此反應激烈，通過一項決議案，授權總統「採取必要的行動，以擊退任何對美國軍隊的攻擊」。詹森由此獲得極大的權力，隨即批准增兵十五萬人到南越。南韓也應邀派出僱傭兵，人數最多時達到四萬八千人。一九六五年三月起，詹森下令派飛機開始大舉轟炸北越。此一行動持續三年多，據統計投彈總噸數超過二戰期間美軍在歐洲戰場投彈的總噸數。不過美國一面轟炸，一面卻禁止地面部隊跨過北緯十七度線；換句話說，仍然和在韓戰時一樣，只打有限度的戰爭。

自從吳廷琰死後，南越不幸總是在不斷地政變的惡性循環中，一直到一九六五年六月阮文紹被推為國家元首，政變才停止。但阮文紹與副總統阮高奇不合，互鬥激烈，因而政局依舊混亂，文武官員又大多貪腐。然而，政府裡的基層員工和部隊裡的小兵都薪俸微薄，根本無法養家活口。南韓日後的總統金大中當時是一名國會議員，曾跟隨一個考察團到南越訪問，後來在回憶錄中說他在訪問後不禁懷疑南韓是否應當派士兵來為南越打仗。

美國開始介入越戰時，從總統到平民都認為美國的經濟、軍事和科技力量都遠遠超過北越，必能輕易獲勝。美國卻低估了蘇聯、中共同時提供北越援助的力量，也低估了越共本身奮戰的決心和毅力。後來戰局膠著，美國急於求勝，又不斷地增兵，結果竟使得美軍在越南的人數於一九六八年底達到五十三萬人。由於戰亂，南越農民紛紛逃離家園，城市裡於是擠滿了難民，大多失業，只有少數做小生意，或做黑市買賣。許多女人在酒吧裡討生活，出賣肉體。南越人的反美情緒也因而高漲，有越來越多的人轉而支持越共。

在越戰期間，美、蘇、中三國之間也有大事發生，這些事又影響到越戰。因此請容我暫時離開越南戰場，先轉到這三國，然後再回來繼續敘述越戰。

七千人大會及毛、劉之間的緊張關係

回溯大飢荒後期，有一部分中共高層，如陳雲、劉少奇等，紛紛回家鄉探視。劉少奇在回鄉的半路上看見很多餓死的人，在回到老家後又看見闊別四十年的親姐姐竟因凍餓不堪而躺在床上，已經奄奄一息。他完全沒有料想到，自己一生為了理想而從事革命，但解放十幾年後家鄉竟是如此的景況，自認對不起大家，因而直接低頭向鄉親們認錯。但他心中對毛的不滿也達到頂點，認為毛是大災難的罪魁禍首，只是不敢明說。

一九六二年一月，中共中央及地方的領導幹部共七千餘人齊集於北京開會，主要是檢討大躍進導致大飢荒的失敗，史稱「七千人大會」。一般認為，這次大會是由劉少奇建議的。當時距離一九五六年召開的八大已超過五年，有人提議召開九大，但被毛否決。七千人大會因而是折衷的辦法，只討論事務，不涉及人事。七千人大會開始後，劉少奇就直接認錯，又說導致大飢荒的原因是「三分天災，七分人禍」，也就是說人為的錯誤才是災難的主要原因。周恩來、鄧小平等人在他發言之後跟著認錯。毛為情勢所逼，不得不也自我批評，說：「凡是中央犯的錯誤，直接的歸我負責，間接的我也有份，因為我是中央主席。」會中又討論錯誤的根源，認為是偏離了民主集中制，高層強迫命令，瞎指揮所致。毛只得也同意必須貫徹民主集中制。

在大會上唯一發言與眾不同的是接替彭德懷擔任國防部長的林彪，他說：「最近幾年的困難，恰恰是由於我們沒有照著毛主席的指示，毛主席的警告，毛主席的思想去做。」此舉明顯地是在為毛開脫責任。毛大喜。林彪後來又不斷地對毛表態效忠，在解放軍裡重起造神運動，下令《解放軍報》每天刊登毛澤東的摘要講話，並編撰成一本《毛主席語錄》，命令全軍每日研讀。

七千人大會後，劉少奇明顯地抵制毛，不再事事向毛報告，常常自行決定，或只與鄧小平及其他人商量。毛察覺後極為不滿，說自己已經指揮不動，好像不存在一樣，於是離開北京，到華中、華南去拉攏支持者。

但毛無法忍受劉、鄧推動的一些農業政策，不久後又強行干涉。當時農業工作部部長鄧子恢主張推行「包產到戶」，意思是由農戶分田單幹。其實在大飢荒時，已有一些赤貧省分在暗中實施此一辦法，鄧子恢卻要使其普遍化。劉、鄧及陳雲都表示支持，毛卻說這是「犯了方向性的嚴重錯誤」「帶有修正主義色彩」。鄧子恢不服，與毛據理力爭，結果毛大怒，斥責他是鼓吹「單幹風」，要讓五億農民都變成小資產階級，竟把他撤職，又撤銷農業工作部。從此之後，沒有人再敢提包產到戶。不過毛因此認定資產階級有可能復辟，決定重提「階級鬥爭」。

從中蘇論戰到赫魯雪夫下台

必須指出，毛澤東雖然對劉少奇、鄧小平都不滿，在他的眼裡兩人是不同的。劉少奇被認為是親蘇派，鄧小平卻不是。中、蘇交惡後，劉少奇處境尷尬，鄧小平卻成為毛在反蘇鬥爭中的頭號戰將。由於赫魯雪夫建議緩和雙邊關係，要求舉行會談，毛指派鄧小平於一九六三年七月率團前往莫斯科，與蘇斯洛夫領軍的蘇共代表團討論。但雙方針鋒相對，會談最後還是破裂。鄧小平回到國內時，毛又一次罕見地率同黨政要員到機場迎接，表示支持。中蘇論戰從此升高。毛親自指導相關人員撰寫一篇文章，刊登於《人民日報》和《紅旗》雜誌。此後十個月內，中共又連續刊登了八篇，後來總稱為「九評」，內容包括史達林問題、南斯拉夫問題及和平共處問題，而主要是批評赫魯雪夫及蘇修。蘇共也發表文章反擊，論戰越來越激烈。

原本中共還有第十評，但尚未刊出，蘇共中央主席團就在一九六四年十月發動政變罷黜赫魯雪夫，由布里茲涅夫（Leonid Brezhnev，一九〇六～一九八二）繼任蘇共總書記。赫魯雪夫下台當然不是因為「九評」，但蘇共內部的反赫魯雪夫集團早已形成，「九評」對此一集團無疑有極大的助力。

一般認為，一九六一年十月舉行的蘇共二十二大是反對力量開始集結的起點。當時赫魯雪夫提出一個議案，要求進行「系統性更換幹部」，規定從中央主席團到各級黨部每次選舉都要更換四分之一到一半幹部，引起黨內極大的不滿，因為蘇共黨員大多以為職位是有終身保障的。赫魯雪夫又提議把史達林的水晶棺從陵墓中移出，草率改葬。此舉更促使許多反對者以史達林遺體受辱為由集結在一起。一九六二年夏天，赫魯雪夫又把黨的地方組織分拆為農業州委及工業州委兩個獨立的系統。結果全國大亂，各級官員更加不滿。

赫魯雪夫的問題尚不止於此。例如，他下令在蘇聯全境種植美國玉米就是一項明顯的錯誤。另有一個大錯。史達林當政時，蘇聯農業技術發展是由李森科（T. D. Lysenko）所壟斷。赫魯雪夫掌權後仍然全力支持李森科，而無視於許多科學家聯名反對。但李森科完全否定西方主流的孟德爾－摩根（Mendel－Morgan）基因遺傳學，數百名蘇聯的科學家因而遭到迫害，導致無數的悲劇發生。蘇聯的生物遺傳學研究更是因而嚴重地落於西方之後，至少二十年。另有前述的美蘇關係惡化、古巴導彈危機事件等，對他的威信也都是極大的打擊。

總之，赫魯雪夫下台只是遲早的事，最終由蘇斯洛夫發起將他罷黜。蘇斯洛夫當著赫魯雪夫的面批判他為人傲慢，決策草率，自以為無所不知，無所不能，不但懂內政、外交，也懂藝術、農業和科學。但有許多後世的學者指出，問題的根源並不在赫魯雪夫本人，而在一黨專政及個人獨裁的體制。

四清運動及毛、劉之間的持續鬥爭

對於毛澤東而言，赫魯雪夫下台是一大勝利，但也是一項警訊。據說蘇聯的國防部長有一次在接待中國代表時喝醉了酒，竟胡言亂語，說蘇聯人已經把赫魯雪夫搞掉了，中國人什麼時候也把毛澤東搞下台？毛無論是否聽到這樣的話，必然是要防範中國也出現一個布里茲涅夫，而他最懷疑的是劉少奇。

毛決定要重提階級鬥爭。一九六三年初，他指示對人民進行社會主義再教育，以「清理帳目、清理倉庫、清理財務、清理工分」為名，發起「四清運動」（後來稱為「小四清」）。毛規定，要團結百分之九十五以上的幹部和群眾，以進行階級鬥爭。換句話說，就是要清算其餘百分之五的人。當時仍然負責執行的劉少奇認為，農村裡普遍存在嚴重的貪腐問題，決心發起反腐敗鬥爭，於是組織大批的工作隊分赴各地。在其過程中，工作隊採取「逼、供、信」的殘酷手段，因而光是在湖北及廣東試點時就分別死了兩千及一千多人，據報其中有一半是自殺的。劉少奇也派自己的妻子王光美到河北省撫寧縣王莊公社的一個桃園大隊去「蹲點」，明察暗訪，最後成功地批鬥了四十幾名主要幹部。王光美後來被邀請到處演講她的「桃園經驗」。

然而，劉少奇夫妻的作為反而激怒毛，因為毛所重視的其實不是貪腐，而是意識形態問題。他又懷疑，劉少奇動員上百萬人組成工作隊到全國各地去整肅農村幹部，真正的意圖是奪權。毛曾經頒布一項「工業學大慶，農業學大寨」的指示，特別褒揚山西省昔陽縣大寨公社的一個大隊支部書記陳永貴。工作組卻派人去調查，並且發布報告，指稱陳永貴謊報生產數額，又說「大寨紅旗旗桿上有蛀蟲」。毛當然無法忍受，於是在一九六五年初強行制訂一個新法條，稱為《二十三條》，其內容是「清政治、清經濟、清思想、清組織」（後來稱為「大四清」），但整肅的對象不再是貪腐的幹部，而是要「整黨內走資本主義道路的當權派」。事實上，毛從這時起已經準備好要發動一個更大的政治運動，就是文化大革命。

文革開始——〈評《海瑞罷官》〉及〈五一六通知〉

一九六五年十一月，上海《文匯報》刊出一篇文章，題目是〈評新編歷史劇《海瑞罷官》〉，由上海市主管宣傳部門的張春橋的助手姚文元具名。第二天起，全國各大報紛紛奉命轉載。《海瑞罷官》是一齣京戲，內容是講明朝時有一名官員海瑞不滿朝政，大膽批評嘉靖皇帝而被罷官；但在皇帝死後被重新起用，出手重懲貪官汙吏，平冤獄的故事。劇本的作者吳晗是知名的明史學家，又擔任北京市副市長。吳晗其實早就寫過數篇有關海瑞的文章，並獲得毛的認可。這齣戲也從一九六一年起就由京劇界一流的名演員盛大演出。

然而，姚文元這時卻在文章中批評，說海瑞表面上說要把貪官汙吏一掃而盡，實際上仍是在維護其他封建地主的利益，並不是為真正的貧農著想。劇中寫的「平冤獄」也是編造的，真正的目的是呼應先前黨內反對派刮過的「單幹風」「翻案風」，要拆掉人民公社的台，以恢復地主、富農的罪惡統治。總之，這齣戲是從資產階級觀點編造的故事，歪曲史實，「並不是芬芳的香花，而是一株毒草。……影響很大，流毒很廣。」。

北京市委書記兼中央書記處二把手彭真，也就是吳晗的上司，鄧小平的副手，看出這篇文章不但影射先前彭德懷對毛的批評，也直接針對劉少奇，因而禁止北京各報轉載，同時阻止全國各地報章雜誌轉載。但他萬萬沒有想到，在這篇文章背後的指導人竟是毛澤東。事實上，毛已經花了九個月與張春橋、姚文元兩人討論，又親自不斷地修改。毛又為此派妻子江青到上海負責聯絡。彭真拒絕轉載文章，使得毛震怒，直接跳出來指責北京市委是一個獨立王國，「一根針也插不進，一滴水也潑不入。」彭真只得同意報刊轉載，但已經太晚，不久後就被撤職，遭到軟禁。

毛同時下令將中央辦公廳主任、解放軍總參謀長、中宣部長一併撤職，將三人與彭真一起打成同一個反黨集團，改派自己信任的人取代。國防部長林彪這時表態支持毛，說：「文藝這個陣地，無產階級不去占領，資產階級就必然去占領。」。毛大喜，在次年五月指示發出〈五一六通知〉，將原本已有的一個「中央文革小組」全面改組，以陳伯達為組長，江青為副組長，康生為顧問，其他成員有張春橋、姚文元、王力等。這是中國在此後十年內極為重要的一個權力機關，凌駕其他黨政機關之上。〈五一六通知〉裡有一段極為重要的文字：

> 混進黨裡、政府裡、軍隊裡和各種文化界的資產階級代表人物，是一批反革命的修正主義分子。一旦時機成熟，他們就會奪取政權，由無產階級專政變為資產階級專政。這些人物，有些已被我們識破了，有些則還沒有被識破，有些正在受到我們信用，被培養為我們的接班人，例如赫魯雪夫那樣的人物，他們現正睡在我們的身旁。

大字報、紅衛兵、劉鄧倒台

為了要徹底整肅劉少奇等修正主義分子，毛決定發起大規模的群眾運動。用什麼人來掀起群眾運動呢？毛決定利用涉世未深而血氣方剛的青少年學生。

康生首先派妻子曹軼歐到北京大學去調查，並吸收了哲學系的書記聶元梓。五月二十五日中午，聶元梓在北大校園貼出第一張大字報，強烈攻擊北大校長、副校長，以及北京市委負責大學教育的一名書記。到了傍晚，北大張貼的大字報已經超過一千五百張。大字報運動從此在全國各校延燒。五月底，北京有幾名中學生在大字報上署名「紅衛兵」，全國學生從此都自稱「紅衛兵」。許多紅衛兵都認為毛主席是偉大的領袖，神聖不可侵犯，又以為毛主席遭到修正主義圍攻，處境危險，所以必須一起來保衛毛主席。

六月中，毛指示國務院通令全國各大、中、小學一律停課，學生全部投入文化大革命。北京各大院校也和

圖 15.1 天安門廣場的紅衛兵

圖 15.2 文革中紅衛兵批鬥叛徒、反革命分子

北大一樣，各自出現像聶元梓一樣的學生領袖，例如清華大學的蒯大富。他們率領學生們批鬥校方的領導和教授，予以體罰，或暴力對待。有少數領導和教授頂不住，就自殺了。劉少奇和鄧小平獲報後派工作組到校園裡維持秩序，毛卻說：「凡是鎮壓學生的人，都沒有好下場。」命令劉少奇、周恩來和鄧小平自我檢討，並撤出派到學校裡的工作組。劉少奇回到家後，與家人抱頭痛哭，知道大禍即將臨頭。

八月八日，中共中央發布《關於無產階級文化大革命的決定》，宣稱文革是「一場觸及人們靈魂的大革命」。毛接著將政治局原有的四位副主席全部趕下台，指定林彪為唯一的新任副主席。鄧小平主持的中央書記處也被撤除，由中央文革小組取代。

「革命無罪，造反有理」「打倒一切牛鬼蛇神！」

八月中，毛在天安門廣場接見全國各地蜂擁而至的紅衛兵，據估計達到二百萬人。林彪在大會上說，文化大革命就是要「破四舊」，包括「舊思想、舊文化、舊風俗、舊習慣」。毛前後在天安門接見了八次紅衛兵，超過一千二百萬人。由於毛主席說「革命無罪，造反有理」，又鼓勵革命小將要「敢」字當頭，紅衛兵運動的暴力傾向從此無人可以阻擋。

毛又表示希望紅衛兵到各地去串連，國務院於是下令提供所有的紅衛兵串連免費坐車，免費吃住。紅衛兵運動遂如野火燎原。原本林彪在部隊裡發行《毛主席語錄》，到這時已經是人手一本。紅衛兵天天讀這本小書，把它當作是毛主席的化身，「早請示，晚匯報。」每人身上也都戴著一個毛主席像章。

為了要破四舊，紅衛兵在全國各地砸毀廟宇、博物館及各種古蹟，單單北京市就有將近五千處。也有紅衛兵趕到山東曲阜，「徹底砸爛孔家店」。紅衛兵越來越暴力，聲稱要「打倒一切牛鬼蛇神！」。一九六七年元旦，一群紅衛兵闖進中南海劉少奇的宅院，暴力批鬥劉少奇和他的家人。不久後，鄧小平、彭真、陳毅等人及其家屬也都被逼跪在地上忍受批鬥、侮辱及毆打。

上海「一月風暴」及北京「二月逆流」

毛澤東發動的群眾運動中，紅衛兵只是第一波。一九六六年十一月，上海有一名工人王洪文領導十七個工廠成立了一個「上海革命造反工人總司令部」（簡稱「工總司」），獲得毛的讚許。但上海市委也另組一個工人團體，與工總司對抗。雙方在一九六七年一月爆發全國第一次真槍實彈的「武鬥」。毛卻在事後迫使上海市委書記認錯，又成立「上海市革命委員會」以取代上海市委，由張春橋和姚文元分別出任主任和副主任。全國各地於是紛紛組織造反派，起來向當權派奪權。依照毛的話，就是：「到處打，分兩派。每一個工廠分兩派，每一個學校分兩派，每一個省分兩派，每一個縣分兩派，每一個部也是這樣。……天下大亂了。」但毛認為無所謂，因為「大亂之後，才有大治。」因而，全國各地都發生武鬥，接近全面內戰。但無論是造反派奪權成功，或當權派獲勝，都必須取得中共中央的承認才能成立「革命委員會」。

中共中央接著發動一個「清理階級隊伍運動」，其目標是清洗走資派、黑五類、叛徒、特務、搞派性分子，以及對毛主席不敬、對共產黨不夠忠誠的「壞人」。實際上，好人、壞人如何分別並沒有一定標準，各地的革命委員會正好利用來報復對手，斬草除根。據估計，全國因而約有三千六百萬人遭到迫害，其中七十萬人被殺，或被迫自殺。

正當紅衛兵運動如火如荼時，老帥們大多擔心，懷疑毛主席是要把所有的老幹部都打倒。老帥的子女們也都發現父母竟是文革的對象，因而集結成立一個特殊團體，公安部卻將其中一百多人逮捕入獄。老帥們更是憤怒。一九六七年二月，周恩來請老帥們在中南海開會，老帥紛紛發難，場面火爆，史稱「二月逆流」。葉劍英、陳毅、賀龍等人斥責文革小組，說：「你們把黨搞亂了，把政府搞亂了，把工廠、農村搞亂了，你們還嫌不夠，一定要把軍隊搞亂？這樣搞，你們想幹什麼？」「難道我們這些人都不行了，要蒯大富這類人來指揮軍隊？」「早知道有今天，我就不參加革命，不參加共產黨，不該跟毛主席四十一年。」毛得到報告後，大怒，命令部分老幹部自我檢討。不過他也怕老帥們聯合起來反抗，後來還是下令釋放獄中的高幹子弟。

從武漢事件、英國代辦處風波到紅衛兵運動的結束

在各地造反派和當權派武鬥中，規模最大的是一九六七年七月爆發的「武漢事件」，震驚全國。當時文革小組的代表王力鼓動造反派集結，共數十萬人，與當權派擴大編組的「百萬雄師」對抗。雙方大戰一觸即發。周恩來和毛分別祕密趕到武漢，命令當權派的首領武漢軍區司令陳再道認錯。不料當權派中有一部分人拒絕認錯，竟毆打陳再道，又劫持王力。周恩來怕群眾失控，請毛緊急搭飛機逃走，又請陳再道協助，把王力救出來，然後才飛回北京。陳再道隨後到北京，立刻遭到軟禁。武漢百萬雄師於是崩潰，造反派大獲全勝。

紅衛兵也攻擊外國人。舉幾個例。北京的紅衛兵強行將蘇聯大使館前的街道改名為「反修路」，並在館前

示威。紅衛兵又攻擊法國駐北京使館的館員及眷屬，理由是法國軍警取締中國紅衛兵在巴黎舉行的示威活動。八月下旬，在武漢事件中逃過一劫的王力又挑撥兵一萬多名紅衛兵包圍英國駐華代辦處。有人衝進去放火焚燒，毆辱館員，猥褻女眷，又強迫他們遊街示眾。紅衛兵的行為和清末的義和團幾乎是同一個模樣。英國外相發電報質問中國外交部長陳毅，但陳毅也被紅衛兵前後批鬥了不知多少次，早已憔悴不堪。周恩來無可奈何，檢具證據呈報毛澤東。毛在武漢事件時其實已經有所警覺，收到周恩來的報告後更是發怒，說王力是一株「大大的大毒草」，下令逮捕王力和其他多名極左派分子，全部關進北京秦城監獄。極左派於是倒台。

一九六八年五月，清華大學又有兩派紅衛兵武鬥，導致千餘人受傷，二十人死亡。北京其他各校也都發生大規模的武鬥。到了此時，毛其實已經在考慮停止紅衛兵運動，因而派出一支三萬人的工人宣傳隊，開赴各校維持秩序。不料蒯大富竟率領清華紅衛兵攻擊工宣隊，導致數百人受傷，五人被殺。毛大怒，直接命令紅衛兵都停止武鬥，又派軍隊接管學校。紅衛兵運動於是劃下休止符。

「牛棚」「五七幹校」及「上山下鄉運動」

文革開始後不久，北京各校的紅衛兵和工廠工人就私設變相監獄，稱之為「牛棚」，或「黑幫大院」，用以關押「牛鬼蛇神」。被拘禁的人大多遭到辱罵、批鬥及毆打，又被迫參加勞改。武鬥開始後，也有許多被鬥倒的當權派被下放到所謂的「五七幹校」，在其中學政治，學軍事，學文化，學農業生產，學辦中小工廠。五七幹校通常設在偏遠的農村裡，學員被要求從事體力勞動，包括養豬、種菜、挑糞、掃廁所等，有的還攜家帶眷；據估計總共有數十萬人。

當毛澤東宣布停止紅衛兵運動時，全國的大學已有三年沒有招生，也不打算繼續招生。但三屆的初、高中學生加起來有數百萬人，既不能升學，也沒有工作可做。毛於是在一九六八年底發出一項指示，說：「知識青年接受貧、下、中農的再教育，很有必要。要說服城裡的幹部和其他人，把自己的初中、高中、大學畢業的子女送到鄉下去……」一場轟轟烈烈的「上山下鄉運動」於是展開。

直接地說，這場運動主要是用以掩蓋大批年輕人失業的事實。知識青年（簡稱「知青」）大多被下放到農村插隊落戶；也有人到工廠裡去當工人；又有人參加「生產建設兵團」，那是一種工、農、兵合一的軍事化團體。許多人被發配到邊疆，如黑龍江、新疆、內蒙古。其中大多生活條件惡劣，無法自給自足，也有被虐待，更有每年上萬名女知青遭到強姦。據估計，在文革期間共有超過一千六百萬名知青被迫上山下鄉。

文革的影響是史前無例的。「牛棚」「五七幹校」及「上山下鄉」對於知識分子和青年學生們而言，尤其不堪回首。文革結束後，中國的文學作品中極大部分就是以有關文革及這些傷痛的回憶為主要題材，統稱為「傷痕文學」。

美國的反戰運動及越戰越南化

正當中國的紅衛兵運動狂飆時，西方世界的青年學生也掀起叛逆抗爭的風潮。一九六八年尤其是風潮的頂點。但兩者的性質其實有很大的差別，最主要在於，前者是當政者利用學生作為政治鬥爭的工具，而後者是學生自動自發的反政府運動。

在美國，全國學生先是投入反戰及反政府運動，後來又轉為反體制、反社會、反文化，並吸食大麻和迷幻藥，追求性開放。嬉皮成為一種流行的新風尚。法國也接著爆發「五月革命」。數萬名大學生占領學校，進行反越戰示威遊行，有一部分人高舉著越盟主席胡志明和古巴革命英雄格瓦拉的肖像。歐洲其他各國也莫不發生激烈的反戰、反政府運動。在日本，各大學學生紛紛成立戰鬥組織。光是東京一地就有五十幾所大學被學生占領。學校當局召來警視廳機動隊，學生們戴上頭盔，臉上蒙著毛巾，向警察投擲石塊和汽油彈，警察以水龍和催淚瓦斯驅散學生。

美國的學生為什麼反戰呢？事實上，美國民眾原本大多支持政府，不過當電視及新聞媒體從越南戰場上漸漸傳回來報導，有一部分人已開始懷疑這場戰爭的正當性。一九六五年十一月，美國有一位名叫莫里森（Norman Morrison）的中年人為了表達對政府的抗議，竟以汽油澆在自己身上，引火自焚。反戰運動從此風起雲湧，而以各大學學生為主。越是著名的大學，學生越是激烈反戰。許多年輕人公開焚燒徵兵令。國防部長麥納馬拉早已認定越戰無望，這時又承受極大的壓力，因而向詹森總統建議與北越和談，並且在一九六七年十月反戰運動達到高潮時突然辭職。

詹森總統在民意的壓力下心神俱疲，決定不再競選連任。前總統甘迺迪的弟弟羅伯·甘迺迪原本有厚望，不料又繼其兄長被槍殺身亡，其真相至今也同樣不明。共和黨候選人尼克森最後獲選為總統，於一九六九年一月就任。美國這時在南越一年的戰費已經達到三百億美元的天文數字，每年又有超過一萬名士兵戰死，傷者五、六倍。尼克森和國家安全顧問季辛吉（Henry Kissinger）都認為美國無法繼續長期承當這樣的重擔，於是決定與越共和談，同時進行「越戰越南化」。具體地說，就是逐步從越南戰場撤出美軍，而把槍械、大砲、飛機、船艦及其他戰略物資都移交給南越軍，使其自行對抗北越。

一九六九年九月，胡志明病逝，遺言「毋忘南方」。實際上，胡志明早在一九六〇年就將越共總書記的位置讓給黎筍。黎筍與范文同等人對美國的態度極為強硬，要求美國無條件撤軍，不接受任何其他條件。尼克森和季辛吉認為，如要北越上談判桌，就必須取得其背後的蘇聯及中國的支持。不過美國與蘇聯雖有聯絡，與中國卻從韓戰起就互相敵對，沒有任何對話。

從珍寶島事件、「上海公報」到中共進入聯合國

尼克森其實原本是以「反共」著稱，但在競選總統之前就已發表了一篇令人驚異的文章，其中主張美國應當與中國接觸，不能再漠視中國的存在，更不可能「把擁有數億人口的中國永遠摒除於國際社會之外」。尼克森在就任總統之後，更明白地表示要與中國修好。對此周恩來謹慎地表示歡迎。

一九六九年三月，中國突然在東北邊界烏蘇里江中的珍寶島與蘇聯爆發三次武力衝突。規模一次比一次大。幾個月後，雙方又在新疆地區交界處爆發衝突，並且不斷地增兵，到八月時各自的軍隊都已超過五十萬人，有無數的飛機、坦克、大砲陳列在邊境上。蘇聯軍方強硬派強烈建議以核武對付中國，但布里茲涅夫與總理柯錫金（Alexei Kosygin）認為必須慎重，命令探詢美國的態度。

事實上，這時中國的核武技術還很落後。中國雖然在一九六四年十月於新疆羅布泊試爆原子彈成功，蘇聯卻比這更早三年就由沙卡洛夫（Andrei Sakharov）領軍的團隊完成核彈試爆，其威力是原子彈的二十倍。但尼克森和季辛吉都認為中國是一張可以用來對付蘇聯的牌，不應放任蘇聯將中國打趴在地上，因而對蘇聯表示反對動用核武，又授意媒體刊登蘇聯意欲對中國不利的報導。中國大驚，急忙疏散黨政要員到各省偏鄉去避難。布里茲涅夫大怒，自認被尼克森出賣。

美國不斷地表態也使得中國開始體認必須聯美反蘇，不過雙方仍未能正式接觸。一九七一年四月，中國派國家乒乓球代表隊到日本參加世界錦標賽，這是文革爆發後中國第一次派運動員出國參加比賽。美國的乒乓球隊也參加這次比賽，並向中國隊表示希望能訪問中國，沒想到很快就獲得中國邀請。這是韓戰後雙方的第一次接觸，是個破冰之旅。「乒乓外交」之後三個月，季辛吉又祕密飛往北京，突然和周恩來一同出現在媒體面前。世界各國無不驚訝。季辛吉聲稱此行是為尼克森訪問中國做準備。他的準備事項之一就是在當年十月把中

圖 15.3　毛澤東會見尼克森

共送進聯合國，而把台灣踢出去。

相較中國大陸，台灣只不過是彈丸之地，所以從國民黨退守台灣之後，在聯合國裡的地位就岌岌可危。聯合國大會每年都進行投票，表決是否要將台灣趕出去。但贊成留住台灣的國家一年比一年少，反對的一年比一年多。美國認為這樣下去總有一天台灣會被趕出去，所以早在一九六一年就建議台灣政府考慮「兩個中國」的方案，以不同的國名加入聯合國。英國也表示贊成。不料蔣介石堅決不肯接受，又將勸其接受「兩個中國」的外交部長葉公超撤職。等到季辛吉訪問中國，蔣介石才知道事態嚴重，表示不再堅持，卻已錯失了十年良機。

一九七二年二月，尼克森如願訪問北京，見到毛澤東，又與周恩來一起在上海發表公報，其中有一段重要的文字：「美國認知（acknowledge）台灣海峽兩邊所有的中國人都認為只有一個中國，台灣是中國的一部分。美國對此一立場沒有異議，但重申其對由中國人自己和平解決台灣問題的關心。」不過雙方並未立刻建交，相約留待尼克森的第二任期再進行。

美國在越南、寮國、柬埔寨的持續困境

美國與中國交往對結束越戰其實並沒有什麼幫助。北越對中國早有敵意，只是因為還要倚賴中國的援助，不得不暫時隱忍。美國只好繼續支持南越對抗北越，並支援寮國及柬埔寨的反共戰爭。以下分別敘述。

先說寮國。回溯日內瓦會議之後，梭發那．富馬和蘇發努．馮兄弟同意成立保皇派及共產黨的聯合政府，但不過幾年又爆發內戰。美國和蘇聯各自以飛機運來各種輕、重武器，北越也增兵到寮國。由於寮國皇家陸軍不堪作戰，美國CIA決定祕密徵集苗族土著參戰，從數百人一路增加到數萬人，由著名的苗族將軍王寶（Vang Pao）率領。寮國內戰從此迅速升高。

再說柬埔寨。一九七〇年一月，施亞努在一次政變中被首相龍諾（Lon Nol）罷黜，流亡到北京。他公開指控CIA在背後指使政變，號召成立「民族統一陣線」，向龍諾政府宣戰。北越立刻表示支持，派軍隊與中共所扶植的波布（Pol Pot）所領導的柬共（或稱赤柬、紅色高棉）並肩作戰。尼克森也下令從南越調派三萬美軍，與南越軍共同進入柬埔寨。尼克森此舉引發國內更激烈的反戰運動，有數百所大學學生參加。

一九七一年二月，美軍又以直昇機載送一萬七千名南越軍進入寮國。美國國會對於美軍擴大出兵到柬埔寨、寮國大發雷霆。尼克森被迫從兩國撤軍，自知已無法打勝這場仗，只得更積極地尋求和談，不過在戰略上是對北越進行密集的大轟炸，以戰求和。一九七三年一月，季辛吉終於和北越代表黎德壽簽訂了《巴黎和平協定》。雙方同意立即停火，美國同意從越南撤軍，北越同意阮文紹繼續執政，但堅持南越必須在一定期間內舉行自由選舉，並接納民族解放陣線代表參選。

西貢、金邊及永珍的淪陷

《巴黎和平協定》的內容其實對南越極為不利，阮文紹卻不得不在上面簽字，因為尼克森說無論他同不同意，美國都要與北越簽約。但簽約後南、北越都無視於停火的協議，仍是不斷地戰鬥。

一九七三年十一月，尼克森連選獲得連任美國總統。但他的部屬在競選期間涉嫌偷偷地闖入民主黨競選總部水門大廈，又進行非法竊聽。「水門醜聞案」（Watergate Scandal）後來曝光，重傷尼克森，案情又漸漸升高，燒到尼克森自己。阮文紹這時到白宮訪問，卻發現尼克森已經失魂落魄，心不在焉。他的結論是不能再遵從美國的指示。然而，美國國會在水門案後決定削減援助南越的經費，一九七三年還有二十一億美元，在其後兩年竟分別被砍成十四億及七億，對南越政府及民心士氣打擊極大。尼克森後來被迫辭職，繼任的副總統福特（Gerald R. Ford, Jr.）也沒有意願支持南越。阮文紹政府搖搖欲墜，離崩潰已經不遠。

一九七五年一月，北越軍大舉南下，在三個月內攻陷南越十個省。赤柬也與北越軍同步出兵，於四月十七日攻破金邊，又立即處死所有前政府的官員和眷屬。第二天起，赤柬強制驅趕金邊市民到鄉村，不從者一律處死。一路上死人無數，屍體堆積如山。美國政府及國會議員被金邊的慘劇震驚，立刻發起對南越提供緊急的「人道救援」，派軍艦和飛機協助撤出南越政府的官員及其家屬，共十四萬人，其中大部分到美國定居。四月三十日，越共軍隊長驅直入西貢，越戰就此結束。越共接著處決數以千計的反動分子，將數十萬名前南越政府人員關入勞改營。若無美國在先前發起海空大救援，無疑將有更多的悲劇發生。

金邊及西貢淪陷後，巴特寮也加緊進攻寮王國。苗族部隊被擊潰，逃往泰國。寮國首都永珍也在八月淪陷了。越南、柬埔寨及寮國在此後究竟如何發展，本書將在第十七章再為讀者說明，以下先回來敘述中國的文化大革命。

林彪逃亡，鄧小平復出

一九七一年九月，中國突然爆發「林彪叛逃事件」。依據中共官方的說法，林彪和他的妻子、兒子密謀殺害毛澤東不果，一家人緊急搭乘一架軍機，企圖逃往蘇聯，結果飛機在外蒙古墜毀，機上所有人全部罹難。不過有許多史家相信，林彪並沒有想要謀害毛澤東，只是心中害怕，不得不逃亡。

回溯文革前，林彪在軍中為毛展開造神運動，功勞極大，在文革時又為毛保駕護航，毛因而在一九六九年四月召開「九大」時欽點林彪為接班人。然而，當初劉少奇也曾被指定為接班人，卻在九大前被開除黨籍，不久後病死，死時沒有一個家人在身邊。林彪自然知道被指定為接班人未必是好事，一再以身體有病為由堅辭，最後卻仍是接受了。

一九七〇年八月，中共在廬山舉行大會，其中討論到有關國家主席的存廢問題。由於劉少奇死後留下國家主席的位置，毛早已表示希望予以廢除，又說自己也不想當。林彪卻建議應由毛兼任。不料此事在分組討論時引發軒然大波。陳伯達率先強烈攻擊張春橋不讓毛主席當國家主席，又以對毛不敬等罪名攻擊他，許多與會者紛紛發難。江青卻帶領張春橋、姚文元立即向毛投訴，結果毛勃然大怒，命令停止討論國家主席問題，並怒責林彪。毛又親自寫了一篇文章，痛斥陳伯達，命令將他關入秦城監獄。

中共內部在九大後其實已經形成兩個對立的集團，分別以江青及林彪為中心。廬山會議後，毛無疑已經決定要整肅林彪集團。不久後，毛開始重組軍委和北京軍區，將屬於林彪系統的人馬全部拔除。林彪自認越來越危險，只好舉家逃亡，卻未能逃離。但林彪事件對中共的威信是一次重擊。先前劉少奇是國家主席，卻在文革時被批鬥而死。林彪一向也被宣傳是毛主席的「親密伙伴和接班人」，如今竟被指為「叛國投敵」。許多百姓私下談論時都說以後無論政府說什麼都無法相信。

當劉少奇被開除黨籍時，江青曾提議一併開除鄧小平的黨籍。但毛堅持不肯，只同意解除他的所有職務。必須指出，鄧小平如果被開除黨籍，日後就不會有機會復出，中國的歷史恐怕必須改寫。鄧小平獲知林彪事件後，連續寫了三封信給毛，請求允許「為黨做點工作」。毛遲疑很久，最終同意了。一九七三年四月，周恩來為柬埔寨前國王施亞努舉行國宴，鄧小平以副總理的身分參加，復出後第一次露面，消息立刻轟動全世界。

周恩來、鄧小平與四人幫的鬥爭

但毛並不是請鄧小平回來做接班人。鄧小平復出後四個月，毛召開「十大」，破格提拔王洪文為第二副主席，僅次於周恩來，一般認為就是要王洪文接班。但王洪文這時只有三十八歲，在許多老帥的眼裡還是「剛剛斷奶」的小孩，很難被接受。王洪文因而和江青、張春橋、姚文元聯合，企圖打擊周恩來，排擠鄧小平。一九七四年一月，江青獲得毛同意發起一個「批林批孔」運動。批林，是藉此消除林彪餘黨的勢力。批孔，是藉批評孔子而攻擊反動分子，實際上是針對周恩來。但黨員及一般民眾對這樣的政治運動越來越反感。

同年四月，鄧小平奉命前往美國出席聯合國大會。鄧小平在大會中依毛的意思發表「三分世界論」演講，說現在的世界存在著三個世界：美國、蘇聯是第一世界，發達國家是第二世界，其他亞、非、拉和其他地區的發展中國家是第三世界，而中國屬於第三世界。他又說：「中國現在不是，將來也不做超級大國。什麼叫超級大國？超級大國就是到處對別國進行侵略、干涉、控制、顛覆和掠奪，謀求世界霸權的帝國主義國家。」

當時周恩來因罹患癌症，已經病重住院，卻仍在批公文，又得分心應付江青等人的攻擊。毛對此也不以為然，曾有一次當眾警告江、王、張、姚四人不要搞「四人幫」。此後「四人幫」的稱號就不脛而走。

由於周恩來病勢越來越嚴重，毛在鄧小平回國後就命令他代理周恩來的各項職務，實際上從一九七五年初起已是中共的主政者。此後一年中，其所推動的方向主要在於整頓軍隊，整頓交通，整頓工業，等等。鄧小平為什麼要講「整頓」？因為經過了九年文革之後，中國已經一片混亂，千瘡百孔。

以軍隊為例，鄧小平決定要分三年裁軍，從六百一十萬減為四百五十萬，同時翦除他認為派性強而無紀律的軍官。關於交通方面，萬里奉鄧小平之命擔任鐵道部部長，以鐵腕措施整治，竟在兩個月內就使得癱瘓已久的全國鐵路全線通車，暢行無阻。此外，鋼鐵、煤炭、油電和其他民生工業也一一恢復。中國的經濟迅速地出現復甦的跡象。此外，接任中國科學院院長的胡耀邦下令把先前被下放勞改的科學家都召回來。文革期間國家只強調「紅」，胡耀邦卻改以「專」為任用人員的標準。

然而，無論鄧小平的權力有多大，源頭還是在毛澤東。毛這時雖然行將就木，但只要說一句話，鄧小平不免還是要粉身碎骨。毛也深怕鄧小平又把國家帶向「走資派」的路，所以默許四人幫與鄧小平作對。一九七五年九月，鄧小平與江青在山西省的「農業學大寨」會議中發生衝突。鄧小平說要提高生產效率，江青卻說不要忘了階級鬥爭。四人幫向毛澤東告狀，說鄧小平從來沒有說過一句贊同文革的話，恐怕有回復到文革前體制的危險。毛大為不安，決定要逼使鄧小平再次自我檢討。但鄧小平無論如何都不肯認錯，因而被停職，也無法保護跟隨他的部屬。其中教育部長周榮鑫原本奉鄧小平之命重開停辦多年的大學，結果不但被撤職，又在生病住院後被拉出去批鬥五十幾次，最終不幸去世。

文革結束——毛澤東逝世及四人幫倒台

一九七六年一月，周恩來病逝。四人幫以中共中央的名義下令迅速將遺體火化，追悼會從簡，通知外國不必派代表來致祭，也不准百姓參加。百姓只能自設靈堂，或在北京街道上為周恩來送行。鄧小平被允許參加追悼會，隨後又被軟禁。毛這時出人意外地發布以華國鋒為代總理。華國鋒既無資歷，又非出類拔萃，但毛知道不能用四人幫，其他幹部又多年邁體衰，只好用他。

清明節前，大批北京百姓開始聚集在天安門廣場，並帶來紀念周恩來的花圈、輓聯，人數竟超過兩百萬。北京市政府卻在晚間派人將廣場上的花圈全部移除。群眾大怒，縱火燒車，但被軍警強迫散去。毛下令罷黜鄧小平所有的職務，並將華國鋒真除為總理。四人幫要求毛將鄧小平開除黨籍，毛卻還是拒絕。

到了七月，離北京不遠的唐山市突然發生強烈的地震。據官方統計，造成二十四萬人死亡。中國的歷史記載及民間流傳，一向都說大地震是改朝換代的徵兆。九月九日，毛主席竟真的「駕崩」了。不過他在死前並沒有什麼特別指示，只是在四月底交給華國鋒一張紙條，上面歪歪斜斜地寫著「慢慢來，不要著急」「照過去方針辦」「你辦事，我放心」。對華國鋒來說，其實最後六個字已經足以讓他接班。但有跡象顯示四人幫已經等不及要奪權，華國鋒因而和李先念、葉劍英、汪東興等人緊急會商。

事實上，老帥們早就預備要動手，只是在等毛嚥下最後一口氣，四人幫因而在毛去世不到一個月後就被捕。當「粉碎四人幫」的消息公布後，中國人民無不欣喜若狂，紛紛湧上街頭慶祝。歷經十年磨難的文革終於結束。

第十六章

布里茲涅夫統治下的蘇聯及東歐

關於共產黨的一黨專政，曾有學者歸納總結，說那是「以國治民，以黨治國，以各級黨部治黨，以政治局（或主席團）治各級黨部，以一人治政治局（或主席團）。」既是以黨治國，如果黨的基礎受到破壞，所有依附於黨的黨員、各級幹部及高官都將無法生存。

赫魯雪夫之所以被罷黜，根本的原因正是他完全否定史達林，對其歷史罪行不斷地刨根究底，把一尊原本是神聖不可侵犯的神祇說成是罪惡滔天，其結果是人們對共產黨的合法性越來越懷疑。所有他的政敵、同志、屬下，甚至他一手提拔的徒弟們，大多認為他已成為蘇共的掘墓人。因而，赫魯雪夫並不是人民推翻的，而是由一群「史達林主義者」擁戴布里茲涅夫共同推倒。也因此，布里茲涅夫上台後就沒有什麼選擇，只能回復史達林時代的所有作法。

布里茲涅夫與「史達林主義」

布里茲涅夫出生於現今的烏克蘭（Ukraine），在家鄉的大學裡讀工程科系畢業。他在從軍退伍後轉任地方書記，又在一九五三年轉回紅軍，擔任總政治部副主任。正是在此時，他和朱可夫及一眾高級軍官埋伏在中央主席團開會的隔壁房間，協助赫魯雪夫和馬林科夫一舉逮捕貝利亞。此後他擔任哈薩克第一書記，協助赫魯雪夫在西伯利亞處女地進行墾荒，同時支援蘇聯導彈及核武發展計畫。布里茲涅夫後來又支持赫魯雪夫鬥倒馬林科夫，此後便步步高陞，於一九六〇年起擔任最高蘇維埃主席，不過這個位置並沒有實權。

當時真正掌權的蘇共第一書記赫魯雪夫屬意的接班人也不是布里茲涅夫，而是蘇共第二書記科茲洛夫（Frol R. Kozlov）。不料科茲洛夫在一九六三年突然中風，赫魯雪夫於是決定請布里茲涅夫接任第二書記。在他的認知中，這已有讓布里茲涅夫接班的意思。不過他又請布里茲涅夫把最高蘇維埃主席的位置讓給米高揚，這是因為他在執政後期堅持一個原則，一人不得兼任兩個重要職位。但一般認為，布里茲涅夫對此極為不快，可能因此決定加入反赫魯雪夫的政變集團。

布里茲涅夫從一九六四年起擔任蘇聯的領導人，一直到一九八二年，共十八年，是在位期間第二長的蘇共領導人，僅次於史達林。如前所述，他的施政其實很簡單，就是把所有赫魯雪夫執政時的所作所為全部打掉，按照史達林時代的一切重建。其中最重要的就是恢復史達林的名譽，因此所有有關史達林的罪行的調查一律停止，也停止平反。赫魯雪夫說史達林在二次大戰之前及戰爭期間犯了種種不可原諒的錯誤，導致戰爭初期大敗，布里茲涅夫便請朱可夫及昔日的紅軍將領出面澄清，說史達林是一名英明、卓越的統帥。

一九六六年，蘇共召開二十三大，通過重設政治局、第一書記改回為總書記。赫魯雪夫導入的一些「惡政」，如有關強迫高級軍官退休，強制地方分權，實施農業州委、工業州委分工，以及「系統性更換幹部」等，一概停止。至於蘇聯在政變前及政變後有關意識形態的變化，以下就以著名的作家索忍尼辛（Aleksandr Solzhenitsyn）的遭遇來對照。

「解凍」及「再凍」——索忍尼辛及沙卡洛夫的遭遇

索忍尼辛原籍高加索，在二次大戰時加入紅軍，曾因戰功獲得紅星勳章，不過漸漸對蘇聯政權及史達林的道德基礎產生懷疑。戰爭結束前三個月，索忍尼辛因為寫信給朋友被截獲而遭到逮捕，成為勞改營裡的政治犯，一直到赫魯雪夫批判史達林之後才被釋放，前後十一年。但他在勞改營中竟能排除萬難，以無比的毅力把自己和獄友的種種遭遇寫成小說。

索忍尼辛重獲自由後，與蘇聯最重要的一本文學雜誌《新世界》（*Novy Mir*）的總編輯特瓦爾多夫斯基（Alexander Tvardovsky）取得聯繫，請其出版他的一本小說，名為《伊凡・傑尼索維奇的一天》（*One Day in the Life of Ivan Denisovich*）。通過書中的主角傑尼索維奇的眼睛，索忍尼辛如實地述說他和二十幾名獄友們如何無辜被送入勞改營，如何遭到酷刑，如何永遠有做不完的粗重工作，如何為了要活下來而必須絕對服從所有不合理的規定及命令。

赫魯雪夫有一名助理是特瓦爾多夫斯基的朋友，將這本小說的樣稿讀給赫魯雪夫聽。赫魯雪夫聽後十分激動，邀米高揚一起聽，後來又召開主席團會議討論。除了蘇斯洛夫之外，其他人都沒有表示反對。一九六二年底，赫魯雪夫拍板批准該書出版。在此之前，雖然已有不計其數的人從勞改營中被釋放出來，有關勞改營內生活的公開報導卻很少。赫魯雪夫召見特瓦爾多夫斯基，說：「我們的後人會對我們做出評判，因為此事讓他們了解我們是處在什麼樣的情況下，我們繼承的是什麼樣的遺產。」特瓦爾多夫斯基回到雜誌社後向同事說：「冰雪消融了。」這一刻代表了赫魯雪夫推動「去史達林化」的最高峰。

然而，當赫魯雪夫被罷黜後，所有揭露、批評史達林的著作通通被禁止出版，又有許多文化及藝術工作者被捕。但索忍尼辛仍然繼續寫作，然後偷偷送到國外出版。他的名字在國外越來越響亮，在國內卻被逐出蘇聯作家協會。一九七〇年，索忍尼辛榮獲諾貝爾文學獎，卻更受到迫害，竟至無處可居住。當時有一位同樣來自高加索地區，聞名全世界的大提琴家羅斯托波維奇（Mstislav Rostropovich）卻無視當局的恐嚇威脅，收容他住在自己的家裡。

一九七三年，索忍尼辛的新作《古拉格群島》（*The Gulag Archipelago*）出版，其中敘述了兩百五十幾名曾經被關在集中營的犯人的悲慘遭遇。書中也探討集中營的起源，直接說列寧及共產黨都必須為此負責。《古拉格群島》是索忍尼辛最成功的一部著作，但也徹底觸怒了蘇聯當局。布里茲涅夫下令以「叛國罪」逮捕索忍尼辛，卻因西方國家的強烈抗議而不得不強制把他驅逐出境。第二年，羅斯托波維奇也決定流亡到美國。

蘇聯的知識分子在沙皇及史達林時代曾經發生兩波大流亡潮，索忍尼辛與羅斯托波維奇是第三波流亡潮的代表人物。另有一位沙卡洛夫更加有名。如前所述，沙卡洛夫是主導蘇聯發展核彈的關鍵人物，卻從五〇年代後期就擔憂核彈造成對人類危害，認為其中涉及道德問題。赫魯雪夫無疑也受其影響，所以積極與美國談判防止核武器擴散。但美蘇後來反目，核武競賽就停不下來了。布里茲涅夫上台後，沙卡洛夫被禁止參加核武發展的相關會議，但他又因為積極提倡人道主義而在一九七五年獲得諾貝爾和平獎。蘇聯當然不可能冒險讓全國最頂尖的核技術專家出國後不再回來，所以只准他的太太代表去挪威領獎。沙卡洛夫此後可說是位全世界最知名的異議分子，布里茲涅夫不敢對他如何，只能派祕密警察加強監視。

回顧吉拉斯與《新階級》

東歐各國和蘇聯一樣，也有異議分子。其中最著名的一位是南斯拉夫的吉拉斯（Milovan Đilas）。由於他的特殊身分及對共產主義的特殊見解，本書在此也要回顧他的故事。

圖 16.1 狄托（左）與吉拉斯（右）

吉拉斯生於黑山（Montenegro），是後來南斯拉夫聯邦共和國之一。他在大學時就滿懷理想，決定加入共產黨，卻因而被捕入獄，遭到酷刑。但吉拉斯矢志革命，不改其志，不到三十歲就已成為南斯拉夫共產黨的政治局委員。狄托領導游擊隊對抗軸心國侵略時，吉拉斯是他的最重要伙伴之一，主要負責報紙及宣傳。當狄托與史達林決裂時，吉拉斯又堅決地與狄托站在一起。南共組織內公認他是狄托未來的接班人。

然而，吉拉斯的思想與狄托及其他同志截然不同。一九五三年十月起，吉拉斯在他主持的報紙上連續發表十幾篇被認為有「修正主義」傾向的文章。其中有建議從計畫經濟改為部分經濟自由化；有建議停止共產黨一黨專政，改採多黨制；又主張裁掉一部分阻擋改革的腐朽官僚。狄托和其他同志認為吉拉斯離經叛道，決定解除他在黨內和政府中所有的職務。但吉拉斯自行退黨，並對外國媒體放話批評政府。蘇聯在一九五六年鎮壓匈牙利時，吉拉斯又譴責狄托沒有聲援匈牙利。狄托無法忍耐，授意法院將他判刑坐牢。不料吉拉斯入獄前已經交付給紐約的出版商一份手稿，在一九五七年出版，書名為《新階級——共產主義的分析》（*The New Class-An Analysis of the Communist System*）。

吉拉斯自稱寫書的目的是要揭穿共產主義社會的真相。他說，在共產政權裡實施的不是平等主義，而是寡頭統治。在黨的官僚制度中其實已經產生一個新特權社會階層，他稱之為「新階級」。這些人利用職權獲得種種特殊的物質享受，貪汙腐化。《新階級》在西方世界獲得熱烈的迴響，被翻譯為三十幾種文字。他也因此被判處延長刑期，卻在牢中繼續寫作不輟，繼續送到國外出版，繼續被判刑，直到一九六六年才終於被釋放出獄。

吉拉斯為什麼要與昔日的同志割袍斷義，不惜讓自己從舒服的權力高峰自投於深淵，每日在牢裡擦地板和倒汙水？據他自己說，是受到良心的驅使。在另一本名著《不完美的社會》（*The Unperfect Society - Beyond the New Class*）裡，吉拉斯說：「共產主義下的所有權是一頭怪物，在形式上是社會的和國家的，實際上是由黨的官僚來管理和操縱，這是共產主義失敗的根由。」

吉拉斯從根本上也懷疑馬克思主義。他說：「在人類的思想史上，要找到比馬克思的自然辯證法更荒謬的東西是不容易的。但它卻幫助馬克思的理論在社會的鬥爭上發揮了大作用，這未免使人為人類及其智力嘆息。」對於馬克思宣稱他的研究成果是一種科學，吉拉斯也一樣懷疑。他說：「馬克思主義被當成『科學』，但沒有一個有地位的馬克思主義理論家是科學家。」

吉拉斯的遭遇實際上預告了十年後赫魯雪夫的命運，其不同點是赫魯雪夫只是否定史達林，吉拉斯卻完全否定馬克思的理論和共產主義。但兩人的思想及行為同樣都是嚴重地威脅到共產黨的集體安全及利益，因而必須予以壓制。蘇聯後來在一九六八年出兵到捷克，也是基於同樣的原因。

布拉格之春——捷克的悲劇

蘇聯的經濟在六〇年代其實已經下滑，甚至停滯，其他東歐國家也是一樣。其中捷克迫於國內人民的壓力，不得不於一九六六年推動「新經濟模式」，卻以失敗告終，國家瀕於破產邊緣。一九六七年七月，捷克作家舉行全國大會，許多遭到官方壓制的知名作家嚴詞抨擊共產黨的高壓統治。學生們接著走上街頭示威遊行，警察以棍棒和催淚瓦斯對付學生，引起更激烈的反抗。

次年一月，捷共在內部開會時決定撤換親蘇的第一書記，以敢言著稱的杜布西克（Alexander Dubček）代替，同時決議推動黨內民主，鼓勵自由表達意見；但為了要避免引起蘇聯干涉仍說要效忠馬列主義。各界批評時政的言論於是如百花齊放。杜布西克提出一個口號，要推動「帶有人性面孔的社會主義」。政府決定廢止新聞、雜誌的預先檢查制度，又宣告將保障人民的言論、出版、集會自由，平反政治犯。

在經濟政策上，捷克預備引進市場機制，強化與西方國家的經濟及技術合作。具體地說，捷克已經不想過份依賴發展重工業及軍事工業，也不想聽從蘇聯安排出口武器、彈藥、裝備去幫忙輸出革命，而只想改為生產西方市場所需的消費性商品，突破蘇聯對捷克與西方國家之間的隔絕。

一個帶有自由色彩的「布拉格之春」（Prague Spring）運動由此轟轟烈烈地展開。但在蘇聯看來，無疑是反革命，如果任由其進行而不干涉，終將導致蘇聯與東歐國家合組的經濟互助委員會及華沙公約都解體。三月，布里茲涅夫與若干東歐國家的領導人在東德舉行會議後，發布公報委婉地警告捷克不可脫軌。五月，杜布西克及其他捷共領導人奉召到莫斯科，卻還是不聽勸諫。六月，蘇聯與東歐各國在捷克周邊舉行軍事演習，但在演習結束後並沒有撤走軍隊。布里茲涅夫接著召集所有東歐國家領導人到波蘭開會，捷克卻拒絕出席。與會各國代表都對捷克的改革運動表示憂慮，深恐將會波及本國。保加利亞代表主張出兵干預。

在此關鍵的時刻，捷共政治局中有五名保守派委員聯合寫了一封信祕密交給布里茲涅夫，信中說「對黨有敵意的分子正在煽動民族主義風潮，蠱惑反共、反蘇心理。……社會主義在我國的存在，已經備受威脅。……唯有您的協助，捷克斯洛伐克社會主義共和國才能在迫在眉睫的反革命危險中脫困。」這封信給了布里茲涅夫及東歐各國領袖藉口，得以「應邀」出兵干預。南斯拉夫和羅馬尼亞雖然表示反對，已無法改變布里茲涅夫的決定。

八月二十一日凌晨起，華沙公約組織中的蘇聯及東歐四國軍隊五十萬人大舉入侵捷克。捷克軍隊無力抵抗，只得投降。一部分青年學生卻仍以赤手空拳抵擋入侵的軍隊，但終究無用。然而，仍有一群學生組織自殺隊，以抽籤方式挑出自願的人選。「第一號火炬」於一九六九年一月以汽油澆身，點火自焚。三天後，全國數十萬人到廣場上流淚參加他的葬禮。後來又有十幾個「火炬」相繼自焚，悲壯不已，卻還是無法拯救國家。

捷克事件的影響——「布里茲涅夫主義」出台

蘇聯出兵捷克震驚全世界，美、英、法等國在聯合國安理會提案譴責蘇聯，要求立即撤軍。但這時正是越戰的高峰期，美國也有數十萬軍隊在越南，因而在指摘蘇聯侵略捷克時理既不直，氣也不壯。不過英、法、義、芬蘭、挪威等國的共產黨都嚴厲譴責蘇聯，表示憤慨。在西歐國家裡，共產黨的勢力一般來說都很微弱，只有法國、義大利、芬蘭的共產黨在歷次選舉時都能獲得兩成以上的選票，其發聲不容忽視。

羅馬尼亞先前公然表示支持捷克，這時擔心蘇聯下令華約五國軍隊也轉而入侵，只得向中共求助。捷克事件發生後第三天正是羅馬尼亞的國慶日，中共總理周恩來於是應邀親自出席在羅馬尼亞駐北京大使館舉行的慶典，並發表講話，直接斥責蘇聯在捷克犯下滔天大罪，企圖用槍砲製造傀儡。周恩來又公開表示支持羅馬尼亞，等於警告蘇聯不許對羅馬尼亞動手。在場的蘇聯及其他東歐四國大使憤而退席。根據尼克森的回憶錄，他正是在這時聽到中國憤怒的聲音，察覺到美國應該有機會與中國聯手對付蘇俄，因而開始提出其主張，並在當選美國總統之後朝此一路線推進，其詳情已在上一章裡敘述。

由於國際社會的關注，杜布西克等人在被捕後並未被罷黜或處決，而是被送到莫斯科去和蘇共「會談」。蘇共軟硬兼施，迫使捷克代表簽下協議書，同意華沙公約軍隊在捷克駐軍，接受重新管控新聞媒體。十一月中，布里茲涅夫在波蘭共黨大會上發表演講，為蘇聯出兵辯解。他的講詞刊登在《真理報》上，其中說社會主義國家當然尊重所有國家的主權，堅決反對干涉別國的事務，但是「當一個單一的社會主義國家出現危機，構成『社會主義大家庭』整體的危機時，就已經不是一個國家的問題了。」西方世界所稱的「布里茲涅夫主義」於是出台，此後東歐再也沒有一個國家膽敢聲言要脫離社會主義陣營。

蘇聯最終迫使杜布西克辭去捷共第一書記的職務。其繼任者胡薩克（Gustáv Husák）此後任職長達二十年，一直到一九八九年東歐解體時才下台。

美、蘇的軍事競賽及兩輪限武談判

當初赫魯雪夫執政時其實已經決定翻轉過度發展國防及重工業的政策，而要同時發展民生所繫的輕工業。但布里茲涅夫上台後又回到老路，以發展國防及重工業為優先。捷克事件後，蘇聯又加強在東歐各國派駐重兵，以維持有效控制。美、蘇之間的核武、導彈及太空計畫的競爭在此後更是日趨白熱化。

發展核武的目的其實不只是在為未來的戰爭做準備，更是為了要威脅敵人。武器越厲害，對敵人的威脅越大，雙方就不敢輕啟戰端，和平因而是靠恐懼的心理維持的。但任何一方都怕自己的核武、導彈技術落後，所以要在質與量上不斷地擴充。布里茲涅夫掌政後，蘇聯的洲際導彈數量在十年內增加了六倍，達到總數一千六百枚。美、蘇也各自發展新型的反彈道飛彈，雙方都耗費鉅資，越陷越深，最後不得不坐下來進行「限制戰略武器談判」（Strategic Arms Limitation Talks，SALT I）。

一九七二年初，尼克森訪問中國後不久又飛到莫斯科與布里茲涅夫簽定《反彈道飛彈條約》，嚴格限制雙方設置飛彈的數目及設置地點。美中及美蘇之間的衝突因而同時獲得緩和。東西方進一步「和解」（détente）遂成為七〇年代世人的期望。一九七五年八月，就在越戰結束後不久，歐美三十七個國家共同簽定《赫爾辛基協議》（*Helsinki Accords*），其中的要點是尊重各國的主權及領土完整，確立和平解決爭端及不干涉他國內部事務的原則，以及尊重人權和思想、信仰、宗教的自由。

圖 16.2　布里茲涅夫與卡特簽 SALT II，後被美國國會否決

美蘇後來又繼續進行第二輪限武談判（SALT II），並由布里茲涅夫和卡特總統於一九七九年六月共同簽署新協議。然而，蘇聯在簽約一個月後就與古巴共同支持尼加拉瓜（Nicaragua）的桑定（Sandinista）解放陣線推翻右翼政府；過幾個月後，竟又直接出兵侵略阿富汗。美國國會因而否決卡特與布里茲涅夫所簽的協議。美蘇關係於是回復緊張狀態，雙方之間的武器競賽也騎虎難下。

蘇聯輸出革命是從列寧十月革命後就開始傳承的歷史使命，布里茲涅夫自然不能不繼續推動，這時主要的目標是在亞洲、非洲及拉丁美洲發動共產革命。關於共產勢力在這三個地區的發展，本書將在後面三章分別詳細介紹。不過此處必須先指出一點，蘇聯政權無論是輸出革命到哪裡，其所提供的武器彈藥及其他支援都花費鉅億，但花的都是窮苦的人民的血汗錢。

據美國的統計，蘇聯在一九七五年支付的軍費為一一四〇億美元，比美國的八百億元多四成。但蘇聯的國民所得遠低於美國，所以軍費占其國民所得12％，而美國只有6％。美國國防部長在國會中報告，說蘇聯生產的軍機數目比美國多一倍，軍艦多兩倍，坦克及導彈各多三倍。到了布里茲涅夫一九八二年病死之前，國防支出已經占國民所得的15％。

布里茲涅夫執政後期蘇聯經濟發展的停滯

關於蘇聯的經濟數字，一般認為官方公布的數據大多不可信。不過有一位俄羅斯的經濟學者哈寧（Grigorii Khanin）在一九九一年蘇聯解體後致力於重新計算六〇到八〇年代的經濟數字，並獲得許多國際知名的學者採信。根據他的計算，在一九六一～六五年（即是赫魯雪夫執政後期），蘇聯的國民生產淨額（GNP）平均每年成長為4.4％。一九六六～七〇年及一九七一～七五年之間（即是布里茲涅夫執政的前期），成長略低，分別是4.1％，及3.2％。但到了一九七六～八〇年及一九八一～八五之間（即是布里茲涅夫執政的後期，也是蘇聯的第十及第十一次五年計畫期間），GNP成長就只剩下1％及0.6％，已經是停滯不前了。

布里茲涅夫與總理柯錫金其實在推動第九次五年計畫時已有警覺，一致認為必須加強工業消費品製造，以提高人民的生活水平；但努力不僅沒有成功，在後期反而更加失敗。其之所以如此，有一部分人認為是由於體制越來越僵硬，已經陳痾難解。但更大的原因是蘇聯在此期間對外輸出革命不但加速，也加大，以致於民生輕工業發展所需的投資大多被轉用於軍事及重工業。例如，前面提到蘇聯在尼加拉瓜發動政變，入侵阿富汗，正是在第十次五年計畫期間發生的。其中的阿富汗戰爭尤其被認為是導致蘇聯帝國最後崩潰的重要原因之一。有關這兩次戰爭，本書在後面還要詳述。

但我在此也要指出，蘇聯經濟疲弊雖然導致國民生活水平遠低於歐美國家，貧困的卻只是一般民眾。另有一大批特權分子，也就是吉拉斯所說的「新階級」，不但不虞匱乏，還能享受種種的奢侈品，甚至可以免費取得。根據美國《紐約時報》於七〇年代派駐在莫斯科的一位記者深入調查後的報導，在莫斯科有將近一百個特定地點設有特別的商店，專門為「新階級」提供商品或服務。舉凡市面上缺貨的稀珍食品（如魚子醬、伏特加、鮭魚），以及免稅外國進口貨（如法國香水和白蘭地、英國毛料、蘇格蘭威士忌、美國香菸、瑞士巧克力、日本錄音機），在這些地方都能以低廉的價格買到，但前提條件是必須要有黨發給的許可證才能進去。

另據估計，七〇年代蘇聯的共產黨員約有一千六百萬人，但真正的特權分子只有一百萬人，其中包括中央及地方黨部的各級書記，中央部會的各級首長，國營企業及國營農場的各級主管，軍中元帥、將軍及高級軍官等等。其中也有嚴格的等級區分，核心人物只有大約三萬人。官位越高，特權自然越大，並能利用職權貪腐。不過貪腐究竟到了什麼樣的程度，那就必須等到布里茲涅夫死後三年，戈巴契夫擔任蘇共總書記，開始肅貪，才能給世人比較清楚的圖像。因而，我將在第二十章再為讀者們敘述。

第十七章
共產勢力在亞太地區的擴張

列寧在建立蘇俄政權後矢志輸出革命，企圖埋葬所有的資本主義國家。然而，在他有生之年蘇聯仍是全世界唯一由共產黨執政的國家。史達林在第二次世界大戰後把波羅的海三小國、東歐八國及中國、北韓都變成共產國家，可說是完成了一部分列寧的遺志。本書以下三章將分別敘述史達林死後共產世界的版圖如何在亞太地區、拉丁美洲及非洲繼續擴展。本章主要述說亞太地區。不過由於中共對此有重大的影響，我將先說明中共對於輸出革命的態度。

中共輸出革命

中共之所以能擊敗國民黨而建國，不能不感謝蘇聯的協助。就在中共舉行建國大典之前，劉少奇奉派訪問莫斯科。史達林對他說，希望中國今後也幫助一些被殖民國家的民族獨立革命運動。事實上，這正是野心勃勃的毛所期望的。不久後，劉少奇在一個內部會議上宣稱：「我們應該給那些需要援助的，被資本主義和帝國主義統治的國家內的工人階級和勞動人民以精神的和物質的各種援助。」中共於是開始積極輸出革命。

一九四九年冬，史達林在七十大壽生日後同時約見到莫斯科來的毛和胡志明，實際上已經把一部分支援越共的責任交給毛。後來毛決定抗美援朝，蘇聯反而退居幕後。史達林也曾在周恩來到訪時說，同意中共提供協助給日本及東南亞其他國家的共產黨。一九五二年十月，蘇共舉行十九大，毛派劉少奇出席，賦予他的重要責任之一就是在大會前後分別與亞太各國的共產黨領袖會談。當時由於印尼共產黨領導人艾地（D. N. Aidit）遲至第二年一月初才到，毛命令劉少奇等到艾地到達，確實和他見面討論後才能離開莫斯科。艾地在和劉少奇見面討論，確認將獲得中共的大力支持後，高興地到外面雪地上丟雪球。

但必須指出，中國派志願軍抗美援朝時，蘇聯提供的援助並不是免費，不但要求償還，還要加計利息。毛後來對此至為反感，說那不是國際主義，中國將提供無償援助。即便是貸款，毛也常說不一定要還。又即使是在中國大飢荒，毛也一樣咬著牙輸出革命，而無視於國內數千萬人餓死。

中蘇分裂後，毛更加緊要把共產革命的主導權搶到手中，要與蘇共互別苗頭。對中國而言，東南亞由於有地利之便，自然是輸出革命的第一優先目標。毛曾多次向越南、柬埔寨、緬甸等國的共產黨領導人說：「中國就是你們的大後方，一旦有什麼大事發生，你們就可以利用這個地方，兵少可以到中國來徵兵，要我們出兵我們就出兵，要財政援助我們全力以赴，要武器可以無代價提供。」

不過美國當然不會坐視蘇共及中共到處輸出革命，因而三方鬥爭十分激烈。東南亞各國的政府也對中共嚴加提防。到了文化大革命期間，中共中央文革小組命令駐外使館在駐在國大量發放毛的著作及毛像章，光是《毛語錄》就出口了四百萬冊，其目的是「使毛澤東思想越來越深入人心，從而喚起世界廣大勞動群眾，組成一支浩浩蕩蕩的革命大軍，向舊世界發動聲勢凌厲的總攻擊，爭取無產階級世界革命的徹底勝利。」東南亞各國的政府及人民更是驚懼，導致印尼、馬來西亞、緬甸爆發排華運動。

讀者們明白了以上的背景，對共產黨在亞太地區的活動必能更容易了解。以下就先從北韓說起。

北韓金日成從鞏固一人獨裁到建立世襲王朝

對北韓來說，韓戰結束後的二十年間是金日成從整肅異己，接著鞏固其一人獨裁的政權，到最後建立世襲的金氏王朝的一連串過程。以下分段敘述。

■ 朴憲永之死、「八月宗派事件」及一九五七年的大清洗

總括地說，韓戰從軍事上看對北韓是極大的挫敗，從政治上看對金日成卻是極大的成功。當初金日成鼓動史達林同意發動韓戰時，斬釘截鐵地說美國不可能參戰，結果完全錯誤。如果沒有中共抗美援朝，北韓早已滅亡。然而金日成並未因此而垮台，反而藉機嚴厲地指責朴憲永，說原以為北韓出兵後南方游擊隊將會如他所說的那樣地踴躍響應，結果並未發生，所以朴憲永必須為戰敗負責。韓戰尚未結束，朴憲永及一干南勞派的領導幹部已經被以「美國間諜」的罪名起訴，又被開除黨籍，最後全部遭到處決。

一九五六年，當赫魯雪夫在蘇共二十大後批判史達林及個人崇拜時，在場的北韓代表是崔庸健。他在回國後立刻做了報告，金日成卻不承認朝鮮勞動黨有個人崇拜的問題。勞動黨內的延安派及蘇聯派不滿，於是共同計畫發動政變。不料金日成竟先發制人，在八月召開大會時厲聲指責兩派都犯了「宗派主義」的錯誤，屬於「反黨分子」。一部分被點名的人嚇得還沒開完會就急急逃走，越過鴨綠江逃入中國境內。其餘動作稍慢的都被逮捕入獄。

赫魯雪夫和毛澤東分別接到有關「八月宗派事件」的報告，都大怒，決定共同介入，派米高揚和彭德懷一起到平壤。金日成只得把關在牢裡的人都放出來。不過後來東歐連續發生波匈事件，赫魯雪夫在波蘭動亂時下令撤軍，在匈牙利動亂時卻認為是「反革命事件」而出兵鎮壓。金日成暗喜。

一九五七年，毛在中國發起「反右運動」，金日成更喜，但仍按兵不動。同年稍晚，毛澤東在莫斯科舉行十月革命四十週年慶典時見到金日成，突然為一年前干涉北韓的舉動向金日成道歉。金日成大喜，回國後遂毫無顧忌地進行大清洗。蘇聯派及延安派共數千人被處死，另有數千人被下獄、流放或勞改。經此之後，北韓勞動黨內只剩下昔日金日成在中國東北及朝鮮北部從事對日游擊戰時的戰友，即是滿州派及甲山派。

■「主體思想」及「千里馬運動」

金日成這時更急於要做的還有一件事，即是擺脫蘇聯及中國對北韓的影響力。他尤其想要淡化中共在抗美援朝時對北韓的援助，因為若不如此，他自己的光環將永遠被掩蓋。金日成於是採用北韓頭號理論家黃長燁的建議，開始提出所謂的「主體思想」。一九六〇年五月，金日成發表演講，說：「我們不是在進行他國的革命，是朝鮮的革命。這個朝鮮革命才是黨的思想活動主體。……。有人覺得蘇聯式好，有人說中國式好，但我認為，是時候創造『我們式』了。」

主體思想的目標是追求「政治的自主、經濟的自立，國防的自衛」。說到經濟自立，就不能不提「千里馬運動」。韓戰結束後，北韓也和蘇聯、中共一樣開始推動一系列的三年經濟計畫、五年經濟計畫。一九五七年，金日成聽說大同江邊南埔市有一個煉鋼廠的工人喊出以「千里馬」的速度增產報國，便親臨該敞視察，表示激賞，開始號召國人「以跨上千里馬的氣勢奔馳」，為國家經濟的自立而奮鬥。「千里馬運動」於是轟轟烈烈地展開，結果提前完成經濟計劃的工業生產指標，果如千里馬日行千里。

■南、北韓初期政經發展的對照及後期的逆轉

據估計，一九六〇年北韓的人均所得達到二五三美元，名列東亞地區的前段，只比日本和香港低，不只比

台灣的一六四美元高，更是南韓人均所得八二美元的三倍。北韓之所以如此成績耀眼，其實原因之一是日本占領朝鮮半島時已經決定要進一步侵略中國，所以北方各種重工業工廠及工業基礎遠比南方雄厚。另一個原因是蘇聯、中國及東歐國家也大力協助北韓。至於南韓之所以衰弱，主要是因為韓戰後李承晚政權的官員大多貪汙腐化，社會動盪不安。

當時南韓學生大多痛恨李承晚政權，羡慕北韓，又被北韓的地下人員鼓動，導致南韓不斷地發生反政府及反美運動。一九六〇年，南韓爆發「四一九革命」，李承晚被迫出國流亡。但數十萬名學生仍不顧政府阻止，執意要與北韓學生在板門店相聚，共同推動「民族統一」。其結果是朴正熙在美國支持下於次年發動「五一六政變」，並在此後成為南韓唯一的強人，行獨裁統治，長達十八年，直到一九七九年遇刺身亡。不過南韓也因此獲得政治及社會安定，並在美國援助之下發展經濟，快步追趕日本、香港及台灣。

如果僅以一九六〇年為觀察點，金日成可說是志得意滿。然而，當中蘇開始交惡後，金日成決定向中國傾斜，更在一九六二年嚴詞批評「蘇修」。赫魯雪夫大怒，下令削減對北韓的援助。不料中國後來爆發文化大革命，也削減對北韓的援助。北韓的經濟由此急轉直下。

根據世界銀行的資料，南韓在一九七九年的人均所得已經高達一六七〇美元，北韓的數字世界銀行無法取得，但據日本經濟學者估計只有五〇〇美元左右，不到南韓的三分之一。金日成卻繼續擴充武力，企圖再度南侵，又曾多次提議舉行有關南北韓統一的會談。但朴正熙已與美國簽定共同防禦條約，對北韓嚴加防範。

■金氏世襲王朝的建立

北韓的情況雖然惡劣，金日成仍是想要鞏固自己的地位。甲山派的老同志後來也都遭到整肅，全部被開除黨籍。金日成因而樹立了個人的絕對權威，同時又為兒子金正日接班鋪路。一九七四年，金正日獲得勞動黨一

圖 17.1 金日成（左）與金正日（右）

致公推為金日成的接班人，北韓世襲的金氏政權於是確立。

黃長燁這時又把前述的「主體思想」從國家延伸到對金日成的個人崇拜。朝鮮勞動黨告訴黨員和人民：「首腦是頭，黨是軀體，人民是手足。軀體和手足應當聽從頭腦的指揮。如果沒有頭腦，就失去了生命。……父親給人肉體的生命，領袖賜予人政治的生命。如同在家庭中應當聽從父親的絕對領導一樣，人民應當無條件地團結在領袖周圍，應當以忠、孝來愛戴領袖。」

反對的勢力既已被清除乾淨，再也沒有人敢挑戰其權威，金日成於是光環日盛一日，逐漸成為一尊神祇，如中國的毛澤東一樣。

日本共產黨從親中到自主

日本共產黨人在韓戰爆發後大多逃亡國外。一直到一九五五年日本政治鬆綁，日共領導人野坂參三才結束逃亡，公開現身。在日本歷次國會選舉中，日共的得票率通常低於10%，不過透過與日本社會黨聯合仍具有部分影響力。

日共也分親中及親蘇兩派。由於野坂與毛澤東、周恩來等中共要人在延安時期就已建立交情，又獲得中國給予特別貿易補貼，中蘇交惡後親中派就明顯占上風。親蘇派的一部分成員被迫退出，一部分隨其領導人宮本顯治向親中派靠攏。此後日共是由野坂和宮本兩人長期共治，分任日共中央委員會議長和書記長。一九六六年文化大革命爆發後，宮本訪問中國，獲得毛接見，毛竟當面斥責日共走的是「修正主義路線」。宮本至為錯愕，回國後建議召開日共全黨大會以檢討與中共的關係，最後的決定是與中共決裂，走自己的道路。

一九八二年，野坂參三退休，宮本顯治繼任為日共議長。又過了十年，蘇聯解體，大量解密檔案出現。有人從中發現，野坂在史達林大清洗時竟向共產國際告密，導致多位日共同志被蘇聯內務部逮捕，其中有人遭到處決。由於證據明確，野坂無法抵賴，只得承認曾經犯錯。日共大窘，只得開除野坂的黨籍。

台灣蔣介石的高壓統治及蔣經國接班後的改革

蔣介石政權遷台後，共產黨在台灣已經沒有任何發展空間，不過政府仍然利用中共對台灣的威脅遂行其高壓獨裁統治，但也因此引起許多人不滿。其中反對聲音最大的是《自由中國》。這是一份由胡適和前國民黨要員雷震共同創辦的雜誌，實際上由雷震負責。雷震直接提出「反攻無望論」，認為蔣介石的一切施政是以「馬上要反攻大陸」為基本假設，但不過是藉口，不僅沒有可能實現，又嚴重地影響國家的經濟發展，也阻礙人民對自由、民主的嚮往。雷震又強烈反對蔣介石修憲以便連任總統，最後竟在一九六〇年以「為匪宣傳」「涉嫌叛亂」的罪名被起訴，獲判十年牢獄。此後多年，台灣不再有反對的聲音。

由於蔣介石從一九五〇年初起就將所有與警察、特務及情治有關的權力都交給兒子蔣經國，後來許多台灣學者和政治受難者將白色恐怖，包括雷震案在內，都歸罪於蔣經國。

不過必須指出，台灣由於政治相對安定，又有美國提供援助，從五〇年代起已經有相當程度的經濟發展。六〇年代至七〇年代初經濟成長尤其迅速，在此期間蔣經國在實質上已逐漸接棒，掌握了政治大權。但蔣經國在思想上與其父明顯不同。一九七五年蔣介石病逝後，蔣經國正式接班，除了繼續推動經濟建設之外，也逐步進行「民主化」及「本土化」的政治改革。所謂的民主化，就是開放地方首長、議會及部分國會自由選舉，容許反對勢力逐步發展。所謂的本土化，就是刻意提拔土生土長的台灣人，使其有機會出任政府要職。

台灣之所以能在八〇年代擠身於所謂的「亞洲經濟四小龍」之列，又逐漸建立現代民主政治制度，蔣經國功不可沒。尤其值得一提的是，他在一九八八年病逝之前曾多次表示在他死後「既不能也不會出現蔣家人或軍人執政的情形」，又為此刻意將自己的兒子和左右手都貶放到國外，使其遠離政治中心。這與前述北韓金日成家天下的作為正好形成強烈的對比。

菲律賓共產黨死灰復燃——從麥格賽賽的廉能到馬可仕的貪腐

自從虎克黨於一九五四年接受政府招安後，菲律賓共產黨的活動基本上已經停止。負責剿共成功的麥格塞塞清廉、能幹而有擔當，後來當選為總統。他在任時是菲律賓的黃金時代，工、商業蓬勃發展，社會穩定，亞洲各國莫不羨慕。麥格塞塞也曾想進行徹底的土地改革，但因國會議員大部分是地主，法案未獲得通過。一九五七年，麥格賽賽不幸因座機撞山而死，土地改革於是遙遙無期。

一九六五年，馬可仕（Ferdinand Marcos）當選為總統，卻貪得無厭，與其妻子伊美黛（Imelda）共同聚斂財富，又縱容部屬及裙帶關係者利用權勢巧取豪奪。菲律賓由此貪腐盛行，貧富差距擴大，步入政治黑暗期。共產黨於是在一九六九年復起，由西松（Jose Maria Sison）及布斯凱諾（Bernabe Buscayno）兩人領導成立「新人民軍」，接受中共援助，對政府發起游擊戰。馬可仕卻以公然舞弊的手法一再連任，前後擔任總統達二十年。據估計，馬可仕夫婦前後貪汙所得超過美金十億元。菲律賓國家經濟不幸被淘空。

如要說明菲律賓的經濟情況，莫如與南韓比較，因為兩國都接受美援，執政者的廉能與否卻有天淵之別。根據世界銀行的資料，菲律賓及南韓在一九六五年的人均所得分別為美金一八〇元及一三〇元，菲律賓高很多；到了一九八五年，數字分別為美金五二〇元及二四五〇元，菲律賓只有南韓的五分之一。因而，當南韓在八〇年代也擠身為亞洲經濟四小龍之一時，菲律賓已從先進國淪落為後段班。

馬可仕政權貪腐無能如此，共產黨自然迅速壯大，不過並無法大到足以推翻政府。其主要原因是美國在菲律賓已有很長的歷史，又租借蘇比克灣（Subic Bay）海軍基地及克拉克空軍基地（Clark Air Base），是其在亞洲圍堵政策的兩個重要據點，沒有可能放任共產黨推翻菲律賓政府。

菲律賓也有人既反共又反馬可仕，其代表人物是參議員艾奎諾（Benigno "Ninoy" Aquino）。一九七二年，艾奎諾因為堅決反對馬可仕強行修憲廢除總統連任的限制而被捕入獄，在八年後才獲釋而流亡美國。三年後，艾奎諾又無視馬可仕的警告而返回菲律賓，結果竟在飛機抵達後於眾目睽睽之下遭到槍殺。艾奎諾之死導致菲律賓人民公憤，紛紛集結在艾奎諾的遺孀柯拉蓉（Corazon C. Aquino）左右。馬可仕下台的時間已經不遠。

越戰結束後南越及北越的難民逃亡潮

越南與中國在古代至少有兩千多年互動的歷史。近代以來，越南人大多仍然認同中國文化，但也有一部分人認為越南的歷史無非就是被中國侵略的歷史。一九五四年日內瓦會議後，越盟多數領導人更對中共憤恨不已，自認被逼簽定屈辱的條約。由於胡志明親中，又有病，遂逐漸被架空，由親蘇派的黎筍取代為越共第一書記。不過越共為了要繼續對美國作戰仍維持與中國的友好關係。據估計，中共在越戰期間前後提供越共的援助總共約有兩百億美金，蘇聯相對地只有不到五十億。然而北越在統一南越後竟立即表示將一面倒向蘇聯，又直接說要提防來自中國的文化及政治壓迫。越南華人的厄運於是來臨。

西貢（後改名為胡志明市）淪陷後，數千名「反動分子」立即被處決，又有數十萬名前南越政府人員被關入勞改營。許多華人僑領，殷商巨富遭到拘捕，被迫簽字同意獻出財產。臨時政府又劫收華人開辦的銀行、醫院、學校，解散華人社團，命令華文報紙全部停刊。最後，政府強制人民以舊鈔換新鈔，每五百元舊幣換一元新幣。許多百姓不堪迫害，自殺而死，其中大多是華人，而有更多人急著要逃離。

逃亡之路主要有兩條。第一條是直接向越共當局申請，搭乘飛機到法國、香港或台灣。據估計約有一萬五千人選擇這條路，但所有的人臨上飛機前房屋及資產幾乎都被接收。至於第二條路，就是偷偷地雇漁船，與船家一起從海路逃走。此一路線風險極高，因為船隻的狀況大多不好，上面擠滿了人，到了海上又有惡劣的天候、疾病、飢餓、海盜及沈船等種種可能。然而，海上逃亡潮不斷地加速，在一九七九年達到高峰。剛開始時，逃亡者大多是華人，後來也有許多越南人跟著逃亡。據估計，約有三十萬名難民死於海上，但也有一百萬人幸運地抵達目的地，或在海上被外國商船救起。美國及其他西方國家基於歷史責任及人道考量，最終接受了其中大部分的難民。

逃亡潮也發生於北越。一九七七年起，越共在各省執行「淨化」政策，任意闖入華人家中，強迫填寫「自願回國書」，又趁機敲詐、勒索、沒收財物，最後予以掃地出門。據報導，光是在一九七八年下半年被驅離而逃回中國的難民就達到二十萬人。中國政府無法坐視，要求與越南政府談判，但越共置之不理。

赤柬大屠殺及其與越南的戰爭

由於歷史的因素，高棉人大多也視越南人為仇敵。赤柬也痛恨越共，有如越共痛恨中共一般。又由於越共親蘇，赤柬親中，雙方矛盾更深。

如前所述，赤柬在攻陷金邊後的暴行導致無數人死亡。當時波布推動極左的「八大政策」，其中包括：將城市居民全部驅散到農村參加集體農莊；禁止一切商業行為；禁止宗教信仰，迫令僧人還俗；處決龍諾政權所有人員等等。其中光是金邊兩百多萬市民被驅趕到鄉下一事，就已有數十萬人死亡。赤柬後來又展開大清洗，從清除親蘇、親越分子到清除其他波布所稱無所不在的「細菌」。據估計，當金邊陷落時柬埔寨全國人口不過是八百萬，赤柬在執政的三、四年間竟屠殺了至少一百五十萬人，也有人估計超過二百萬人。如此的自我種族滅絕，可說是史無前例。西方觀察家尤其不解的是，赤柬的重要領導人，包括波布、喬森潘（Khieu Samphan）、英沙里（Ieng Sary）等，都曾留學法國，接受過西方教育，不能說不知文明，而卻如此野蠻殘忍。

圖 17.2 毛澤東會見赤柬領導人波布（中）及英沙里（右）

赤柬的八大政策中還包括另一項，即是驅逐及殺害越南僑民，使得越南政府無法坐視，要求與赤柬談判。但赤柬對越共也如同越共對中共一樣，完全置之不理。赤柬又於一九七八年四月派武裝部隊越境到越南安江省的巴祝（Ba Chúc），屠殺當地村民三千多人。越共忍無可忍，在取得蘇聯同意後出兵二十五萬人。越柬戰爭於是爆發。

赤柬不是越共的敵手，急忙向中共求援。但中共尚未出兵，越共軍隊就已經攻陷金邊，推翻赤柬，成立「柬埔寨人民共和國」，以橫山林（Heng Samrin）、洪森（Hun Sen）分別擔任柬埔寨人民革命黨總書記、副總書記。赤柬高層人員全部逃亡，再向中國求援。但這時毛澤東早已過世，文革也結束了，鄧小平第三度復出而成為中國實際的領導人。鄧小平要如何解決越共及赤柬之間的問題呢？抱歉還請讀者們容我在第二十章再一併說明。

寮國共產黨的暴政及苗族的命運

回溯一九七五年四月西貢、金邊淪陷後，寮國首都永珍立刻爆發逃亡潮，人民紛紛逃往泰國。王寶的苗族部隊不敵越共及巴特寮聯軍，也不得不率眾逃到泰國。巴特寮在八月攻占永珍後，不久就宣布成立「寮人民民主共和國」。真正的實力人物凱山・豐威漢從幕後走到台前，掌握黨、政、軍大權。寮共接著也和越共一樣對政府裡的公務員、警察、軍隊及知識分子展開大規模的清洗，或強迫接受再教育。

圖 17.3　赤柬大屠殺後

寮共又宣稱，將對曾與美國合作的苗人進行報復，務必趕盡殺絕，「使苗人絕種」。苗人大懼，無論曾否跟隨王寶的人都由ＣＩＡ協助逃往泰國。泰國連續收留越南、柬埔寨及寮國的難民，已經無力負擔，又怕苗族部隊就地生根，再也趕不走，因而向聯合國和美國求助。美國於是允許王寶率領大批苗族難民移民到美國加州定居，最後竟達到十萬人以上。不過此後美國歷屆政府又繼續與王寶合作，徵募苗族戰士到中南美協助對抗共產勢力。

印尼、馬來亞及新加坡共產黨在五〇、六〇年代的發展

本章以下敘述五〇、六〇年代的印尼、馬來亞、新加坡，以及共產黨在其中的發展。不過要先指出，在此

期間內三者之間有相當複雜的關連性，不適合分拆敘述，所以我將合併分段說明，而先從印尼說起。

■蘇卡諾與印尼陸軍、印尼共產黨的合作及矛盾關係

一九五〇年八月，蘇卡諾宣布獨立，成立印尼共和國。不過依憲法規定，總統只是虛位的元首，行政權在內閣總理哈達手上，立法權又操在國會。當時蘇卡諾控制的國民黨只是印尼國會中第二大黨，代表印尼伊斯蘭教利益的馬斯友美黨才是第一大黨。另有其他許多小黨，在兩大黨之間制肘，待價而沽。因而，印尼在七年內竟出現六個內閣，其中有四個任期還不到一年，導致政治混亂，經濟大幅下滑，人民至為不滿。蘇卡諾因而對議會政治深惡痛絕，說他擔任虛位的元首有如「關在金籠子裏的鳥兒」。雖說如此，在他的背後其實有陸軍及印尼共產黨做後盾。

當時印尼在西爪哇、蘇拉威西及蘇門答臘等地都有軍閥割據稱雄。陸軍參謀長納蘇蒂安（Abdul Haris Nasution）建議成立一支強大而有紀律的中央軍，獲得蘇卡諾支持，因而向蘇卡諾表態效忠。共產黨雖然在茉莉芬事件時遭受重創，在印尼共新任總書記艾地（Dipa Nusantara Aidit）的領導下又重新凝聚，並獲得中共提供援助，因而迅速地擴張，到一九五五年底已有一百萬人。艾地也刻意拉攏蘇卡諾，希望藉其影響力進一步發展共產黨，如同四十年前史尼偉勒對蘇卡諾的岳父托克羅雅敏諾多的作法。同時，共產黨也漸漸滲透陸軍，吸收其中許多不滿的中、下級軍官。

一九五六年，蘇卡諾訪問蘇聯和中共，回國後便倡導「指導式民主」。第二年，印尼第六個內閣倒台，蘇卡諾於是宣布實施全國軍事管制。不久後，共產黨在地方選舉中獲勝，膨脹為全國第一大黨。許多大城市選出的市長都是共產黨人。同一時間，納蘇蒂安出兵鎮壓全國各地的軍閥，大獲全勝。陸軍將領卻因此越來越跋扈。蘇卡諾漸漸不得不倚賴共產黨來制衡陸軍。一九六〇年，蘇卡諾決定成立一個類似中國政治協商會議的機

構，自任主席，以艾地為副主席。陸軍對印尼共早有敵意，這時更不滿，開始與共產黨發生正面衝突。

■中、蘇、美爭相拉攏蘇卡諾

這時赫魯雪夫對印尼也開始表示關注，於一九六〇年親訪雅加達，並同意貸款，前後提供的金額達到七億元美金，其中有一部分是用於購買蘇聯的軍機和戰艦。美國總統甘迺迪眼見印尼與中共、蘇聯走得如此之近，心中不安，也決定提供印尼經濟援助，並為了印尼而強迫荷蘭退出西伊里安（West Irian，後稱 West Papua）。當初荷蘭同意從印尼撤軍，卻堅持保留西伊里安，理由是當地的居民大多信仰基督教，怕遭到伊斯蘭政府迫害。印尼與荷蘭為此爭執多年，幾乎又要兵戎相見。但甘迺迪既已插手進來，荷蘭只能退讓。

蘇卡諾至此可說是三面逢源，志得意滿。不料幾年後突然風雲變色，印尼發生大動亂，蘇卡諾也被黜下台。究其原因，固然主要是由於印尼共產黨與右翼軍人之間的衝突，但也與馬來亞及新加坡有極大的關係。

■「華玲會議」——馬來亞總理東姑拉曼與陳平談判破裂

如第十二章所述，陳平在二戰後率領馬共在馬來北部與泰國交界的山區及森林裡從事游擊戰，但因其恐怖暴力活動導致人民越來越反感，漸漸失去正當性，連馬來華人也不以為然。

一九五五年七月，馬來亞舉行第一次大選，出身於北部吉打邦（Kedah）世襲蘇丹家族的巫統主席東姑拉曼（Tunku Abdul Rahman）當選為馬來亞聯合邦總理。他在就任後要求與馬共總書記陳平會談。陳平同意。東姑於是在當年十二月邀請馬來亞華人領袖陳禎祿及新加坡首席部長馬紹爾（David Marshall）一同到吉打邦的一個小鎮華玲（Baling），與陳平舉行會談。東姑允諾對馬共成員大赦，但要求馬共解散，放下武器，結束暴力活動。陳平要求政府承認共產黨是合法政黨，共產黨員在投誠後行動不受限制，也不接受政府後續的調查。

東姑拒絕。雙方談判只一天就破裂了。陳平於是率領馬共繼續在森林裡打游擊戰，但越來越不得人心，因而勢力迅速消退，卻仍然拒絕解散。

■新加坡「人民行動黨」成立－李光耀與馬共的合作與矛盾

當東姑拉曼在馬來亞崛起時，新加坡也有一位領導人李光耀出現。李光耀是廣東客家移民的第四代，家道殷富，與東姑一樣曾經留學英國劍橋大學。他後來回到新加坡擔任執業律師，因為替一件「郵差罷工案」辯護獲勝而聲名大噪，從此建立起在工會中的群眾基礎。一九五四年，李光耀邀集同志共同創立「人民行動黨」，此後經由選舉逐漸取得在新加坡立法議會中的領導地位。

人民行動黨創立時，其骨幹成員是留學歸來的知識分子及工會代表，黨員中有三分之二以上是工會的支持者。當時馬共已經在背後控制了許多工會，利用親共分子主導罷工、示威活動，挑起對英國殖民政府的仇恨。馬共也滲透人民行動黨及其他新加坡的政黨，其作法和艾地在印尼的作法一樣。李光耀曾經公開承認人民行動黨是親共分子的合法政治工具，又說他並不反對馬克思主義的理想，卻厭惡列寧主義的暴力革命手段，因而與黨內親共分子領導人林清祥等逐漸發生衝突，甚至奪權鬥爭，關係越來越緊張。

■東姑拉曼倡議「馬來西亞聯邦」

一九五七年，英國履行其承諾，允許馬來亞獨立，但仍以新加坡、沙撈越、北婆羅洲為其直屬的殖民地，汶萊為其保護國。東姑拉曼被選為獨立後的第一任馬來亞總理。由於新加坡人口中超過七成是華人，另有十分之一是印度裔，如果新加坡併入馬來亞聯合邦，馬來族的優勢就無法維持，因而東姑拉曼並不希望新加坡加入聯合邦。不過新加坡也在一九五九年獲得英國政府同意成立自治邦，舉行大選，李光耀獲選為首屆總理。

令人意外的是，東姑拉曼突然於一九六一年五月在新加坡的一個記者午餐會上發表演講，說馬來亞應當同新加坡、北婆羅洲和沙撈越更緊密地聯繫在一起。事實上，這就是英國人早就倡導的「大馬來西亞」概念，卻因為東姑極力反對而無法遂行。如今東姑的態度卻突然大轉彎。東姑在演講時並沒有說明他為什麼突然改變立場，但原因很清楚。他知道新加坡人民行動黨內左、右兩派的鬥爭已到了必須分手的階段。萬一李光耀落敗，新加坡的政權將落入林清祥等人的手中，也就等於由共產黨掌控。東姑認為，與其等到那時面臨與一個共產國家為鄰的危險，不如現在就與新加坡合併，以確保共產黨永遠沒有機會在馬來半島任何一地取得政權。

人民行動黨的分裂

東姑提議成立「馬來西亞聯邦」使得李光耀和馬共都大吃一驚。李光耀立刻表示贊成，林清祥卻發表反對聲明，後來又率領部分黨員脫黨，另組一個「社會主義陣線」（簡稱「社陣」），雙方公開分裂。為了贏得即將來到的大選，李光耀經由廣播對人民做連續十二次演講，說明新加坡繁榮的基礎必須倚賴馬來亞生產的橡膠和錫以進行轉口貿易，所以必須支持合併。他又公開交代人民行動黨如何在過去與親共分子合作，又為何決裂，甚至提到隱於地下的馬共「全權代表」如何邀他見面，企圖說服他繼續合作，共組反英的統一戰線。

李光耀的演講吸引大多數的新加坡市民放下手邊的工作，準時守在收音機前收聽。一九六二年九月，新加坡舉行全民投票，結果人民行動黨獲得超過七成贊成票，決定與馬來亞合併。北婆羅洲及沙撈越後來在聯合國主持之下舉行全民公投，結果也贊成併入大馬來西亞。三個自治邦最後在一九六三年九月與馬來亞聯合，共同成立了「馬來西亞聯邦」。

必須補充，馬來西亞聯邦成立後不到兩年，東姑拉曼又擔心新加坡的華人對巫人的優越統治地位造成阻礙，決定將新加坡逐出聯邦，迫使其獨立建國。不過這是後話，本書不再贅述其過程。

■蘇卡諾對「馬來西亞聯邦」計畫的失望與憤怒

東姑拉曼倡議的馬來西亞聯邦計畫使得印尼總統蘇卡諾至為憤怒。蘇卡諾對新加坡早有覬覦之心，又認為北婆羅洲、沙撈越是印尼所屬的婆羅洲（Borneo）島的一部分，所以也應該併入印尼才是。無奈新加坡、北婆羅洲、沙撈越的人民公投都明白選擇併入馬來西亞。當時國際社會也大多不支持蘇卡諾的主張，甚至連南斯拉夫、埃及等不結盟國家也不表支持。

蘇卡諾失望至極，又憤恨難消，於是授意印尼共產黨發動群眾示威，煽動人民的反英情緒，結果發生暴亂，群眾竟放火焚燒英國大使館。蘇卡諾又號召成立志願軍，公開宣稱要「粉碎馬來西亞」。美國總統詹森急忙派羅伯・甘迺迪為特使前往調停，但蘇卡諾拒不接受。詹森大怒，宣布取消對印尼的貸款，又派第七艦隊進入印度洋以保護馬來西亞。一九六五年一月，馬來西亞當選為聯合國安理會非常任理事國之一，印尼立刻宣布退出聯合國。蘇卡諾心中燃起的熊熊怒火已然使其無法再保持冷靜，但無疑有印尼共產黨在其背後鼓動。

■「九三〇事件」——印尼的政變及反政變

印尼共產黨這時已經發展到超過兩百萬名黨員，其所控制的印尼農民組織和工會會員合計更達到九百萬人。在蘇卡諾支持之下，印尼共產黨已經在部分地區進行土地改革運動，並獲准在陸、海、空軍及警察之外開始建立一支以工農兵為主的「第五部隊」，由蘇卡諾委請空軍協助訓練。中共也同意提供所有的武器及裝備。種種跡象顯示，印尼已經完全倒向中共。但陸軍將領越來越無法接受蘇卡諾與印尼共產黨合作，暗中計畫要發動政變以推翻蘇卡諾。

但這些將領們尚未動手，印尼共產黨已先下手為強。一九六五年九月三十日深夜，蘇卡諾的親信總統府警衛營營長翁東（Untung Syamsuri）命令所屬的部隊搜捕陸軍高級將領，結果有六名將軍被殺，包括陸軍司令在內。翁東宣稱已經粉碎一個由陸軍將領與美國CIA勾結，意圖推翻蘇卡諾的陰謀。不過翁東的計畫百密一疏，漏掉一位陸軍戰略後備司令蘇哈托（Suharto）。蘇哈托獲知政變的消息後立刻下令裝甲部隊開進首都，又命令傘兵部隊空降而入，不久就完全控制了雅加達所有的戰略要點。聽命於蘇卡諾的軍隊紛紛投降。

蘇卡諾在「九三〇事件」發生後既未讚許政變，也沒有發表聲明譴責，只發布以另一名將領代理陸軍司令。但蘇哈托不理他的命令，繼續派兵剿叛，蘇卡諾後來只得更改命令，以蘇哈托為陸軍司令。蘇哈托又派兵追捕艾地。艾地逃亡，在一個多月後被捕，遭到就地槍決。

■印尼的反共、反華大屠殺

與此同時，印尼長久累積有關宗教及民族的仇恨大爆發。伊斯蘭教團體宣稱肅清共產黨是一場「聖戰」。許多印尼人一向自認遭到華人經濟掠奪，仇視華人，這時又認定華人支持共產黨，於是掀起反華大暴動，砸毀華人店鋪、住宅，到處燒殺搶掠。九三〇事件最終發展成為印尼史上最血腥的大屠殺事件。據估計，至少有五十萬人被殺，另有三十萬被捕，慘遭酷刑。中國大使館也遭到暴力攻擊，只得召回大使，同時撤出將近十萬名華僑。兩國關係陷入急凍。

蘇卡諾在事變後被蘇哈托軟禁，最後被迫於一九六六年三月簽署聲明將權力轉交給蘇哈托。印尼隨即宣布重新加入聯合國。中國文革爆發後，與印尼關係更惡化，蘇哈托於一九六七年十月宣布與中國斷交。

九三〇事件至今是一個謎。人們甚至不確定蘇卡諾是否事先知道即將發生政變，也不知道蘇哈托為什麼不在翁東的搜捕名單內，更不清楚CIA究竟在政變及反政變中扮演什麼角色。許多學者相信，有關整個事件的資料及檔案大多被銷毀，或被竄改，因而真相恐怕永遠難明。但無論如何，其結果是美國在冷戰期間的一次空前勝利，也是毛澤東輸出革命的一次大挫敗。回顧十二年前，艾地在莫斯科與劉少奇會面後興高采烈，不料

圖 17.4　印尼共產黨總書記艾地（左四）於 1963 年率團訪北京。兩年後印共在九三〇事件後慘遭大屠殺。

最後導致如此規模的巨禍。

此後三十年間，蘇哈托是印尼唯一的強人，又堅決反共，印尼共產黨此後完全沒有機會再起。

緬甸尼溫的獨裁統治及緬甸共產黨

翁山不幸英年早逝後，緬甸不幸叛亂四起，而新總理無力對付，政權遂落入軍事強人尼溫手中。一九六二年，尼溫乾脆直接自行掌政，並成立一個以軍隊及警察為骨幹的「緬甸社會主義綱領黨」，是唯一合法的政黨，緬甸從此成為一個由特務及警察統治的國家。尼溫又下令將土地及企業全部收歸國有。

由於尼溫明顯地向蘇聯靠攏，中共決定協助緬共首領德欽丹東與尼溫對抗，不但提供資金、武器，派遣顧問，又接受緬共派員到中國接受訓練。德欽丹東奉行毛澤東思想及其「以鄉村包圍城市」的策略，進行游擊戰。緬北撣邦（果敢族）、克欽邦及佤邦也接受中共援助，在名義上加入緬共，成為緬共人民軍的一部分。

中國爆發文化大革命後，德欽丹東也效法毛澤東在黨內大舉搜捕「蘇修」及「走資派」，處決黨內書記、政委、常委多人，以及部分青年學生領袖。緬共內部驚惶，實力也因自傷而大損。第二年，尼溫派大軍進擊，攻陷緬共根據地勃固。德欽丹東被屬下槍殺，德欽巴登頂繼任為緬共總書記。由彭家聲率領的果敢革命軍及其他少數民族的武裝部隊也都被迫退入中國境內，但在不久後又與在中國接受訓練的人員會合，重回緬北，繼續與緬甸政府軍作戰。

不過尼溫也收買部分少數民族的武裝部隊為其作戰。例如，果敢族的大毒梟羅星漢接受他的委託對付彭家聲的果敢革命軍。為了要「以果制果」，尼溫不惜授予羅星漢經營鴉片毒品生意的特許權。羅星漢與另一名大毒梟昆沙在六〇到八〇年代一同稱雄於金三角（緬北、泰北及寮國交界處）。不過緬共有一部分經濟來源也是靠鴉片買賣。金三角是當時全世界毒品的主要來源之一，在世界各大城市造成毒品氾濫及無數的社會問題。

緬共及其他東南亞國家的共產黨日後將會如何發展呢？由於中共是輸出革命到東南亞的主要源頭，中國的政治變化對東南亞共產黨當然具有決定性的影響。毛澤東死後，鄧小平繼起。對於中國是否要繼續輸出革命，或如何輸出革命，無疑將由鄧小平拍板決定。

第十八章
美、蘇集團在拉丁美洲的角力

本書所稱的「拉丁美洲」（Latin America），包括三部分：中美洲、南美洲及加勒比海（Caribbean Sea）沿岸各島。從十六世紀初起這個地區就是由拉丁語系的西班牙及葡萄牙占領的殖民地，因而得名。西班牙曾經盛極一時，幾乎霸有整個地區，只有巴西屬於葡萄牙的勢力範圍。

西班牙和葡萄牙在其殖民地一向採取高壓統治，巧取豪奪。因而，拉丁美洲人民趁其國力衰弱時紛紛起來革命，逐漸獲得獨立。但大多數國家在獨立後又為了邊界糾紛而不斷地互相打仗，以致於國貧民困，漸漸淪為軍人獨裁統治，土地及財富也集中於少數人手中，正是共產主義播種的最佳土壤。列寧發起世界革命後，沒幾年這個地區所有國家幾乎都有了共產黨，目標都是要推翻人民所痛恨的貪腐政權。

然而，美國在冷戰開始後便不遺餘力地在全世界圍堵共產黨，當然不可能坐視共產勢力在其後院拉丁美洲膨脹，本章的主題因而是關於美蘇集團在拉丁美洲的角力。不過由於古巴是拉丁美洲第一個，並且是最具影響力的共產國家，在初期卻沒有完全聽命於蘇聯，因而本章在一開始必須先將古巴與蘇聯的複雜關係說明清楚，然後才能接著敘述拉丁美洲個別國家裡的共產黨的發展。

古巴及蘇聯在拉丁美洲輸出革命的合作與矛盾

古巴原本也是西班牙的殖民地，但西班牙因為被美國打敗，被迫將古巴割給美國，美國又在一九〇二年允許古巴獨立。如第十四章所述，卡斯楚於一九五九年推翻獨裁的巴第斯塔政權，又在兩年後宣稱奉行馬克思主義，因而是拉丁美洲第一個共產國家。切．格瓦拉在其後急切地想要擴大輸出革命，先後建議卡斯楚派特遣部隊到多明尼加、海地、尼加拉瓜、巴拿馬等地，但全部失敗。

一九六二年古巴飛彈事件發生後，卡斯楚對赫魯雪夫的餘怒久久未消。事實上，赫魯雪夫在其後的政策仍是要尋求與美國和平共處，卡斯楚卻堅持要協助拉丁美洲各國的共產黨從事游擊戰及恐怖活動，所以兩人已無合作空間。布里茲涅夫上台後，明白地表示希望協助拉丁美洲國家的共產黨或社會黨經由合法的競爭取得政權，而只有獲取人民的支持才能得到選票，所以並不贊同恐怖活動。不過由於顧忌中共宣傳「蘇修」放棄革命，布里茲涅夫也不願強制阻止古巴在中南美輸出革命，並且同意繼續提供部分援助給古巴。

毛澤東原本就要與赫魯雪夫互別苗頭，在古巴飛彈事件之後更積極想要取而代之，因而積極拉攏古巴。但古巴畢竟在經濟及軍事上仰仗蘇聯已深，所以還是選擇與蘇聯站在一起。後來中共與古巴簽署貿易協定，又以種種藉口拒不履行，並在古巴煽動反俄言論。卡斯楚大怒，下令召回駐北京大使。中共原本對格瓦拉也寄以厚望，請格瓦拉到北京訪問，由毛親自接見，待以上賓之禮。不過後來格瓦拉和卡斯楚漸行漸遠，因而中共在拉丁美洲只能靠自己。

總之，拉丁美洲各國的共產黨原本都是蘇聯扶植的，到了六〇年代就有了親蘇派、親古巴派及親中的毛派之分，其中親古巴派通常是主力。蘇聯同時支持親蘇派及親古巴派，不過有時在暗中壓制親古巴派。親中的毛派卻相對弱勢。但必須指出，美國雖然自詡民主、自由、法治、人權為其立國精神，在冷戰期間的策略卻是選擇與各國的右翼勢力合作以對抗共產勢力的擴張，而對其獨裁、貪腐及破壞人權睜一隻眼，閉一隻眼。此一情況在亞洲如泰國、印尼都是明顯的例子，在拉丁美洲就更是不勝枚舉了。

由於拉丁美洲國家眾多，無法一一列舉，以下就選幾個重要的國家為例為讀者們說明。先說巴西。

古拉特在巴西的改革及美國的干涉

巴西是拉丁美洲人口最多，土地最廣，同時也是貧富最懸殊的國家之一。財雄勢大的美國公司和少數的本地地主控制了幾乎所有的可耕地，壓榨巴西農民。巴西共產黨很早就組織成立「農民同盟」（Peasant League），只是力量微弱。卡斯楚在古巴領導革命成功後就開始出錢出力支持農民同盟與地主集團對抗，並與天主教的左派人士共組「人民行動黨」。但巴西反抗資本主義的主要力量並不是這些組織，而是由古拉特（João Goulart）代表的改革運動。

古拉特是葡萄牙移民的後代，祖先來到巴西已有兩百年。由於出身豪門，他從政極為順利，三十五歲就擔任勞工部長。但他對窮人極富同情心，上任後便主張引進最低工資的制度，並獲總統瓦加斯（Getúlio Vargas）的支持而通過，結果卻引起軒然大波。古拉特被迫辭職，瓦加斯更飽受右派勢力攻擊，最後自殺而死。但古拉特不畏敵對勢力，繼續奮戰，在一九六一年應另一名政治人物奎德羅斯（Jânio Quadros）的邀請與其搭檔參選正副總統，竟獲得勝利。不料右派勢力在奎德羅斯就任總統後只有半年就迫使他辭職，又千方百計地阻止古拉特繼任為總統，但古拉特還是克服萬難成功地宣誓就職。

古拉特並非共產黨員，但有社會主義思想，又常與共產國家的領導人來往。事實上，當奎德羅斯辭職時他正在北京訪問。古拉特接任總統後，開始推動一系列的改革，其中包括加強教育以減少文盲，擴大人民的投票權，對富人徵收累進所得稅，阻止外商投資獲利後匯錢回本國而不再投資。他又推動土地改革，下令徵收大面積而無人耕種的土地，由政府轉給農民。古拉特自認改革溫和而合理，但美國大企業及國內的大地主都無法接受。美國中央情報局於是和巴西軍方密謀，於一九六四年三月發動政變推翻古拉特。軍政府接著強制解散所有的共產黨，無論是親蘇、親古巴或親中的毛派。中共使館被控涉嫌顛覆工作，九名館員被捕，兩國斷交。巴西在此後就由右翼軍人長期獨裁統治。

貝坦科特在委內瑞拉的改革及共產黨的武裝叛亂

拉丁美洲大部分國家和巴西一樣是農業國，委內瑞拉卻得天獨厚，擁有豐富的石油蘊藏。早先委內瑞拉幾乎都是由軍人統治，政權在一九四五年卻落入貝坦科特（Rómulo Betancourt）的手中。貝坦科特從年輕時起就領導學生運動，反抗獨裁政府，多次被迫流亡。他也曾在海外參加共產黨，不過後來決定退出，回到國內另創「民主行動黨」。他在獲得政權後就自任為總統，並立即推動改革，包括提高工人的工資，改善工作條件，支持工人成立了五千多個工會，因而廣獲工人支持。其所作所為與巴西的古拉特類似，而比較特殊的是要求與外國油公司「五五分帳」，共享利益。貝坦科特又建立直接選舉制度，並支持一位小說家繼其後參加大選，於一九四八年獲選為總統。然而，八個月後右翼軍人就發動政變，貝坦科特只得和新總統一起流亡國外。

一九五八年，委內瑞拉又變天。中、下級軍官不滿政府高層貪腐，竟與示威的學生和人民共同推翻軍政府。貝坦科特於是回國，順利地贏得選舉，第二次擔任總統。他對美國政府壟斷全球的石油政策極為不滿，因而命令石油部長阿方索（Juan Pablo Pérez Alfonzo）與中東的伊朗、伊拉克、沙烏地阿拉伯、科威特四國共同發起成立「石油輸出國家組織」（The Organization of the Petroleum Exporting Countries, OPEC），一舉突破美國對石油產業的宰制。貝坦科特同時在國內進行土地改革，對公有地及閒置的私人土地進行重分配，但給予被沒收土地的地主適度的補償。委內瑞拉的國民人均所得在一九六二年已經超過一千美元，是同時其他拉丁美洲國家的四到五倍。

貝坦科特雖然成功地推動部分改革，國內有一部分激進的左派分子卻仍然不認同。卡斯楚革命成功後也支持委內瑞拉的左派青年參加馬列主義共產革命。民主行動黨中因而有一部分成員脫黨，與委內瑞拉共產黨合組「國家解放武裝部隊」（FALN）。對政府發起游擊戰，同時進行綁架、破壞油管、投擲炸彈等恐怖活動。貝坦科特只得一面下令鎮壓，一面向美洲國家組織指控卡斯楚在背後提供援助，但苦無證據。

一九六四年，貝坦科特任滿下台，新選出的總統李歐尼（Raul Leoni）決定對共產黨游擊隊採取剿撫並行的策略，同時大力推動工業、農業及基礎建設。國人同情共產黨者因而逐漸減少。卡斯楚卻仍繼續支持委內瑞拉游擊隊，並派親信前去擔任游擊隊領導人布拉浮（Douglas Bravo）的顧問。一九六七年，委內瑞拉政府軍在一次與游擊隊戰鬥中俘獲兩名古巴人，以及古巴向捷克訂購的AK-47步槍。李歐尼如獲至寶，召開記者會，提供人證物證向美洲國家組織控訴古巴侵略，並宣布與古巴斷交。莫斯科原本就不同意卡斯楚在委內瑞拉的行動，下令將布拉浮逐出委內瑞拉共產黨。

美國「進步聯盟」計畫及其失敗

卡斯楚在美國的後院到處煽風點火，使得美國越來越擔心。一九六一年初，甘迺迪提出一項「進步聯盟」（Alliance for Progress）的計畫。甘迺迪說，拉丁美洲資源如此豐富，數以百萬計的人們卻每天處於飢餓狀態，無處遮風避雨，不能獲得適當的醫療；小孩大多沒有受到良好的教育，日後自然無從改善生活。美國因而肩負一項使命，必須幫助拉丁美洲人民脫離貧窮、無知及絕望。

美國國會授權甘迺迪與拉丁美洲代表簽約，計畫在未來十年內提供兩百億美金援助，但前提是各國總共也要投資八百億。同時，各國都要分別提出詳細的計畫內容，送請專責的機構審核。甘迺迪可謂志向遠大。當貝坦科特推動土地重分配計畫獲得初步成功後，甘迺迪欣然應邀訪問委內瑞拉，親自向貝坦科特道賀。然而，由於「進步聯盟」計畫有一些嚴重的問題在後來逐漸浮現，最終仍是導致失敗。例如，拉丁美洲各國對美國都欠下鉅額的債務，美國援助的金額往往不抵其債。美國企業在投資獲利後匯回本國的金額又往往高於新投資。不過最重要的原因是拉丁美洲國家裡真正掌權的人大多是大地主，或資本家，對改革根本沒有興趣，有些人又趁機貪腐。

一九六九年，尼克森總統指派洛克斐勒（Nelson Rockefeller）負責評估進步聯盟計畫執行的狀況。洛克斐勒親訪各國，後來在報告裡說，此一計畫的成效與原先各方的期待有極大的落差。反美情緒、民族主義及馬克思主義是難以處理的三個大問題。美國企圖以經濟援助作為解決政治問題的工具，到頭來只是徒勞無功。最後，他說美國很難改變任何拉丁美洲國家的內部政治結構及其政治風氣，不如減少涉入。從此以後，進步聯盟計畫就漸漸喊停了。

布里茲涅夫馴服卡斯楚

「進步聯盟」計畫失敗後，美國政府只能讓中央情報局暗中保護美國在海外的投資，並與各國的軍事獨裁政府合作。卡斯楚也繼續輸出革命。他在共產世界裡名號越來越響亮，越來越自大，對蘇聯也越來越不滿，所以根本不向蘇聯報告。一九六六年，卡斯楚在哈瓦那召開的「亞、非、拉團結組織」大會上演講，竟說世界各民族解放的關鍵不在莫斯科，而在哈瓦那。布里茲涅夫至為惱火，決定要馴服卡斯楚，同時也要收拾格瓦拉。

如前所述，格瓦拉離開卡斯楚後，到非洲及南美協助共產革命，卻不幸被捕，慘遭處決。事實上，玻利維亞共產黨是奉莫斯科之命對格瓦拉採取不合作的態度，間接導致格瓦拉遇害。格瓦拉在死前曾經寫了一本小冊子，呼籲共產黨人起來「創造兩個、三個……更多個越南」。許多激進的左派青年都叫好，蘇聯卻更加不快。越戰固然是美國的痛點，對蘇聯同樣也是重擔。

格瓦拉遇害前後，還發生哥倫比亞共產游擊隊領袖杜西約（Ciro Trujillo）被擊斃，瓜地馬拉共產黨被清剿，巴西共產黨多次武裝顛覆活動失敗，等等的事件。這些當然是CIA反顛覆活動的成果，但一般認為其中也有蘇聯的陰謀在內。

布里茲涅夫也派總理柯錫金到哈瓦那會見卡斯楚，當面提出警告及威脅。卡斯楚卻十分強硬，揚言古巴不是蘇聯的附庸。一九六八年初，卡斯楚又整肅古巴親蘇派的首領艾斯卡蘭提（Anibal Escalante）及其屬下，全部判處十年以上徒刑。艾斯卡蘭提原本是古巴共產黨的頭子，奉命與卡斯楚合作，屈居其下而始終不服卡斯楚。卡斯楚早就想剷除他，這時正好拿來開刀。

不料布里茲涅夫勃然大怒，立刻下令蘇聯艦隊封鎖古巴，停止運送石油。布里茲涅夫又嚴厲警告卡斯楚，宣稱將切斷對古巴的一切經濟援助，除非他停止批評蘇聯，同意此後未經蘇聯點頭不再自作主張對外輸出革命。東歐及拉丁美洲各國的共產黨也一起批判古巴，說格瓦拉之死代表盲動武裝鬥爭路線的失敗。最後，布里茲涅夫下令撤走五千名在古巴的專家顧問。卡斯楚自知美國絕對不可能對他伸出援手，至此除了對蘇聯屈服之外沒有第二條路。

不久後，布里茲涅夫下令出兵鎮壓布拉格之春，西方國家群起抗議，中共及歐洲國家的共產黨也群起批判。不料卡斯楚突然發表聲明，譴責捷克共黨領導人「走向反革命之路，走向資本主義，走向帝國主義的懷抱」。全世界的共產黨人都大吃一驚，布里茲涅夫卻大喜，知道這是卡斯楚在表示輸誠。蘇聯於是和古巴重談合作，承諾每年提供三億美元的援助，又派顧問陸續回到古巴。

一年後，蘇聯潛艇開始在古巴新完成的辛富格（Cienfuegos）基地進出，並配備核子導彈。這對美國的國家安全構成巨大的威脅。蘇聯又派一名將軍全面接管古巴情報總局，同時在古巴軍隊裡安插許多軍事顧問。至此，古巴對蘇聯已經完全俯首聽令，成為不折不扣的衛星國。古巴不但在拉丁美洲全力配合蘇聯的規劃進行活動，也開始派游擊隊到非洲去幫蘇聯打天下。

拉丁美洲共產黨城市游擊隊的恐怖活動

布里茲涅夫早期雖然希望與美國和平共處，到了六〇年代末期卻有了變化。舉凡捷克事件、越戰升高及古巴核武軍事基地的建置都使得雙方關係越形緊張。從另一方面說，拉丁美洲各國的國情不一，以「合法鬥爭」的和平方式取得政權在一部分國家雖然有厚望，在另一些國家裡卻可能完全沒機會。舉巴西為例，古拉特執政時，蘇聯認為可以利用滲透執政黨的方式逐漸取得政權，但當古拉特被軍人推翻後，這條路已經斷掉。

那麼武裝革命行動究竟是應當在城市，還是在農村、山區進行呢？卡斯楚自己的經驗是原本據守在山區打游擊戰，到後來進據城市才取得政權。此後拉丁美洲共產黨從事山區游擊活動也幾乎都失敗。卡斯楚因而主張拉丁美洲各國的共產黨都打「城市游擊戰」。

一九六九年，巴西共產黨有一位名叫馬利傑拉（Carlos Marighella）的游擊隊領袖寫了一本《城市游擊戰迷你手冊》（*Mini-manual of the Urban Guerrillas*）。其中主要論點是：城市人口稠密，比在鄉村容易施展恐怖手段，以達到懾伏人心的目的；共產游擊隊在城市中比較容易藏匿，不像在鄉村容易引起農民懷疑舉報。就在這一年裡，巴西共產黨發動城市游擊戰，攻擊警察局，炸毀公共建築物，搶劫銀行，暗殺、綁票超過一百多件。馬利傑拉後來被圍捕而遭到擊斃，但他的迷你手冊仍風行於拉丁美洲，甚至世界其他各國的游擊隊。

在瓜地馬拉，共產黨也活躍於城市中，而於一九六八年綁架並殺害了美軍顧問團團長，此後又發動了無數次的暗殺、綁架或搶劫案。烏拉圭的民族解放運動組織「土帕馬洛」（Tupamaros）更加有名，據統計僅僅在一九六九年一年之中犯案就達到兩百五十次。拉丁美洲的城市游擊戰在一九七〇至一九七二年間達到熾烈的高峰，幾乎擴散到每一個國家。

有證據顯示，蘇聯和古巴不僅合作推動拉丁美洲的城市游擊戰，也協助訓練各國的左派激進分子。一九七一年二月，墨西哥發生一起銀行搶劫案，警方先後逮捕二十名男女嫌犯，經過審訊後發現這些年輕人都曾經由「墨蘇文化交流協會」安排到蘇聯「上大學」，之後又轉到北韓接受軍事訓練。墨西哥政府斷然下令驅逐蘇聯使館的外交官。玻利維亞和巴西政府也曾指控蘇聯涉嫌滲透顛覆。

實際上，類似拉丁美洲的恐怖活動同時也發生於全世界各地。舉幾個例。加拿大有一個「魁北克解放陣線」（Quebec Liberation Front）宣稱為了要獨立而進行綁架及爆炸恐怖活動。「愛爾蘭共和軍」（Irish Republican Army）為了要脫離英國統治而採取恐怖手段。中東「巴勒斯坦人民解放陣線」（Liberation of the Palestinian People's Front）發動多起武裝攻擊及劫機事件。日本極左派的「赤軍連」（Nihon Sekigun）也曾多次劫持航班，綁架人質，濫殺無辜。這些恐怖分子有一共通性，即是都宣稱自己信奉馬列主義。

智利社會主義政權的起落——從阿葉德到皮諾榭

蘇聯雖然和古巴共同支持拉丁美洲的城市游擊戰，並沒有放棄在部分國家繼續推動「合法鬥爭」。智利就

圖 18.1 卡斯楚（右）支持智利總統阿葉德（左）

是一個例子。一九七〇年九月，智利共產黨聯合其他左翼小黨共同支持智利社會黨的領袖阿葉德（Salvador Allende Gossens）出馬競選，將他送進總統府。阿葉德在上任後就全力推動智利「走向社會主義之路」，其中包括：將銀行及大型企業收歸國有，暫停支付外債；增加社會福利，加速土地改革，大幅提高工資。這些改革激怒了地主、企業主及商人。由於阿葉德主張政教分離，保守的天主教會也強烈不滿。美國投資人紛紛向尼克森總統告狀，尼克森命令國家安全顧問季辛吉和中央情報局研究要如何處理。

阿葉德這時又決定邀請卡斯楚訪問智利，並發表演講。又有情報指出，有古巴情報總局人員冒充其駐智利大使館館員，暗中積極活動，並有蘇聯人員參與其中。季辛吉認為智利極有可能變成拉丁美洲第二個古巴，建議尼克森對智利實施經濟制裁。

智利盛產銅礦，外匯收入極度倚賴銅的出口。阿葉德就任後第二年國際銅價卻開始大跌，對智利打擊極大。這是阿葉德政權崩潰的起點。智利在出口大幅下降同時，進口也大幅增加，國際收支出現大問題，通貨開始急速膨脹。社會於是出現混亂，人民日益不滿，出現示威及罷工，右派勢力和軍人都蠢蠢欲動。一九七三年起，示威及罷工規模擴大，其中最嚴重的一次是七月的全國卡車司機大罷工，共有四萬五千輛卡車停駛，連帶全國的糧食、燃料及物流運輸全部停頓。一般認為這次罷工是由美國中央情報局在背後策動的。

一個月後，阿葉德被迫任命親美的陸軍總參謀長皮諾榭（Augusto Pinochet）取代其親信擔任陸軍總司令。又過一個月，皮諾榭發動政變，下令軍隊包圍總統府。阿葉德在激烈的槍戰中死去，身邊留有一把卡斯楚送給他的 AK-47 步槍。皮諾榭宣稱阿葉德是死於自殺，但真相如何已無從知曉。

皮諾榭在政變後上台執政，立刻與古巴斷交，又下令鎮壓社會黨及共產黨。同時，新政府改採自由經濟政策，逐步將銀行及國有企業改為私有化，廢除最低工資，限制工會權力。總之，一切施政都是反阿葉德而為。皮諾榭此後統治智利，長達十七年。

阿根廷貝隆主義的命運

美國中央情報局也在阿根廷積極活動，其打擊的對象是貝隆。貝隆（Juan Domingo Perón）是西班牙移民的後裔，十六歲就進入軍校。他在二次大戰期間奉派到駐義大利使館擔任武官，也到德國等地訪問，親歷墨索里尼和希特勒最輝煌的時刻，受到極大的影響。二次大戰尚未結束，他便已回國參加發動軍事政變，推翻政府，此後歷任部長及副總統要職。他自稱反對共產主義，也反對資本主義，自創一個新黨，稱為「正義黨」（Justicialist Party），主張其所謂的「第三立場」（Third Position），一般稱為「貝隆主義」。

一九四六年，貝隆當選為總統，就任後就主張在外交上保持中立，避免捲入美、蘇之間的紛爭。他在國內施政的主要方針包括將銀行及重要產業收歸國有，以計畫經濟手段迅速推展工業化，大力推動公共建設，以及完善社會福利。他也鼓勵工人成立工會，大幅提高工人的工資，並且為低收入者建造大批新公寓，因而受到工會的支持。他的夫人艾薇塔（Evita）出身貧寒，卻力爭上游而成為全國知名的女演員，對貝隆名聲鵲起幫助極大。她在婚後又全力協助貝隆改革，更是廣受勞工及婦女的支持。一九五二年，貝隆連選連任總統。

然而，貝隆所描繪的國家遠景卻有陰影逐漸在擴大。阿根廷在國有化的過程中雖然自認是以合理的價錢償付美國、英國公司，但外國企業從此再也難以到阿根廷投資。貝隆雖然想在美、蘇之間保持中立，美國卻懷疑他是偽裝的共產黨員，不但將阿根廷剔除於馬歇爾計畫支援的名單之外，又對阿根廷實施禁運。阿根廷原本在二戰期間累積了豐厚的外匯盈餘，在公、私部門各種建設及社會福利大幅支出後，沒有幾年也就花完了。後續的問題是出口衰退，進口大增，國家收支不平衡，通貨迅速膨脹。軍方及右派勢力對貝隆的勞工政策早有微詞，這時更加不滿。更不幸的是，艾薇塔在他獲選連任後不久一病不起，以三十三歲芳齡早逝。

貝隆第二任總統任期只做了一半就被軍人政變推翻，從此流亡國外十八年，到西班牙接受佛朗哥保護。在此期間，阿根廷的政治、經濟及社會極為混亂，因而使得貝隆得以透過正義黨在海外操縱國內政治。一九七三年，貝隆支持的黨內左派領導人坎波拉（Héctor Cámpora）當選為總統，決定以盛大的儀式歡迎貝隆回國。貝隆飛回首都布宜諾斯艾利斯（Buenos Aires），估計有超過百萬人前往機場歡迎。然而，正義黨內的左派與右派長久的對立竟在此時爆發，導致劇烈的衝突，造成十幾人死亡，數百人受傷，是極不祥的徵兆。

不久後，坎波拉宣布辭職，騰出位置以便貝隆第三度參選總統。貝隆卻不顧眾人反對，堅持以其在西班牙所娶的第三任妻子伊莎貝爾（Isabel）搭檔參選。伊莎貝爾出身與艾薇塔相似，曾在夜總會擔任歌手，遂當選為副總統。但貝隆時年七十八歲，健康也不佳，上任九個月後就病死了。貝隆生前既是無法調和黨內的極左和極右勢力，死後兩派更是水火不容。阿根廷社會秩序大亂。伊莎貝爾依法繼任為總統，但面對亂局束手無策，最終在一九七六年被軍人政變推翻。

兀鷹行動（Operation Condor）

綜合前面所述，拉丁美洲有部分國家曾經歷短期的左傾，但在七〇年代中期幾乎都已轉到由右翼軍人獨裁統治。美國當然是造成此一結果的背後主導者，在對蘇聯的冷戰可說是大勝。但由於共產黨城市游擊戰造成拉丁美洲社會極度的不安，美國軍方及中央情報局開始倡議要在南美洲建立一個地區性的合作計畫，以剷除馬列主義的餘毒。其結果就是一九七五年十一月啟動的「兀鷹行動」。加入此一行動的主要成員有巴西、阿根廷、智利、烏拉圭、巴拉圭，玻利維亞等六國，另有委內瑞拉、哥倫比亞和祕魯也以觀察員身分參加。美國則是負責提供金錢、軍事情報、訓練，以及通訊、追蹤、先進電腦等高科技。

兀鷹行動設定要對付的對象包括共產黨員、社會主義者、游擊隊、工會分子、農民運動領導人，以及其他有左傾嫌疑，或有異議的知識分子及學生。各國軍政府也和共產黨城市游擊隊一樣運用綁架、暗殺、刑求及屠殺的毒辣手段，以暴易暴。據估計，此一行動至少造成五萬人被殺，三萬人失蹤，四十萬人入獄。

一般認為，阿根廷是南美洲裡侵犯人權最嚴重的國家。阿根廷卻在一九八二年突然出兵占領英屬福克蘭群島（Falklands Islands），遭到英國強力反擊，大敗，軍政府因而垮台。繼起的民選政府稱兀鷹行動為「骯髒戰爭」（Dirty War），下令成立委員會深入調查。但調查行動受到多方制肘，極為緩慢。過了二十年，法院才根據調查結果認定十五名前軍政府官員涉及數萬人死亡及失蹤的案件，據以判刑，但其中有五人早已去世了。

調查證據也顯示美國政府完全知情，卻放任各國政府謀害本國人及外國人。兀鷹行動從詹森、尼克森、卡特到雷根四屆政府也從未停止過。

尼加拉瓜桑定民族解放陣線的革命

美國雖然如願完全掌控南美洲，在中美洲的尼加拉瓜卻遭到極大的挫敗。由於尼加拉瓜反美及革命活動的歷史又長又複雜，我將分成三階段敘述。

■尼加拉瓜民族英雄桑定諾的反美革命運動及其遇害

尼加拉瓜反美活動的歷史必須回溯到一九二〇年代末。當時有一位革命家桑定諾（Augusto C. Sandino）立志把侵略者趕出去，號召國人起來共同推翻美國扶植的傀儡總統。尼加拉瓜共產黨的領導人法拉班多（Augustin Farabundo Marti）奉莫斯科之命加入桑定諾的游擊隊，受其指揮。桑定諾既不是共產黨員，也不信奉馬列主義，後來又發現共產黨背後有陰謀，因而下令逮捕法拉班多，逕行處決。共產國際對桑定諾至表失望。

美國駐軍在與游擊隊戰鬥多年後自知無法繼續，因而決定撤出，並在一九三三年初完成撤軍。同時，尼加拉瓜新選出的總統薩卡薩（Juan Bautista Sacasa）正好就任，於是和桑定諾談判和解。桑定諾同意效忠於新政府，並承諾將解除游擊隊的武裝，不過堅持由美國協助成立的國家衛隊也解散重整。不料國家衛隊司令蘇慕撒（Anastasio Somoza García）竟在桑定諾某次與薩卡薩開完會後離開時派殺手攔住他的車，直接把他槍殺。桑定諾的弟弟和手下兩名將軍同時遇害，游擊隊在不久後也被剿滅。尼加拉瓜第一階段的革命運動至此結束。

■奧特嘉領導桑解推翻蘇慕薩政權

蘇慕撒後來強迫薩卡薩下台，自任總統。在他死後，兩名兒子又繼續掌握政權。但尼加拉瓜共產黨漸漸又號召國人起而反抗蘇慕薩政權，並在一九六一年成立「桑定民族解放陣線」（Sandinista National Liberation Front，簡稱「桑解」）。這是尼加拉瓜第二階段革命運動的開始。桑定諾雖然曾經排斥共產黨，但在人民心目中的革命英雄形象已經牢不可拔，共產黨只有利用他的名字才能吸引更多人民加入游擊隊。

一九七二年，尼加拉瓜發生大地震，首都馬納瓜（Managua）瞬間成為廢墟，有上萬人喪生。世界各國基於人道無不踴躍賑濟，不料蘇慕薩家族及政府大小官員竟侵吞各國的鉅額匯款及大批救災物資。百姓因而痛恨，紛紛投奔桑解游擊隊。一九七四年，桑解突襲美國大使館外交官晚宴，扣押三十名人質，與政府談判條件，獲得同意釋放多名重囚，其中包括後來桑解的領袖奧特嘉（Jose Daniel Ortega Saavedra）。此後桑解在對政府的戰爭中漸趨上風，最終在一九七九年七月推翻蘇慕薩。桑解聯合其他政黨成立一個過渡政府。

蘇聯及古巴是桑解的主要支持者，在尼加拉瓜新政府成立後又與其簽定經濟、文化及軍事協定，提供貸款，意欲將尼加拉瓜打造為下一個衛星國。但奧特嘉不願只在共產陣營中，也希望與美國維持良好關係。對此美國卡特總統表示歡迎。然而，雷根（Ronald Reagan）在一九八〇年初繼任為總統後卻一反卡特的態度，認定尼加拉瓜與蘇聯、古巴掛勾，授意CIA再度進行與桑定政權的戰爭。

■「康特拉」——美國對尼加拉瓜桑定政府的顛覆行動

CIA組建的尼加拉瓜反政府游擊隊稱為「康特拉」（Contras），其中包括兩支部隊，一支是由重組原國家衛隊而成立的右翼游擊隊；另一支是招募桑解中不滿奧特嘉的成員而組成的左翼游擊隊。兩者原本水火不容，卻在CIA重金引誘之下共同對付桑定政府。尼加拉瓜的第三階段革命運動因而是桑定政府被動地反抗美國，以保衛其政權的戰爭。

「康特拉」在尼加拉瓜境內到處進行恐怖活動，如暗殺、綁架、酷刑、爆破等，與南美洲的兀鷹行動類似，殃及數千無辜平民。雷根政府卻持續每年撥巨款資助康特拉，又極力醜化桑定政府。奧特嘉在一九八四年舉行的大選中當選為總統，國際觀察員普遍認為是一場公平、公正的民主選舉。雷根卻仍然拒絕承認奧特嘉政權，不僅對尼加拉瓜進行貿易抵制，又在尼加拉瓜的港口外布雷，只差沒有向尼加拉瓜宣戰。奧特嘉向海牙國際法庭提出控訴，國際法庭在經過兩年調查及聽證後，譴責美國涉及不當使用武力對付他國，布雷也違反國際法規。此案後來移到聯合國討論，美國卻數次在安理會中予以否決。

圖 18.2　卡斯楚參加尼加拉瓜奧特嘉就任總統典禮

美國國會後來也提案調查CIA在尼加拉瓜的活動，並通過決議禁止雷根政府撥款支持康特拉。此後康特拉為了自行籌款，竟涉入大量的毒品交易。美國國家安全局也利用其他管道暗中為康特拉籌款，其主要的負責人是諾斯中校（Oliver North）。諾斯透過中間人安排販賣武器給伊朗，然後將一部分利潤及回扣轉給康特拉。伊朗又依雙方約定請黎巴嫩真主黨釋放多名被綁架的美國人質。國安局和CIA所作所為同時違反美國國會的多重禁令，但一直到一九八六年十一月伊朗門醜聞案（Irangate Scandal）曝光後才為人所知。美國社會大眾嘩然。國會震怒，決議進行調查，最後有多名官員被迫下台或坐牢。

有一部分國際社會人士指出，兀鷹行動、康特拉及伊朗門事件在在顯示，冷戰期間美國政府為了打擊共產主義，在海外所作所為令人不齒，直接地說與蘇聯輸出革命並無多少差別，都是為達目的，不擇手段。

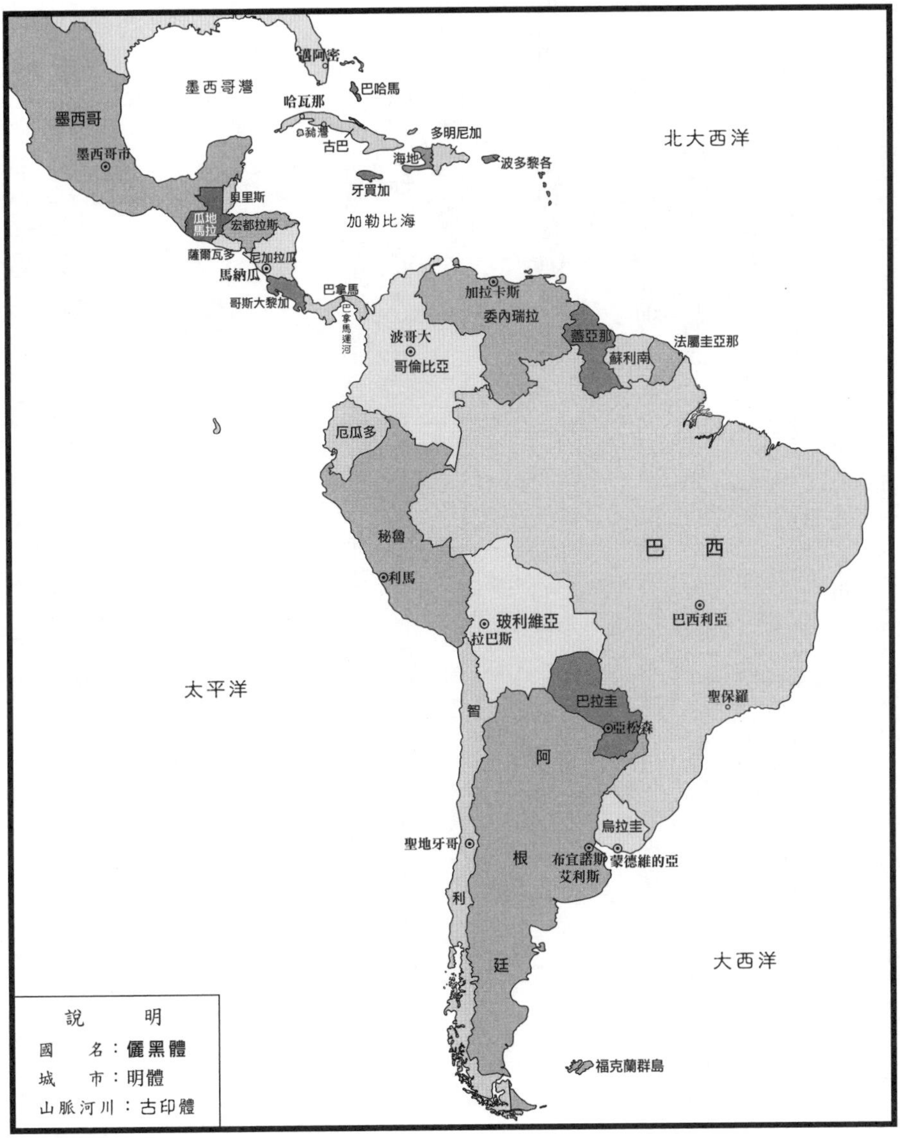

邁阿密
墨西哥灣
巴哈馬
哈瓦那
豬灣
古巴
多明尼加
北大西洋
墨西哥
墨西哥市
海地
波多黎各
貝里斯
牙買加
瓜地馬拉
宏都拉斯
加勒比海
薩爾瓦多
尼加拉瓜
馬納瓜
巴拿馬
哥斯大黎加
巴拿馬運河
加拉卡斯
委內瑞拉
蓋亞那
法屬圭亞那
蘇利南
波哥大
哥倫比亞
厄瓜多
秘魯
利馬
巴 西
巴西利亞
玻利維亞
拉巴斯
太平洋
巴拉圭
聖保羅
亞松森
智
阿
烏拉圭
聖地牙哥
根
布宜諾斯艾利斯
蒙德維的亞
利
大西洋
廷
福克蘭群島
說 明
國 名：儷黑體
城 市：明體
山脈河川：古印體

地圖5：拉丁美洲地圖

第十九章
共產勢力在非洲、中東及中亞的擴張

本章的主旨是敘述共產主義在非洲、中東及中亞的擴張，及其與資本主義的鬥爭。不過在一開始必須先敘述非洲獨立運動，因為那正是兩大勢力激烈競爭的起點。但若要清楚地說明非洲獨立運動，當然要從白人在非洲殖民的歷史講起。

非洲殖民地的歷史概述

自從十五世紀起葡萄牙、西班牙人開啟大航海時代之後，非洲便次第淪為白人的殖民地。英國人、法國人、荷蘭人接踵而至，並迫使葡萄牙和西班牙讓出一部分殖民地來。不過當時北非地中海沿岸及東非紅海沿岸是鄂圖曼帝國（Ottoman Empire）的一部分，所以被殖民的時間較晚。

如果以第二次大戰之前為觀察點（請參照地圖6），法國及英國是非洲最大的兩個殖民國家，各占大約三分之一的面積。法國的殖民地主要集中在非洲西北部，加上馬達加斯加。英國的殖民地主要是從埃及劃到南非的一個長條區域，加上在西北非幾內亞灣（Gulf of Guinea）沿岸一部分地區。英、法以外其他國家的殖民地相對分散，大多在非洲的東、西兩岸，只有中間一大塊地區屬於比利時，稱為比屬剛果（Belgian Congo）。整個非洲地區能保持獨立，倖免於白人殖民統治的，只有衣索匹亞（Ethiopia）、賴比瑞亞（Liberia）兩國。

衣索匹亞在非洲東北角，也曾是一個強盛的帝國，數百年來雖然遭到鄂圖曼帝國及列強侵擾，卻仍能維持其主權。二次大戰初起時，衣索匹亞曾被義大利占領，幸賴同盟國之助將義大利人逐出，因而與美國、英國極為親近。

賴比瑞亞位在幾內亞灣西邊的一個海角，於一八四七年建國。其所以能獨立建國的原因肇始於美國在三十年前成立的一個「美國殖民協會」。該協會的成員認為，黑人在美國的大環境不易發展，又造成美國社會嚴重分裂，所以不如送黑人回到非洲。由於該協會的支持者裡有很多是身兼大奴隸主的重量級政治人物，包括美國第三任到第五任總統，因而得以克服重重的困難，遣送大約三萬名美國的黑人回到非洲，其中有一半集中在賴比瑞亞。該協會在開始時是以賴比瑞亞為殖民地，設有總督，但後來因為財務負擔沉重，不堪長期虧損，只得讓黑人自行獨立。

二次大戰前，南非也由英國同意而獲得獨立。在戰後，北非的利比亞（Lybia）和埃及也分別獨立，但兩者獨立的背景大不相同。利比亞在二戰期間也被義大利強占為殖民地。當時有一位流亡的伊斯蘭教教長領導教眾支持協約國對義大利作戰，因而在戰後獲得聯合國支持，於一九五一年成立利比亞王國。教長於是就任為國王，自稱伊德里斯一世（Idris I）。

埃及是文明古國，但從大約兩千年前起就次第淪為羅馬人、波斯人、阿拉伯人、土耳其人及英國人的殖民地。一九二二年，英國宣布埃及獨立，並與埃及共管蘇丹（Sudan）。實際上，埃及在國防、外交都無法自主，只能說是英國的保護國。一直到納瑟在一九五二年發動政變，成立共和國，埃及才算是一個獨立的國家。不過要等到一九五六年蘇伊士運河事件之後，英、法兩國被迫撤離，埃及至此才算是擁有完整的領土及主權。

非洲獨立運動

納瑟領導埃及獨立及蘇伊士運河事件是非洲歷史上的兩件大事，非洲獨立運動的浪潮從此迅速由北向南席捲。在最初三年，有摩洛哥（Morocco）、蘇丹、突尼西亞（Tunisia）、迦納（Ghana）及幾內亞（Guinea）宣告獨立。這五個國家如不是英國就是法國的殖民地，其中前三者在北非，後二者在幾內亞灣。

一九六〇年是非洲獨立運動的高峰，被稱為「非洲獨立年」，在一年內有十七個國家獲得獨立。本章在此不擬一一列舉國名，不過必須指出，這些國家的地理位置都在非洲北部，其中有十四個是前法國殖民地。法國在二次大戰後國力已經大不如前，戴高樂無法阻止如火燎原的非洲獨立運動，但還是想盡力保留少數幾個殖民地，其中最重要的是阿爾及利亞（Algeria）。

二戰期間，阿爾及利亞人大力支持「自由法國」對軸心國作戰。戴高樂在戰後卻不得不鎮壓阿爾及利亞人的獨立運動，因為約有一百萬法國人居住在該地，不肯放棄。阿爾及利亞人至為憤怒，奮不顧身地對法國發起獨立戰爭，最終在一九六二年獲得獨立。一百萬白人紛紛逃回本國，造成法國全國混亂。

繼法國之後，輪到英國在非洲大撤退，在十年裡有十個英屬殖民地宣告獨立，其中比較大的有肯亞（Kenya）、坦尚尼亞（Tanzannia）、尚比亞（Zambia）及波札那（Botswana），直抵南非之北。

非洲獨立運動飆起的主要原因是白人對殖民地人民的掠奪及歧視，引發非洲人強烈的民族主義，然而，對於許多非洲國家來說，獲得獨立並不是問題的結束，而只是問題的開始。

舉蘇丹為例。埃及原本和英國共管蘇丹，在一九五二年獲得獨立後和英國都決定撤出，蘇丹因而在一九五六年獲得獨立。然而蘇丹有極其嚴重的種族及宗教問題，因為北部大多是阿拉伯人，信仰伊斯蘭教；南部卻大多是黑人，信仰當地傳統的宗教信仰或基督教。北方阿拉伯人在制訂新憲法時獨斷獨行，不讓南方黑人參與。

南方黑人卻堅決不肯接受北方人制訂的穆斯林律法。內戰因而在獨立前就爆發了，並持續十七年，造成約五十萬人死亡。一九八三年，內戰再起。這次打了二十二年，估計有兩百萬人死亡，其中大部分死於飢荒。雙方都付出沈重的代價，經過五十多年戰火洗禮才終於分成北蘇丹和南蘇丹。

非洲其他地區大多也有類似的種族及宗教問題，不過一般來說情況更複雜，因為其中牽涉到美、蘇集團之間的劇烈鬥爭，其情況和前述東南亞獨立運動極為類似。蘇聯和中共自然是要藉非洲獨立運動的大好機會輸出革命，美國卻拚命要阻止紅潮在這些前殖民地氾濫。

蘇聯、古巴及中共在非洲的活動

蘇聯開始注目非洲是在赫魯雪夫與納瑟握手言歡之後。蘇聯有一位世界聞名的歷史學家，名叫波特金（Ivan I. Potemkin）。他曾在共產國際的書記處工作，經常與許多非洲政治人物見面及討論問題，因而是研究非洲問題的權威。波特金認為非洲有實現社會主義的天職召喚，又主張馬克思主義是唯一適合非洲的社會主義，能協助非洲人抹除殖民主義的遺跡。

五〇年代末起，蘇聯便已聯合捷克、東德、保加利亞等衛星國家，開始提供「獎學金」招收非洲的年輕人，給予思想教育，傳授種種游擊隊武裝暴力活動的訓練課程。古巴革命成功後，卡斯楚和格瓦拉也在其原有的革命基地馬斯特拉山上設立革命訓練中心，廣招非洲學生。隨著非洲獨立運動開展，蘇聯及東歐國家的顧問逐漸出現在各國的蘇聯大使館。布里茲涅夫馴服卡斯楚後，便開始從古巴空運游擊隊到非洲直接參加戰鬥。

中共也注目非洲。周恩來在一九五五年出席萬隆會議後，不僅與納瑟交好，也認識了許多非洲國家的領導人，但還不敢走在蘇聯前面。中蘇交惡後，中共便在參加一些亞、非國家的會議時大膽地說，蘇聯人和美國人、歐洲人一樣都是白人，所以「我們這些非白人」必須團結起來。古巴飛彈事件後，中共更加肆無忌憚，主張毛派游擊戰更適合於非洲國家。一九六三年底起，周恩來親自率團在五十天內訪問了十個非洲國家，並在訪問索馬利亞的首都摩加迪休（Mogadishu, Somalia）時宣稱：「整個非洲大陸是一片大好的革命形勢」。摩加迪休是中國明朝時鄭和率寶船隊七次下西洋時到達的最遠地方，對中國而言有其特殊的意義。

由於非洲從北到南共有五十幾個國家，數目比拉丁美洲多了一倍，本書更加無法一一敘述各國的獨立經過及美、蘇集團在其中的明爭暗鬥，但可以選幾個具有代表性的例子為讀者們說明。以下先說迦納。

迦納獨立及中國、蘇聯、美國的介入

迦納前稱黃金海岸（Gold Coast），位於非洲西部，南臨幾內亞灣，是英國在非洲的殖民地中第一個獲得獨立的國家。迦納獨立運動的主要領導人是恩克魯瑪（Kwame Nkrumah）。他出身貧困，長大後卻奇蹟般地獲得獎學金到美國留學。他在美國十年期間非常活躍，曾發起組織非洲學生協會，又與一些馬克思主義托派分子來往，因而被聯邦調查局懷疑是共產黨人。

恩克魯瑪後來轉到英國居住，參加許多泛非洲組織的去殖民化運動，但最後決定回到黃金海岸，對英國殖民當局發起非暴力的示威、罷工及不合作運動，又組織政黨，因而數度被捕入獄。不過當英國在一九五七年決定棄守時，恩克魯瑪就成為迦納獨立後的第一任總理，於是開始推動馬路、學校、醫院等公共建設，獲得人民擁護。恩克魯瑪又積極推動「泛非洲主義」（Pan-Africanism），並為此在首都阿卡拉（Accra）舉辦「全非洲人民會議」。他在會中致詞，說如果非洲其他國家仍然不能脫離殖民地的命運，那麼迦納獨立就沒有什麼意義，於是又積極籌備成立了「非洲統一組織」。

圖 19.1 周恩來於 1964 年訪迦納恩克魯瑪

然而，當他忙於泛非運動時，國內經濟已經大壞。由於政府官員大多貪腐，許多建設又規劃不善，以致農業、工業都無法提升，經濟下滑又導致外債迅速攀升。工人開始不滿，發起大罷工。恩克魯瑪卻強行修憲改制，以便自己當選為總統，同時掌握行政及立法權，接著以高壓手段對付工人。恩克魯瑪也曾向蘇聯及中共求助，並在訪問北京時獲得毛澤東、周恩來接見，同意提供援助。不過他在一九六二年遭人行刺，雖然倖免於難，卻大感不安，於是又請蘇聯為他建立一支特別衛隊，開始布建反恐情報網。總之，恩克魯瑪至此已經成為一個孤獨的獨裁統治者，遠離人民，也遠離西方國家。

一九六六年二月，正當恩克魯瑪在北京訪問時，國內突然發生政變，因而遭到罷黜，從此流亡海外。恩克魯瑪指控美國中央情報局在背後教唆叛變，但沒有充分證據。此後迦納又不斷地發生政變，導致社會長期混亂。一九八一年起，迦納落入一位軍事強人羅林斯（Jerry J. Rawlings）的獨裁統治，長達二十年，國家雖然稍獲穩定，但仍是貧窮，始終未能在經濟上有任何突破。

民主剛果獨立及各方勢力的介入

民主剛果即是比屬剛果，位在非洲正中央。由於當時其西鄰的法屬剛果在宣告獨立後也自稱「剛果共和國」（Republic of Congo，簡稱 Congo），比屬剛果決定改國名為「剛果民主共和國」（Democratic Republic of the Congo，簡稱 DRC）。又由於民主剛果獨立運動牽涉的問題比前述的迦納更廣，也更複雜，我將分成幾段敘述，以便清楚說明。

民主剛果獨立運動中的內部派系嚴重對立

民主剛果在獨立前有很多人致力於反抗比利時殖民政府，其中最為人注目的是盧穆巴（Patrice Lumumba）。他曾在教會學校裡讀書，善於演講，曾擔任政府雇員工會的領導人，後來又自行組黨，決定以和平抗爭的方法追求獨立。此後由於動亂升高，比利時政府被迫於一九六〇年初在布魯塞爾召開一個圓桌會議，邀請所有殖民地的政黨派代表參加。會中決議訂六月三十日為獨立日。民主剛果獨立後，盧穆巴擔任總理，其政敵卡沙弗布（Joseph Kasavubu）擔任總統。

盧穆巴與卡沙弗加之間不幸存在著幾乎無法調和的矛盾，其根源不僅是在黨派的政治利益，也在意識形態及部族觀念。盧穆巴思想左傾，卡沙弗加相對保守。盧穆巴出身小部族，主張中央集權；卡沙弗布出身剛果最有勢力的大部族，主張各部族有充分的自治權。

民主剛果獨立後，只有幾天就爆發危機。一部分軍人領導政府軍叛變，另有卡淡加省（Katanga）的大軍閥卓姆貝（Moise Tshombe）宣告獨立。卓姆貝也是出身大部落，對盧穆巴極端不滿，又因卡淡加是民主剛果最富裕的省分，盛產銅礦，卓姆貝意欲獨享。

外國勢力的介入，盧穆巴之死及內戰擴大

比利時政府在危機爆發後立刻以護僑為由派兵回到民主剛果。聯合國也應盧穆巴所請，派出以美軍為主的維和部隊迅速抵達。但由於盧穆巴與卡沙弗布各持不同的意見，兩支外來的軍隊都拒絕開往卡淡加去對付卓姆

圖 19.2 民主剛果獨立運動領導人盧穆巴

貝。盧穆巴大失所望，轉向蘇聯求助。赫魯雪夫大喜，以飛機運送武器、汽車、軍需補給和大批的蘇聯特務、捷克顧問到民主剛果。盧穆巴與卡沙弗布的衝突因而加劇，各自發布命令把對對方免職。

正在雙方對峙時，陸軍總司令莫布杜（Joseph Mobutu）突然發動政變，接管政府，並下令關閉蘇聯、捷克的大使館，驅逐所有館員。莫布杜又發布新聞，指稱搜獲盧穆巴向蘇聯求援，以及中國總理周恩來同意提供鉅款給盧穆巴的文件，其內容都有損民主剛果的利益。

一九六〇年十一月，盧穆巴被莫布杜的部隊逮捕，又被轉送給卓姆貝，不久便遭到處決。盧穆巴的餘黨於是在其部屬穆立里（Pierre Mulele）的領導下向蘇聯及中共求援。中共接受穆立里率領部隊到中國接受軍事訓練。一九六四年，穆立里回到民主剛果，對莫布杜政府發起戰爭。戰火延燒東北部一半的國土，史稱「辛巴叛亂」（Simba Rebellion）。莫布杜向外國求援。美國中央情報局支持比利時政府募集西歐傭兵參戰，並以飛機載運傭兵到戰場。叛軍大敗，穆立里逃亡。但有一部分叛軍轉到森林裡打游擊戰。

■ 軍事強人莫布杜建立貪腐政權

鼎鼎大名的格瓦拉便是在此時率領部屬及一百多名非洲裔的古巴人到坦干伊克湖（Lake Tanganyika）附近，協助訓練及指導游擊隊。但美國中央情報局對格瓦拉嚴密監視，格瓦拉對游擊隊內部紛爭及紀律散漫又極為失望，稱之為「烏合之眾」，所以只停留七個月就離開非洲。不過要指出，格瓦拉在非洲期間訓練的不只是民主剛果的游擊隊，也包括了鄰近的坦尚尼亞、蒲隆地（Burundi）、盧安達（Rwanda）、烏干達（Uganda）的游擊隊，使得這幾個國家日益動盪。

莫布杜掌握政權後改國名為「薩伊」（Zaïre）。他在非洲以貪腐著稱，據估計在三十幾年間至少聚斂了五十億美元財產，大部分存在歐美國家的銀行裡。

赫魯雪夫對於盧穆巴之死至為痛心，決定在莫斯科開辦一所「盧穆巴人民友誼大學」，專門培訓亞、非、拉國家的年輕共產黨員。後來有很多第三世界國家的總統、總理、部長都是此一大學的畢業生。

剛果共和國——非洲第一個社會主義國家

以上是共產主義在非洲輸出革命失敗的兩個案例，下面介紹一個成功的例子，即是法屬剛果，其正式名稱是剛果共和國（簡稱「剛果」）。剛果與民主剛果以剛果河為界。二次大戰時，法屬剛果堅決支持自由法國對抗軸心國，其首都布拉薩維爾（Brazzaville）被稱為自由法國的象徵性首都，因而在一九六〇年獲得法國支持而獨立。

但剛果有兩個分屬不同種族，具有不同政治思想的黨派互相對立。其中一派由一位解職的天主教神父尤盧（Fulbert Youlou）領導，主張經濟自由化，排斥社會主義，獲得法國政府支持擔任第一屆總統。但尤盧政府貪腐無能，又壓制工會，引發大罷工，在一九六三年八月被推翻。反對派領袖馬桑巴－代巴（Alphonse Massamba-Débat）接任，政策立刻向左轉，對內實施一黨專政，對外接受蘇聯及中共的援助，邀請古巴派軍隊數百人來協助訓練民兵，又大量收容鄰近國家的共產游擊隊。馬桑巴－代巴也曾率團訪問北京，並與毛澤東見面。但他在內部鬥爭中失利，被軍事強人恩古瓦比（Marien Ngouabi）取代。恩古瓦比更加左傾，將國名改為「剛果人民共和國」，自稱是非洲第一個社會主義國家，繼續接受蘇聯及中國的援助。

恩古瓦比在一九七七年被刺殺。政權幾經換手，最後落入薩蘇・恩格索（Denis Sassou Nguesso）的手中。薩蘇・恩格索此後一直掌權，並維持社會主義一黨專政，直到東歐國家解體後才改變。

葡屬殖民地的獨立運動

當非洲獨立運動的狂潮席捲時，歐洲國家大多知難而退，只有葡萄牙始終抗拒潮流，拒絕退出。葡萄牙殖民地的獨立戰爭因而成為一九七〇年代非洲獨立運動的主軸。葡萄牙之所以不願放棄殖民地，與其國家的特殊情況有關。以下先說明其原因，再分述其殖民地個別的獨立運動。

■ 葡萄牙抗拒殖民地獨立運動

葡萄牙其實是歐洲最早在非洲殖民的國家，到二次大戰時已有六百年的殖民歷史。不過由於國家越來越弱，二次大戰後葡萄牙只剩下五個殖民地，即是在非洲西岸的安哥拉（Angola）、東岸的莫三比克（Mozambique）、在幾內亞灣的幾內亞比索（Guinea-Bissau），以及大西洋上的兩個小島，維德角（Cape Verde）和聖多美普林西比（São Tomé and Príncipe）。

葡萄牙從一九三三年起的統治者薩拉札（Antonio de Oliveira Salazar）是一位法西斯強人。他曾在西班牙內戰時大力支持佛朗哥，以致國家財政拮据，亟需殖民地的稅收及其他的收益來支撐。葡萄牙人民也有不少是靠殖民地的投資收益過日子。當時葡萄牙全國的人口不到九百萬，居住在上述五個殖民地的人卻有一百萬，並且大多不願離開，如同當年在阿爾及利亞殖民地的法國人一樣。

但葡屬殖民地的人民眼見周邊的法國、英國殖民地都已漸漸獨立了，自然不可能不追求獨立。薩拉札也不是不知道戴高樂出兵阻擋阿爾及利亞獨立運動的結果，卻還是下令鎮壓所有殖民地的抗爭。

■ 蘇聯的介入及葡萄牙的「康乃馨革命」

這時在蘇聯看來，葡屬殖民地無疑是輸出革命的理想目標，於是命令葡萄牙共產黨出面扶植殖民地的共產黨，協助他們進行獨立運動。東歐國家、中國、古巴，甚至迦納也都參加進來，提供葡屬殖民地游擊隊訓練基地，並提供種種支援。葡屬殖民地戰爭於是擴大。撒拉札這時無論派多少軍隊都已不可能獲勝，卻還是不計代價繼續派兵到非洲打仗。其結果是國家經濟因鉅額軍費而受到重創，使得原本已是西歐最窮、最落後的葡萄牙更窮、更落後。

一九七〇年，撒拉札病死，但新的統治者在國內仍是繼續高壓統治，對外也繼續進行殖民戰爭。結果軍人在一九七四年四月發動政變，推翻政府。當時許多百姓都拿康乃馨花朵插在士兵的槍口上，史稱「康乃馨革命」，是一場成功的不流血革命。新成立的政府接著宣布放棄殖民地，葡萄牙在海外的一百萬人民於是倉皇地逃回本國，其中大多身無分文，造成此後十幾年葡萄牙社會持續混亂。

■ 幾內亞比索和維德角的獨立運動

事實上，早在葡萄牙宣布放棄之前半年，幾內亞比索和維德角就已經宣布獨立了。這兩個地區的獨立運動在初期是連結在一起，其共同的領導人阿米爾卡・卡布拉（Amilcar Cabral）也曾積極協助成立安哥拉及莫三比克的民族獨立運動組織。卡布拉因而大名鼎鼎，是許多非洲人崇敬的英雄。卡布拉手下有很多共產黨員，自己卻不是，與二〇年代尼加拉瓜的桑定諾十分相似。卡布拉卻不幸在一九七三年初被兩名不滿的同志槍殺，並沒有親眼看見國家獲得獨立。但一般認為其背後死因並不簡單。

卡布拉的弟弟路易士（Luis cabral）在他死後繼立，被選為總統，卻下令屠殺在獨立戰爭期間幫助葡萄牙政府軍的「叛徒」，並在黨內進行大清洗，數千人被殺。路易士又推動極左的經濟政策，將企業全部收歸國有。其結果是經濟迅速惡化，不幸同時發生大飢荒。最後，總理維艾拉（João Bernardo Vieira）於一九八〇年領導黨內同志一起罷黜路易士，成立一個九人的革命軍事執政團，而在其後維持一黨專政的政治體制。

■ 安哥拉獨立運動及美、蘇、古巴、南非的介入

一九七五年，葡屬莫三比克及安哥拉也先後獨立，並都成立人民共和國，宣稱將奉行馬列主義。但兩者在獨立後都爆發內戰，其原因及過程極其相似，主要是由於內部發生分裂，導致美國和蘇聯分別支持其中的一方，南非和古巴又分別出兵為美國和蘇聯打代理戰爭。既是原因、過程都相似，本書就沒有必要重複敘述，所以以下只舉其中的安哥拉為例說明。

安哥拉在非洲西南，南接納米比亞（Namibia）。安哥拉發生獨立運動時，納米比亞也受其影響。事實上，納米比亞是由南非控制的國家。南非因而如坐針氈，擔心安哥拉如果成為共產國家，將成為心腹之患，所以情願為美國打代理戰爭。當時美國才剛結束越戰，國會自然不允許政府又重蹈覆轍直接派兵到海外。

安哥拉在反抗葡萄牙時，有許多不同背景的游擊隊參戰，其中最重要的有三支。第一支稱為「安哥拉人民解放運動」（簡稱「安人運」，MPLA），由內圖（Agostinho Neto）領導，其背後的支持者是蘇聯及古巴。第二支是「安哥拉獨立聯盟」（簡稱「安盟」，UNITA），原本是毛派游擊隊，後來卻轉為反共產主義。第三支是「安哥拉民族解放陣線」（簡稱「安解陣」，FNLA），其背後的支持者是美國及南非。三支游擊隊分由全國

圖 19.3　卡斯楚與安哥拉共產革命領袖內圖

三十幾個部族中的不同部族主導，因而在意識形態及族群認同都有極深的矛盾。

■ 美蘇主導下的安哥拉長期內戰

葡萄牙人決定撤退時，安人運首先占據首都盧安達（Luanda），卻不與安盟和安解陣商討就自行宣布成立新政府，其首領內圖（Agostinho Neto）自任總統。安盟和安解陣拒不接受，聯合共組另一個政府，內戰於是爆發。南非立刻出兵支援安盟和安解陣。美國在背後出錢出力，據稱在第一年就花了三億美金。蘇聯也運送大批飛機、大砲及裝甲車，又空運古巴部隊一萬五千人到安哥拉，同樣也是花費驚人。但是戰爭從一開始後就無法停止，竟打了十幾年，並且越滾越大。據估計，古巴部隊最多時達到五萬人。蘇聯由於遠遠不如美國富有，漸漸無法支持，但還是咬牙苦撐，最後竟撐到蘇聯自己解體前夕才停止。因而，我將在第二十四章再回來為讀者們繼續敘述安哥拉內戰的結局。

蘇聯在埃及的挫敗——沙達特的選擇

非洲的獨立運動有如浪潮一般，從北向南次第席捲，越往南的國家越晚獨立。因而，當安哥拉獨立時，沙哈拉沙漠以北的國家大多已經獨立了十幾、二十年，並且又發生巨大的變化。也因此本書又必須回頭來敘述這些變化。其中最早發生變化的，正是最早獨立的埃及。

回溯一九六七年六月，以色列突然發動「六日戰爭」，占領埃及的西奈半島（Sinai Peninsula），約旦的西岸地區（West Bank），以及敘利亞的戈蘭高地（Golan Heights）。三國之中敗得最慘的是埃及。納瑟雖然沒有因此下台，卻飽受譏嘲。為了要雪恥復仇，他決定請蘇聯提供更多武器，替埃及訓練更多軍隊。埃及所聘的蘇聯顧問人數竟超過五千人，並且遍布在所有的軍隊和情治機關裡，實際上已經成為蘇聯的半個衛星國。

納瑟為人正直而廉潔，卻有強烈的權力慾和疑心病，許多屬下都遭到整肅。不過有一位當年也參加自由軍官組織，與納瑟一起推翻埃及王室的沙達特（Anwar Sadat）卻因對納瑟始終表現得忠心耿耿，言談行事又極為低調，因而獲得納瑟信賴，被任命為副總統。不料納瑟在一九七〇年九月因心臟病發而死，沙達特依法接任為總統。由於事出突然，沙達特根本沒有想到自己會擔任總統，不過埃及從此走上不一樣的道路。

沙達特在擔任副手時雖然總是保持沈默，其實心裡並不完全贊同納瑟的所作所為，因而在繼任總統之後立即翻轉納瑟的政策。他首先下令釋放被納瑟關在監獄裡的數千名穆斯林兄弟會成員，直接與之和解。在經濟方面，他決定採取開放、去中央化的政策，以吸引外資及擴大對外貿易。在外交上，他認為不應為了與以色列對抗而接受蘇聯的援助，疏遠美國。美國尼克森總統獲得埃及的暗示後，急忙派國務卿羅吉斯（William Rogers）訪問開羅，極力拉攏沙達特。羅吉斯訪問結束後，沙達特立即將親蘇的副總統免職，又逮捕若干親俄的官員。布里茲涅夫大驚，也派高級代表團訪問埃及，卻已無法改變沙達特的決定，於是改採威脅的方法。但沙達特的回應是下令將蘇聯顧問全部驅逐出境。

一九七三年十月，埃及聯合其他阿拉伯國家對以色列發起突襲，是為第四次中東戰爭。埃及雖然未能取勝，美國卻施壓迫使以色列與埃及談和。沙達特於是不顧國內及鄰國的巨大反對聲音，親訪以色列，積極謀和。他又應美國之邀，與以色列總理比金（Menac em Begin）在大衛營直接進行談判。雙方最終於一九七九年三月簽定和約。以色列依約在三年後交還西奈半島給埃及。

埃及後來與蘇聯關係更加惡化，雙方竟致斷絕外交關係。不過當沙達特在一九八一年十月遇刺身亡後，繼任者穆巴拉克（Hosni Mubarak）又逐漸修正其政策，與蘇聯恢復邦交，尋求在美、蘇之間保持平衡。

蘇丹、利比亞的革命

納瑟在世時被稱為「雄獅」，是非洲的巨人，影響極大。埃及南邊的蘇丹及西邊的利比亞也受其影響，都在一九六九年發生政變。

蘇丹政變是由陸軍軍官尼麥瑞（Jaafar Muhammad Nimeiry）率同其他具有社會主義思想的軍官共同推翻民選的總統，從此掌握政權。尼麥瑞開始將銀行、工業都收歸國有，並進行土地改革。但他所領導的社會聯合黨並不是共產黨，並且兩個黨後來歧見越來越深，逐漸不可調和。蘇聯也曾極力要在其中排解，不過還是失敗。尼麥瑞最終決定鎮壓共產黨，共產黨員紛紛逃亡到國外。

利比亞政變的主角是格達費（Muammar al-Gaddafi）。他自稱在中學時就崇拜納瑟，後來在軍中也學納瑟成立「自由軍官」組織，最終又學納瑟推翻親西方的伊德里斯一世，建立利比亞共和國，並與納瑟一樣親俄。格達費在建國後不久就邀請納瑟到利比亞首都的黎波里（Tripoli），並請尼麥瑞來參加。兩人對納瑟執禮極為恭敬，如同對老師一般。

一九七一年七月，蘇丹共產黨唆使一部分軍人發動政變，逮捕了尼麥瑞。流亡倫敦的共產黨人大喜，其中有一部分要員欣然搭機，準備回國。不料格達費下令利比亞軍機升空攔截，迫使飛機降落在的黎波里。尼麥瑞也在同一時間被救出，並在脫險後立刻下令處死蘇丹共產黨總書記、政變首腦，以及所有隨從分子。然而，此後格達費卻漸漸親蘇，與親美的尼麥瑞漸行漸遠。格達費更是痛恨沙達特，認為他背叛納瑟，與其互相叫罵。

格達費的行為尤其怪異，令人無從捉摸。利比亞當時人口只有三百萬，卻是北非最大的產油國，並將石油公司全部收歸國有。中東第四次戰爭後，石油價格節節上升。格達費因而擁有用不完的錢，開始想要建立一個龐大的「撒哈拉共和國」，西起大西洋，東到紅海。格達費向中國表示希望購買大批軍火，卻被中國拒絕。格達費於是轉向蘇聯，並在一九七六年與蘇聯簽定一份價值一百二十億美金的軍購合約，其中包括重型坦克、米格機、火箭等最新式的武器。蘇聯為此派一萬多名專家顧問到利比亞工作，又請卡斯楚派員來協助訓練軍隊。利比亞的鄰國查德（Chad）、尼日（Niger）、突尼西亞（Tunisia）境內於是動亂四起。

索馬利亞、衣索匹亞的共產革命及其互相之間的戰爭

蘇聯在非洲輸出革命的目標也包括索馬利亞及衣索匹亞。這兩國位於「非洲之角」（Horn of Africa），北臨紅海及亞丁灣，是出入蘇伊士運河必經之路的咽喉，其重要性不須多說。蘇聯雖然成功地協助這兩國的共產黨武裝叛亂而取得政權，不料兩個共產國家在建立不久後竟發生相互之間的戰爭。

馬克思、恩格斯曾經在《共產黨宣言》裡說，工人無祖國；又說，無產階級的統治將使得人對人的剝削消失，民族對民族的剝削及敵對關係也會隨之消失。索馬利亞與衣索匹亞之間的戰爭卻毫無疑問是兩個共產國家之間的戰爭。一部分歷史學家因而指出，這已經足以證明馬克思、恩格斯的理論及預言都錯了。本書在此因而也要將兩國如何發生革命，又為何爆發相互之間的戰爭說明清楚。

■ 索馬利亞的共產革命

索馬利亞原本是英國和義大利的殖民地，於一九六〇年獲得獨立。但民選的政府十分軟弱，在一九六九年被蘇聯支持的軍事強人塞德（Siad Barre）推翻。蘇聯接著提供經濟援助，協助該國建設機場、港口、道路，交運武器，訓練軍隊，成立國家安全局。但鄰近的沙烏地阿拉伯越來越不安，決定與索馬利亞斷交，同時停止供應石油。不過蘇聯為索馬利亞另外安排從伊拉克運來原油，又幫忙建煉油廠。一九七四年，索馬利亞與蘇聯簽定友好合作條約，成為蘇聯衛星國家之一。

衣索匹亞的共產革命

如前所述，衣索匹亞曾是一個強大的帝國，在二次大戰期間獲得協約國支持，擊退義大利的侵略。然而，由於昔日英勇無比的塞拉西皇帝（Haile Selassie I）已經老邁，政府官員又多貪腐，推動經濟現代化的計畫全部失敗，導致國家日漸貧窮落後。有人說，衣索匹亞首都阿迪斯阿貝巴（Addis Abäba）有三多：乞丐多，妓女多，痲瘋病人多。大學生對政府發起抗爭，罷課遊行，但遭到政府嚴厲鎮壓。另有乾旱及飢荒出現，衣索匹亞因而更加動盪不安。

塞拉西最終在一九七四年九月被軍隊推翻，帝制結束。叛軍成立軍政府，其中有一位蘇聯支持的陸軍少校門格斯圖（Mengistu Haile Mariam）卻屠殺大批前朝的王公貴族、政府官員及右派分子，從此成為衣索匹亞最高且唯一的領導人。門格斯圖下令在首都機場掛起「全世界無產者聯合起來！」及「社會主義必勝！」的大幅標語，又在許多公共建築物上懸掛馬克思、恩格斯及列寧的巨幅畫像。他將全國的土地、銀行及企業全部收為國有，又以高壓、恐怖的手段鎮懾人民。門格斯圖也向蘇聯大量購買武器，並引進大批蘇聯、東德的政工人員，又請古巴人來為其訓練軍隊。

■兩個共產國家之間的戰爭

索馬利亞和衣索匹亞雖然都是蘇聯的衛星國，卻互相敵視，其主要原因是對歐加登地區（Ogaden）的爭執。該地區位在衣索匹亞境內，居民卻大多是索馬利亞人，索馬利亞因而主張應劃歸其領土。雙方早已為此兵戎相見，後來由於有西方專家宣稱在歐加登發現豐富的油藏，兩國的軍事衝突立刻升高。蘇聯處於其中，左右為難，於是請卡斯楚出面調停。卡斯楚與賽德和門格斯圖約定在蘇聯另一個衛星國南葉門的首都亞丁（Aden）會面。根據卡斯楚在會談後的建議，蘇聯斥責索馬利亞犯了「沙文主義及擴張主義」兩項錯誤。

塞德大怒，宣布廢止與蘇聯簽定的友好合作同盟條約，又下令驅逐蘇聯、古巴派在索馬利亞的顧問。布里茲涅夫更怒，在一九七八年初空運約二萬名古巴部隊來為衣索匹亞打仗。索馬利亞不支，只得從歐加登撤軍。

然而，衣索匹亞還有另外的問題必須面對。在其北方靠近紅海有一塊狹長的區域，稱做厄利垂亞（Eritrea），其中居民種族複雜，但與衣索匹亞的主要族群迥異，因而有許多不同的分離運動組織出現。歐加登事件後，分離運動更是大起，並與本國新起的叛亂組織結盟。門格斯圖政權因而搖搖欲墜，卻仍有蘇聯在背後支持，所以還是勉強撐到蘇聯解體的前夕，本書因而也要在第二十四章中再回來敘述其結局。

南葉門——中東唯一的馬列主義國家

蘇聯當然也想輸出革命到中東，但由於伊斯蘭國家都不接受持無神論的共產主義，所以機會不多。除了在埃及獲得納瑟支持之外，蘇聯在中東只能注目於葉門。

葉門位在阿拉伯半島南端，隔著紅海、亞丁灣與衣索匹亞、索馬利亞相望，因而同樣是戰略要地。葉門曾經被阿拉伯帝國及鄂圖曼帝國先後統治過。十九世紀中，英國占據亞丁（Aden）港周邊，設為殖民地，與鄂圖曼帝國南北分治。第一次大戰後，南北依舊分治，只是北方由阿拉伯人取代鄂圖曼建立一個新王國。但蘇聯插手進來，協助北葉門一部分左派軍官於一九六二年發動政變，廢黜國王。國王幸而逃出，並獲得沙烏地阿拉伯王室支持，北葉門由此爆發大規模的內戰。同時，蘇聯也支持南葉門民族主義者發起獨立戰爭，推翻了英國殖民政府，接著又出兵支援北葉門反叛軍。讀者們如果將此一情況與越戰比較，或許會發現十分相似。

當時英國也和沙烏地阿拉伯共同出兵支持北葉門的保皇派，並獲得美國在背後提供援助。埃及總統納瑟這時卻派兵支持北葉門反叛軍。雙方打了六年仗，難分難解，最後只得罷兵議和，結果仍然分為一南一北。北葉門仍是一個王國。南葉門卻成為蘇聯的衛星國之一，更重要的是成為蘇聯在非洲、中東地區的通信、情報及軍事訓練中心，同時也是供蘇聯使用的空軍、海軍基地。

阿富汗戰爭

蘇聯在世界各地繼續擴張，最後一個重要目標是阿富汗，甚至為此打破過去只站在背後提供支援的慣例，直接出兵，結果卻遭逢前所未有的挫敗。許多歷史家認為，阿富汗的挫敗是蘇聯最終解體的原因之一。本書因而必須對蘇聯如何在阿富汗指導發動政變，又為何直接出兵做詳細的說明，以下分述。

■ 阿富汗的連續政變及共產黨的介入

阿富汗也是一個伊斯蘭國家，位在中亞，四鄰有伊朗、巴基斯坦、中國，以及蘇聯的三個加盟國塔吉克、烏茲別克、土庫曼。阿富汗國王查希爾（Zahir Shah）嚮往英國，引進其政治及教育制度，又制訂憲法。王族中有一位達烏德親王（Mohammed Daoud）卻不認同他的西化政策。達烏德曾任首相，但因行事專斷，並與蘇聯過於親近而被國王罷黜。蘇聯因而與達烏德密商，預備起事。

當時阿富汗已有馬列主義政黨，不過分裂為兩派，即是由卡邁爾（Babrak Karmal）領導的「旗幟派」和塔拉奇（Nur Muhammad Taraki）領導的「人民派」。兩派的名稱來自各自辦的《旗幟報》及《人民報》。一九七三年七月，達烏德趁國王出國治病時與共產黨人合作發動政變。

不料達烏德在奪得政權數年後竟下令取締共產黨，將卡邁爾、塔拉奇及人民派的第二號人物阿明（Hafizullah Amin）都逮捕入獄。其餘共產黨人盡皆恐慌，於是由一位陸軍上校卡迪爾（Abdul Qadir）率領，在一九七八年四月發動政變，殺達烏德全家。阿富汗歷史稱此一事件為「四月革命」。

■共產政權的極左路線引發叛亂

蘇共政治局接著在內部討論究竟是選擇卡邁爾或塔拉奇為領袖。現代史家科洛齊在其所著的《蘇聯帝國興衰史》裡引述一份解密文件，是當時KGB呈給政治局參考的報告。其中說，卡邁爾「比較理智、講究紀律……能聽得進諫言」；反之，塔拉奇「頑固、暴躁、膚淺、不夠寬容」。不料政治局最後竟採取蘇斯洛夫的意見，依其對兩人意識形態的判斷而選擇塔拉奇出任為新政府的總統兼總理，阿明擔任副總理。與塔拉奇競爭的卡邁爾被貶為駐捷克大使，其領導的旗幟派也被整肅，一大批人被逮捕入獄，或被處死。不久後，當初帶兵發動政變將他們拯救出獄的卡迪爾也被處決，罪名竟是「陰謀叛國」。

蘇聯原本指示塔拉奇採取漸進的改革方式，不可急躁。不料塔拉奇一開始就推動極左的政策，又沒收清真寺及其土地，成立集體農場，侮辱伊斯蘭教教士。阿富汗全國各地於是迅速出現反政府的武裝叛亂，烽煙四起。叛軍主力是由巴基斯坦在背後支持，而中共又在背後為巴基斯坦撐腰。結果政府軍作戰失利，許多士兵竟投效叛軍，首都喀布爾（Kabul）告急。

圖 19.4 布里茲涅夫（右）、葛羅米科（左）接見塔拉奇（中）。

■ 蘇聯決定直接入侵阿富汗

一九七九年三月，塔拉奇飛到莫斯科，請求出兵解危。但蘇聯除了在東歐之外從來不曾直接出兵對外侵略，因而表示只能繼續供給他現代化的武器及裝甲直昇機。布里茲涅夫勸塔拉奇要設法爭取民心。塔拉奇回到國內後卻決定免除阿明的總理職務，以便將罪責推到他身上。不料阿明是一個強烈的民族主義者，又早有取代之心，竟先下手為強，發動突襲將塔拉奇及其黨羽全部格殺。蘇共命令KGB除去阿明，阿明卻逃過種種刺殺、下毒的陰謀，於是決心仿效沙達特，驅逐所有的蘇聯顧問，並向聯合國求援。布里茲涅夫大驚，立刻召開政治局會議，會中的結論竟是出兵阿富汗。

蘇聯又決定以卡邁爾接任阿富汗新領導人，把他從布拉格召到莫斯科聽取指示，然後送他回喀布爾。蘇聯又派大軍跨越邊界進入阿富汗，同時派軍機載運特種部隊空降喀布爾，然後直奔總統府，擊潰衛隊，殺阿明。卡邁爾於是接管，下令釋放政治犯，承諾尊重伊斯蘭教，並給予國人適度的言論及出版自由。然而，一切都已經太晚。蘇聯軍隊入侵後，阿富汗民族主義反抗運動反而飆起，如大火燎原。

■ 美國決定制裁蘇聯，援助阿富汗反叛軍

美國總統卡特這時發表聲明，要求蘇聯撤軍。但布里茲涅夫斷然拒絕。他可能認為卡特軟弱，正是蘇聯擴

張的機會。然而，由於蘇聯出兵阿富汗，卡特與布里茲涅夫原本在一九七九年六月簽署的《限制戰略武器條約》（SALT II）竟被美國國會否決了。美國同時決定對蘇聯實施禁運，停止賣穀物給蘇聯，並發起抵制一九八〇年即將在莫斯科舉行的夏季奧運會。

美國決定禁賣穀物及抵制莫斯科奧運對蘇聯雖有影響，傷害不大，廢止SALT II卻是極大的衝擊，因為蘇聯的財力比美國相差太遠，早已不堪繼續核導彈競賽。布里茲涅夫更沒有料到，阿富汗戰爭才是蘇聯此後最大的夢魘，比安哥拉、莫三比克戰爭對蘇聯造成的傷害更大。回顧當初美國派兵到越南打仗時，蘇聯和中共都支持越共對美軍作戰，使得美國陷入痛苦的深淵。早在蘇聯出兵阿富汗之前，中共已經在暗中支持阿富汗反叛軍，美國政府及國會因而這時也達成共識，決定對阿富汗反叛軍提供支援，對蘇聯「以其人之道，還治其人之身」。

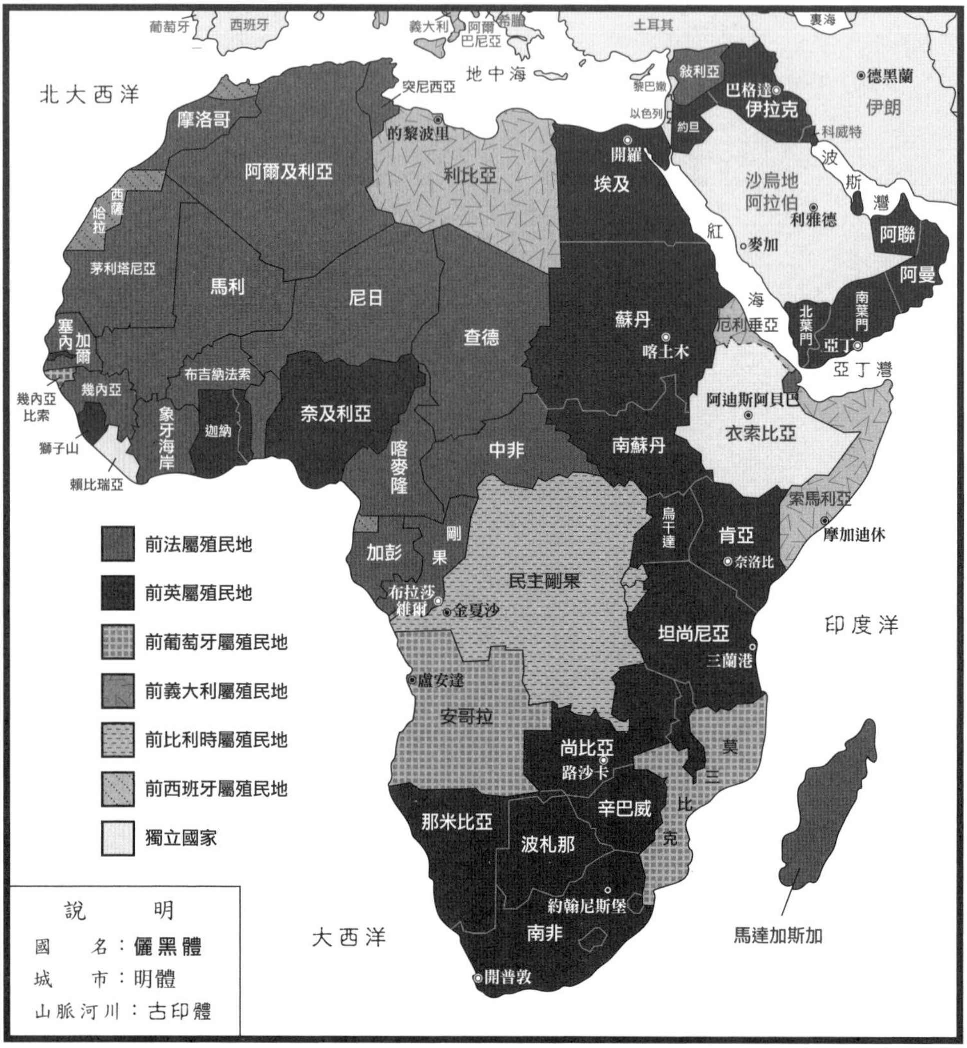

地圖6：非洲及中東地圖（1960年代）

第四卷

共產世界的崩解

（一九七八～二〇〇〇）

年	亞洲	蘇聯及其加盟共和國（解體前與後）	歐洲及北美	拉丁美洲、非洲
1978	4月，中共平反右派分子。12月，確立改革開放。越南入侵柬埔寨	8月，蘇聯、越南簽友好條約		4月，阿富汗共產黨政變奪權
1979	1月，越共逐赤柬，立橫山林政權。2月，中國出兵越南。7月，發布試辦經濟特區	6月，美、蘇簽 SALT II（後被美國國會否決）。12月，蘇聯出兵阿富汗	1月，中美建交，台美斷交。3月，美國會通過台灣關係法	7月，尼加拉瓜桑解推翻蘇慕薩政權
1980	2月，胡耀邦任中共總書記 5月，推包產到戶 9月，趙紫陽任總理		5月，狄托病逝。8月，波蘭團結工聯成立。11月，雷根當選美國總統	
1981		12月，團結工聯領袖華勒沙被捕入獄		10月，埃及沙達特遇刺身亡
1982	9月，十二大通過「建設有中國特色的社會主義」	11月，布里茲涅夫死，安德洛波夫任蘇共總書記	8月，美、中共同發佈「八一七公報」	
1984	2月，鄧小平南巡 5月，開放14個沿海城市	2月，安德洛波夫死，契爾年科任蘇聯總書記	11月，雷根連任美國總統	
1985	1月，洪森任柬埔寨總理	3月，戈巴契夫任蘇共總書記 12月，葉爾欽任莫斯科市委書記	12月，雷根、戈巴契夫在日內瓦首次會晤談判	1月，奧特嘉就任尼加拉瓜總統
1986	7月，越南黎筍病逝。12月，阮文靈任越共總書記，推動革新開放。中國八六學潮	2月，戈巴契夫提公開性及民主化。4月，車諾比核災事件。9月，解禁新聞出版。12月，沙卡洛夫獲釋	10月，戈巴契夫、雷根會冰島	1月，南葉門共黨內戰。11月，蘇共決定阿富汗撤軍
1987	1月，胡耀邦下台，趙紫陽接任	11月，葉爾欽被解任莫斯科市委書記	12月，美蘇簽《中程導彈協議》	
1988	1月，蔣經國病逝，李登輝繼任台灣總統	3月，安德烈耶娃投書事件。6月，黨代表會議通過政體改革。12月，戈巴契夫聯合國演講。亞美尼亞大地震	11月，布希當選美國總統	5月起，蘇聯從阿富汗撤軍。12月，安哥拉停戰協定簽定
1989	中國：3月，西藏動亂。4月，胡耀邦病逝。6月，六四事件，江澤民繼趙紫陽任總書記 其他：2月，越南承諾從柬埔寨撤軍。3月起，緬甸十餘族游擊隊脫離緬共。12月，馬共結束武裝鬥爭	3月，第比里斯毒瓦斯事件。5月，戈巴契夫當選最高蘇維埃主席。7月，蘇聯煤礦工人大罷工。8月，波羅地海之路和平示威運動。12月，立陶宛廢共產黨一黨專政。美蘇宣布結束冷戰	6月，波蘭團結工聯執政。10月，匈共放棄一黨專政。11月，柏林圍牆倒塌。捷克絲絨革命。12月，哈維爾當選捷克總統。羅馬尼亞西奧塞古遭處決	2月，蘇聯完成阿富汗撤軍。7月，古巴歐巧阿事件。9月，蘇聯、古巴軍隊撤離衣索匹亞

1990	9月，越南阮文靈、杜梅密會江澤民、李鵬於成都	3月，立陶宛宣布獨立。蘇聯終止一黨專政。戈巴契夫當選總統。5月，葉爾欽當選俄羅斯最高蘇維埃主席。7月，蘇共二十八大，葉爾欽退黨	2月，保共放棄一黨專政。匈牙利組聯合政府。8月，東、西德合併。12月，華勒沙當選波蘭總統	2月，尼加拉瓜奧特嘉連任總統敗選。12月，蘇聯停止援助古巴
1991	中國：11月，中越復交 其他：6月，杜梅任越共總書記。 10月，越、柬簽和平協議 11月，洪森迎施亞努返國	1月，維爾紐斯流血事件。6月，葉爾欽當選俄羅斯總統。8月，八一九政變失敗。9月，克羅埃西亞戰爭爆發。12月，蘇聯解體	6月，阿爾巴尼亞共黨改組為社會黨。7月，華沙公約解體。12月，獨立國協成立	5月，衣索匹亞門格圖斯共產政權下台。9月，蘇聯撤回駐古巴軍隊
1992	2月，鄧小平二次南巡 4月，菲共第二次大整風	3月，喬治亞內戰起 10月，布拉札斯卡斯當選立陶宛總統	3月，波士尼亞戰爭起。11月，柯林頓當選美國總統	4月，阿富汗聖戰士攻陷喀布爾
1993	5月，北韓試射蘆洞一號導彈 6月，朱鎔基宏觀調控	9月，俄羅斯憲政危機。10月，阿塞拜疆阿力耶夫操縱選舉獲選總統		
1994	1月，朱鎔基取消雙軌制 7月，金日成死，金正日繼任 10月，美、朝簽《核框架協議》 北韓飢荒，連續三年，死二五〇萬人	3月，盧卡申科當選白俄羅斯總統，後為終生總統 7月，庫奇馬當選烏克蘭總統 12月，第一次車臣戰爭起	1月，捷克、斯洛伐克絲絨分手。5月，匈牙利社會黨擊敗民主黨派組閣。6月，美國特使卡特訪北韓	5月，南非曼德拉代表三方聯盟競選，當選總統
1995	12月，美、越復交	11月，謝瓦納澤任喬治亞總統	12月，波士尼亞戰爭結束	
1996	朱鎔基決定國企「抓大放小」	8月，俄羅斯、車臣簽停戰協議	2月，波蘭左派聯盟大選獲勝。3月，科索沃戰爭起	9月，塔利班攻陷喀布爾，建立政權
1998	8月，北韓再次發射導彈及衛星	8月，第二次車臣戰爭起		
1999		8月，普丁任俄羅斯總理 12月，葉爾欽辭總統，普丁代理	3月，北約轟炸南聯，助科索沃	
2000		5月，普丁獲選俄羅斯總統		

第二十章
鄧小平與戈巴契夫的改革開放之路

華國鋒在毛澤東死後接任為國家的領導人，表面上集黨、政、軍大權於一身，但實際上資歷及威望都不夠，地位並不穩固。世界各國駐北京的外交官寫報告回國，都說華國鋒可能只是一個過渡性的人物。中國國內要求鄧小平復出的聲音此起彼落，華國鋒卻遲遲不肯同意鄧小平復出。然而，在黨內多位大老強烈表態後，他最後還是不得不接受。一九七七年七月，中共召開十屆三中全會，追認華國鋒為黨主席及軍委主席，但也通過恢復鄧小平原有的職位，包括政治局常委、中共中央副主席、軍委副主席、國務院副總理、解放軍總參謀長。

鄧小平一生中曾經三次大落大起。一九三三年，鄧小平因為支持毛澤東而被王明批判，卻拒絕認錯，被撤除所有職務。一九六六年，鄧小平在文革初期被毛打成「走資派」，第二次被罷黜，到文革末才被召回北京，第二次復起。過一年，鄧小平在天安門事件後第三次遭罷黜，到這時才又復起。

鄧小平的初步改革——整頓教育、軍隊及科學發展

鄧小平第三次復出時年已七十三歲，但雄心勃勃。經過十年文革的極左路線，他急於撥亂反正，認定首要

之務是教育、軍隊和科學發展。

關於教育，最關鍵的問題是大學，因為中國的高等教育在文革十年中幾乎完全停擺，基本上大學入學不經考試，而是由各方推薦工農兵學員進入。鄧小平第二次復出時也曾想要改革教育，主張對入學學員增加考試項目，但在推動過程中出現一個「交白卷事件」。有一位張姓考生無法作答，故意交白卷，並在試卷背後寫一份陳情信，說因為專心農業生產，沒有時間讀書。四人幫大喜，讚揚他是英雄，是「紅專」的典型。增加考試的計畫隨後也中止了。鄧小平復出後決心恢復統一考試的辦法招生。他又堅持先招收部分大學生，趕在當年十二月就入學讀書，說是已經等了十年，不能依慣例等到明年秋天才開學。政府也開始遴選學生到歐美留學。鄧小平一舉獲得全國學子和知識分子的擁戴。

鄧小平在軍委會開會時也要求辦好軍校教育，依各軍種開辦各種軍校和軍事學院，以提高官兵的知識水平，達到年輕化、現代化。他又要求重新整頓軍隊，重提一九七五年曾經批判過的「腫、懶、驕、奢、惰」五個字。鄧小平在軍中威望之高，無人能比，因而令出之後雷厲風行。

一九七八年三月，鄧小平召開全國科學會議，有六千人與會。鄧小平在會中重申國家的目標是重啟「四個現代化」，而其中的「關鍵是科學技術的現代化。沒有現代科學技術，就不可能建設現代農業、現代工業、現代國防。」

摘除「右派」帽子，確立「改革開放」

鄧小平領導的改革派雖然順利地進行部分工作，但如要更大刀闊斧地進一步改革，勢必無法避免與華國鋒領導的保守勢力發生衝突。

舉一個例。胡耀邦從一九七七年底起擔任中央組織部部長，開始致力於平反一部分「冤假錯案」，希望在反右、文革及其他運動中受害的同志能經由平反的程序恢復黨籍，再為政府工作。但由於中共的政治運動幾乎都是毛澤東指示發起的，平反工作遭遇極大的阻力。特別是，華國鋒曾經在一九七七年初指示中共《人民日報》、《解放軍報》和《紅旗》雜誌同時刊出一篇社論，其中說「凡是毛主席作出的決策，我們都堅決維護；凡是毛主席的指示，我們都始終不渝地遵循」。其中的「兩個凡是」無疑是華國鋒企圖用以確保其地位的工具，卻也是擋在平反的路上的一塊大石頭，非移除不可。

一九七八年五月，胡耀邦指示在《光明日報》刊出一篇文章，標題為〈實踐是檢驗真理的唯一標準〉。文章的內容雖然沒有提到「兩個凡是」，卻藉攻擊四人幫把矛頭指向華國鋒陣營，說任何理論都要接受實踐的考驗，不能把馬克思、恩格斯和毛澤東的言論當作聖經來崇拜，而四人幫卻以權威自居。鄧小平也跳出來說：「我們也有一些同志天天講毛澤東思想，卻往往忘記，拋棄毛澤東同志的實事求是、一切從實際出發、理論與實踐相結合的這樣一個馬克思主義的根本觀點、根本方法。」

〈實踐是檢驗真理的唯一標準〉直接挑戰「兩個凡是」，引發中共內部激烈的辯論，一直到九月才有結論，而由中共中央發出正式文件，宣布摘掉全國右派分子的帽子。華國鋒、汪東興等人在兩個月後舉行的十一屆三中全會中又遭到陳雲及其他元老們猛烈地攻擊，無法招架，只得認錯檢討。汪東興在會後被免去中央辦公廳主任的職務。華國鋒雖然沒有被拉下馬，實際上已被架空。

「反右運動」是毛在一九五七年發動的，而交由鄧小平負責執行，結果全國有五十幾萬名知識分子受難。如今這些人獲得平反當然欣喜萬分，並對鄧小平表示感激，但也有一部分人對他記恨不忘。不過右派分子中也有極少數並未獲得平反，其中包括被列為「大毒草」的章伯鈞、羅隆基和儲安平。鄧小平雖然承認自己在反右運動中犯了擴大化的錯誤，卻堅持這些少數人代表資產階級的猖狂進攻，在當時有必要予以反擊，所以到此時也還是不讓他們獲得平反。

十一屆三中全會也通過進行經濟改革，決定放寬企業經營和農村生產隊的自主權。鄧小平在會議閉幕時有一段重要的講話，標誌了「改革開放」的時代已經來臨，他說：「我認為要允許一部分地區、一部分企業、一部分工人農民，由於辛勤努力成績大而收入多一些，生活先好起來。一部分人生活先好起來，就必然產生極大的示範力量，影響左鄰右舍，帶動其他地區、其他單位的人們向他們學習。」

中美建交

鄧小平復出前後，中國與越南的關係日漸緊張。一九七六年越南統一後，北越地區有二十萬華僑被「淨化」後又被驅趕回中國。一九七八年底，越南又於出兵攻陷金邊，推翻赤柬。波布逃亡，向中國求援。東南亞各國這時眼見南越、高棉、寮國相繼赤化，無不憂心忡忡。美國好不容易從越戰的泥淖中脫身，當然不可能再直接插手東南亞事務。因而，中國是唯一有可能出手，並有能力壓制越南的強權。但從另一個角度看，中共也曾積極輸出革命，至此時尚未停止。如果中共出手打敗越南後又把手伸到其他地方，東南亞各國也不確定是福還是禍。因而，鄧小平這時雖已決定要出手，還得先做好準備工作，至少要取得美國、日本及東南亞各國的諒解與支持。

中國和美、日的關係多年來一直停滯。尼克森當初曾說連任總統後要與中國建交，不料在水門案後黯然下台。繼任的福特也處處受到國會掣肘。卡特就任新總統後，周恩來、毛澤東卻已病逝。卡特的國家安全顧問布里辛斯基（Zbigniew K. Brzezinski）急於拉攏中國以便共同對付蘇聯，但在華國鋒主政時無法得到任何進展。一九七八年五月，布里辛斯基再到北京，見到鄧小平，得到的印象是鄧小平「生氣勃勃，機智老練，思想敏銳」，因而欣喜萬分。

日本早在一九七二年就搶先和中國建交，但由於美、中遲遲未能建交，不敢有進一步的行動。布里辛斯基北京之行後，就催促日本。中、日於是加速談判，在三個月後簽訂《中日和平友好條約》。鄧小平也應邀於十月訪問東京，獲得日本天皇、福田首相及全國民眾熱烈歡迎。

美、中談判也達成協議並發表公報，宣布將於一九七九年元旦起建交。由於中國堅持美國如欲建交就必須與台灣斷交，美國不得不告知蔣經國主政的台灣政府。台灣自認長久以來是美國的忠實盟友，最終卻被美國拋棄。不過本書在此必須重複，台灣在六〇年代本有機會接受美國和英國共同提出的「兩個中國」方案，以不同的國名加入聯合國，卻因蔣介石堅持「漢賊不兩立」而錯失了。

鄧小平決定逐步停止輸出革命

鄧小平在訪日後又訪問東南亞的泰國、新加坡、馬來西亞三國，並表示將支持他們對抗越南的擴張。泰國、新加坡都表示歡迎。馬來西亞卻有所保留。

回溯周恩來於一九五五年參加萬隆會議時，各國的領導人都直接表示不滿華僑世世代代居住在東南亞，又在經濟、貿易上居於控制地位，大多卻還是心向「祖國」。周恩來當時表示將鼓勵華僑在居留地入籍為公民。然而，此後華僑入籍僑居國的並不多，與當地人民之間的關係不進反退。毛澤東後來決定在東南亞積極輸出革命，更挑起各國的反華情緒。東南亞的毛派分子在文化大革命期間的種種極端行為，也使得各國政府及人民無不驚懼，導致更多排華運動。

鄧小平率團訪問新加坡時，也曾與新加坡總理李光耀及其閣員討論到華僑的問題。李光耀出身華人，對東南亞國家原住民疑懼華人的心理有極深的體會，對於共產黨如何滲透顛覆也有數十年的親身經驗。根據他的回憶錄，鄧小平說越南即將成為蘇聯在東方的古巴，中國希望聯合東南亞國家阻擋越南擴張，聯手孤立「北極熊」。李光耀卻說，東南亞國家想的其實不是要如何孤立北極熊，反而是要如何聯合起來孤立「中國龍」，因為東南亞有很多「海外華人」協助中國輸出共產革命，卻沒有什麼「海外蘇聯人」協助蘇聯。以馬來西亞為例，人人畏懼的馬共恐怖活動就是由華人陳平領導，成員大多是華人，而其背後的支持者就是中共。

李光耀又舉馬共在中國境內設立的「革命之聲」廣播電台為例說明。這個電台原本是設在馬共躲藏的叢林裡，卻多次被馬來西亞政府軍搜獲，遭到破壞。馬共最後只好將廣播電台遷移到中國湖南省長沙市的益陽縣境內，聘請一百多名中國人及馬來華人工作，繼續號召馬來人響應共產革命。東南亞其他國家的共產黨也莫不在中國境內設有同樣功率強大的廣播電台。

李光耀對鄧小平說，中國境內的電台廣播向東南亞的華人發出號召，在東盟國家政府看來是一種非常危險的顛覆行為。因此，他認為要想東盟國家對鄧小平的建議做出積極的回應，聯合對付蘇聯和越南，幾乎沒有可能。李光耀沒有想到鄧小平聽他說了之後，突然問道：「你要我怎麼做？」不禁大吃一驚。不過他也直接地回答，說：「停止那些廣播電臺，停止發出號召。中國要是能不強調與東盟華人的血緣關係，不訴諸民族情懷，對東盟華人來說反而更好。」

鄧小平並沒有回應李光耀的建議，不過後來他在一九八〇年六月接見陳平時，直接說中國決定要停止廣播電台的合作。實際上，這也等於說要停止輸出革命，此後馬來西亞的共產革命已經和中共無關。從此時起，鄧小平的政策就是停止對外輸出革命。

中國出兵「懲罰」越南

鄧小平訪問東南亞後，接著在一九七九年一月底訪問美國。卡特雖然沒有明言支持中國出兵越南，實際上已經默許。鄧小平於是在二月中發動「自衛反擊戰」，聲稱要對越南進行懲罰。中國出動約二十萬人，包括砲兵、坦克及飛機，從廣西、雲南邊境分別進軍，於二十天內攻占越南北部高平、諒山等四個省。中國軍隊宣稱勝利，然後在三月中下令撤軍，在越南前後剛好一個月。越南在中國軍隊退出後也宣稱勝利。

究竟哪一方打勝仗，其實很難說。現代史家大多認為，中國在這場戰爭中並沒有占到上風，主要的原因是中國軍隊從韓戰之後已經有二十幾年沒有大戰的經驗。然而，對越南來說最大的損失並不是在戰場上，而是中國軍隊在撤退時，一路把他們認為是當年無償支援越南的物資全部運回國內，如不能運回就砸毀。中國軍隊又破壞越南的鐵路、公路、橋樑、醫院、學校和工業設施，以致於越南在此後很多年都無法復原。

李光耀認為，中國出兵越南另有一層更重大的意義，因為它改變了東南亞的歷史。由於美國明顯地在背後支持中國，蘇聯並未出手干涉此一戰爭，此後越南也沒有出兵到泰國、馬來西亞。因而，東南亞赤化的骨牌效應到此為止。

「北京之春」及「四個堅持」

就在鄧小平正準備要出兵越南時，中國國內突然出現了一個「北京之春」的運動，或稱「民主牆運動」。「北京之春」之所以出現，其實是「兩個凡是」論戰的副產品。當胡耀邦公然挑戰華國鋒，又大力平反冤、假、錯案時，許多敏感的知識分子受到鼓舞，紛紛加入戰圈，部分市井小民也跟進。中南海附近的西單牆上於是出現各式各樣的大字報、小字報，其中有支持鄧、胡的，有批判華、汪的；有投訴冤情要求平反的，也有要求重新評價文革的。北京其他地區和上海等各大都市裡也有類似的大字報出現。

鄧小平原本是支持這些大字報，說是憲法允許的。但是大字報漸漸出現一些敏感的題目，有人要求探討今後改革的方向，也有人要爭取求民主、自由。一九七八年十二月，有一個工人魏京生在北京西單牆上貼出一張大字報，標題是〈第五個現代化：民主與其它〉，主張民主化比鄧小平所提的「四個現代化」還重要。同時，各種地下刊物也紛紛出現，其中魏京生主編的《探索》及任畹町主編的《中國人權》尤其大膽。魏京生竟敢質疑馬列主義、毛澤東思想和無產階級專政，顯然已經踩到紅線。同時，有數以百萬計的上山下鄉知識青年回到各大都市，藉機串連，言論也極為大膽。

一部分中共元老怕局面失控，主張壓制民主牆運動。中國正在從越南撤回軍隊時，魏京生又貼出一張大字報，題目竟是〈要民主還是要新的獨裁？〉，直接向鄧小平挑戰。魏京生不久被捕，後來被判入獄十五年。「北京之春」立刻煙消雲散。鄧小平同時發表講話，說中國在追求四個現代化時，必須堅持四項基本原則，「第一，必須堅持社會主義道路；第二，必須堅持無產階級專政；第三，必須堅持共產黨的領導；第四，必須堅持馬列主義、毛澤東思想。」

這「四個堅持」完全沒有討論的空間，不許任何人挑戰。換句話說，中國的改革開放在一開始時就只限定於經濟層面，不容許提政治改革。

中國農村的改革

鄧小平主政前，中國農村裡有八億人口，五萬多個人民公社，每人平均年收入只有七十五美元，都一樣赤貧。一位新華社記者到安徽省鳳陽縣採訪，看見十戶農家有四戶沒有大門，三戶沒有桌子；一家十個人只有三個破碗，六條棉褲。鄧小平早在大飢荒時就已支持劉少奇、鄧子恢搞過「包產到戶」，這時為了要迅速取得改善，自然是決定再走老路。

實際上，鄧小平手下的兩名大將萬里和趙紫陽從一九七七年起已經分別在主政的安徽及四川兩省開始試行包產到戶，或允許農民經營副業。許多農民很快地翻身，民間因而流傳一個順口溜：「要吃米，找萬里；要吃糧，找紫陽。」鄧小平後來將兩人都升任為國務院副總理，萬里主管農業，趙紫陽負責經濟體制改革。不過由於仍有很多地方幹部的思想還停留在「農業學大寨」，鄧小平並沒有強制全國各地都要搞包產到戶。但地方領導再怎麼保守，最終也擋不住農民強烈的要求，只能順著浪潮走，改革於是加速。

一九八二年一月，中共中央發布第一號文件，允許農民自由選擇各種責任制。中國五萬多個人民公社自此逐漸解散，改為鄉、鎮政府，人民公社下屬的生產隊改為村民委員會。但也有少數公社不肯解散。過了三十年，全國只剩下一個人民公社，位於河北省晉州的周家庄。

建設「有中國特色的社會主義」

比起農業來說，工商經濟的改革就複雜多了。由於中共過去的經驗明顯不足，鄧小平決定派國務院副總理谷牧於一九七八年五月率領一個龐大的代表團到國外考察。谷牧回國後，建議引進外資及技術。中共中央於是開始規劃相關的措施。但在其間也因為經驗不足而發生混亂脫序的現象，以及保守分子要求踩煞車的情形。以下分別敘述。

■設立經濟特區，引進外資及技術

一九七九年七月，中共中央決定在深圳、珠海、汕頭、廈門四地試辦「經濟特區」。被選定試辦特區之一的深圳這時正發生人民偷渡到香港的大逃亡潮，其原因是兩地人民收入差距太大。香港的人均所得已經接近四千美元，是中國的十幾倍，所以只要偷渡到香港，就算做苦力，每月也能賺到一、兩百美元，等於在家鄉全年的收入。中國派軍警持槍在邊界日夜攔阻，每天也還是有數以百計的人偷渡到香港。港府只好出動巡警捉捕偷渡客，送上卡車，立即遣送回廣東。偷渡客全都衣衫襤褸，面黃肌瘦。這樣的畫面每天出現在世界各國的電視和報紙上，對英國和中國都造成極大的壓力。中共中央只得同意深圳發展「邊防經濟」，養豬、雞、鴨、魚，種菜、種果樹，就近供應香港市場。香港也有人接受招商，到深圳辦工廠。不到兩年，深圳人民大多已經富裕起來。珠海、汕頭、廈門的發展雖然沒有像深圳那樣快，也取得不錯的成績。

一九七八年一年間，中國決定引進二十二個特大型的項目，包括石油化學、化纖、鋼鐵等，總金額達到六十八億美元，其中規模最大的寶山鋼鐵廠（簡稱「寶鋼」）就用去一半的資金。寶鋼與日本新日鐵合資及技術合作，雖然在興建期間遭遇重重的阻力，在一九八五年完成第一期工程，年產能六百萬噸粗鋼，而更重要的是品質優良，由此奠定中國鋼鐵及下游工業的基礎。

■國有企業及鄉鎮企業的競爭

在改革開放的風潮中，沿海各地有許多既有的國有企業及無數新崛起的鄉鎮企業都急著要搶進。鄉鎮企業中有由農村的黨委書記領導村民興辦的集體企業，也有由個人興辦的純粹私營企業。改革開放後不過幾年，全國的鄉鎮企業已經超過百萬家，其中以浙江溫州一地最火紅，達到十幾萬家。

但由於鄉鎮企業企圖心超強，勇於冒險犯難，甚至違法違紀，保守的國有企業完全無法與其競爭。政府的態度卻明顯地偏袒國企，又為了要打擊歪風而突然在一九八二年初以「投機倒把」「嚴重擾亂經濟秩序」為名，逮捕溫州市柳市鎮號稱「電機大王」「線圈大王」「螺絲大王」「舊貨大王」等八名超級個體戶，史稱「八大王事件」，震驚全國。統計一整年，全國共有三萬人因「經濟犯罪」而被判刑。鄉鎮企業如驚弓之鳥，不得不收斂。

不過整體而言，中國朝向改革開放的路線確定不變，也取得極大的進展。一九八二年九月，中共召開十二大，鄧小平在致詞時第一次提出「建設有中國特色的社會主義」的說法，但在外國人看來，新中國無疑已有資本主義的色彩。

■ 保守派與改革派的爭論——陳雲的「鳥籠理論」與鄧小平的南巡

經濟改革雖然取得成功，卻引起中共內部改革派和保守派之間爭論。改革派以鄧小平為首，主張改革要快，力度要大，陣營中包括胡耀邦、趙紫陽、萬里及廣東省委書記習仲勛等。保守派以陳雲為首，主張選擇性地緩進，反對一下子做太大的變革，陣營裡包括李先念、姚依林、胡喬木、鄧立群等。陳雲對江浙地區特別不放心，說那裡是「歷史上是投機活動有名的地區，壞分子的活動都熟門熟路」，堅決反對在江浙及上海設經濟特區。鄧小平只得忍讓。

事實證明陳雲的憂慮並非無的放矢。經濟特區試行不久，果然出現一些經濟犯罪，有走私中飽，有投機詐騙，有貪汙受賄。其中幾個特大的案件甚至驚動中南海。陳雲因而在一九八二年年底提出一個「鳥籠理論」，說：「搞活經濟是對的，但必須在計畫的指導下搞活。這就像鳥一樣，捏在手裡會死，要讓牠飛。但只能讓牠在合適的鳥籠裡飛。沒有籠子，牠就飛跑了。籠子大小要適當，但總是要有個籠子。」

但鄧小平無法忍耐，突然在一九八四年元旦後親自到深圳、珠海巡視，並發表講話讚揚經濟特區的政策

圖 20.1 鄧小平（右）與陳雲（左）

是正確的。他說：「我們建立經濟特區，實行開放政策，有個指導思想要明確，就是不是收，而是放。」國務院隨即發布命令，選定天津、上海、大連、青島、寧波、溫州等十四個城市，對外開放投資及貿易。經濟風向於是迅速轉變，只要是有敏感度的人都能強烈感受到一個前所未有的時代已經來到。許多人決定創業從商，說：「我們都下海吧！」

■經濟活動失序及「價格雙軌制」引起的混亂

不過經濟活動從此時起也越來越失序，違法亂紀日漸猖獗。其中最具代表性的是「海南汽車案」及「福建晉江假藥案」。海南行政區的官員利用中央給予的特權大發進口汽車、彩電的批文，在進口後違法轉賣到內地各省市，獲利超過十億人民幣。福建省晉江市則是有五十幾家黑心藥廠分別製造心臟病、肺病、肝病、胃腸病偽劣假藥，賣到醫院裡給病患服食。海南和福建黨委書記在案發後都被撤職。

但國有企業早已在這一波新的競爭中又大敗虧輸，保守派於是再一次挺身保護代表正統計畫經濟的國企。一九八五年初，國務院宣布實施「價格雙軌制」，要求鄉鎮企業購買原材料時支付比國企高的價格。不僅如此，銀行利率和進出口匯率也有雙軌制。然而，雙軌制直接加溫「倒爺經濟」。國企只需把買進的原材料倒賣給鄉鎮企業，立刻可以獲取豐厚的利潤。有時同一批原材料被倒賣二手、三手、四手。總之，無論國家如何嚴令禁止投機倒把，利之所趨，無從禁絕。

中國經濟改革中的政治風向

改革開放起動後，華國鋒下台只是時間問題。一九八〇年初，中共中央決定重新設立中央書記處總書記的職位，由胡耀邦擔任。華國鋒擔任的國務院總理、黨主席及軍委主席三個職位也分別由趙紫陽、胡耀邦和鄧小平取代。所謂的「鄧胡趙體制」由此形成。實際上胡、趙兩人只是鄧小平的助手，都必須向鄧小平請示。不過保守派認為胡、趙有思想自由化的傾向，並不放心，與胡耀邦更是常常發生衝突。

例如，保守派曾發動圍剿一名作家白樺，認為他公然醜化社會主義，又提倡人道主義，獲得鄧小平支持。保守派接著鼓動發起一項「清除精神汙染運動」，也得到鄧小平同意。但胡耀邦和趙紫陽對鄧小平進言，認為無異是文革再現，鄧小平才勉強同意煞車。不過保守派已因此而與胡、趙兩人更增嫌隙。

事實上，改革開放以來有一個現象：每隔一段時間就有人起而挑戰共產黨和社會主義，左派因而不安，認為自由化氾濫，必須打壓；但打壓過一陣子後自由化又冒出頭，左派無法忍受，又建議打壓；如此循環。直接地說，其根本原因是中共始終拒絕改革政治制度，不容有人挑戰社會主義。不過鄧小平卻在一九八六年六月突然提出要進行政治體制改革。他說：「不改革政治體制，就不能保障經濟體制改革的成果。……進行政治體制改革的目的，總的來講是要消除官僚主義，發展社會主義民主，調動人民和基層單位的積極性。」

鄧小平為什麼突然改變態度呢？有很大的原因是蘇聯共產黨出現一位新任總書記戈巴契夫，宣稱也要進行改革開放，並且是同時進行經濟及政治改革。戈巴契夫給國際社會的印象比鄧小平更開放，更大膽。鄧小平受到壓力，不得不回應。也因此，本章的下半部必須轉到蘇聯，並說明戈巴契夫其人其事。

戈巴契夫——從邊區工人的兒子到蘇共總書記

戈巴契夫（Mikhail Sergeyevich Gorbachev，一九三一～）出生於北高加索的斯塔夫羅波爾邊區（Stavropol Krai）的一個小村莊，父母都是普通的工人。在他出生後，蘇聯正值大饑荒，家鄉人口有一半餓死，其中包括他父親的兩個兄弟和一個妹妹。飢荒過後是史達林恐怖大清洗的時代，他的外祖父和祖父都被捕入獄，祖母也被刑求。戈巴契夫十一歲時，納粹德軍占領他們的村莊，此後是多年持續的戰爭。奇怪的是，戈巴契夫雖然在孩提時遭逢諸多災難，卻天生樂觀，自認童年是快樂的。

戈巴契夫十九歲進入莫斯科國立大學法律學院就讀，在學期間認識了一位哲學系的女學生雷莎（Raisa），即是他未來的妻子。雷莎出生在阿爾泰地區（Altai Krai），父親是鐵路工人。她和戈巴契夫一見鍾情，兩人都還沒有畢業就結婚了。大學畢業後，戈巴契夫被分發回邊區家鄉工作。雷莎跟著丈夫回鄉，在失業很久後才找到一份教職。戈巴契夫宦途極為順利，回鄉十五年後就接任為斯塔夫羅波爾黨委第一書記。

斯塔夫羅波爾雖是窮鄉僻壤，卻以擁有國家級的風景溫泉區聞名。許多蘇聯的高層領導人常去度假兼養病，戈巴契夫因而有機會與他們接近，其中最重要的兩個人是蘇斯洛夫和安德洛波夫。蘇斯洛夫年輕時也曾擔任斯塔夫羅波爾第一書記，是戈巴契夫的前輩。安德洛波夫也出生於斯塔夫羅波爾，是戈巴契夫的同鄉，所以和他就更親密了。有人認為，這正是戈巴契夫之所以在後來又快速升遷的緣故。一九七八年，戈巴契夫奉命到莫斯科接任主管全國農業的書記，又在兩年後成為有史以來最年輕的蘇共政治局委員，當時還不到五十歲。

從一九八二年十一月起到一九八五年三月，蘇聯有三位總書記相繼病逝於任上，分別是布里茲涅夫、安德洛波夫和契爾年科（Konstantin Chernenko），死時年紀都超過七十歲。蘇聯在短短兩年多舉行了三次國葬，在國際上被譏笑為「葬禮外交」。其實安德洛波夫臨終時就已表示希望戈巴契夫接任總書記，政治局卻選了健康狀況極差的契爾年科，結果契爾年科在任時大部分時間是躺在病床上。因而，契爾年科死後沒有幾天，葛羅米科就在政治局會議中提議選只有五十四歲的戈巴契夫繼任為總書記，獲得無異議通過。

蘇聯的內、外困境——兼述波蘭的「團結工聯」

戈巴契夫曾多次到國外訪問，或與雷莎一起出國旅遊，對外國的情況並不陌生，兩人其實早已懷疑社會主義所宣傳的優越性。在地方及中央任職多年後，戈巴契夫更是認為蘇聯不論是在政治、經濟或社會制度上都有先天的缺陷。特別是由於共產黨一黨專政，權力又無法下放到地方及基層，導致遲緩、僵化，以及無可避免的貪腐。蘇聯不但工業落後，生產效率低，一般的住宅也大多簡陋，有很多城市竟沒有下水道和自來水，也沒鋪柏油的馬路。蘇聯經濟如此惡劣，事實上與國家一直不斷地在支付鉅額的軍費及核武、太空競賽費用有關，這使得戈巴契夫很早就認為蘇聯必須盡快與美國和解，結束冷戰。

此外，戈巴契夫在內部也面臨複雜的民族問題。蘇聯是由十五個共和國加盟組成，其中卻有一百多個不同的民族。因而可以想像有各種不同性質的衝突發生。又由於歷史的因素，俄羅斯以外的加盟共和國及人民大多對「大俄羅斯沙文主義」既厭惡，又恐懼。其中最難以解決的是波羅的海三小國。這三國是在第二次大戰初期才被史達林併入蘇聯的，但無論是從歷史、民族或宗教來看都與俄羅斯及其他共和國迥異。他們不承認自己是蘇聯人，有強烈追求獨立，脫離蘇聯的企圖。

波羅的海三小國的問題又和波蘭有很大的關係。三國中的立陶宛在地理位置上與波蘭相鄰，並曾共組「波蘭-立陶宛聯邦」。此一聯邦後來被俄國、普魯士、奧地利瓜分三次，以致亡國。兩者好不容易在第一次大戰後都復國了，卻又在第二次大戰後一起被關入鐵幕。因而，兩者早已形成命運共同體。波蘭發生的一切，無不立即影響立陶宛。同樣地，立陶宛發生的一切，無不立即影響愛沙尼亞及拉脫維亞。

但波蘭從被關入鐵幕以後沒有一天不想脫離蘇聯的控制。如前所述，波蘭在一九五六年爆發波茨南事件，是戰後第一個敢挑戰蘇聯的東歐國家。在布里茲涅夫時代，波蘭又開始挑戰蘇聯。一九七〇年到一九八一年之間，有一位格但斯克（Gdansk）造船廠的工人華勒沙（Lech Wałęsa）領導發起三次大罷工，而且一次比一次嚴重，最後竟演變成為全國性的大罷工。華勒沙領導的「團結工聯」（Solidarność）也發展成為全國性的組織。布里茲涅夫因而坐立難安，命令波共總書記兼總理賈魯塞斯基（Wojciech Jaruzelski）逮捕華勒沙，在一年後才因美國的壓力而同意釋放他。但波蘭工聯從此越演越烈。

「改革」與「開放性」

一九八五年四月，戈巴契夫第一次以總書記的身分在蘇共內部提出「改革」（Perestroika）的主張，要求改革經濟體制，特別強調要去除中央對地方的管控，讓企業自主。戈巴契夫親自到列寧格勒、基輔等大都市，對群眾發表演講，並在街頭、廣場與市民們直接對話。人民的反應極為熱烈。

一九八六年二月，蘇共召開第二十七大。戈巴契夫又在報告中首次提出「開放」（或譯為「公開性」，Glasnost），意思是鼓勵公開討論政治、社會、經濟及所有層面的問題，特別強調民主，允許自由發表意見。他說：「沒有公開性，就沒有民主。」「必須使公開性成為一種持續不斷發揮效力的制度。中央需要公開性，人民生活及各級地方工作也同樣需要。」戈巴契夫的報告又獲得許多黨員及社會大眾喝采。但必須指出，戈巴契夫這時想要進行的已經不只是經濟改革，而是同時進行政治改革。然而，有人認為這樣不免會衝擊到黨和自己的權柄，因而反對；在贊成的人裡，也有一部分認為應該穩紮穩打，另有一部分希望走得更快。總之，改革開放從一開始就意見紛歧，可以預見將面臨極大的困難。

戈巴契夫的領導班子

在蘇共政治局委員中表示支持改革開放的人包括第二書記利加喬夫（Yegor Ligachyov）、部長會議主席雷日科夫（Nikolai Ryzhkov）和元老葛羅米科。另有三名重要的新人，分別是雅科夫列夫（Alexander Yakovlev）、謝瓦納澤（Eduard Shevardnadze）和葉爾欽（Boris Yeltsin）。

雅科夫列夫年輕時曾經是蘇共重點培養的青年才俊，也曾位居要職，卻因屢次批判黨和政府而被貶為駐加拿大大使，一待就是十年。一九八三年，戈巴契夫到加拿大訪問，與他一見後互相引為知己。戈巴契夫在擔任總書記後就請他擔任中央書記處書記，兼宣傳部部長，與利加喬夫共同主管意識形態。

謝瓦納澤曾任喬治亞黨委第一書記，以清廉、打貪著稱，與戈巴契夫有相同的工作經歷，兩人惺惺相惜。戈巴契夫上任後，請長期擔任外交部長的葛羅米柯高升為最高蘇維埃主席，而交棒給謝瓦納澤。謝瓦納澤先前並沒有外交經驗，後來卻成為戈巴契夫的得力臂膀，對於推動東西方和解有極大的貢獻。

葉爾欽在烏拉山鄉下長大，大學畢業後從事建築工作，為人桀驁不馴，經常公開批評長官。他在故鄉斯維爾德洛夫州（Sverdlovsk）黨委第一書記任內以草根、親民、打貪聞名，因而獲得利加喬夫賞識，推薦給戈巴契夫。一九八五年底，葉爾欽升任為莫斯科市黨委第一書記。他在莫斯科的行為舉止和在故鄉時一樣草根、親民而激進，不同於常人。例如，他常搭公共汽車上班，購物也和平民一樣排隊；對手底下的官員要求極其嚴苛，常常疾言厲色。許多官員私下批評他是故意標新立異，有沽名釣譽之嫌。不過由於報刊、電視經常報導他的聳動新聞，葉爾欽很快就獲得許多民眾擁護。

戈巴契夫執政初期的三件大事——反酗酒、核武談判及車諾比核災

戈巴契夫在國內改革踏出的第一步是發起「反酗酒運動」。這項運動本意良好，因為蘇聯人嗜酒，有很多人有酒癮，甚或酒精中毒，其害無窮。新政府一方面立法杜絕酗酒，另一方面大幅提高其售價，並減少供應量。這項運動在剛開始推動時轟轟烈烈，但由於黑市、走私、假酒隨之大行其道，非法的幫派獲得暴利，結果守法的人民反受其害，對釀酒及相關的產業更是造成極大的打擊；政府靠釀酒、賣酒得到的稅收也跟著大幅減少，這對蘇聯原本已經拮据的財政更是傷害。戈巴契夫後來只得同意放緩執行，最後不得不停止此一運動。然而，反酗酒運動失敗對新政府的威信已經造成極大的傷害。

在對外政策方面，戈巴契夫最想推動的是與西方國家和解，如裁減核武及停止軍備競賽。事實上，戈巴契夫在被選為總書記之前三個月便已到倫敦訪問英國首相柴契爾夫人（Margaret Thatcher），兩人在會談時的主題之一便是裁減核武。柴契爾在他離去後接受ＢＢＣ電視訪問，直接說：「我喜歡戈巴契夫先生，我們可以一起打交道。」當時柴契爾與美國總統雷根私交極篤，因而後來就積極在他和戈巴契夫之間穿針引線，最終促成兩人於一九八五年底在日內瓦湖畔第一次會晤。美、蘇之間已經中斷六年的裁減核武談判由此得以重新展開。兩人對彼此也留下極好的印象，並同意來年再安排下一輪會談。

然而，戈巴契夫不幸在幾個月後遭到一個意外事件重擊。一九八六年四月，在烏克蘭與白俄羅斯交界處的車諾比（Chernobyl）有一座核電廠突然發生爆炸，一時火光沖天，放射物質大量拋入天空，汙染方圓數十公里的地區。蘇共中央立刻派員前往處理。但由於官僚體制一向僵化，隱瞞事實，等到察覺事態嚴重，再向國際求援時已經是兩個星期後。

車諾比事件是人為的操作錯誤造成的，導致極為嚴重的災害及損失。據報導，事故發生的幾天內只有數十

人死亡，但由於許多人暴露於嚴重的輻射汙染中，致使死亡人數在一年內攀升到數千人。更嚴重的是當時有六十萬人奉派或志願進入出事地點處理善後，又無適當的防護裝備，因而長期暴露於輻射線中。經過二十年後估算，這些「清理人」中竟有六萬人已經死亡，另有十六萬人殘廢。至於經濟損失，有人引據戈巴契夫的說法，光是用於處理被輻射汙染的人、器物、建物及土地就用掉一百八十億盧布。蘇聯幾乎為之破產。

總之，車諾比事件對於正想積極作為的戈巴契夫是一項極大的打擊，對蘇聯後續的經濟發展更是投下巨大的陰影。事件發生時，政治局還有一部分委員主張選擇性地發布新聞，以免外國敵人藉機惡意攻擊。但戈巴契夫拒絕，認為這完全違反他一再強調的「公開性」。他也由此更清楚地看見蘇聯舊體制的危害之深，更決心要進行改革。戈巴契夫在此一事件中又看見了核武的潛在危險，更決心要結束冷戰。他曾問道，一個和平用途的核電廠事件就造成如此重大的災害，那麼假使爆發一場核戰，結果會是如何呢？

第二十一章
山雨欲來——蘇聯改革的紛亂及中國的六四事件

蘇聯在布里茲涅夫時代貪腐成風。其原因除了共產黨一黨專政，使得黨官掌握絕對的權力，導致絕對的腐化之外，也因為布里茲涅夫本人收受賄賂，又縱容其家屬濫權，以致上行下效，賄賂公行。布里茲涅夫死後，繼位的安德洛波夫痛惡貪汙，發起大規模的反貪腐運動，光是逮捕重量級的黨政高官就達到數十人，一時風聲鶴唳。不過安德洛波夫患有嚴重的腎臟病，在位沒幾個月病情就開始惡化，打貪運動於是緩了下來。許多人因而都鬆了一口氣。不料戈巴契夫上台後第二年公開宣稱要打貪。

戈巴契夫逼退追保守派大員

戈巴契夫打貪觸及的層級也很高。例如，布里茲涅夫的兒子、女婿和私人祕書都分別遭到起訴，被處十年或其他不等的有期徒刑。不過有人認為戈巴契夫打貪另有目的。回顧當年赫魯雪夫也曾誓言改革，發動「去史達林化」，可謂轟轟烈烈，不料後來竟遭到罷黜，改革因而停頓。戈巴契夫既已推動改革開放，自然要避免重蹈覆轍。但布里茲涅夫在位十八年中，其黨羽布滿中央及地方，如果不盡早撤換，難保不會歷史重演。不過除了打貪，還有一個更好的方法，就是以年齡或「健康因素」為由逼退那些潛在的威脅。

當時蘇共政治局裡有一部分委員兼任莫斯科、列寧格勒黨委第一書記，或各加盟共和國的第一書記，而人在任上大多已有二十年左右，都是一方之霸，一心只想維護共產黨的統治及其本人的特權，並且窮奢極欲。這些人正是戈巴契夫想要除去的主要目標。從一九八六年底起兩年內，戈巴契夫便以年齡及健康為由逼退多名盤據已久的山頭勢力，其中包括哈薩克、阿塞拜疆及烏克蘭的共黨第一書記，分別是庫納耶夫（Dinmukhamed Kunaev）、阿力耶夫（Geydar Aliyev）及曉爾畢特斯基（Volodymyr Shcherbytsky）。

不過戈巴契夫在逼退的過程中卻犯了一些明顯的錯誤。舉哈薩克為例。庫納耶夫任職已有二十二年，被認為是寡廉鮮恥，下台自然使得人民欣喜。哈薩克共黨高層也有人心中暗喜，以為有機會接任。不料戈巴契夫宣布的新任第一書記竟是一個從來不曾在哈薩克工作過的俄羅斯人，而哈薩克人卻大多懷有強烈的「反大俄羅斯沙文主義」情結。庫納耶夫及其黨羽於是發動示威抗議，造成數百人死傷的流血事件。此後哈薩克動亂不斷，直到三年後戈巴契夫才決定換上一位哈薩克本土出身的第一書記，但這時已經太晚，蘇聯崩解在即。

蘇聯「再解凍」

戈巴契夫若要確保改革的路線，更要鬆綁意識形態。回顧當年赫魯雪夫批判史達林之後就開始積極進行「解凍」，布里茲涅夫在罷黜他後就反其道而行，也就是「再凍」。戈巴契夫的當務之急因而是「再解凍」。一九八六年九月，蘇共中央宣布新聞及出版全部解禁，同時停止干擾英國廣播公司（ＢＢＣ）及美國之音對蘇聯人民的播音。此舉震驚蘇聯的社會大眾，並獲得知識分子熱烈的歡迎。戈巴契夫接著下令調查被關在監牢，或遭到流放的政治犯，在查明之後一一釋放。

在所有獲得釋放的異議分子當中最具代表性的人物，莫過於沙卡洛夫。一九八〇年蘇聯出兵侵略阿富汗時，沙卡洛夫雖然在蘇聯祕密警察的嚴密監視中，卻仍挑戰政府，竟公然發起示威抗議活動，結果遭到流放。一九八六年十二月，戈巴契夫親自打電話給沙卡洛夫，告訴他可以回莫斯科了。

一九八七年九月，戈巴契夫又效法當年的赫魯雪夫，下令成立一個委員會，專職重審歷史案件，要再一次為史達林時代無辜被清洗的人們平反。戈巴契夫又在蘇聯慶祝十月革命七十年紀念的集會上對所有蘇共高層官員及各國共產黨領導人發表演講，說：「史達林及其親信在全面迫害與違法亂紀中所犯下的罪行，對於黨和人民都是如此巨大，不容原諒。即便是現在，有人仍想要忽略歷史中的敏感問題，想要遮掩這些汙點，假裝沒有發生過任何事。但我們絕不能苟同這種想法。」

布哈林的遺書

在戈巴契夫為布哈林、李可夫等二十幾名被史達林處決的老布爾什維克平反的過程中，人們才知道當年布哈林在被處決之前竟留有一封口述的遺書，在遺書背後又有一段令人為之哀傷感嘆的故事。由於這封遺書正足以說明早期那些滿懷理想的布爾什維克分子是如何地矢志參加革命，到後來又是如何地遭到史達林的殘酷迫害，死而不甘，本書因而不但要與讀者們分享背後的故事，也要引述遺書的片段。

布哈林曾經有過一次婚姻，後來卻自認朝不保夕，不欲再婚，但在四十五歲時又與一名長期參加革命的老布爾什維克的十九歲女兒拉林娜（Anna Larina）相戀，因而第二次結婚。不料兩年後史達林開始大清洗，布哈林自知不免，於是在一九三六年底寫了一封遺書，交給拉林娜，跪求她誦讀牢記，然後將信燒掉，以免萬一被搜出將釀成巨禍。布哈林後來被處決，拉林娜也被流放到西伯利亞。她不得不將只有一歲多的幼兒交由親戚撫養。小孩長到二十歲才終於見到母親，又知道自己的父親是布哈林，卻不敢對任何人透露。

拉林娜在赫魯雪夫掌權後重獲自由，也曾請赫魯雪夫為布哈林平反，卻被拒絕。赫魯雪夫後來在回憶錄中說自己非常後悔沒有接受她的請求。一直到後來戈巴契夫成立平反委員會，拉林娜才確定自己等了五十年，終於等到為布哈林洗刷清白的時候。這五十年來，她每天默誦布哈林的遺書，從來不曾間斷。布哈林遺書的名稱是〈致未來一代黨的領導人的一封信〉，其部分內容如下：

> 我即將離開人世。我不是屈服在無產階級的斧鉞面前，那應該是無情的，但也是純潔的。我是在一架惡毒的機器面前感覺無能為力。這機器可能運用種種中世紀的方法取得無比強大的力量，有組織地編造謊言毀謗……
>
> 我從十八歲起就參加黨，我一生的目的始終是為了工人階級的利益和社會主義的勝利。這幾天來，以神聖的《真理報》為名的報紙卻刊登了卑鄙無恥的謊言，說我尼古拉．布哈林企圖毀滅十月革命的成功，復辟資本主義。……
>
> 我向未來一代黨的領導者們呼籲，你們所負的歷史使命中，應包括把這些可怕的日子以來越來越飢渴，如惡魔般的罪惡烏雲移開，那就像火焰一般，窒息著我們的黨。我也向所有的黨員們呼籲。我堅信，經過歷史的過濾，終有一日我頭上的汙穢將被沖洗掉。……我請求年輕的和誠實的新一代黨的領導人，在黨的全體大會上宣讀我的這封信，還我清白，恢復我的黨籍。

圖 21.1　布哈林

〈我不能放棄原則〉——安德烈耶娃投書引發大辯論

戈巴契夫的調查委員會繼續為其他人平反，揭露出越來越多史達林的罪行後，戈巴契夫也越來越出力進行反史達林運動。然而，保守勢力在不久後竟開始反撲。一九八八年三月，蘇聯政府的一份機關報《蘇維埃俄羅斯報》突然刊出一篇標題為〈我不能放棄原則〉的文章，由一位女教師安德烈耶娃（Nina Andreyeva）具名。文章內容對當前改革開放的許多作法表示不滿，質疑改革開放正在否定蘇聯的歷史，否定史達林的一切。這篇文章刊出後，報紙編輯部及蘇共中央收到如雪片般寄來信件，紛紛表示贊同。

一般認為，這篇文章是蘇共第二書記利加喬夫趁雅科夫列夫和戈巴契夫都出國時批准刊出的，又下令全國九百多種中央及地方報紙轉載。當時很多人讀了這篇文章都以為改革開放突然轉向了。等到戈巴契夫和雅科夫列夫回到國內，發覺不對，才決定召開政治局會議討論，但這篇文章已經刊出十一天了。

利加喬夫在政治局開會時否認主導刊出安德烈耶娃的文章，不過明白地表示反對以開放性、民主化為名歪曲歷史，汙蔑共產黨。他說他仍然贊同改革，不改革國家就沒有希望，但不應該是這樣的改革方法。政治局中也有葛羅米科等一部分人支持利加喬夫，不過斥責他的還是占多數。

事實上，早在一年前利加喬夫就曾經公開表示不滿「向歷史潑髒水」。戈巴契夫當時已經注意到，卻沒有足夠的警覺。政治局會議時也有人建議將利加喬夫調職，戈巴契夫既沒有接受，也沒有處分利加喬夫。戈巴契夫後來告訴他的助理切爾尼亞耶夫（Anatoly Chernyaev），說他之所以沒有立即處分利加喬夫是因為他認為利加喬夫的影響有限，也沒有惡意。切爾尼亞耶夫有每天寫日記的習慣，在十幾年後把日記捐贈給俄羅斯的國家檔案室，成為日後研究蘇聯改革開放之所以失敗的重要史料。有一部分歷史家從中論斷，戈巴契夫雖然有很多優點，卻自命不凡，識人不明，又猶豫不決，當斷不斷，都是明顯的缺點。

戈巴契夫命令雅科夫列夫寫一篇文章在《真理報》刊出，以駁斥安德烈耶娃，又命令《蘇維埃俄羅斯報》公開認錯之後，改革派才放膽大聲反擊，但很快地又朝另一個極端發展。有人竟說史達林的殘忍其實是從列寧學來的，也有人大膽地說「去他的一黨專政！」蘇共內部明顯地有兩極化的意見，一派主張改革，另一派反改革。但在改革派裡也有人表示不能忍耐步調太慢，其中的代表人物是葉爾欽。

有關葉爾欽的問題——改革的急先鋒或破壞者？

回顧當初利加喬夫舉薦葉爾欽上調中央，雷日科夫曾堅決反對，說葉爾欽的本性是一個破壞者，任命他將會是一個錯誤。後來政治局討論提名葉爾欽接掌莫斯科黨委，雷日科夫再次反對，說將會是更大的錯誤。葛羅米科對葉爾欽也有所保留，建議戈巴契夫要小心，說不如把他派到遠一點的國家當大使。戈巴契夫卻認為葉爾欽是鮮明的改革派，有利於推動改革開放，因而還是決定重用他。但以結果論，戈巴契夫錯了。

葉爾欽自從擔任莫斯科市委第一書記後，就被認為是改革的急先鋒，有大批的市民支持。黨內高層對他卻越來越有微詞，其中原先舉薦他的利加喬夫最不滿，說葉爾欽上任以來對莫斯科市政不曾做過任何貢獻，只會煽風點火，嘩眾取寵。一九八七年九月，利加喬夫在政治局會議中指責葉爾欽允許兩場未經批准的示威活動在莫斯科市區舉行。不料葉爾欽反應激烈，寫信向戈巴契夫請辭。戈巴契夫不想被批評改革的決心不夠，勸葉爾欽收回辭呈。

不料一個月後葉爾欽又在蘇共中央委員會中提出辭職。他批評改革的步調太慢，又說由於遭到利加喬夫制肘，無法做好莫斯科市政的工作。不過他又說是否辭職，應由莫斯科市委開會討論決定。戈巴契夫斥責葉爾欽發言不負責任。十一月初，戈巴契夫突然接到報告，說葉爾欽被送到醫院裡，全身是血，不知道是自殺，還是誤傷自己。戈巴契夫大怒，親自與利加喬夫一起召集莫斯科市委會議，命令在就醫中的葉爾欽也出席，當面革去他的第一書記職位，但在不久後又給他一個並無實權的國家建設委員會副主席職位。一九八八年初，戈巴契夫在電話中對葉爾欽說：「我絕對不會再讓你參與政治了。」葉爾欽後來說他永遠不會忘記戈巴契夫對他的侮辱，誓言無論如何都要重返政治舞台。

美、蘇簽訂《中程導彈協議》

圖 21.2 戈巴契夫（左）與雷根（右）在白宮簽中短程導彈協議

戈巴契夫在國內事務可說是有得有失，在對外關係上卻有相當的進展。自從他與雷根在日內瓦第一次見面後，兩人又舉行兩次會談。第二次舉行會談是在一九八六年十月，於冰島首都雷克亞維克（Reykjavík，Iceland）海邊的一棟小屋裡。不過由於雷根堅持發展「星戰計畫」（Star War），戈巴契夫表示無法接受，會談最後破局。但雙方還是繼續努力，終於促成戈巴契夫於一九八七年十二月訪問白宮，與雷根第三次見面，又簽訂了「中短程導彈協議」。據估計，這時美國和蘇聯分別擁有大約九百枚和一千八百枚核導彈。雙方在協議中承諾各自逐步裁減半數。這次協議讓世人看見冷戰已露出一道曙光，意義重大。

一九八八年五月，也就是安德烈耶娃投書事件風波剛結束不久，雷根又應戈巴契夫之邀訪問莫斯科。雷根的訪問在莫斯科造成轟動。他應邀在莫斯科大學發表演講，闡述自由的力量以呼應戈巴契夫的改革理念。他說：「自由是這樣一種認識，即沒有任何一個人，沒有任何一個權威或政府能壟斷真理。」

戈巴契夫不但和西方國家和解，也希望和中共改善關係。一九八六年七月，他在海參威發表談話，表示希望和中國化敵為友。蘇、中兩國外長於是開始密切聯繫，為戈巴契夫訪問北京鋪路。

戈巴契夫決定從阿富汗撤軍

阿富汗戰爭也是戈巴契夫亟於要解決的問題，因為這已經越來越成為蘇聯的重擔。當戈巴契夫入主克里姆林宮時，阿富汗的政府軍已經擴充到三十萬人，蘇聯軍隊也達到六萬人。阿富汗境內的城市大多控制在政府軍手中，自稱為「聖戰士」（Mujahideen）的反叛軍卻占據鄉村及山區，對政府軍進行遊擊戰，使得政府軍難以應付。蘇聯以飛機及大砲轟炸反叛軍藏匿的村莊，結果造成數百萬阿富汗難民逃亡到鄰近的巴基斯坦及伊朗，引起全世界伊斯蘭教徒的憤怒，在美國及阿拉伯國家的支持下紛紛組織志願軍，到阿富汗與反叛軍協同作戰。必須特別指出，自願軍裡有一支是來由自沙烏地阿拉伯的賓拉登（Osama bin Laden）領導的，其背後有美國中央情報局支持。賓拉登後來卻又自行成立一個「蓋達」組織（al-Qaeda），反而成為美國最頭痛的恐怖組織。

戈巴契夫在執政初期原本是想速戰速決，所以決定大幅增兵阿富汗，據估計最高峰時已超過十萬人。然而由於卡邁爾政府已經完全失去民心，蘇聯再增多少兵也是無用。後來美國提供給阿富汗反抗軍一款「刺針」火箭（"Stinger" Missile），造價低廉，卻可以放在肩膀上發射，對直昇機及坦克有極大的殺傷力。蘇聯軍隊因而損失慘重。

戈巴契夫眼見勝利無望，只得在政治局會議中建議從阿富汗撤軍，並獲得同意。戈巴契夫又決定撤換卡邁爾，但接手的納吉布拉（Najibullah Ahmadzai）原本是情報總局的頭子，曾逮捕、刑求、處決數以千計的反動派，阿富汗人無不痛恨，所以情況只有更糟。但因和談遲緩，拖了一年半，一直到一九八八年五月才終於由各方簽署和約。蘇聯跟著立即撤離第一批軍隊，但最後一批撤離時已是一九八九年初。

蘇共第十九次黨代表會議——戈巴契夫的體制改革計畫

戈巴契夫在對外關係取得部分成功後，更想要加速在國內的改革，因而決定進行更徹底的體制改革。一九八八年六月，戈巴契夫召開蘇共第十九次黨代表會議，目的就是為此。必須說明，所謂的黨代表會議（Conference），與黨代表大會（Congress）性質不同。蘇共的黨代表大會通常每五年召開一次，主要是討論重要議題及決定人事變更。黨代表會議卻沒有一定什麼時候召開，也不涉及人事問題，事實上在此之前已有四十多年沒有開過。

回顧歷史，列寧在十月革命前的主張是「一切權力都歸蘇維埃」，但在革命成功後卻轉為布爾什維克一黨專政，結果最高蘇維埃反而淪為共產黨統治的工具。蘇聯的憲法第六條明白地規定：「蘇聯共產黨是蘇聯社會的領導力量和指導力量，是蘇聯社會政治制度以及國家和社會組織的核心。蘇共為人民而存在，並為人民服務。」共產黨一黨專政的地位因而牢不可破。戈巴契夫這時的計畫就是經由依法修憲的程序廢除一黨專政，以達到黨政分離，並使得最高蘇維埃真正成為國家的最高權力機關。

為了達到此一目的，戈巴契夫提出的具體計畫是：首先，召開第十九次黨代表會議，以確立改革的方向；其次，在全國舉行選舉，選出人民代表，以成立「蘇聯人民代表大會」，然後開會通過修憲；最後，由人民代表大會選出最高蘇維埃代表及最高蘇維埃主席。最高蘇維埃是人民代表大會休會期間國家最高的權力機構。同時，戈巴契夫主張所有的選舉必須是差額選舉，而不是像從前那樣的等額選舉，只要被提名就一定當選。最高蘇維埃主席及所有政府的官員的任期也有限制，最多也只能連任一次。

戈巴契夫提出的計畫內容在蘇共政治局內引起劇烈的爭論。以葛羅米科為首的一部分人堅決反對取消共產黨的領導地位，另有一部分人雖然支持戈巴契夫，卻主張放緩改革的速度，或是分階段，以免失控。但戈巴契夫仍堅持己見。不過到最後政治局還是通過他的計畫。

六月底，第十九次黨代表會議在克里姆林宮召開，有五千多名代表參加。這是一次充分體現公開性及民主化，但是混亂不堪的會議。所有的人上台時都可直接講話，沒有任何禁忌。有人表示反對改革開放，有人譏諷戈巴契夫，也有人指責保守派阻礙正在加速前進的改革列車。又有一位作家在發言時說，當前的改革有如「飛機已經起飛，但不知道要在哪裡降落。」眾人爭論了三整天，到第四天還是通過了戈巴契夫所提的議案。體制改革於是正式啟動。蘇共第十九次黨代表會議是蘇聯歷史的分水嶺。蘇聯從此走上不歸路。

由於利加喬夫始終抗拒改革，戈巴契夫在會後決定請他負責農業事務，改命梅德韋傑夫（Vadim Medvedev）與雅科夫列夫共管意識形態。政治局裡包括葛羅米柯在內的老人大多被勸退。同時，地方書記有半數以上遭到撤換。

體制改革是一個選舉及修憲的過程，並非一次可以到位，前後共花了將近一年。因而，以下我將只敘述一九八八年裡蘇聯發生的其他重大事件，而在下一章再敘述體制改革的後續發展。

蘇聯少數民族衝突問題惡化，波蘭團結工聯運動復起

蘇聯境內有各種各樣嚴重的民族衝突問題，但在史達林及布里茲涅夫的時代大多被高壓統治壓制。戈巴契

夫上台後，許多極端民族主義者卻又開始蠢蠢欲動。例如，亞美尼亞和阿塞拜疆這時又有一部分人開始互相放話尋釁。一九八八年二月，兩國國內都發生群眾示威及流血事件，導致數十人傷亡。戈巴契夫不得不派大員前去處理，勉強解決紛爭，但有一件極為棘手的納哥諾－卡拉巴克（Nagorno－Karabakh，簡稱卡拉巴克）問題仍然無法解決。

卡拉巴克地區在阿塞拜疆的土地上，居民中卻有八、九成是亞美尼亞人。這些人自然不願被阿塞拜疆人統治；反之，阿塞拜疆人無論如何也不願把這塊地區割出去。戈巴契夫左右為難，最後決定把該地區收歸國家直接管理，但此舉更增雙方不滿。一般認為，卡拉巴克問題是一顆定時炸彈，遲早又會引爆。

類似的問題也發生在其他的共和國。以史達林的故鄉喬治亞為例，有一塊被稱為阿布喀茲（Abkhazia）的自治區總是想要脫離喬治亞而獨立，因而示威遊行運動及流血事件總是不斷。

波羅的海三小國的事態更是嚴重，因為三國人民從來就不認為自己屬於蘇聯的一部分。戈巴契夫主張體制改革之後，三國都在研究如何修憲以擺脫蘇聯和共產黨的統治。一九八七年夏天起，三國都發生街頭示威運動，各自組織「人民陣線」。戈巴契夫派梅德韋傑夫為代表前去安撫，群眾竟拿著「俄羅斯人滾蛋！」「立即退出蘇聯！」的標語將他團團圍住。

回溯一九八三年，波蘭的工人領袖華勒沙突然獲得通知得到諾貝爾和平獎。雖然他無法親自前去領獎，團結工聯的聲勢又已大起。隨著蘇聯改革開放的發展，華勒沙也越來越大膽。當時波蘭人民的生活水平早已遠低於西歐國家，又因經濟疲弊，每年物價漲幅卻超過兩成，以致民不聊生，外債更是達到四百億美元，是十年前的兩倍。華勒沙因而領導團結工聯在一九八八年又發起大罷工，強烈要求改善經濟，並獲得許多人民響應。波共總書記賈魯塞斯基這時自知無法解決問題，也不可能指望蘇聯提供任何幫助，所以祕密邀請華勒沙會談，同意將在不久的未來選擇適當的時機召開圓桌會議，邀集各方代表共同討論解決之道。因此之故，日後東歐劇變是從波蘭開始劃下第一道裂痕。

但如前所述，波蘭的動向對立陶宛有立即的影響，而立陶宛的動向也將立即影響愛沙尼亞及拉脫維亞。因而，日後蘇聯解體是從這三小國開始，而由立陶宛劃下第一道裂痕。

戈巴契夫在聯合國的演講——兼述亞美尼亞大地震

一九八八年十二月七日，戈巴契夫應邀參加紐約聯合國大會，並發表演講。他說，蘇聯正處於一場真正革命的高潮。改革開放進行的過程中可能會出錯，也會碰到阻力，但他相信必能穩定地向前推進。他也強調要保障人權，推崇民主、自由的價值，說蘇聯已經沒有人會因為政治或宗教的原因而入獄。他又說：「隨著蘇聯最高蘇維埃最近通過修改憲法及引入新的選舉法，我們已經完成政治改革的第一階段。我們毫不停留地正要進行第二階段，其中最重要的工作將會是如何處理中央政府與各共和國之間的互動，如何在列寧教導我們的國際主義的原則之下處理各民族之間的關係。……」

更令人驚訝的是，戈巴契夫宣稱蘇聯已經做成決定，將在兩年內裁軍五十萬人，又說已經和華沙公約各國達成協議，將從東德、捷克及匈牙利撤離六個坦克師，其中包括五萬人及五千輛坦克。

各國代表對戈巴契夫的演講報以如雷的掌聲，媒體也都推崇是一場世紀性的演講。然而，戈巴契夫走下講台時卻是憂心忡忡，因為就在演講前不久，他已經收到亞美尼亞發生大地震的報告。

戈巴契夫在演講後走下台時，又接到雷日科夫在電話裡告訴他，亞美尼亞一個擁有十萬人的小城史皮塔克（Spitak）已被震為廢墟。

雖然如此，由於雷根的副手布希（George Bush）才剛剛在美國大選中獲勝，即將接任為新總統，戈巴契夫仍與雷根及布希兩人舉行會談。第二天，戈巴契夫與雷莎直接飛往亞美尼亞。他們在災區看見的是一大片全倒、半倒和扭曲的房子，以及數十萬痛失親人，穿著破爛，滿臉髒汙的災民。根據後來的統計，此次地震造成至少二萬五千人死亡，十幾萬人受傷，五十萬人無家可歸。這對戈巴契夫而言又是一記沉重的打擊，不亞於兩年半前發生的車諾比核災事件。

本章有關戈巴契夫在改革中遭遇的紛亂至此暫時告一段落，以下轉到同一時期中國的變化。

中國的八六學潮

戈巴契夫推動「改革」及「開放性」對中國無疑產生極大的衝擊，連鄧小平也不得不說要改革政治體制。鄧小平這樣一說，中國的知識分子立刻活躍起來，一時又是百家爭鳴。中宣部有一位副部長竟說：「報紙登什麼，不登什麼，這個權應歸編委會或總編輯。報社領導應該有取捨新聞的權力。」各種刊物於是出現許多激烈的言論。越是敢言的知識分子，越是全國知名。其中有一位劉賓雁寫了一本《第二種忠誠》，說對共產黨大膽地提出批評也是一種忠誠。另有一位劉再復重提老話，說文學應該高舉人道主義的旗幟。又有安徽中國科技大學副校長方勵之主張大學應獨立於政府之外。各大學紛紛舉辦演講會，學生踴躍參加，動輒數千人。學生們越聽越是內心澎湃，對政府越發不滿。

一九八六年十一月，安徽幾所大學為抗議一項選舉不公爆發示威遊行。方勵之帶頭一路高喊「打倒官僚主義！」「打倒封建獨裁！」全國各大學紛紛響應，口號都是要求民主、自由。安徽科大甚至有反對共產黨一黨專政的傳單出現。

事實上，北京在前一年八月也曾發生過一次學潮。當時日本中曾根首相前往靖國神社主持第二次大戰陣亡將士的追悼會，引起中國政府及民眾嚴重抗議，因為中國人認為靖國神社裡供奉著多名發起對中國侵略的甲級戰犯的神位。日本政府卻不接受，堅持照常舉行。問題是，八月十五日對中國而言固然是「抗戰勝利紀念日」，對日本來說卻是「終戰紀念日」，兩者對同一件事有完全不同的立場與解讀。北京學生卻發起反日遊行，全國立刻響應。不過當時胡耀邦主張冷處理，親自和學生溝通、對話，最終順利平息了學潮。八六學潮再起時，胡耀邦還是想沿用溝通、對話的辦法。但這次無論如何溝通，學生仍是久久不散。

胡耀邦下台

回溯八六學潮發生前幾個月，鄧小平曾經多次表示隔年之後要退休。胡耀邦大表贊成，不止一次公開表示支持鄧小平退休，又說他自己和其他老同志也應該「充分給年輕的同志讓路」。中共有一部分元老對胡耀邦早已不滿，這時認為他企圖藉機逼宮，更加憤怒。學潮大起後，元老紛紛指責胡耀邦縱容學生，建議鄧小平強硬處理，否則將發生類似波蘭團結工聯之事。一部分保守派大將也向鄧小平告狀，說胡耀邦在接見某些海外媒體採訪時說了很多不該說的事，沒有分寸。鄧小平明顯地受到影響，也漸漸不滿，於是召見胡耀邦、趙紫陽及一部分保守派領導人，直接說學生運動是幾年來反對資產階級自由化旗幟不鮮明，態度不堅決，又不能守住四個堅持的結果；又說，學生鬧事如果疏導不成，必須堅決處理。胡耀邦回家後，徹夜難眠，在兩天後就寫信給鄧小平，提出辭職。

不料鄧小平不僅接受他的辭呈，又指示召開一個特別的「黨內生活會」。胡耀邦雖然自己承認「犯了政治原則的嚴重錯誤」，卻仍在六天內又被二十幾名黨內同志輪流痛批，指稱他犯了「嘩眾取寵」「站錯路線」「未經中央授權就亂講話」等種種錯誤。竟連趙紫陽也批評他「喜歡標新立異」「不受組織約束」。胡耀邦至為錯愕，到生活會最後一天結束時竟坐在中南海懷仁堂前的台階上痛哭失聲。習仲勳見狀，上前扶他起來。

胡耀邦下台後，鄧小平與陳雲及多位元老討論，拍板決定由趙紫陽接任總書記，同時以李鵬為代總理。此後中共就不再提體制改革了。戈巴契夫後來推動政治改革的幅度越來越大，使得中共元老心驚肉跳，更不敢冒險跟進。

中共十三大及其後的經濟混亂

一九八七年十月，中共召開十三大。新任總書記趙紫陽做政治報告，以「沿著有中國特色的社會主義道路前進」為題，一方面說必須堅持全面改革，對外開放；另一方面卻說必須以馬克思主義為指導，以公有制為主體。這就是說，改革還是只能在經濟層面，不能動搖政治體制。這篇報告其實並不是趙紫陽一個人的意見，而是經過黨內討論妥協的產物。這樣的妥協也表現在人事的安排上。十三大新任的五名政治局常委中，趙紫陽和胡啟立屬於改革派，李鵬和姚依林屬於保守派，最後一名喬石則是中間派。

鄧小平、陳雲、葉劍英、李先念等四名政治局常委決定全部退下，也不再掛名政治局委員。奇怪的是鄧小平卻繼續擔任軍委會主席，而兩名副主席是總書記趙紫陽和國家主席楊尚昆反而必須向鄧小平報告。陳雲所領導的中央顧問委員會在黨國重要事務上也仍有一定的發言權，在某些重要議題上甚至有投票權。有人指出，由此可見中國在實質上並沒有擺脫老人政治，人治也仍然高於法治。

這時中國的經濟卻已有混亂的現象。在一片經商熱中，連各地的黨政機關、武警、人民解放軍也不落人後，紛紛「下海」，開始掛起公司的招牌。通貨於是也跟著膨脹。一九八八年八月，政府決心取消實施多年的雙軌制以減緩日漸猖獗的「官倒」現象。不料消息傳出後全國各地的民眾就開始搶購物資。又由於利率及匯率也是雙軌制，各城市的銀行外面也大排長龍，搶著擠兌。政府不得不宣布暫緩改革，但一九八八年的物價指數已經上升了20%，比前兩年加倍。百姓對此至為不滿，輿論更是嚴厲撻伐，再加上知識分子及學生們在八六學潮後持續對體制改革的期盼與失望，一場新的動亂似乎已在醞釀中，不料西藏竟先爆發動亂。

西藏的動亂

自從解放軍在一九五九年入藏，導致達賴喇嘛逃亡印度後，西藏在其後的二十幾年間仍不時有小規模的暴動發生，顯示藏民的不滿。其中有一部分被認為是「藏獨」與達賴在國外的活動相呼應。一九八七年，達賴應美國國會之邀在華盛頓演講，提出「五點和平建議」，聲稱西藏不是中國的一部分，控訴中共在西藏的高壓政策，籲請中共尊重人權，停止遷移大批漢人到西藏。第二年，達賴又應歐洲議會邀請發表演講，重申五點建議，並要求就西藏的前途與中共進行談判。中共表示同意，卻不願在外國談，也不許有外國人參加，因而此後不再有任何進展。

一九八九年一月底，班禪十世突然在日喀則圓寂。班禪在西藏地位僅次於達賴，當年在達賴出走印度後卻選擇與中共合作。不料中共後來在全國推動人民公社、大躍進，在各省藏人居住的地區也一樣強制推動，不但對佛教寺廟及僧人造成巨大的傷害，許多藏人也因飢荒而死。班禪悲怒交加，不顧他人攔阻，於一九六二年寫了一份《七萬言書》呈交周恩來。周恩來至表重視，指示中央設法一一解決。不料毛澤東竟稱班禪的《七萬言書》和彭德懷在廬山會議的《八萬言書》一樣，都是大毒草。班禪被扣上「反社會主義、反人民、陰謀叛國」三項罪名，文革期間大部分被關在秦城監獄裡。

文革後班禪獲釋出獄，又在鄧小平支持之下傾全力於恢復文革期間遭到破壞的西藏佛教。當達賴向國際社會指控中共對西藏的迫害時，班禪也數度公開表示他關心達賴，想念達賴。但他在發表這些談話之後沒幾天就突然死了，享年只有五十一歲。根據中共官方發布的新聞，班禪是死於心肌梗塞。但由於班禪平素身體強健，許多藏民懷疑他是被陰謀害死的。

到了三月，正值達賴逃亡印度三十週年紀念，拉薩發生從一九五九年以來規模最大的動亂，部分激憤的藏民到處打、砸、搶、燒。國務院總理李鵬斷然發布戒嚴令，派武警及人民解放軍入藏。西藏自治區黨委第一書記胡錦濤奉命指揮軍警鎮壓藏人。據估計約有將近五百名民眾及僧侶死亡，另有數百人受傷，數千人被捕。動亂弭平後，鄧小平親自褒揚胡錦濤。

六四的前奏——胡耀邦病逝，戈巴契夫訪北京，趙紫陽辭職

拉薩事件平息後一個月，中共前總書記胡耀邦也突然因為心肌梗塞而猝逝。中國國內更大的動亂由此點燃。胡耀邦思想開明，操守清廉，極受學生歡迎。許多學生尤其同情他先前因為拒絕鎮壓學潮而被罷黜總書記。北京各大學學生在他死後紛紛湧進天安門廣場，貼出大字報。表面上，學生們是悼念胡耀邦；實際上，這是一場反貪腐、反老人政治，要求民主化的政治運動。北京各大學又合組自治聯合會，發起罷課。

由於趙紫陽出訪北韓，李鵬、楊尚昆到鄧小平家中向他彙報，鄧小平聽後認定學潮是「動亂」。全國各大報於是奉命在第二天刊出社論，其中說：「這是一場有計畫的陰謀，是一次動亂，其實質是要從根本上否定共產黨的領導，否定社會主義制度。」但這篇「四二六社論」反而激怒學生，引發十萬人大遊行。沿路的標語和口號比先前更激烈，諸如：「請願不是動亂！」「血諫政府！」「新聞要講真話！」「打倒官倒！」等。到了五月中旬，天安門廣場中已有五十萬人，其中有數百人開始絕食。學生領袖吾爾開希、柴玲、王丹等人對群眾發

圖 21.3 胡耀邦（左）與趙紫陽（右）

表演說。西方媒體蜂擁而至。蘇共總書記戈巴契夫卻在此時受邀訪問北京。廣場的學生聚集更多，並製作歡迎戈巴契夫的大字報，讚揚蘇聯的改革開放比中國徹底。有一幅大字報上寫著：「蘇聯有戈巴契夫，中國有誰？」

鄧小平在人民大會堂會見戈巴契夫。這是中蘇分裂近三十年來雙方領導人第一次會面。鄧小平在會後對大批記者說，雙方同意「結束過去，開闢未來」。趙紫陽在當天稍晚也會見戈巴契夫，在談話中竟說黨在重大的問題上仍然必須向鄧小平請示。第二天，遊行隊伍又多了「黨要總書記，不要太上皇！」「垂簾聽政，誤國害民！」的標語。鄧小平大怒。接著政治局開會討論戒嚴。鄧小平認為政府不能讓步，否則學生運動將會發展成為動亂。趙紫陽堅決反對，但李鵬極力贊成。到最後，還是鄧小平拍板，說：「實行戒嚴如果是個錯誤，我首先負責，不用他們打倒，我自己倒下來。……將來寫歷史，錯了寫在我的帳上。」趙紫陽回到家中，立刻寫辭職信。

六四天安門事件

當時天安門廣場上已有已有數千名學生加入絕食，有人不只絕食，還拒絕喝水，一千七百人因昏迷而被送到醫院急救。李鵬與學生代表吾爾開希等人會面協商，但雙方都態度強硬，結果不歡而散。五月十九日清晨，趙紫陽到廣場探視學生，說：「我們來得太晚了。對不起同學們了。不管你們說我們、批評我們，都是應該

圖 21.4　六四事件中一名白衣男子試圖阻擋坦克車進入天安門廣場

的。」一部分學生聽從他的勸告，停止絕食。到了傍晚，李鵬宣布戒嚴，但學生們仍然據守廣場不退，鄧小平於是開始調動軍隊。

但奉召進京的部隊在北京外圍遭到民眾截堵，發生流血衝突。鄧小平更怒，下令軍隊不顧一切繼續向天安門進軍。結果雖有一小部分軍人遭到民眾以磚塊、石頭、木棍或鋼筋攻擊而受傷，甚至有少數被打死，但全副武裝的士兵和坦克、裝甲車已於六月三日深夜在天安門廣場集結，並奉命開始清場，向學生及群眾發起攻擊。一時之間濃煙四起，廣場宛如戰場。外國的電視台紛紛即時轉播，竟出現一個畫面，一名穿白衣服的年輕男子提著一個手提袋，站在長安街大馬路上，擋在一長列十七輛坦克車隊的前面，意圖以血肉之軀阻擋其前進。這一幕震撼了全球所有電視機前的觀眾。

六月四日清晨，大部分學生已經被迫撤離廣場。根據北京市後來提出的報告，說六四事件中有三千名學生及民眾受傷，二百多人死亡。但同情民運的人士說至少有二千人死亡。

天安門事件結束後，趙紫陽被罷黜所有的黨政職位。但他拒絕接受「支持動亂」及「分裂黨」的指控，堅決不肯認錯。中共當局接著發布通緝二十一名民運領袖，其中有吾爾開希、柴玲等七人成功地逃亡到海外，其餘都被捕，並遭判刑。另有許多被稱為民運的「幕後黑手」也大多被捕入獄。

江澤民接任中共中央總書記

在六四事件的大不幸中，時任上海市委書記的江澤民無疑是最大的獲益者。他在事件過後不久就被擢升為中共中央總書記，成為此後十年中共的最高領導人，主要是因為他在處理動亂的過程中獲得許多中共元老賞識。

北京發生六四事件前後，上海、天津、武漢、廣州等十幾個大城市也都發生動亂。胡耀邦病逝幾天後，上海有一家影響力極大的《世界經濟導報》的創辦人兼總編輯欽本立決定舉辦悼念胡耀邦的座談會，並在報導中指稱胡耀邦下台不合正常程序。江澤民要求欽本立刪掉這篇文章，遭到拒絕，立刻下令解除其職務，又勒令該報停刊。趙紫陽獲知後，嚴厲指責江澤民手法粗糙。後來北京學生抗議的活動升高，上海也發生示威遊行，要求罷免江澤民，又要求導報復刊。集結的群眾竟達到十萬人，其中也有數百人絕食。江澤民不得不與學生對話，全力安撫，甚至自承錯誤，但實際上是拖延待變。因而，當鄧小平決定戒嚴，趙紫陽辭職後，江澤民對學生的抗爭運動立刻轉為強硬。

到了五月二十五日，改革派的另一核心人物人大委員長萬里在訪問美國後返國。江澤民奉鄧小平之命在上海接機，並傳達指令要求萬里服從黨中央的決定，軟硬兼施，使得萬里不得不發表支持戒嚴的聲明。

中共元老對於江澤民在上海的作為表現大多表示激賞，因而在六四之後建議鄧小平拔擢江澤民為政治局常委兼總書記。另有天津市委書記李瑞環也在同時被增選為政治局常委。事實上，兩年半前八六學潮時，江、李兩人就已因為分別平息上海和天津的亂局而獲得部分中共元老賞識。六四事件之後約半年，鄧小平決意辭去中央軍委會主席，由江澤民繼任。江澤民於是同時擔任黨和軍隊的領導人。

然而，西方國家對於中國政府在處理六四事件時以血腥屠殺手段對付學生至為不滿，紛紛宣稱要嚴厲制裁。美國總統布希指示停止雙方高層接觸，停止出售武器給中國，又建議世界銀行和亞洲開發銀行停止貸款給中國。不過布希也在暗中派特使到北京討論善後事宜。中國政府不得不盡力配合美國，宣布解除戒嚴，釋放數百名民運人士及罪名較輕的幾名學生領袖，因而稍獲緩解。但西方國家對中國政府的貸款幾已完全凍結，只有日本較具彈性。

此後數年中，中國的經濟持續發展大多只靠香港商及台商的投資。關於這些，本書在第二十四章裡還要繼續敘述。

第二十二章
共產世界的崩解——東歐劇變及蘇聯解體

一九八九年發生在北京的「六四事件」是中華人民共和國四十年歷史上一件極為嚴重的事件。對於波蘭來說，一九八九年六月四日也是非常重要的一天，因為波蘭在這一天舉行四十年來第一次自由民主的國會議員選舉。波蘭從此變天。此後東歐所有國家的共產政權也相繼崩潰，最後竟連蘇聯也在兩年後解體。

東歐劇變與蘇聯解體其實是兩個緊密關連的重大歷史事件，但也可以說是二而一的事件。就東歐各國而言，如果沒有戈巴契夫率先在蘇聯倡議廢除「共產黨一黨專政」，又主動從東歐撤出軍隊及坦克，東歐的共產黨沒有可能如此輕易地就放棄一黨專政。就蘇聯而言，解體後所有的加盟共和國也都廢除了共產黨一黨專政。

總之，無論是在東歐或蘇聯，最關鍵的發展都是共產黨停止一黨專政。本章以下將以此為主軸，依時間次序逐一概述，而從波蘭開始說起。

波蘭及匈牙利變天

如上一章所述，波共總書記賈魯塞斯基早在一九八八年八月就與團結工聯領袖華勒沙達成協議，同意擇期舉行圓桌會議，以便共同討論國家的困境及未來。戈巴契夫在聯合國演講後，雙方便放膽開始舉行圓桌會議，前後討論了兩個月。會議的結論是經由自由選舉選出參、眾議院議員及總統，推動修憲。六月四日選舉的結果，共產黨在參議院中只取得一百席次中的八席。在眾議院，共產黨依雙方約定有六十五席保障席次，但在開放自由選舉的一百六十一席中竟只拿到一席。賈魯塞斯基只能承認共產黨敗選。

八月起，由團結工聯推薦的總理開始組閣。這是四十年來第一個非共產黨員的波蘭總理。不過由於總統選舉尚未辦理，各方同意先由賈魯塞斯基擔任臨時總統。波蘭國會同時在年底通過修憲，取消其中第六條關於波蘭統一工人黨（即波共）在國家中居於領導地位的條款，「一黨專政」從此走入歷史。波蘭國會接著又通過政黨法，確立多黨制，並把國名從「波蘭人民共和國」改為「波蘭共和國」。華勒沙自己在一年後被選為波蘭第一任民選的總統。

其次說匈牙利。匈共總書記卡達到一九八八年為止執政已經長達三十二年。在前二十年，匈牙利的工業及農業都成長迅速，國民所得倍增，因而是東歐各國中經濟發展最成功，人民生活水平最高的國家之一。卡達也以清廉、親民著稱。然而，當中東發生兩次石油危機後，油價飆漲，匈牙利便與波蘭一樣面臨經濟困境，通貨膨脹，外債高築。事實上，這是所有東歐國家都面臨的困境。卡達無力解決，飽受攻擊，只得下台。

然而，匈共的新領導團隊也無法解決國家的政治及財經困境，只得仿效波蘭，從一九八九年三月起召集各方舉行圓桌會議。與會者慎重其事，在會議期間對外保密，謝絕採訪。雖然會談時間長達六個月，引起外界不斷地猜疑，最後提出的草案卻獲得大多數民眾認同。在圓桌會議期間，匈牙利各界也已經為一九五六年殉難的前總理納吉舉行重新下葬儀式，隆重地為其平反。

圓桌會議建議採行一院制的國會，每四年改選。總理由國會選舉，握有行政大權。總統也由國會選舉產生，但只是虛位的元首。匈共在圓桌會議後自行宣布解散，不過有一部分人決定另組「匈牙利社會黨」，以便在未來參加選舉，寄望分享政權。匈牙利同樣廢除一黨專制，取消國名「匈牙利人民共和國」中的「人民」兩個字，這兩件事都發生在當年十月，比波蘭早，可謂後發而先至。

但匈牙利遲至次年三月起才舉辦國會選舉。匈牙利社會黨大敗，只取得大約10％選票。不過由於黨派林立，沒有一個黨的席次過半數，最後成立的內閣是由一個「匈牙利民主論壇」（簡稱ＭＤＦ）聯合其他幾個偏右小黨共同組成的，選出的總理是民主論壇的黨魁，名叫安妥（József Antall）。安妥是領導圓桌會議的關鍵人物，所以備受各方尊重，脫穎而出。

捷克斯洛伐克的「絲絨革命」

繼波蘭及匈牙利之後，捷克及東德也發生革命，幾乎同時，又互相影響。不過由於兩者無法同時敘述，我將先說捷克，再說東德。

捷克在一九六八年的「布拉格之春」雖然遭到蘇聯坦克鎮壓，知識分子仍然繼續反抗共產黨。一九七五年，東、西歐和美國共三十七個國家在芬蘭簽定《赫爾辛基協議》，其中明訂各國應和平相處，互助合作，准許人民自決，以及尊重人權、自由的原則。不過蘇聯及東歐國家在簽約後大多沒有遵守後面兩個條款。捷克卻有一名作家暨異議分子哈維爾（Václav Havel）從一九七七年起開始推動一項「七七憲章」（Charta 77）運動，要求政府遵守赫爾辛基協議，尊重人權，並發動兩百多位知名人士簽名。哈維爾又寫一封公開信批評社會主義不只導致政治腐敗，也導致人心敗壞。不料捷共總書記胡薩克（Gustáv Husák），以「危害國家利益」的罪名起訴他，將他下獄。哈維爾坐了四年牢，出獄後又繼續投入七七憲章運動。

一九八七年四月，戈巴契夫在擔任蘇共總書記後第一次訪問捷克，並在演講時說，社會主義國家應可根據本國的條件自行選擇發展的道路，蘇聯尊重各國獨立自主；又說，社會主義國家中並沒有哪一個黨可以壟斷真理。這些話等於宣告蘇聯已經放棄布里茲涅夫主義，時間點比戈巴契夫的聯合國大會演講還要早一年八個月。胡薩克因而被迫退休，由年輕的雅克什（Milos Jakes）接任總書記。當初在布拉格之春被迫下台的杜布西克又重新露面，接受西方媒體採訪。改革的聲勢於是大漲。

當波共、匈共相繼垮台，柏林圍牆又突然在一九八九年十一月被推倒（詳見下一節）後，內心澎湃洶湧的捷克學生及民眾再也無法忍耐，於是發起大規模的示威遊行，高喊「雅克什下台！」「共產黨下台！」捷共當局派出武警鎮壓，動用棍棒及催淚彈以對付手無寸鐵的學生，卻引發市民強烈不滿，人群因而越聚越多，達到五十萬人。雅克什不敢動用軍隊及坦克，最後只得宣布下台。但憤怒的民眾繼續罷工，堅持要共產黨也下台。捷共撐不住，最後只得宣布將刪除憲法第六條，放棄一黨專政。到了十二月底，哈維爾被推選為臨時總統，杜布西克當選為聯邦議會主席。

捷克的革命因為過程和平，順利而不流血，史稱「絲絨革命」（Velvet Revolution），哈維爾是其推手。實際上，如果沒有戈巴契夫在背後對捷共不斷地施壓，捷克革命不可能如此平順。

柏林圍牆倒塌

東德共黨領導人何內克（Erich Honecker）也是一個保守派，拒絕改革。然而，由於匈牙利和捷克從一九八九年六月起先後決定撤除與奧地利之間的邊境管制，有利於東德人外逃，而西德政府也表示歡迎，一股巨大的逃亡潮因而立即形成，達到每月數萬人。與此同時，東德人民的反政府活動也逐漸增溫。

回溯一九八二年起，有一位名叫傅勒（Christian Führer）的牧師在萊比錫著名的聖尼古拉斯教堂（St.

Nicholas Church，Leipzig）定期主持「和平祈禱」，主題漸漸從宗教議題轉為反冷戰，又漸漸轉為公然抗議政府。東德祕密警察採取設置路障、恐嚇威脅、毆打、逮捕等種種方法阻止民眾參加「和平祈禱」，但教眾仍是從四面八方而來，越聚越多。

一九八九年十月，東德慶祝成立國家四十周年紀念，戈巴契夫應邀出席，並發表演講。許多青年人竟擠到主席台前，高呼：「戈比（Gorby），救救我們！」戈巴契夫不願過於明顯干涉東德事務，卻在演講中意有所指地說：「遲到的人，將會受到懲罰。」兩天後，傅勒號召教眾參加和平祈禱，又請求教眾參加和平示威遊行，結果有七萬人參加，但過程井井有條，沒有任何暴力。東德共黨內部至為驚慌。何內克在政治局會議中遭到圍攻，只得辭職下台，改由克倫茨（Egon Krenz）擔任總書記。但不久後柏林和萊比錫又分別發生五十萬人的示威大遊行。

新政府在巨大的壓力下只得同意在東、西德之間，以及東、西柏林之間開放幾個特定的檢查點，允許人民憑證通行。不料東柏林黨委書記在十一月九日對外發布新聞時竟說開放通行「即時生效」，因而到了午夜已有數萬市民群集於柏林圍牆的幾個檢查點，要求立刻開門。東德共黨大驚，卻只得同意開放通行，也無法一一檢查證件。此後一星期內，估計有超過兩百萬名東柏林市民穿過圍牆到西伯林，與親戚朋友們相聚，一起歡慶。實際上柏林圍牆只是開放通行，並沒有倒塌，也沒有被立即拆除。

東、西德合併

十二月初，東德議會通過修憲，刪除共產黨一黨專政的條款。各黨派又決定仿效波蘭、匈牙利的作法召開圓桌會議。對於未來，東德民意都主張與西德合併，西德人民也熱切地希望立刻統一，兩邊政府由此達成共

圖 22.1 柏林圍牆倒塌之日

識。共產黨將黨名改為「社會民主黨」，與西德第二大黨同名，一九九〇年三月，東德選舉國會議員。結果社民黨慘敗，獲勝的「基督教民主黨」與西德總理柯爾（Helmut Kohl）領導的政黨也同名，兩黨於是決定聯合組織統一後的內閣。

從五月起，東、西德陸續簽署了三個條約，完成合併的必要法律程序。第一個條約是有關貨幣、經濟和社會制度的統一。第二個條約規定東德先分拆為五個州，再個別加入西德。第三個條約牽涉到外國。由於當初東、西德成立時是由分占其國土的美、英、法、蘇四國簽約同意的，如今兩德要合併自然也要取得四國同意。但四國都擔心德國統一後可能又對世界和平造成威脅，希望避免重蹈納粹的覆轍。六國代表因而在莫斯科共同簽署《二加四條約》，其中規定統一的德國將可以擁有完整的主權，但同意自我限制軍隊的人數，也承諾不得擁有核武器、生物武器和化學武器。

兩德之所以能迅速地合併，關鍵因素之一當然也是戈巴契夫的支持。戈巴契夫其實早在一九八九年十月那次訪問東德時就已經表示將支持東、西德未來以和平，不流血的方式達成統一。一九九〇年七月，戈巴契夫又特別邀請柯爾到他家鄉附近高加索山區的一個中世紀古城，一起進行有關德國統一的最後討論。兩人在山林裡憧憬著統一後的德國與蘇聯將會如何走向互助合作的道路。十月三日，兩德終於完成統一。

保加利亞變天

保加利亞共黨總書記日夫科夫（Todor Zhivkov）也和何內克一樣是保守派，表面上對戈巴契夫恭敬，實際上拒絕改革。他一向以高壓手段迫害境內的土耳其裔少數民族，又企圖強制同化，引起激烈的反抗。日夫科夫卻在一九八九年五月突然下令將拒絕同化的人民驅逐出境，在三個月內驅逐了三十幾萬人。國際社會一致譴責。保加利亞共產黨內的改革派對日夫科夫的暴行也不以為然。其中外交部長馬拉迪諾夫（Petar Mladenov）由於每日接到國外傳來無數的抗議郵件及電話，更是無法苟同。戈巴契夫也決定要迫使日夫科夫下台。

一九八九年十月，馬拉迪諾夫在首都索菲亞（Sofia）舉辦一項國際性的環保會議，也邀請國內的環保團體參加。不料其中有一部分人在會後竟被祕密警察逮捕，又遭到酷刑。馬拉迪諾夫大怒，又獲得戈巴契夫暗中表示支持，於是聯合總理、財政部長及國防部長在柏林圍牆倒塌的同一天與日夫科夫攤牌。日夫科夫下台後，馬拉迪諾夫取而代之。接著保加利亞共產黨自行廢除共產黨一黨專政，改名為「社會黨」。新政府採行多黨制，決定舉行自由選舉，改選國會。結果社會黨在國會大選中竟擊敗由反對力量合組的「民主力量聯盟」，成為國會第一大黨，新政府要職因而大多由舊日的共產黨員擔任，馬拉迪諾夫也當選為總統。

但保加利亞的激進派學生認為選舉結果是由於遭到社會黨操縱，拒不接受，又不斷地示威抗議，反對黨民主力量聯盟也在國會中強烈抵制。結果馬拉迪諾夫只當了三個月總統後就被迫辭職下台。一九九一年底，民主力量聯盟在第二次國會大選終於取得勝利，順利組閣。

羅馬尼亞的流血革命

前面五個東歐國家的共產政權倒台雖然各自經歷不同的困難，過程都是和平的，或流血不多。羅馬尼亞卻在改革中發生嚴重的流血事件。

羅馬尼亞共黨總書記西奧塞古（Nicolae Ceau□escu）可說是東歐國家中最暴虐、最獨裁的統治者，在一九八九年時年紀已經七十一歲，在位二十四年。他的家族中有四十人占據黨、政、軍要職，其中包括擔任第一副總理的妻子。羅馬尼亞得天獨厚，有豐富的石油蘊藏，但由於獨裁政權貪腐無能，人民的生活水平也和東歐其他國家一樣貧苦。人民因而大多痛恨，但又畏懼無所不在的警察、特務，不敢反抗。戈巴契夫倡議改革開放時，西奧塞古由於有中共在背後支持，公然反對，自稱將堅守社會主義陣營，絕不走資本主義路線。因而，人民只有等待時機起來反抗暴政，一九八九年十二月爆發的「狄米斯瓦拉事件」正是這樣的一個機會。

羅馬尼亞人民大約有一成是少數民族，其中以匈牙利裔為主。狄米斯瓦拉（Timisoara）是匈牙利裔聚居的一個古鎮，其中有一位名叫托克斯（Laszlo Tokes）的牧師，同時也是一個著名的異議分子。由於祕密警察時常無故拘捕，或毆打托克斯，引起匈牙利裔族群不平。政府卻無故突然命令托克斯限期出境，並且不得再回國，但托克斯拒絕接受。到了限期當天，有數百名居民圍在托克斯家四周，與企圖強制執行驅逐令的警察發生衝突，結果警察對民眾開槍。民眾被激怒，事件因而擴大，並有許多同情的羅馬尼亞人加入。

不料西奧塞古竟命令國防部長派武裝部隊、坦克到狄米斯瓦拉大舉鎮壓，結果造成數千人傷亡。羅馬尼亞全境因而爆發大規模的反政府示威活動。西奧塞古立刻宣布進入緊急狀態，命令國防部長再派大軍前往鎮壓。但國防部長拒絕，結果竟被祕密警察處決。軍隊於是也反叛。憤怒的民眾蜂擁包圍共產黨總部。西奧塞古夫婦倉促逃亡，在途中被捕，經軍事法庭速審速決，於聖誕節當日一起被槍決。從狄米斯瓦拉事件爆發到西奧塞古夫婦被殺，僅僅九天。

西奧塞古死後，羅馬尼亞共產黨自行宣布解散，其資深的黨員卻又共同組織一個新的「救國陣線」，並成立臨時政府，同時宣布採行多黨制，推動民主自由選舉。救國陣線卻又刻意協助成立數十個小黨以分散反對勢力，並控制媒體，最終贏得國會大選。新當選的總統和總理也都是原先羅馬尼亞共產黨的成員。總之，羅馬尼亞新政府實質上仍然控制在共產黨的手中，只不過是改了名稱。這和前述保加利亞變天後的初期情況極為相似。羅馬尼亞因而必然也要繼續發生革命，但其詳情還請容我在第二十三章裡再為讀者們敘述。

南斯拉夫的內戰危機

本書已多次提到，在東歐國家中以南斯拉夫的國情最為複雜。該國由六個加盟國及兩個自治省組成，有二十幾種民族，說不同的語言，有不同的宗教信仰。此外，各加盟國的經濟發展也極為懸殊，越北越富，越南越窮。南北平均國民年所得的差距至少有五倍以上。如果不是狄托的威望及鐵腕統治，南斯拉夫早已四分五裂。但狄托在一九八〇年以八十八歲高齡去世，他原本計畫中的接班人卻比他早一年就死了，南斯拉夫的分裂遂無法避免。

狄托死前，南斯拉夫的經濟其實和其他東歐國家一樣開始惡化，在他死後成長更是停滯，而外貿逆差逐年擴大，導致外債超過兩百億美元，並且失業嚴重。人民因而不滿，北方主張分離者更加振振有詞。然而，塞爾維亞共黨總書記兼總統米洛塞維奇（Slobodan Milosevic）具有強烈的民族主義傾向，自認在聯邦中擁有主導地位，堅持要維繫聯邦統一。他又提出一個「大塞爾維亞主義」，主張在所有加盟國中的塞爾維亞族裔都有自決權，使得各加盟國更是恐懼。

當東歐各國的共產黨紛紛下台時，南共也在一九九〇年初決定停止共產黨一黨專政。六個加盟國的共產黨隨後也都改名，並各自舉行自由選舉。其中有四國由反對勢力取得政權，把共產黨趕下台，只有塞爾維亞及黑山是由共產黨改名的社會黨執政。加盟國分成兩邊對立的態勢由此更加明顯。到了年底，斯洛凡尼亞及克羅埃西亞分別舉行公投或通過憲法，選擇獨立。米洛塞維奇大怒，聲稱絕對不容南斯拉夫聯邦分裂，又恫嚇兩國將不惜出兵。兩國遂一面派代表與米洛塞維奇談判，一面備戰。到了第二年春天，談判破裂，兩國逕行宣布獨立。不久後，馬其頓與波士尼亞也宣布將脫離聯邦而獨立。南斯拉夫至此已無法避免爆發全面內戰。

南斯拉夫是東歐劇變中唯一不幸發生分裂及內戰的國家，不過由於戰爭極其複雜，時間又長達數年之久，所以請讀者們也容許作者在第二十三章再詳細敘述。

阿爾巴尼亞的改革及民主化過程

阿爾巴尼亞共產黨總書記霍查是共產國家在位最久的領導人，從一九四四年執政到一九八五年病逝，共四十一年。霍查一向自詡奉行最正統的馬列主義，但他統治的阿爾巴尼亞卻是東歐所有國家裡最貧窮落後的一個。阿共另有一項極為特殊的歷史，曾經先後與南共、蘇共及中共交惡。

阿爾巴尼亞當初在對抗軸心國的侵略時，倚靠南斯拉夫的支援遠大於蘇聯，因而阿共建立政權後受南共的影響比蘇共還大。但是當一九四八年狄托與史達林決裂時，霍查決定向蘇聯靠攏，與狄托決裂。

赫魯雪夫在一九五六年開始批判史達林及個人崇拜後，霍查在國內的地位跟著動搖，因而加入中共一起批判「蘇修」，與蘇共撕破臉。其詳情在先前已經敘述過。據估計，此後二十幾年間，中共對阿爾巴尼亞提供軍事及經濟援助，共耗費五十幾億美金。本書必須在此重複指出，這期間中國先後經歷了大飢荒及文化大革命的困難時期，毛澤東卻決定咬著牙對「兄弟國」繼續提供援助，並說將來都不必償還。

文化大革命結束後，鄧小平決定改革開放。霍查大怒，認為中共也走上修正主義的道路，放話譏評。中共於是通知阿爾巴尼亞停止經濟援助，召回支援的技術人員。阿爾巴尼亞因而從一九七八年起就陷入孤立無援的狀態。霍查死後，接班人阿利亞（Ramiz Alia）知道國窮民困，已經無法再撐下去，只得改採開放的政策。不過他在初期和中共一樣只進行經濟改革。但是當東歐各國共產黨紛紛倒台，尤其是羅馬尼亞西奧塞古夫妻被處決後，阿利亞只得宣布也開始進行政治改革，例如下放權利，提拔年輕幹部，取消所有「反黨」「反社會主義」之類的罪名。但首都地拉那（Tirana）的學生也發起示威運動，要求更大幅度的改革。

一九九〇年十月，阿爾巴尼亞國際著名的作家卡達雷（Ismail Kadare）在巴黎發表聲明，要求阿利亞做一個「阿爾巴尼亞的戈巴契夫」。阿利亞的回應是接見學生，承諾改革，並在兩個月後宣告取消黨禁，廢除一黨專政。一個新生的反對黨「民主黨」立刻誕生。阿利亞又斷然清除黨內的保守勢力，開除其中五名政治局委員。霍查的遺孀早先對阿利亞有提攜之恩，在霍查死後仍位居要職而始終捍衛霍查的馬列主義教條，是保守派最後的堡壘，這時也被阿利亞強迫退出政治舞台。

一九九一年春，阿爾巴尼亞舉行臨時選舉，由共產黨改名的社會黨在單一國會選舉中獲勝，順利組閣，阿利亞也當選為總統。不過在第二年再次舉行的大選中反對力量民主黨獲勝，著手組織新政府。阿利亞這時決定辭去總統職位。民主黨在新總統的選舉中又獲勝，於是完全執政。阿爾巴尼亞的改革及民主化是東歐國家中最晚的一個，但過程迅速、和平而不流血。

從東歐劇變到蘇聯解體

綜合前面的敘述，蘇聯在東歐的八個衛星國家的共產黨有七個在半年內被迫下台，或解散，或改名。阿爾巴尼亞共產黨多撐了一年也下台了。許多人認為這些變化代表戈巴契夫的失敗。但讀者們如果仔細地讀了本章上半部的敘述，可能會有不同的看法。事實上，戈巴契夫更不會同意這樣的評論。這從他在一九九一年六月親赴挪威發表獲得諾貝爾和平獎的感言的內容即可清楚地看見。戈巴契夫說：

> 當我同意擔任蘇共中央總書記一職時，我認識到我們再也不能像以前那樣生活下去了。完全由中央控制的國家所有制，無處不在的獨裁官僚主義體系，政治上的意識形態控制，社會思想和科學中的壟斷，攫獲了我們最好的資源，包括具有最好的智力資源的軍事化工業。……我們的社會在經濟和精神兩個方面正在衰敗下去。……。

戈巴契夫又說，東歐在劇變時「經受了嚴峻的考驗」「站穩了腳跟」。總之，東歐劇變無疑就是他想要促成的，對他而言乃是極大的成功。

本章以下將繼續敘述蘇聯解體的經過，不過要先提問一個問題：戈巴契夫對於蘇聯解體的結果是否也認為是成功的呢？答案卻是否定的。這從蘇聯最終確定解體後，戈巴契夫在一九九一年十二月二十五日發表辭職演說的內容也可以清楚地看見。戈巴契夫說：「我堅決主張各民族獨立自主，各共和國各自擁有主權。同時，我也支持必須保留聯邦，以及維持國家的完整性。但事情的發展已經走向一條不同的道路，……。」

戈巴契夫衷心希望所有的加盟共和國都繼續留在蘇聯裡而不分裂，最終卻事與願違。不過也有人質疑，究竟保留聯邦，維持國家的完整性是否如戈巴契夫認定的那樣重要？許多人尤其無法了解戈巴契夫為什麼主動支持波蘭脫離蘇聯的控制，卻執意不肯讓波羅的海三小國獨立。畢竟三小國無論是從人口或面積看對蘇聯來說都無足輕重，從種族、歷史、宗教、語言來看也和蘇聯其他的加盟共和國有極大的差異，又是在一九四〇年才被史達林強行併入的。有一部分史家甚至認為，戈巴契夫強行阻止三小國求去是最後導致蘇聯解體的重要原因之一。

戈巴契夫之所以失敗的原因還有很多，其中最關鍵的是保守派與改革派之間的尖銳對立，改革派中又有激進的民主派與主張緩進的中間派之間的矛盾，但戈巴契夫始終無法在其中成功地整合，反而在用人、決策方面不斷地犯錯。蘇共第十九次黨代表會議決議進行體制改革後，不幸錯誤更是越來越明顯。

蘇聯成立人民代表大會及最高蘇維埃，葉爾欽復起

根據蘇共第十九次黨代表會議的結論，蘇聯經由一層一層的選舉，在一九八九年三月底選出兩千兩百五十名人民代表。參選的共產黨中、高級幹部裡竟有兩成落選，而有許多黨內的激進民主派或非共產黨員獲勝當選。這是實施差額選舉的必然結果，但一部分蘇共政治局委員對戈巴契夫表示極大的憂慮。

五月底起，第一次人民代表大會在克里姆林宮舉行，會中依法選舉戈巴契夫為最高蘇維埃主席。人民代表也經由互選選出五百多名相當於西方國家國會議員的最高蘇維埃代表。經此選舉後，蘇聯的最高權力機關已經轉為人民代表大會及最高蘇維埃。換言之，權力已經不在共產黨手中，戈巴契夫的權力和地位也都大不如前。

沙卡洛夫也被選為最高蘇維埃代表。原本他在結束流放後是支持戈巴契夫，後來卻認為戈巴契夫說了很多，卻沒有一件做好，極為失望。他也曾公開建議戈巴契夫在蘇共總書記及最高蘇維埃主席兩個職位中只能選擇一個，也就是說必須決定「究竟是做改革者的領袖，還是特權者的頭頭？」全國知識分子對他的意見轟然響應，視為當然。戈巴契夫在猶豫了很久之後卻還是不願冒險丟掉蘇共總書記的職位。有人評論，戈巴契夫顧此失彼，極為失策。沙卡洛夫被公認具有敏銳的觀察力、判斷力及崇高的人格，在社會上具有極大的影響力。戈巴契夫卻幾乎不曾向沙卡洛夫虛心請益，被認為是失去取得知識分子及整個社會支持的大好機會。

蘇共第十九次黨代表會議的召開也產生一個重大的副作用，使得在政壇上已經消失幾個月的葉爾欽得以復出。當時葉爾欽雖然已無實權，名義上還是蘇聯建設委員會的副主席，蘇共中央無法拒絕把他列入黨代表會議的五千名代表名單中。會議開議後，葉爾欽抓住機會發言強烈攻擊戈巴契夫，再三批評改革的步調太慢，又將自己描繪成被迫害的反體制民主改革派英雄，因而獲選為人民代表大會代表，又再度吸引社會大眾的目光。

不過葉爾欽在選舉最高蘇維埃代表時落選。當時另有一名當選的代表卻表示願意讓位給他，請求大會決定是否同意。戈巴契夫原本可以直接拒絕，卻毫不考慮就接受了，葉爾欽因而幸運地獲得大會表決通過，擠身為最高蘇維埃的一員。戈巴契夫後來自己承認那是一項錯誤，並多次表示後悔，但已經來不及。此後蘇聯政壇出現各種次級團體，葉爾欽也和其他的代表串連，成立一個「跨地區代表團」，共三百多人；接著又選出五個聯合主席，其中包括沙卡洛夫和葉爾欽。有了沙卡洛夫參與，跨地區代表團的地位、聲勢不同一般，葉爾欽更引人注目，卻更激烈反對戈巴契夫。

蘇聯民族問題引發的動亂

蘇聯複雜的民族對立問題存在已久，而往往因為意外事件引爆成為動亂。一九八八年底亞美尼亞大地震後，亞美尼亞的極端民族主義者紛紛重提要求卡拉巴克地區回歸亞美尼亞，其中有一部分人竟在阿塞拜疆的首府巴庫（Baku）舉行示威遊行，結果阿塞拜疆人被激怒，竟公然殺害其中六十幾人。蘇共中央震怒，命令高加索軍區司令派軍隊進入阿塞拜疆，捕殺八十幾名嫌犯。

兩個月後，喬治亞發生更大的動亂。數千名阿布克茲自治區的人民舉行示威遊行，要求脫離喬治亞共和國的統治。喬治亞人也被激怒，在首都第比里斯發動反示威遊行，接著竟演變成為反大俄羅斯主義的示威，有十萬人參加，群情激憤。高加索軍區又派軍隊及坦克到喬治亞，強制驅散群眾，捕殺一部分人。當時戈巴契夫與謝瓦納澤都在國外，但認為事態嚴重，立刻縮短行程飛回國內。戈巴契夫又命曾任喬治亞第一書記的謝瓦納澤轉機前去處理。不料軍隊竟不等謝瓦納澤到達就在第比里斯街上施放神經性的毒氣瓦斯，造成二十幾人死亡，七百人住院。戈巴契夫大怒，下令將喬治亞黨委第一書記、高加索軍區司令撤職，但沒有任何高層人員受到進一步懲處，或被起訴判刑。

當前述的兩個動亂發生時，在蘇聯西南角的摩達維亞（Moldavia），中亞的哈薩克、烏茲別克、塔吉克，以及東北角濱臨北極海的雅庫夏（Yakutia）也都爆發民族動亂，其原因大多也是由於反俄羅斯情緒而引起的。

蘇聯全國煤礦大罷工

一九八九年七月起，在西伯利亞西南部的庫茲巴斯（Kuzbass）、烏克蘭的頓巴斯（Donbass）及其他多處重要產煤地區的煤礦工人陸續發起大罷工。由於蘇聯是全世界最大的產煤國，年產量超過七億噸，又有大量出口，罷工的影響非同小可。工人罷工的主要原因是通貨膨脹及物資短缺，在商品店裡買不到東西，竟連一天工作完畢出了礦坑時要洗臉、洗澡的肥皂也買不到。工人因而要求加薪及改善生活條件。

參加罷工的人數從十萬、三十萬，最後增加到七十萬人。工人組織罷工委員會，後來竟要求准許自行決定產量、售價，自行在國內販賣及自由出口。政府主管煤礦的部門只能表示將接受工人「合理的要求」，同時籲請工人迅速復工。但雙方在簽約後卻持續發生爭議，所以只是暫時恢復生產，過幾個月又爆發。如此時停時發，實際上一直到戈巴契夫政權垮台前不曾停止過，並且越來越規模越大。

煤礦工人罷工之所以無法停止，其實還有政治因素。當時有一部分罷工委員會自比為波蘭的團結工聯，企圖迫使政府加速政治改革。民主派又派人到礦區鼓動工人對戈巴契夫施壓，例如要求加速廢除憲法第六條，實施多黨制。罷工運動由此複雜化，幾近無解。

葉爾欽的美國行

葉爾欽榮膺跨地區代表團的五名聯合主席之一後，被一部分外國媒體視為蘇聯國會的反對派領袖，時常接受採訪。一九八九年九月，他應邀第一次到美國訪問，共九天，遍歷十一個城市。這次訪問顯然對葉爾欽發生極大的影響。

據報導，葉爾欽曾經在德克薩斯（Texas）隨意走進一家名為Randall's的超級市場，看見裡面貨品琳瑯滿目，應有盡有，物美價廉。對比幾天前他剛離開的莫斯科，商店裡什麼都缺，品質又低劣，他的內心受到巨大的衝擊。一位他的助理後來說，葉爾欽坐上離開德克薩斯的飛機後抱著頭一語不發，很久很久之後才冒出一句：「我認為，我們都對人民犯了重罪，竟使得他們的生活水平和美國人完全無法相比。」

一部分研究葉爾欽的歷史家認為，當他回到國內後，對於蘇聯的一切已經沒有任何眷戀。對比戈巴契夫仍然一心一意要維護蘇聯統一，葉爾欽的決心是要拆散蘇聯。葉爾欽回國後約三個月，也就是一九八九年底，沙卡洛夫突然去世。少了他，改革派就幾乎全部操控在葉爾欽的手中，也因此越來越激進。

不過葉爾欽的美國行並沒有留給美國人好印象。由於他好酒，常喝醉酒，到了美國也曾有幾次酒醉出醜，使得美國政界人物及大眾在看見新聞及電視報導後對他十分輕蔑。但在蘇聯已有跡象，戈巴契夫漸漸被認為只說不做，又是中間派，既不獲保守派支持，也不為民主派所喜。反之，激進的葉爾欽獲得越來越多人支持。

波羅的海之路

立陶宛與波蘭在歷史上曾是長期的生命共同體，所以當波蘭團結工聯對蘇聯的抗爭日趨熾烈時，立陶宛分離運動也跟著熾烈。一九八八年六月，立陶宛有一些知識分子和部分共產黨員共同成立一個「薩朱狄」（Sajūdis）的組織，選一位鋼琴教師藍德伯吉斯（Vytautas Landsbergis）為主席，開始進行和平示威，同時密切注視波蘭的發展。當波蘭變天後，立陶宛人抗爭更加劇烈。

圖 22.2　波羅的海之路

立陶宛人又指稱，當初立陶宛之所以被併入蘇聯，是因為史達林在一九三九年與德國祕密簽定《里賓特洛甫-莫洛托夫條約》之後共同出兵瓜分波蘭，又根據該密約入侵三小國。但立陶宛不接受該密約的合法性。一九八九年八月，雅科夫列夫奉命撰文在《真理報》上回應，一方面譴責該密約，另一方面否認蘇聯是因為密約，而是因為「受邀」而同意接受三國成為加盟共和國。但立陶宛發布宣言，堅稱蘇聯併吞立陶宛是非法的。

立陶宛發布宣言後第二天正是《里賓特洛甫條約》簽定五十週年紀念日，波羅的海三國於是共同發起一項命名為「波羅的海之路」（Baltic Way）的和平示威運動。三國共有二百萬人參加，手牽手拉成一個長長的人鏈，從北到南，貫穿三國國境，全長超過六百公里。當時三國加總不過八百萬人，所以每四人就有一人參加。全世界各國的人民在電視上目睹之後，無不感動，紛紛發聲支持。新任不久的立陶宛共產黨總書記布拉札斯卡斯（Algirdas Brazauskas）竟也表示支持獨立運動。蘇共下令將他撤職。但布拉札斯卡斯不服，其結果是立陶宛共產黨分裂為兩黨。

立陶宛危機

戈巴契夫對立陶宛的發展憂心忡忡，因而在一九九〇年新年伊始親自飛往維爾紐斯（Vilnius），希望勸說立陶宛人不要走分離的道路。然而，等著歡迎他的是三十萬人示威遊行。戈巴契夫無論怎麼說，立陶宛人還是不能明白為什麼他可以放任波蘭離開共產陣營，卻不能同意立陶宛求去。一九九〇年三月，立陶宛逕自宣告獨立，聲稱將自行成立新的共和國。

戈巴契夫知道已經無法阻止立陶宛脫離，卻仍設法想要使其延緩。他推出一個《脫盟法》，其中規定：加盟共和國如果希望脫離蘇聯，必須舉辦全民公投，取得三分之二以上人民同意，並且再等五年的過渡期，最後還要獲得蘇聯立法機關同意才可以退出。藍德伯吉斯針對蘇聯此一新法令卻回答說，「外國」所做的決定不能拘束立陶宛，同時也發布一條立陶宛的新法令，規定立陶宛人不必為蘇聯紅軍服役，凡被徵兵者可以拒絕入伍，凡在服役中者可以自行離開。沒有幾天，就有數十名立陶宛人因為逃兵而被捕。

蘇聯開始對立陶宛施壓，出動特種部隊空降到維爾紐斯，派坦克車越過邊界，又發出最後通牒，但立陶宛置之不理。蘇聯最後祭出殺手鐧，對立陶宛進行全面經濟封鎖，並切斷供應立陶宛的石油及瓦斯。立陶宛人苦撐到六月，最終不得不低頭表示同意「暫停獨立」，願意和蘇聯談判。蘇聯於是解除部分經濟封鎖。但當雙方正在談判時，愛沙尼亞和拉脫維亞也宣告獨立。

戈巴契夫、葉爾欽分別當選蘇聯總統、俄羅斯最高蘇維埃主席

戈巴契夫在上述的維爾紐斯之行後回到莫斯科，又面臨民主派為紀念二月革命而發起的大遊行。十五萬人來自各地，在街頭呼喊口號，否定列寧，也否定十月革命，認為是盜竊二月革命的成果。戈巴契夫不得不提議在三月召開臨時（第三次）人民代表大會，以討論修憲。他在會中提出廢除憲法第六條的議案，順利獲得通過。接著他又提議修憲增設總統職位，並在沒有人競爭的情況下當選為總統。原任最高蘇維埃副主席，蘇共書記處書記盧基揚諾夫（Anatoly Ivanovich Lukyanov）接任為最高蘇維埃主席。

但民主派對戈巴契夫的抗爭並未因此而緩和。五一勞動節時，戈巴契夫主持紅場的慶祝活動，不料葉爾欽領導的「民主綱領派」竟在遊行隊伍中手持標語，高呼「打倒蘇共！」「打倒戈巴契夫！」「列寧的黨滾蛋！」葉爾欽從美國回來以後就主張推動「根本性的改革」，不斷地造勢，被認為是操弄民粹，卻吸引無數的追隨者。共產黨內許多保守派黨員對葉爾欽早已忍無可忍，建議開除他的黨籍，戈巴契夫卻遲疑不決。保守派於是也自組「馬克思主義綱領派」，與民主綱領派互相叫罵，大打出手。

這年七月，俄羅斯選舉最高蘇維埃主席，戈巴契夫企圖阻擋葉爾欽，但葉爾欽還是當選了。俄羅斯是蘇聯加盟共和國裡最大的一個，土地和人口都占蘇聯一半以上。曾經有人在人民代表大會開會時說第一個需要脫離蘇聯的是俄羅斯，當時與會代表都覺得好笑，沒有人當真。不料葉爾欽當選後發表感言，竟說他身為俄羅斯最高蘇維埃主席，只能把俄羅斯的利益擺在蘇聯的利益之前。看來那個笑話並不是笑話，即將成真。

蘇共最後一次黨代表大會——二十八大

俄羅斯蘇維埃選舉結束後不久，蘇共召開二十八大。這將是蘇共最後的一次大會。對比四年前召開二十七大時充滿歡慶及希望，二十八大充滿不安、怨懟及仇恨。大會進行中，馬克思主義綱領派和民主綱領派的代表輪番上陣，以尖刻、火爆、惡毒的語言互相攻擊。

謝瓦納澤在會議中報告，說過去二十年蘇聯從事「與西方意識形態對抗」的工作，共花掉七千億盧布。這驚人的數字約當每年五百六十億美金，正是戈巴契夫不願意再繼續冷戰的原因。戈巴契夫做總結時，針對一部分人指責他「丟失了東歐」「出賣阿富汗」及「對歐美國家屈膝投降」，表示只有頑固不化的人才會詛咒他停止對外侵略，避免世界核災，以及致力於與世界各國共同發展經濟。他又說，共產黨壟斷的時代已經結束，只有大家一起合作才能創造未來。會中又進行總書記選舉，戈巴契夫再一次順利地當選連任。

然而，在大會結束前一天，戈巴契夫卻遭到葉爾欽當頭一棒。葉爾欽突然宣布退黨，理由是他已經當選為俄羅斯最高蘇維埃主席，考慮到今後是多黨制，他「不可能只執行蘇共的決定」。葉爾欽說完後，全場愕然，然後是一片叫罵聲。葉爾欽卻率領一干同樣聲明退黨的同志揚長而去，不再回頭。過去數年中，早已有很多人建議儘速將葉爾欽開除出黨，但戈巴契夫始終下不了決心，到最後卻是由葉爾欽主動棄黨而去。一部分歷史家指出，此一事件再度證明戈巴契夫自視過高，但識人不明，又缺乏決斷及魄力，宜乎其敗。

葉爾欽退黨加速了蘇共黨員的退黨潮，據估計一九九〇年一整年達到一百五十萬人。到了年底，竟連謝瓦納澤也辭去外交部長。謝瓦納澤在發表辭職講話時非常激動，說：「同志們，你們已經被打散了。改革者都被迫藏到樹叢裡，獨裁者來了。」當時蘇共內部大批的民主派黨員退黨，保守派勢力相對大增，留下來的民主派因而遭到攻擊。謝瓦納澤也是天天被圍剿，因而在辭職時說出那樣的話。一個月後，雅科夫列夫也辭去政治局委員。改革的核心至此已先解體。

蘇聯經濟的無政府狀態

戈巴契夫在二十八大中演講時，說要於和西方世界合作一起開發經濟。但諷刺的是蘇聯由於長期陷於政治惡鬥，民生經濟已經沒有人真正關注，是處於一種無政府狀態。一位當時在莫斯科留學的中國女學生鄭建新在後來寫了一本《在歷史的祭壇上——戈爾巴喬夫的命運》。以下是她在書中引述的蘇聯資料：

商品匱乏，物價飛漲，許多食品店空空如也，如同剛剛被打劫過。還有食品可售的店中，永遠有長長的購物大隊。據報刊統計，一千二百種基本消費品，有一千一百五十種經常斷檔缺貨。許多必須的食品，如蛋、糖、茶葉、肉類等也開始短缺。八月有幾天，甚至買不到最基本的食品——麵包。這種情況是幾十年來未曾有過的。……

搶購風加劇經濟危機，接連不斷的罷工、遊行、集會，也直接給經濟生產造成巨大損失。……外債到年底將達到七百億盧布，內債至九月底已達到五百億。糧食在這一年雖然獲得歷史上最好的收成，但收購任務卻只完成了計畫的76％，其餘都爛在地裡。……經濟既無計畫也無市場，有的只是一片混亂。

事實上，這些也是謝瓦納澤和雅科夫列夫求去的部分原因。葉爾欽卻藉機發動各種反政府集會，群眾如汪洋大海一般，舉著各種標語牌，喊口號呼聲震天動地。學生和民眾都認為戈巴契夫不具備領導改革的能力，但沒有人知道國家究竟要往何處去。

維爾紐斯「血腥的星期日」

立陶宛總統藍德伯吉斯在同意暫停獨立後，親自到莫斯科談判。但蘇共內部的保守派並不想真正談判，藍德伯吉斯因而只是枯等，無法取得任何進展。藍德伯吉斯無可奈何，最後只得停止等待，而於一九九一年元旦斷然宣布取消暫停獨立的承諾。蘇聯特種部隊、空降部隊、坦克部隊及KGB特務於是再度出動前往維爾紐斯，迅速占領國防部、新聞局及電視大樓。親蘇派的共產黨企圖發動政變，但立陶宛民眾群情激憤，數萬人集會於市區，表示堅定支持獨立。不料蘇聯坦克竟在一月十三日（星期日）悍然向抗議的市民發射砲彈，又逕行碾過群眾，造成十幾人死亡，七百多人受傷。

立陶宛「血腥的星期日」的消息傳出後，西方國家紛紛批評蘇聯的暴行。戈巴契夫卻否認事前知情，也否認下令軍隊開火。蘇聯國防部長亞佐夫（Dmitry Yazov）和內政部長卜果（Boris Pugo）也都否認知情或下令。但西方國家不相信，因為兩年前發生在第比里斯的毒瓦斯事件就是亞佐夫下令高加索軍區司令派軍隊去而引起的。事實上，戈巴契夫根本管不住黨內的極端保守派及軍方，這也正是先前謝瓦納澤在辭職時說「獨裁者來了」的意思。類似維爾紐斯的事件也發生在拉脫維亞的首都里加（Riga）。拉脫維亞有三萬人響應政府的呼籲，起而保衛國家，結果也有數百人受傷，六人喪生。

針對軍方在維爾紐斯及里加的暴行，民主派在莫斯科發動十萬人示威遊行，要求戈巴契夫、國防部長及內政部長都辭職下台。葉爾欽又獨自飛到愛沙尼亞的首都塔林（Tallinn），代表俄羅斯政府簽署一份文件，承認三小國的主權。

蘇聯公投與「主權國家聯盟」方案

維爾紐斯事件及其後的莫斯科示威活動不僅傷害戈巴契夫的威望，也使得他極為困惑，不確定究竟人民是希望維持聯邦，還是希望解散？因而，他提議舉辦一次全民公投，讓人民自己投票決定。最高蘇維埃通過這項大膽的提議，決定在三月中舉辦。立陶宛、拉脫維亞、愛沙尼亞、喬治亞、亞美尼亞及摩達維亞等六個共和國拒絕參加投票，但其餘九個共和國決定參加。公投的結果竟有76%的選民贊成維持聯邦，連俄羅斯也有超過七成選民表示支持。

有歷史學家指出，蘇聯公投的結果說明一件事，戈巴契夫擔心如果允許三小國獨立後將引發骨牌效應可能是不必要的。在蘇聯所有的加盟共和國中其實只有三小國是真正想要獨立的。其他共和國雖然各有不同的問題，並沒有一個像三小國那樣公然要求脫離蘇聯。即便是喬治亞、亞美尼亞及摩達維亞三國也只是拒絕參加公投，並沒有說要獨立。事實上，對某一些加盟共和國而言，有一個聯邦存在對其安全、經濟或石油、天然氣供應等反而可以提供保障。

進一步說，戈巴契夫既要改革開放，又想保留聯邦的完整性，其實是魚與熊掌不可兼得，還不如早些讓三小國獨立。可以想像，戈巴契夫在舉辦公投時的聲望已經到達極低點，而還能獲得超過七成的贊成票，那麼如果在兩年前聲望正隆時就允許三小國獨立，不但引發骨牌效應的可能性不高，又能減少相關的不必要紛爭，對改革大業反而有利。話說回來，歷史沒有可能重新來過，這樣的觀點只能供後人參考。

但對戈巴契夫而言，公投結果是極大的鼓舞，因而他決定進一步邀請各加盟共和國的領導人到莫斯科參加會談，討論一項把蘇聯改成一個「主權國家聯盟」（The Union of Sovereign States）的方案，並獲得支持，同意共同起草一份新的聯邦條約，以取代一九二二年各國在蘇聯創立時共同簽署的條約。各國又同意在草約經內部法定程序確認通過後，於八月二十日再次集會，以便舉行共同簽署的儀式。此後，聯邦成員國各自獨立，但將有一個聯邦總統領導的中央政府，負責共同的外交及軍事政策。葉爾欽也簽署了此一聯合宣言。

然而，蘇共內部卻仍有一部分保守派無視於公投的結果，堅決反對此一條約。蘇共為此在四月舉行中央全會，有人直接提議罷黜戈巴契夫，結果戈巴契夫卻獲得壓倒性的票數支持。但蘇共政治局、軍方及克格勃少數高層仍不甘心，開始祕密集會，決定無論如何都要阻止條約簽署。正是此一密謀最終不幸葬送了戈巴契夫的夢想及努力。

六月底，俄羅斯舉行總統大選。戈巴契夫再一次竭力阻擋葉爾欽，但葉爾欽還是勝利當選。葉爾欽就任後發布的第一號命令，竟是禁止共產黨在俄羅斯的政府機關及企業內設立黨部。戈巴契夫對此無可奈何，蘇共內部保守派的危機感卻加深。當時蘇聯國內已有政變的謠言流傳，布希也獲得情報，命令美國駐莫斯科大使持他的親筆信請求戈巴契夫小心防範。戈巴契夫卻一笑置之，不以為意。到了八月初，他又決定帶賴莎和家人飛到位在黑海邊佛羅斯（Foros）的休假別墅，預備在兩星期後再飛回來主持與各加盟共和國簽約的儀式。

八一九流產政變

戈巴契夫離開莫斯科後，克格勃主席克留奇科夫（Vladimir Kryuchkov）立即串連副總統亞納耶夫（Gennady Yanayev）、最高蘇維埃主席盧基揚諾夫、國防部長亞佐夫等，共同成立「緊急狀況委員會」，接著發動政變。政變集團派一支小部隊在傍晚時分到佛羅斯，切斷總統別墅對外一切聯絡，將戈巴契夫一家人都軟禁，又要求他簽字同意實施緊急狀況。但戈巴契夫拒絕。

一九九一年八月十九日清晨，亞納耶夫按計畫發布聲明，以「戈巴契夫因病未能視事」為由自任為代理總統，宣布國家進入緊急狀況。亞納耶夫又發表《告蘇聯人民書》，聲稱戈巴契夫領導的改革已經走入死巷，不同意計畫在明天簽署的主權國家聯盟條約。緊接著，坦克車及武裝部隊出現在莫斯科街頭。但葉爾欽在獲悉事變後立即召集俄羅斯政府所有重要的官員趕到辦公大樓「白宮」，公開指斥政變違法違憲，又呼籲軍人拒絕參加政變。一部分裝甲部隊立刻表態效忠於葉爾欽。莫斯科數萬名市民也迅速地在白宮四周聚集，響應反政變，並協助構築防禦工事。許多軍隊指揮官也拒絕接受政變集團的命令。同時，列寧格勒及其他大城市也出現大規模的反政變抗議活動。

圖 22.3　葉爾欽當衆指斥戈巴契夫

政變集團在發動政變後不到三天就知道大勢已去。亞佐夫只得下令軍隊撤出莫斯科，並與克留奇科夫及其他領導人一起緊急搭機飛到佛羅斯，希望當面向戈巴契夫悔罪認錯。不料戈巴契夫將他們全部拒於門外。不久後，俄羅斯代表團奉葉爾欽之命到來，戈巴契夫卻欣然接見，並與他們一起飛回莫斯科。戈巴契夫回到莫斯科時已是午夜，但仍有許多支持者聚集在白宮等候。戈巴契夫卻不知道，而由俄羅斯代表團安排直接把他送回家。等候的民眾無不失望。戈巴契夫自己也喪失與群眾在一起，於第一時間向全國人民公開談話的機會。

根據當時的莫斯科市長波波夫（Gavriil Popov）於一年後公開發表的文章，葉爾欽在政變集團失敗後就處心積慮要掌握戈巴契夫的行動。戈巴契夫拒絕接受政變集團悔罪而寧願隨俄羅斯代表團回莫斯科，正好落入葉爾欽的陰謀中。波波夫與葉爾欽曾經一同列名為「跨地區代表團」的五名聯合主席，後來卻反目成仇，因而撰文揭露葉爾欽。

西方各國在政變前原本都全力支持戈巴契夫，而對葉爾欽有疑慮。但美國總統布希在葉爾欽率先反抗政變後公開讚揚他，英國、德國立刻跟進。葉爾欽的聲望因而急漲，戈巴契夫相對失色。必須指出，國防部長亞佐夫在第比里斯毒瓦斯事件、維爾紐斯血腥的星期日事件都難辭其咎，卻沒有受到任何懲處，仍安坐其位，到了八一九政變也還是主要的領導人之一。一部分史家指出，戈巴契夫識人不明，賞罰不清，當斷不斷，以致失敗，這又是一個鮮明而致命的例子，因而沒有理由怪罪別人。總之，戈巴契夫最終之所以失敗，並不像一般人所說是因為同時進行經濟及政治改革所致。

不久後，葉爾欽舉行記者會，公開宣布禁止共產黨在俄羅斯境內活動，而戈巴契夫就站在他的旁邊，卻不知如何應對。烏克蘭、白俄羅斯及其他共和國隨後也都禁止境內共產黨的活動。

蘇共解散，蘇聯解體

由於蘇共高層大多涉入政變而被捕入獄，其中又有兩人自殺，戈巴契夫與其他同志討論黨的未來，最終認為無路可走，只得宣布辭去蘇共總書記的職務，解散中央委員會。各加盟國的共產黨也只能和一年前東歐各國的共產黨一樣，不是宣布解散，就是改名為社會黨或其他黨名。

蘇聯共產黨的前身是俄國社會民主工黨（布爾什維克），於一九一七年二月革命後由列寧創立，至此走到終點，前後共七十四年。

戈巴契夫雖然埋葬了蘇共，仍想繼續推動「主權國家聯盟」。但這時情況已經不同了。西方各國原本對於是否要承認自行宣告獨立的波羅的海三小國還有些遲疑，但在政變發生後就迅速地予以承認。其餘十二國不久後也都獲得承認，不過大多表示仍願意加入聯盟。葉爾欽的幕僚這時卻強烈主張俄羅斯不需要有一個太上政府在上面統籌外交及軍事，又認為有一部分加盟共和國經濟情況不佳，聯盟成立後反而會成為俄羅斯的負擔。

葉爾欽深以為然，於是依幕僚的建議邀請烏克蘭總統克拉夫丘克（Leonid Kravchuk）及白俄羅斯最高蘇維埃主席舒什克維奇（Stanislav Shushkevich）一同到白俄羅斯的別洛韋日（Belovezha）原始森林中舉行祕密會議，討論他所提出的一個新方案。其主要內容是承認各共和國退出蘇聯及分別獨立的事實，而同時成立一個類似大英國協的「獨立國協」（Commonwealth of Independent States）組織。三國在會後簽訂草約，隨即又分別迅速地獲得各自最高蘇維埃批准，這就是所謂的《別洛韋日協議》。其他共和國至此也陸續點頭同意加入。

一九九一年十二月二十一日，蘇聯十一個加盟共和國（波羅的海三國除外，喬治亞在兩年後才加入）的領導人在哈薩克的首都阿拉木圖（Alma-Ata）集會，並發表宣言，共同成立獨立國協。至此蘇聯只能走入歷史，戈巴契夫也只能辭去蘇聯總統職位。十二月二十五日，他透過電視轉播發表最後一次演講，其講詞在前面已經敘述，此處不再重複。過一天，蘇聯最高蘇維埃也通過解體的決定。

蘇聯是由史達林在列寧病危時於一九二二年十二月建立的，至此結束，共六十九年。但如果把一九一七年十月革命後的蘇俄內戰時期算入，也是七十四年。

第二十三章

巨變後東歐國家及前蘇聯加盟國的崎嶇道路

本章所要探討的，是東歐八國及前蘇聯的十五個加盟共和國在共產黨下台之後究竟如何發展。從一方面說，這樣才算完整地敘述了共產世界的興衰；從另一方面看，這二十幾個國家的後續發展也直接地或間接地塑造了今日整個世界的政治形貌，因而我認為有必要為讀者們介紹。不過在敘述個別國家的演變及發展之前，必須先指出幾個共同的問題及普遍出現的現象，以便後續敘述。

首先，造成東歐劇變及蘇聯解體的主要原因可大分為政治和經濟兩方面。各國的共產黨下台只不過是在政治上改變意識形態及體制，經濟問題卻不會因此而消失。因而，各國新政府上台後都面對外債高築，通貨膨脹及民生困難等問題，必須設法解決。

其次，新政府如果是由改革勢力主導，由於官員大多沒有執政經驗，也未必能迅速解決長久累積的經濟問題，人民極可能不滿，或失去耐性，其結果是讓由共產黨改名的左派政黨有機會東山再起。反之，新政府如果是由原先的共產黨改組，通常並不會積極改革，人民因而遲早還是要趕他們下台。但無論是哪一種情況，由於一黨專政已經被廢除，政黨輪替將成為常態。

另有一種可能的情況是，由於舊日的共產黨勢力太過龐大，在改名後仍然盤根錯節，即便是宣稱廢棄一黨專政也沒有反對勢力能夠及時出現，所以實質上還是繼續一黨專政，一人獨裁的體制。

總之，無論是東歐國家或是前蘇聯加盟共和國，在發生巨變後都不得不要穿行在崎嶇的道路上，只是有的稍微平順，有的十分艱難。波蘭是最早廢棄共產黨一黨專政的國家，以下就先從波蘭說起。

波蘭的政經改革及政黨輪替

波蘭在一九八九年九月成立新政府，原任共產黨總書記賈魯塞斯基依協議當選為臨時政府總統，不過總理及多數閣員都是由團結工聯成員擔任。當時的副總理兼財政部長巴爾采羅維奇（Leszek Balcerowicz）受命整頓財經。他說服國會火速通過十一個法案，推出「休克療法」（Shock Therapy，或稱震盪療法），主要是採行徹底的經濟、貿易、金融自由化政策。具體地說，就是取消物價管制，取消國家補貼政策，放任國有企業破產或私人化，允許解雇工人；平衡財政預算，嚴禁編列赤字，停止無限制印鈔票；又允許外資進入，取消國營企業在國內及國際貿易的獨占權，等等。美國著名的經濟學家薩克斯（Jeffrey Sachs）受聘為波蘭政府的經濟顧問，協助波蘭從社會主義計畫經濟轉型到資本主義市場經濟。

回顧一九四八年，美國決定強制其占領下的日本採行「道奇路線」以推動財經改革，其實就是一種休克療法，並獲得相當的成功。波蘭在劇烈改革後也很快地就壓制了通貨膨脹，終結糧食及民生用品短缺，並大幅減少外債。不過和日本一樣，許多國營企業也因而被關閉，造成大批工人失業。但一般認為改革是成功的，為波蘭的經濟打下堅實的基礎，使其後來十年的平均國民所得（GNI）得以快速成長，每年都在10～20％之間。一些其他的東歐國家和俄羅斯後來也都仿效波蘭採行休克療法，不過由於各國國情不一，所以有成功，也有失敗的例子，不能一概而論。

但波蘭經濟改革成功並不能保證團結工聯長保其政權。華勒沙後來當選總統，依法辭去團結工聯主席的職位，卻與新的團結工聯領導階層發生歧見。團結工聯內部又有許多重要成員求去，另組新黨，因而實力分散。與此同時，由原波蘭共產黨改組的波蘭社會民主黨與其他左派政黨共同組成「民主左派聯盟」，並日漸壯大，對右派政權開始產生威脅。

波蘭新政府採行的政治體制是半總統制。總統及國會議員都由人民直選。總理由總統任免，但須經國會同意。總統保留若干權力，包括國防、外交，必要時也有權解散國會，所以地位極為重要。華勒沙曾是傑出的團結工聯領袖，這時卻被許多人批評在學識、能力和性格上都是不稱職的總統，連帶影響內閣也不穩定，五年中竟出現六任總理。從這六任總理所屬的政黨，又可以清楚地看見政權逐漸從右派移轉到左派的手中。

一九九五年，華勒沙尋求連任總統，結果敗給社會民主黨的候選人克瓦史紐斯基（Aleksander Kwaśniewski）。同一年，民主左派聯盟也贏得國會議員大選，完全掌握政權。保守黨派等到十年後才又擊敗社會民主黨而奪回政權。此後，以和平方式選舉進行政黨輪替遂成為波蘭政治的常態。

卡廷大屠殺事件的眞相

蘇聯解體後，波蘭有一個已經爭論四十幾年，攸關歷史是非、真假的重大事件終於水落石出，真相大白，在此也必須一記。

回溯一九三九年，德、蘇簽定互不侵犯條約後各自出兵瓜分波蘭。蘇聯在俘虜數十萬波蘭人後，釋放或流放其中大部分人，但在一九四〇年四月初起的一個半月中處決了其中約二萬二千人。死者中包括約三百名將軍及校級軍官，兩千名尉級軍官，一萬多名士兵及警察，另有一千多名知識分子及專業人士，如大學教授、醫生、律師、工程師及政府官員。總之，被處死的大多是波蘭的菁英分子。處決的地點主要在現今俄羅斯境內的卡廷（Katyn）、加里寧（Kalinin）及烏克蘭境內的斯塔洛別爾斯克（Starobilsk）三處戰俘營中。所有的人都被在腦後開一槍斃命，然後被丟進萬人坑中，草草掩埋。

萬人坑在後來漸漸被人發現，但沒有引起重視，一直到一九四三年德軍在卡廷森林中發現數千具屍骨，認定是蘇聯所為，才決定深入調查。當時波蘭流亡政府由西科爾斯基將軍（Władysław Sikorski）領導，正與蘇聯合作對抗德國。納粹德國宣稱卡廷大屠殺是蘇聯所為，企圖用以離間波、蘇。西科爾斯基因而要求蘇聯解釋。史達林卻否認是蘇聯所為，辯稱德國法西斯分子才是劊子手。但西科爾斯基決定轉請國際紅十字會進行調查。史達林大怒，宣布與波蘭流亡政府斷交。兩個月後，西科爾斯基搭乘的一架軍機在起飛後失事，機上所有的人全部喪生。有人懷疑墜機事件與蘇聯有關，不斷提出「陰謀論」。

當時英國首相邱吉爾及美國總統羅斯福私下都相信卡廷慘案是蘇聯所為，卻因正在和蘇聯共同對軸心國作戰而壓下內部所有相關的報告。過一年，史達林開始扶植由共產黨員組成的盧布林委員會，又蓄意消滅波蘭流亡政府及其所領導的地下反抗軍，詳情在本書第十及第十一章已經敘述。然而，英、美兩國到二戰結束後還是繼續為蘇聯掩蓋惡行。

波蘭後來被關入鐵幕，卡廷事件遂成為一項禁忌，沒有人敢公開談論。一直到戈巴契夫宣布改革開放後，波蘭才開始有人要求追查卡廷事件，並獲得戈巴契夫承諾協助。一九九〇年四月，波蘭臨時政府總統賈魯塞斯基訪問莫斯科，戈巴契夫竟坦承當年的大屠殺惡行確實是蘇聯所為，不過並沒有出示資料。

一九九二年十月，俄羅斯總統葉爾欽派一名檔案專家到華沙，攜帶許多有關卡廷事件的原始檔案，直接交給波蘭總統華勒沙。檔案中有一份資料是一九四〇年三月蘇聯內務部人民委員貝利亞寫的報告，其中建議處決兩萬五千多名波蘭俘虜，說這些人在經過審訊後被認定「將來可能造成蘇聯控制波蘭的極大阻礙」。史達林、莫洛托夫、米高揚等多名政治局委員都在文件上簽署批准。那些奉命行刑的劊子手後來也有人出面承認當年每晚處決二百五十名俘虜，花了幾個月，「工作十分辛苦」。卡廷大屠殺事件由此真相大白，不再有任何爭議。

巨變後的匈牙利、捷克及斯洛伐克

匈牙利及捷克斯洛伐克是緊接著波蘭廢棄共產黨一黨專政的國家，在此一併敘述。

匈牙利在一九九〇年三月第一次國會選舉後，產生一個由三黨共同組成的聯合政府，由中間偏右的「匈牙利民主論壇黨」黨魁出任總理。由匈共改組而成的社會黨只獲得11%的選票。同年稍後，國會又選另一個保守政黨的黨魁為總統。新政府為了要解決和波蘭一樣嚴重的經濟問題，也採行一樣休克療法。結果也一樣成功，卻一樣導致大批失業人口，經濟不景氣等新問題。人民至為不滿，其中以失業工人為最。結果一部分保守政黨竟與社會黨聯合，在一九九四年五月的國會大選中擊敗民主論壇黨，助其取得政權。但社會黨在四年後又被選下台，由保守政黨再度聯合執政。

捷克斯洛伐克在哈維爾領導絲絨革命後，於一九九〇年四月改國名為「捷克和斯洛伐克聯邦共和國」。但捷克和斯洛伐克在歷史上從來不是一個國家，而是由兩個分立的個體組成的聯邦。斯洛伐克人民有一部分這時不願繼續與捷克同在一個屋簷下，要求分離，並爆發群眾示威運動。捷克總理克勞斯（Václav Klaus）與斯洛伐克總理梅西亞（Vladimir Meciar）於是受命密集討論分離的協議，並宣布於一九九三年元旦正式分家。由於分手過程極為和平有序，沒有發任何流血衝突，因而一般稱之為「絲絨分離」，與先前的絲絨革命互相輝映。

克勞斯原是哈維爾領導的「公民論壇」的一員大將，後來決定自組右翼政黨，而成為分家後第一任捷克共和國總理。不過他在執政五年後被中間偏左的社會民主黨取代。梅西亞曾任捷共內政部長，兼管祕密警察。斯洛伐克獨自建國後，梅西亞也擔任第一任總理。但其本人及其所領導的「斯洛伐克民主運動」都具有濃厚的舊日共產黨的色彩，因而漸漸失去人心，並遭到所有在野黨抵制，所以在一九九八年被右派及中間派組織的聯合政府取代。

總之，匈牙利、捷克、斯洛伐克都和波蘭一樣，在廢棄共產黨一黨專制後建立政黨輪替，和平轉移政權的機制。

巨變後的保加利亞、阿爾巴尼亞及羅馬尼亞

保加利亞及阿爾巴尼亞的共產黨都在下台後改名為社會黨，但由於先前勢力都非常龐大，在改採多黨制後並沒有足夠強大的反對黨能向其挑戰，所以在大選中輕易獲勝，成為國會第一大黨，同時取得總統及總理的職位。不過兩國的反對勢力在一年後就強大到足以推翻社會黨，經由選舉取得政權。然而新政府開始改革後，舊日的既得利益團體及受保護的族群又不滿，兩國的社會黨因而分別在一九九五年及一九九七年又重新執政。兩國此後政黨輪替也是政治常態，只不過路徑的起點與前述幾個國家不一樣，是先左，再轉右，然後又轉左。

羅馬尼亞共產黨當初倒台的過程與眾不同，曾發生嚴重的流血事件。西奧塞古被人民處決後，伊利埃斯古趁勢領導成立「救國陣線」，實際上還是舊日的共產黨，並贏得國會大選，伊利埃斯古後來也當選為總統。不過反對勢力及激進學生以選舉舞弊為由拒絕承認新政府，並在首都布加勒斯特發起示威抗議。警察及憲兵奉命鎮壓，不料引發更大的暴亂，導致警政總部、國家電視台、外交部大樓都被搗毀。但伊利埃斯古並沒有派軍隊鎮壓，而是呼籲人民起來保護新政府。在首都西邊三百多公里外全國最大的一個煤礦區朱谷（Jiu Valley）竟有上萬名礦工起而響應，來到首都，將示威群眾打得頭破血流。這些礦工其實是由新政府的情報局勸誘，並安排

專列火車載運到首都的。有證據顯示，也有情報局人員混入群眾裡，製造兩邊的衝突。

救國陣線後來改名為「社會民主黨」，但還是沒有能力，也沒有意願進行改革。布加勒斯特因而又不斷地發生反政府抗爭事件，礦工又每次被請來為政府解圍。然而，政府對工人承諾的優惠條件漸漸無法兌現。礦工自認受騙，轉而發起示威，向政府要求補償卻仍是拿不到。工人最後不再相信政府，導致社民黨在一九九六年的國會及總統大選都大敗，由右傾的基督教民主黨取得政權。

但新總統康斯坦丁奈斯古（Emil Constantinescu）也無法迅速推動改革，主要原因是改革需要資金抑注，而世界銀行及國際貨幣基金（IMF）都要求羅馬尼亞政府推動私有化，並不得繼續補貼煤礦及其他沒有績效的企業，否則不願提供貸款。康斯坦丁奈斯古只得同意逐步進行。煤礦工人於是又到首都示威抗議，比先前更加血腥暴力，但最終礦區還是一一被關閉，大部分工人被迫接受輔導退休或轉業。基督教民主黨也因此失去選票，在二〇〇〇年的大選中被趕下台。不過由於經濟改革已經啟動，伊利埃斯古重新上台後只能維持同樣的路線。也因此，羅馬尼亞的國民所得逐步增加，此後政黨輪替也成為常態。

南斯拉夫的三次內戰及科索沃戰爭

如上一章所述，南斯拉夫在劇變後各加盟國紛紛宣告獨立，塞爾維亞總統米洛塞維奇卻強行阻攔，內戰因而無法避免，並且不只一次，而是三次——再加一次塞爾維亞自己境內的科索沃戰爭。

■ 斯洛凡尼亞及克羅埃西亞戰爭

一九九一年六月，斯洛凡尼亞及克羅埃西亞同時宣布獨立。米洛塞維奇立刻向兩國宣戰，派軍隊分別進入兩國。不過兩者國情不同，結局也不同。

由於斯洛凡尼亞並未與塞爾維亞接界，人口中塞爾維亞裔也不多，所以戰爭進行十天後就接受國際調解。克羅埃西亞的獨立戰爭卻是長期的戰爭。塞爾維亞不僅出動所謂的「南斯拉夫聯邦軍」到克羅埃西亞，又在其境內扶植塞爾維亞族裔成立克拉伊納（Krajina）共和國，宣布獨立。克拉伊納立刻成為一級戰區，原本是鄰居的不同族群瞬間成為不共戴天的敵人。雙方軍隊各自屠殺非我族類的平民竟成為常態，因而有數千人死亡，另有五十萬人無家可歸，逃到國外。一九九五年八月，克羅埃西亞軍隊在一場戰役中獲得決定性的勝利，塞爾維亞才不得不同意停戰撤軍。這時卻又有十幾萬塞爾維亞裔害怕留下來遭到報復，緊急逃離。

■ 波士尼亞戰爭（或稱波赫戰爭）

波士尼亞及赫塞哥維納（簡稱「波赫」）位置在塞爾維亞與克羅埃西亞之間，人口不過四百多萬人，種族卻很複雜。如果按人口數排列，依次為波士尼亞人、塞爾維亞人及克羅埃西亞人，而分別信仰伊斯蘭教、東正教及天主教。三個民族的代表正在國會中為如何組織新政府而爭執不下時，塞爾維亞人竟率先決定自行成立一個新國家，稱為「塞族共和國」。波士尼亞人與克羅埃西亞人只得並肩合作，內戰立刻爆發。南斯拉夫聯邦軍與塞族共和國軍隊會合之後，從一九九二年三月起包圍波赫首都塞拉耶佛（Sarajevo），長達三年又十個月。

波士尼亞戰爭其實是與克羅埃西亞戰爭同時進行的。戰爭開始後，由於民族仇恨越來越激化，竟使得砲擊城市、大屠殺、集體強姦及蓄意滅絕種族等非理性的行為發展成為半常態，據估計造成至少十萬人死亡。聯合國及北約因而派維和部隊到波赫，以制止暴行。不料塞爾維亞軍隊竟出兵到維和部隊進駐保護的斯雷布雷尼察（Srebrenica）地區，公然屠殺約八千名男子，又集體強姦婦女。另有塞族軍隊肆意砲擊塞拉耶佛的市場，造成數百名平民傷亡。北約無法忍耐，下令空軍對波赫境內的塞爾維亞軍隊發起連續三星期大轟炸。塞爾維亞不支，地面部隊又被克羅埃西亞及波士尼亞聯軍擊敗，只得求和。三方最後在聯合國的監督下於一九九五年十二月簽署和平協定，互相承認獨立。

■ 科索沃戰爭

米洛塞維奇一心要建立「大塞爾維亞」，不料在發動三次戰爭失敗後，自己境內也跟著爆發科索沃戰爭（Kosovo War）。科索沃位於塞爾維亞南部，與阿爾巴尼亞接界，居民中大部分是阿爾巴尼亞裔，長久以來受到塞爾維亞政府的歧視及高壓統治，又不滿塞爾維亞人大量移民到科索沃，遂起而反抗。一九九六年四月，一支「科索沃解放軍」突然對境內的塞爾維亞軍、警、特務發動攻擊。米洛塞維奇下令反擊，戰爭從此逐漸升溫，至一九九八年達到高峰。由於戰爭慘烈，造成數十萬人流離失所，北約又決定介入，從一九九九年三月起對塞爾維亞進行大轟炸，長達兩個半月。塞爾維亞又不支，只得同意從科索沃撤軍。

戰後科索沃先由北約多國部隊進駐，後來轉交聯合國託管。西方國家認為米洛塞維奇在多次內戰中犯下無數次種族清洗及屠殺平民的罪行，向海牙國際法庭提出指控，稱之為屠夫。米洛塞維奇被判罪名成立後，遭到塞爾維亞新政府逮捕，送交海牙，被拘押五年後病死於牢中。

波羅的海三小國的後續政治發展

東歐的局勢至此敘述完畢，以下接著敘述蘇聯解體後各加盟國的後續發展，先從波羅的海三小國說起。

立陶宛獨立運動的過程中，共產黨總書記布拉札斯卡斯也積極投入，甚至不惜與蘇共決裂，帶領黨員另組新黨。這在當時的蘇聯加盟國中可說是絕無僅有，因而他在獨立後與薩朱狄領袖藍德伯吉斯一樣深獲民心。一九九二年十月，立陶宛舉行獨立後第一次國會大選，布拉札斯卡斯率領新成立的民主勞工黨獲得大勝，他自己也被選為國會議長兼代理總統。次年初，布拉札斯卡斯又在獨立後第一次總統大選中獲勝。

布拉札斯卡斯在五年後任滿下台，阿達姆庫斯（Valdas Adamkus）繼其後獲選為總統，其過程極為特殊，值得一提。阿達姆庫斯在幼年時隨父母逃離立陶宛，移民到美國生活將近五十年，曾經擔任環保署的高官。蘇聯改革開放後，阿達姆庫斯開始頻繁回國探訪，退休後又決定回國定居，並申請放棄美國國籍而取得母國公民的身分。法院因而裁定阿達姆庫斯取得競選總統的資格，而他也順利當選了。立陶宛雖然已有數十年在共產黨的統治之下，在獨立後顯現的民主素養卻使得西方民主國家驚訝不已。

拉脫維亞及愛沙尼亞與立陶宛國情十分類似，但兩國都沒有像布拉札斯卡斯那樣的人物，因而偏左的黨派在議會中從來不是多數派。不過由於國會中也不曾有占據半數以上席次的大黨，所以中間偏左的「社會民主黨」也能經由與其他政黨合作而組成聯合內閣，參加執政。

從葉爾欽到普丁——俄羅斯的混亂、內戰及重整

葉爾欽在八一九政變後更加成為無可爭議的俄羅斯領導人。他聽說波蘭採取「休克療法」改革經濟，取得

成功，於是也請薩克斯為顧問，從一九九二年初起開始在俄羅斯照樣實施。但許多工廠迅速關閉，工人大批失業，同時物價飛漲，盧布大幅貶值，結果西方承諾的貸款卻沒有下來，導致巨大的經濟危機。副總統魯茨科伊（Alexander Rutskoy）及最高蘇維埃主席哈斯布拉托夫（Ruslan Khasbulatov）因而對「休克療法」深惡痛絕，反對繼續這種改革路線。

■葉爾欽執政期間俄羅斯的危機及混亂

魯茨科伊曾是阿富汗戰爭時著名的空軍飛行員，在多年後仍是百姓心目中的英雄。哈斯布拉托夫是一位知名的經濟學者。兩人在葉爾欽與戈巴契夫互鬥時都堅決地支持葉爾欽，這時卻與他反目相向。葉爾欽卻又提名負責推動休克療法的蓋達爾（Yegor Gaidar）為總理，遭到最高蘇維埃否決。葉爾欽大怒，說最高蘇維埃是「保守及反動力量的堡壘」。雙方關係因而惡化，竟導致葉爾欽所提的每一個議案都在國會中被阻攔，政府幾近癱瘓。葉爾欽無法忍耐國會的長期抵制，在一九九三年九月突然宣布解散最高蘇維埃，頒布修憲令，主要內容是將國會從一院制改為兩院制，增設國家杜馬，即是下議院。

但憲法法庭裁定葉爾欽的命令違憲，魯茨科伊也召開人民代表大會，通過對葉爾欽的彈劾案。雙方的惡鬥於是演變成為憲政危機。保守派接著占據國會，號召人民起來反叛。但葉爾欽宣布進入緊急狀態，下令坦克攻占國會大廈，造成數百人死傷。魯茨科和伊哈斯布拉托夫都被捕，經起訴後都被判刑，不過後來都獲得特赦。

俄羅斯修憲後，總統的權力更大，有權提名總理，國家杜馬只有同意權。葉爾欽接著繼續推動更激進的改革，包括土地自由買賣，企業私有化等。但結果是國家迅速朝向貧富不均及寡占傾斜。特別是由於推動私有化，導致官商勾結，銀行和國有企業大多被少數迅速崛起的黑色及灰色資本家低價收購，出現所謂的「七寡頭」壟斷，其中的代表人物是別列佐夫斯基（Boris Berezovsky）及霍多爾柯夫斯基（Mikhail

Khodorkovsky）。前者從事汽車、貿易、金融及重工業，又控制媒體及黑白兩道。後者以私人銀行起家，在一九九五年收購尤科斯石油公司（Yukos）後立即成為世界知名的石油業巨無霸。

兩次車臣戰爭

葉爾欽執政期間除了上述的紛亂，還發生兩次車臣戰爭，影響巨大。

車臣（Chechnya）的地理位置在北高加索地區，南接喬治亞。車臣人口不多，但在歷史上以勇猛善戰，桀傲不馴聞名遠近。十九世紀中，車臣曾與印古什（Ingushetia）及達吉斯坦（Dagestan）等少數民族聯合，與數十萬沙俄軍隊打了五十幾年的戰爭，最後才不得不臣服。二次大戰後，史達林以車臣及印古什人曾與納粹德國合作為由，將五十萬車臣及印古什人放逐到西伯利亞，其中有十萬人死於半路上。赫魯雪夫執政後才允許這些人回到高加索的故鄉。蘇聯解體後，車臣仍屬俄羅斯，但由於舊恨新仇，人民反俄羅斯情結極為濃烈，目標始終是獨立建國。

車臣的領導人杜達耶夫（Dzhokhar Dudayev）也曾是阿富汗戰爭的英雄，又曾奉派到愛沙尼亞，卻因反對鎮壓當地的獨立運動而辭官返鄉。蘇聯解體時，杜達耶夫領導同胞推翻共產政權，自行宣布獨立，又將境內的俄羅斯人、烏克蘭人都驅逐出境。葉爾欽早期由於俄羅斯內部混亂而無暇他顧，在憲政危機過後已經可以騰出手，遂出兵攻打車臣的首都格羅茲尼（Grozny）。第一次車臣戰爭於是在一九九四年底爆發。俄羅斯國防部長當時誇口十天就能結束戰爭，結果卻如同當年蘇聯出兵阿富汗一樣沒完沒了，因而飽受國內外的批評。

到了一九九六年八月，葉爾欽怕戰爭影響自己競選連任總統而與車臣簽定和約，同意撤軍。此一和約等於承認車臣獨立，是車臣的一大勝利。然而杜達耶夫不幸在簽約前不久被俄軍的飛彈炸死，車臣內部分裂為溫和派及強硬派。溫和派的領導人繼任為總統，但無法阻止強硬派在車臣及俄羅斯全境進行綁架、暗殺等恐怖活動。俄羅斯人民及國際社會因而不再同情車臣。一九九九年八月，車臣強硬派又派兵入侵鄰國達吉斯坦。俄羅斯新任的總理普丁（Vladimir Putin, 一九五二～）這時剛好上任，立刻出兵八萬，發動第二次車臣戰爭，擊潰車臣反抗軍，占領格羅茲尼。車臣溫和派被迫退到鄉下繼續打游擊戰，強硬派仍在俄羅斯各大城市進行恐怖活動，而變本加厲，造成俄羅斯社會不安，長達十幾年。

■ 普丁接班

普丁是俄羅斯政壇突然升起的明星。他在早期曾經是KGB駐東德的諜報人員，後來轉到聖彼得堡，與葉爾欽並無淵源。一九九六年起，普丁才到莫斯科，在總統辦公廳任職。一九九八年七月，普丁出任俄羅斯安全局局長，又過十三個月就被葉爾欽任命為總理。一九九九年的最後一天，葉爾欽突然宣布辭職，請普丁代理總統。次年五月，普丁被正式選為總統，成為此後長期的國家領導人。

圖 23.1　葉爾欽（右）與普丁（左）

事實上，葉爾欽在執政後期已經無力治國，只是留下一個爛攤子給普丁。從經濟數據看，從一九九一到一九九九年，俄羅斯人均所得竟從美金三四四〇元減半，只剩一七五〇元。反之，普丁接班後的八年總統任期間經濟飛躍成長，人均所得已超過美金九千元。前述俄羅斯七寡頭壟斷國家經濟，又嚴重干預政治，也是到普丁上台後才一一被以收賄、洗錢及其他經濟犯罪的罪名整治。但舊的寡頭下去之後，新的寡頭又竄出來。新寡頭們卻都知道一件事：不得干政。

至於政治方面，普丁的手法也是獨樹一幟。如前所述，共產黨在八一九事件後被禁，卻在一九九三年因憲政危機而復起，並在一九九九六年推出代表參選總統，結果僅以些微的票數敗給葉爾欽。葉爾欽的班底原本號稱無黨籍，受此威脅後不得不開始組織政黨。普丁上台後，又將其所能掌握的黨派合併成為「統一俄羅斯黨」，而在其後的總統及國家杜馬大選總能獲得七成以上選票。共產黨雖是第二大黨，獲得選票始終低於兩成，有時甚或低於一成，已經無法對統一俄羅斯黨構成威脅。

白俄羅斯獨立後的獨裁統治

白俄羅斯在獨立後也和俄羅斯一樣面臨經濟危機，最高蘇維埃主席舒什克維奇也決定聘請外國顧問進行經濟改革，推動自由化及私有化政策，企圖解救經濟沈痾，但也一樣越陷越深。白俄羅斯的貪腐問題尤其嚴重，引起人民極端的不滿，結果卻被一位強人盧卡申科（Alexander Lukashenko）利用，強行把國家轉變成為由其一人獨裁統治的體制。

盧卡申科在蘇聯時代曾經擔任過紅軍軍官、國營農場黨委書記等職。一九九三年，正當全國人民痛惡貪腐時，盧卡申科被選為最高蘇維埃反貪汙委員會主席。他在半年內就提出報告，彈劾七十名高官。舒什克維奇也名列其中，因而不得不辭職。第二年，盧卡申科挾其打貪的聲望參選總統，順利當選，接著又連選連任。後來他又經由人民公決修憲，廢除不得連任兩次以上的規定，連任三次、四次、五次，成為終身職的總統。盧卡申科雖然拋棄共產黨，卻以高壓手段限制言論、出版、新聞及宗教自由，拒絕西方式的民主。反對派及西方國家指控盧卡申科在背後操縱選舉，不承認其結果，卻無可奈何。盧卡申科被國際媒體稱為「歐洲最後的獨裁者」。直到本書出版時，盧卡申科仍是國家的唯一執政者。

在外交上，盧卡申科與俄羅斯建立密切的同盟關係，從而取得低廉、穩定的石油、天然氣供應，以及其他各種支援。有鑑於先前的失敗及教訓，盧卡申科反對西方式的震盪療法，轉為半計畫經濟，支持國營企業。也因此，白俄羅斯的經濟在持續下滑幾年後就一直停滯，但失業率也很低。等到俄羅斯改由普丁執政，經濟開始穩定成長後，白俄羅斯的經濟才開始隨之成長。

不過我在繼續往下敘述之前必須先補充說明一件事。由於俄羅斯是前蘇聯共和國當中的巨無霸，在蘇聯解體後自然對各共和國具有極大的影響力。不僅是盧卡申科不遺餘力地奉承葉爾欽及其後的普丁，其他共和國的領導人也莫不如此。反過來說，任何前共和國的領導人如果得罪了葉爾欽或普丁，通常來說就危險了。

烏克蘭獨立後的困境

烏克蘭獨立後，當務之急自然是尋求經濟脫困。不過由於烏克蘭與俄羅斯之間的歷史及地緣關係極為特別，要如何保持與俄羅斯良好互動也是重要的議題。克里米亞半島尤其是雙方關係的重中之重。以下分別敘述。

■ 烏克蘭的經濟難題——「黑海航運公司」事件及其影響

烏克蘭在獨立後也和俄羅斯、白俄羅斯一樣決定推動自由化及私有化。但也一樣導致企業破產，失業嚴重，貪汙舞弊猖獗。為了解決經濟困境，政府高層大多以私有化為名，將國營企業賤賣給外國財團，而從中謀取私利。其中最令人矚目的是由總統克拉夫丘克親自簽署的一項命令，預備將「黑海航運公司」（Black Sea Shipping Company）的股票釋出給美國、英國及挪威的財團。

黑海航運公司已有一百六十年的歷史，擁有將近三百艘大型商船，是當時規模排名世界第一的航運公司。

因而，最高議會議員在命令發布後就群起反對，許多人民也走上街頭示威遊行，至為激憤。當時擔任總理的庫奇馬（Leonid Kuchma）也不同意，於是辭職，轉而參加一九九四年的總統大選。他在選舉中號召反貪腐，結果擊敗克拉夫丘克而當選。庫奇馬就任後立即下令停止黑海航運釋股案。但他除了繼續推動經濟自由化及私有化之外也拿不出其他的辦法，改革的陣痛因而繼續延長，而貪腐也依舊。不同的只是國企私有化的受益者從外國財團轉為國內的寡頭及黑幫分子，與俄羅斯類似。

庫奇馬在一九九九年連選連任總統後，烏克蘭的經濟也和白俄羅斯一樣隨著俄羅斯成長而成長。但他漸趨獨裁，不只操縱選舉，又壓制新聞自由，並涉嫌指使殺害一位知名的記者。不過庫奇馬矢口否認涉案。

■ 烏克蘭與俄羅斯的關係——兼述克里米亞問題

庫奇馬在外交方面盡量採取平衡的策略，一方面與俄羅斯密切合作，另一方面也與美國及歐盟維持友好，更是小心翼翼地處理克里米亞問題。

克里米亞自古以來就是戰略要地，黑海艦隊從沙俄到蘇聯時代都以此為基地，也已有一百多年的歷史。蘇聯解體後，克里米亞半島被劃歸烏克蘭，其海軍基地的使用權就成為雙方必須討論的議題。一九九七年，俄羅斯與烏克蘭簽定條約，烏克蘭同意俄羅斯以付費方式租借海軍基地，其租金以俄羅斯供應烏克蘭天然氣的收入扣抵。此後在庫奇馬任內兩國大致相安無事。

然而，當庫奇馬在二〇〇五年初兩任總統期滿下台後，新任總統尤先科（Viktor A Yushchenko）卻被認為是明顯的親美反俄派。同時，烏克蘭境內親俄及反俄兩派互鬥越來越激烈。俄羅斯因而越來越不安。普丁政府內開始有人主張，克里米亞半島上二百多萬人口裡有超過六成是俄羅斯人，所以本該屬於俄羅斯。後來高加索地區發現越來越多石油及天然氣，而都建造管線從黑海出口，更使得普丁決心要直接控制克里米亞。

事實上，克里米亞原本是韃靼人聚居之地，但史達林在歐戰即將結束時突然下令把半島上四十幾萬韃靼人強制流放到烏茲別克，理由與車臣一樣是為了要「懲罰」其在戰爭期間與納粹德國合作。史達林同時鼓勵大批的俄羅斯人移居到克里米亞。韃靼人在後來雖有將近二十萬人獲得戈巴契夫准許而返鄉，但人數已經遠遠少於最大的族群俄羅斯人及居於次位的烏克蘭人。

總之，日後俄羅斯出兵強占克里米亞的遠因在二次大戰結束後不久便已種下，近因卻是在二十一世紀的前十年才形成的。至於其詳細過程，本書就不介紹了，還請讀者們諒解。

喬治亞獨立後的內戰及謝瓦納澤的再起再落

喬治亞在蘇聯解體後的變化牽涉極廣，可說是眾多獨立的共和國中過程最曲折的一個，其中包含一些令人驚訝的故事。以下為讀者們分段簡要敘述。

■ 葉爾欽介入喬治亞內戰

喬治亞在七〇年代曾經有一位名叫加姆薩胡季亞（Zviad Gamsakhurdia）的著名異議分子，因從事人權運動而遭到喬治亞共產黨第一書記謝瓦納澤流放。後來他又積極領導獨立運動，因而在蘇聯解體前被選為喬治亞總統。但他面臨雙重的危機，一方面是國內經濟破敗及種族問題引發分離主義，另一方面是他在蘇聯八一九事件時的言行明顯支持政變集團，因而觸怒了葉爾欽及許多歐美國家的領導人。他在對付分離主義者、政治反對派及媒體時都採取高壓的手段，給國人及國際媒體的觀感尤其惡劣，這和多年前他的人權鬥士形象完全相反。在他手底下的總理及一部分閣員因而紛紛求去，轉而加入反對派，並獲得葉爾欽支持。

一九九二年初，反對派發動軍事政變，葉爾欽直接派俄羅斯部隊參戰。加姆薩胡季亞大敗而逃，反對派共推前蘇聯外交部長謝瓦納澤為國家委員會主席。加姆薩胡季亞逃到車臣，接受杜達耶夫的保護，又在不久後回喬治亞組織反抗軍。內戰因而繼續不斷。

阿布克茲之戰及加姆薩胡季亞之死

謝瓦納澤的政府軍在當年八月以搜捕叛軍為名進入阿布克茲地區。阿布克茲人是激烈的分離主義者，但自認無力阻擋，只得讓喬治亞政府軍進入。不料政府軍竟大肆搶掠，殺害平民。阿布克茲人被迫起而反抗。這時杜達耶夫突然派其手下大將率領車臣軍隊與高加索地區其他少數民族聯合出兵趕到，與阿布克茲人並肩作戰。喬治亞政府軍大敗而逃。居住在阿布克茲的二十幾萬喬治亞人都驚恐萬分，害怕被殺，於是全部棄家而逃。

加姆薩胡季亞獲知喬治亞政府軍大敗後，大喜，盡起所部對政府軍發起大進擊。不料葉爾欽厭惡加姆薩胡季亞與車臣往來，又一次直接出兵，並獲亞美尼亞、阿塞拜疆的支持，助謝瓦納澤擊潰反叛軍。加姆薩胡季亞再次逃亡，但遭到圍捕，舉槍自盡。

謝瓦納澤貪腐政權下台

謝瓦納澤在一九九五年被選為總統，又在五年後連選連任。由於他曾是歐美各國政要的座上客，有明顯親西方的傾向，然而當他表示有意加入北約及歐盟時，葉爾欽極其不快。車臣戰爭爆發後，俄羅斯更指責謝瓦納澤祖護車臣游擊隊，因而支持他的政敵及喬治亞境內主張分離主義的少數民族。喬治亞的動亂遂無法平息。

不過謝瓦納澤最令人非議的是放任妻子、兒子及親信貪腐，以致國家經濟始終混亂，犯罪猖獗，人民無不痛恨切齒。二〇〇三年，喬治亞舉行國會選舉，執政黨又一次大勝，但人民普遍認為選舉不公，引爆前所未有的大規模示威遊行。謝瓦納澤早年曾以打貪著稱，又具國際名聲，在復出時原本是喬治亞人希望之所繫，最後竟背負家族貪腐的惡名而下台。

阿塞拜疆及亞美尼亞的衝突及和解

關於阿塞拜疆與亞美尼亞之間的衝突本書在先前已經多次敘述，並指出與卡拉巴克地區的獨立運動有密切的關係。不過本書在此還要引述已故的沙卡洛夫發表過的一次對卡拉巴克問題的評論。他說：「對阿塞拜疆人來說，奪取卡拉巴克只是為了領土野心；對卡拉巴克的亞美尼亞人來說，卻是生或死的問題。」因而，不僅是卡拉巴克的亞美尼亞人全民皆兵，在亞美尼亞本土也有許多人自願到卡拉巴克參戰。

阿塞拜疆及亞美尼亞在一九九一年九月幾乎同時分別宣布獨立。亞美尼亞選出的總統彼得羅相（Levon Ter-Petrosyan）正是長期以來卡拉巴克獨立運動的領導人。阿塞拜疆選出的第一任總統卻是原共產黨第一書記穆塔利博夫（Ayaz Mutallibov）。蘇聯這時已經解體，雙方的衝突無人阻擋，自然升高。

由於亞美尼亞人口及武力都遠遠不及阿塞拜疆，彼得羅相極力拉攏葉爾欽，並獲得允諾支持。彼得羅相於是在一九九二年春天突然出兵占領卡拉巴克的一部分地區，殺數百人。穆塔利博夫為此被迫辭職。政治立場反共的艾奇貝（Abulfaz Elchibey）繼任為總統，立刻下令出兵卡拉巴克，企圖收復失土，結果卻大敗。不料敗軍指揮官在受到艾奇貝指責後竟決定叛變，回師進攻首都巴庫。艾奇貝驚慌失措，決定向阿力耶夫求助。以結果論，艾奇貝的決定大錯特錯。阿力耶夫正是本書在第二十一章介紹過那一位被戈巴契夫強迫退休的阿塞拜疆共產黨第一書記。阿力耶夫當然心有不甘，在蘇聯瓦解後一直密切地注視著復出的機會，因而在接獲艾奇貝的請求後大喜，立刻與叛軍首領密謀，共同逼迫艾奇貝下台。一九九三年十月，七十歲的阿力耶夫經由選舉當選為總統。當時全民投票率竟超過九成七，而其得票率達到九成九，一般認為足證他操縱選舉，並且造假。

阿力耶夫接著也出兵到卡拉巴克。但沙卡洛夫的評論再一次應驗，阿塞拜疆軍隊節節敗退，到最後亞美尼亞人不只收復整個卡拉巴克，又占領部分阿塞拜疆的土地，竟將卡拉巴克與亞美尼亞連成一塊。阿力耶夫驚怒交加，但在俄羅斯、歐盟及聯合國的壓力不得不同意和談，又被迫簽署停火協議，實際上等於默認卡拉巴克獨立。此後雙方基本上相安無事，因而都能致力於經濟建設。

以阿塞拜疆為例。阿力耶夫開始與外國油公司合作，開發國內豐富的石油蘊藏，陸續興建三條大輸油管，分別經由蘇聯、喬治亞及土耳其在黑海邊的海港出口到歐洲各國。這自然也是普丁後來決定強占克里米亞的原因之一。阿塞拜疆有了豐厚的石油收入以後，便能用以支持社會及經濟建設計畫，此後每年經濟成長都達到10%以上。阿力耶夫後來連選連任，又安排兒子接棒當選總統。阿塞拜疆從此完全掌控在他的家族手中。

蘇聯解體後中亞五國的演變及發展

本章最後要討論的是哈薩克、烏茲別克、土庫曼、吉爾吉斯及塔吉克等中亞五國。這五國的特點是人民原本都是以游牧為生，大多信仰伊斯蘭教，但共產黨的勢力都非常強大。蘇聯八一九政變失敗後，五國都解散共產黨，放棄一黨專政，又宣稱將實施多黨制。然而，除了塔吉克之外，實際上並沒有真正的反對力量出現，大多只是由共產黨改名（如社會黨、祖國黨、人民民主黨等），然後又繼續執政。共和國成立後選出來的總統也都是原先的共產黨領導人，並且採用總統制，以便獨裁統治。

具體地說，哈薩克的納扎爾巴耶夫（Nursultan Nazarbayev），烏茲別克的卡里莫夫（Islam Karimov）及土庫曼的尼亞佐夫（Saparmurat Niyazov）在當選總統之前都是該國的共產黨第一書記，根本沒有人敢和他們競選。他們後來也都連選連任，實際上是終身總統，在任都超過二十年。

吉爾吉斯的情況稍有不同。該國總統阿卡耶夫（Askar Akayev）原本只是一個經濟學者兼大學校長，也不是共產黨員，而是無黨。吉爾吉斯選舉總統時，原共產黨第一書記和部長會議主席互不相讓，競爭激烈，以致最高蘇維埃無法決定，最後只得採取折衷方案，選阿卡耶夫為總統。令人驚訝的是阿卡耶夫竟也能連續擔任三屆總統，一直到二〇〇五年才因為反對者指責他在國會議員選舉中舞弊，意圖培植兒女接棒，被迫辭職下台。

塔吉克由於反對勢力強大，情況更不同。共產黨第一書記納比耶夫（Rahmon Nabiyev）在一九九一年該國舉行大選時原本也當選為總統，但反對勢力認為選舉舞弊，發起聲勢浩大的示威活動，又共組一個「反對派聯盟」。內戰立刻爆發。交戰雙方的背後都有不同的國外勢力、不同的伊斯蘭教派及各種不同背景的民兵組織，十分複雜。不過在支持納比耶夫的民兵領袖中有一位拉赫蒙諾夫（Emomali Rahmonov）擁有特別強大的武力，在後來竟逼迫納比耶夫下台，自任代理總統，不久後又被正式選為總統。

但內戰持續，一直打到一九九七年才由聯合國出面調停。據統計，內戰至少造成十萬人死亡，一百二十萬人流離失所。停火的條件之一是拉赫蒙諾夫同意讓出一部分內閣部長的職位給反對派聯盟。不過反對派也無法阻止拉赫蒙諾夫一再連任，擔任終身總統。

第二十四章 亞、非、拉丁美洲共產世界的黃昏

本章要探討的是：東歐及蘇聯共產黨紛紛垮台究竟對亞、非、拉丁美洲地區的共產黨產生什麼樣的衝擊？這對今日整個世界的政治形貌的塑造當然也產生極大的影響。不過在討論其中的個別國家之前，我也和上一章一樣，必須先指出幾個共同的問題及普遍出現的現象，以利後續說明。

首先要指出，在一部分國家裡，共產黨已經穩固地掌控了政權，例如：中國、越南、寮國、古巴及北韓。這類國家的執政者所要考慮的，主要是如何能確保共產黨繼續統治。一般來說，他們的選擇和中國一樣，一方面在經濟上進行改革，繼續向資本主義靠攏，另一方面繼續標榜馬列主義，堅持一黨專政。

其次，在另一部分國家裡，共產黨還在努力進行革命，而必須依靠蘇聯、古巴或中國援助。直接地說，這些共產黨大多已經走到命運的盡頭，因為中國在鄧小平主政後已經決定停止輸出革命；蘇聯共產黨垮台後也不可能繼續輸出革命；古巴輸出革命是靠蘇聯出錢，這時已經自身難保，也只能停止了。

最後，還有第三類的共產黨是介於以上兩種情況中間，雖然取得政權，卻未必穩固。因而，其命運充滿了變數，有可能被推翻，也有可能與反對勢力妥協而走出一條新路，但前提是必須放棄馬列主義。

以下依序分別敘述亞太、拉丁美洲、非洲、中東及中亞的共產黨所面臨的衝擊，及其如何因應。首先敘述

中共，而重點在其經濟如何繼續發展。

鄧小平第二次南巡

蘇聯「八一九事件」發生後某日，鄧小平在北戴河談到蘇聯問題。他說：「戈巴契夫看上去聰明，實際上很笨；先把共產黨搞掉了，他憑什麼改革？」鄧小平這一番話未必正確，因為戈巴契夫失敗的原因很多，不只一端，相信讀者們在讀了前面幾章之後也能歸納自己的看法。不過鄧小平又表示，中國的經濟仍然遠遠落後於歐美國家，所以還要繼續改革開放，因為他知道，這時中國的人均所得只有三二〇美元，是美國的六十分之一；對比台灣，也只有二十分之一。

然而鄧小平正面臨雙重的阻力，其一是歐美國家因為六四事件而仍然抵制中國，其二是以陳雲為首的保守派仍然驚懼於蘇聯解體，因而依舊堅持社會主義道路，抗拒資本主義。鄧小平對此至為不滿。一九九一年春節，他到上海視察，發現上海的市容陳舊，連一棟摩天大樓也沒有，更是不滿。上海市委書記兼市長朱鎔基向他簡報，主張加速開發上海，又建議開發當時還是一片荒煙蔓草的浦東地區。鄧小平大表贊同。上海《解放日報》於是奉命重新鼓吹改革開放。此後一整年中，黨內左派及右派紛紛為改革開放究竟是「姓社或姓資？」而激烈地爭論。

一九九二年春節，鄧小平第二次到深圳視察。他目睹當年的一個小漁村如今已是一片高樓大廈，又參觀數家高科技工廠，不禁欣喜萬分，一路說了很多話，例如：「誰堅持改革開放，誰就上台；誰不搞改革開放，誰就下台」「特區『姓社』，不『姓資』」「要警惕『右』，但主要是防『左』」。他又暗諷陳雲，說：「有的人，中國搞特區這麼大的事，自己從來就不來看看，站在老遠處指手劃腳。」香港及國外媒體這時都大幅報導鄧小平南巡之旅，江澤民也下令中共中央發出文件傳達他的「南巡講話」。到了五月初，陳雲只得表態，突然出現在上海的電視螢幕上，說非常贊成開發浦東。

中共接著在十月召開十四大，確立鄧小平所提以「建立社會主義市場經濟體制」為目標。朱鎔基這時獲得提拔，升任七名政治局常委之一。朱鎔基被認為頭腦清晰，有大局觀，行事大膽而細膩，又廉正不阿，是國之重臣。實際上，朱鎔基在一年半前就已經上調北京，擔任國務院副總理，主管財經。當時全國各地的企業由於相互拖欠，形成「三角債」，總共達到三千多億元，嚴重影響市場資金運轉。朱鎔基到任後只花一年就清理了其中的大部分，由此樹立其權威。

另有一件大事必須指出，西藏自治區黨委書記胡錦濤也在十四大後被拔擢為政治局常委，兼中央書記處書記，又被鄧小平指定為江澤民的接班人。這種隔代指定接班人的安排空前絕後，江澤民卻無法不接受，日後也無法改變。

朱鎔基與中國經濟的發展

鄧小平第二次南巡後，中國的經濟發展重新加速，但很快就出現過熱的現象。各省市的領導紛紛決定「大幹快上」，唯恐落後。全國各地到處都在興建鐵路、公路，蓋高樓大廈。地方銀行又無限制地放款，用於設立經濟開發區，設立新公司，結果導致嚴重的通貨膨漲。朱鎔基被迫在一九九三年六月祭出「宏觀調控」，發布「十六條」，其重點是控制貨幣發行，控制信貸，控制房地產市場，禁止非法集資。朱鎔基自兼中國人民銀行行長，召集全國各地銀行行長到北京，限令在四十天內收回所有非法的貸款。通膨於是開始趨緩。

朱鎔基又下令於一九九四年元旦取消物價及匯率雙軌制。這更是一件大事。回顧一九八八年鄧小平企圖取消雙軌制，結果引起全國搶購、搶兌風波，被迫收回成命。朱鎔基這時宣布併軌，使得企業有了更公平的競爭環境。他又決定人民幣對美金貶值，固定匯率為1：8.7，一錘定音，大大有利於出口。

統計朱鎔基前後七年擔任副總理期間，中國的GDP平均成長率約為12％，出口更是成長三倍，達到年出口額一千八百億；外匯存底也因此快速累積。不過朱鎔基也面臨一個嚴重的國有企業存廢問題。如前所述，改革開放後國企漸漸不敵鄉鎮企業，節節敗退，大多瀕臨破產邊緣。國家為了保護國企只得千方百計地限縮鄉鎮企業，但終究不是長遠之計。朱鎔基因而選定部分城市為試驗點，允許賣掉一部分虧損嚴重的中小國企。幾年後，他又總結經驗，決定此後的政策是「抓大放小」，也就是重點扶持大型國企，放棄中小型企業。全國的中小型國企於是大多由員工接手，或被鄉鎮企業、外資企業收購。

不過中共後來又調整策略，選擇放棄一般的民生工業，同時堅持國家壟斷石油、煤炭、電力、鋼鐵、汽車、電信、銀行、保險、軍事及尖端科技產業。此一政策對後來中國產業的發展產生深遠的影響，同時引起許多西方國家不滿，批評中國是以國家的力量支持國企對外資企業進行不公平的競爭。

港商、台商對中國早期經濟發展的貢獻

必須指出，中國在九〇年代經濟之所以能夠迅速發展，關鍵的因素之一是獲得外國投資抑注。外資包括對外借款（來自外國政府、世界銀行、IMF或亞洲開發銀行）及外商直接投資（FDI）。據統計，一九九〇年中國實際利用外資金額不過是一百億美元出頭，到一九九七年竟翻了六倍，達到六四四億美元。又須指出，在外資中的外商直接投資部分的金額在最初雖然不如對外借款，但比重逐年迅速增加，因而中國在二〇〇一年之後基本上已經停止對外借款。

那麼外商直接投資究竟從哪裡來呢？大致來說，二〇〇一年也是一個分界點，在此之前的二十年是以香港和台灣商人的資金為主，在此之後日本及歐美資金才居於主流。中國從一九七九年起試辦四個經濟特區時，率先投資的大多就是港商，而台灣資金是從一九八七年底開放大陸探親才開始的。一九八九年六四事件後，歐、美、日外商更加不來，港資及台資因而仍是外資的主幹。以上述一九九七年的實際利用外資六四四億美元為例，據估計其中港資及台資各投入二〇〇億美元左右，對外借款也有二〇〇億，其餘的零頭才是歐、美、日外商匯入的總投資金額。

必須說明，當時由於台海兩岸政府缺乏互信，台灣政府主張「戒急用忍」，希望台商減緩到大陸投資。許多台商卻不聽勸，紛紛採取迂迴的方法，透過在香港及維京（Virgin）、開曼（Cayman）群島等地註冊而轉往大陸投資，因而實際投資金額數字難以取得。也因此，上述的台資數字並不是來自官方，而是由部分財經學者推算。事實上，港商在大陸的投資中也有一部分是台資。這也解釋了為什麼後來在深圳、珠海、昆山、上海等地有無數的台商工廠聚集，並有許多台灣人的聚落形成，卻沒有港商或其他各國人的聚落。

中國在九〇年代有數十萬家國有企業正在面臨被收購或被關閉中，無數的員工因而失業（稱為「下崗」），是極其嚴重的社會問題。同時，數以千萬計來自內陸各省的年輕人湧向沿海城市，都要尋找工作。台商、港商所投資的卻正是勞力密集的工業，或是需要大批人手的服務業，因而不僅提供中國經濟發展的助力，也協助中國解決了極大部分的社會問題。

北韓的經濟困境及其核武威脅問題

北韓從六〇年起經濟發展可說是已經停滯，卻在暗中積極發展核武及導彈，因而從八〇年代起成為國際社會及其周邊的日本、南韓極大的憂慮。

回溯一九六八年七月，美、蘇邀集全世界五十幾個國家共同簽署《禁止核武器擴散條約》（Treaty on the Non-Proliferation of Nuclear Weapons，簡稱ＮＰＴ），並約定於一九七〇年三月生效。此後世界上一百多個國家也陸續簽約加入。該條約規定，除了已經擁有核武的美、蘇、英、法、中五國之外，其餘國家都不准研發或製造核武；並請國際原子能總署（International Atomic Energy Agency，簡稱ＩＡＥＡ）協助各國發展核能的和平用途，同時負有監督、檢查的權力。不過法國、中國、印度、巴基斯坦及以色列都拒絕簽署。

北韓在一九八五年也簽署了ＮＰＴ。但美國懷疑北韓仍在暗中研發，要求ＩＡＥＡ派員檢查，卻被北韓拒絕。一九九三年初，北韓宣布退出ＮＰＴ，到了五月又突然進行一項「蘆洞一號」導彈試射，導彈就落在日本海裡。日本全國震動。美國也大驚，急忙邀北韓會談，但雙方談判一年多而毫無進展。美國總統柯林頓（Bill Clinton）漸感不耐，接受軍方的建議，預備發起突擊直接摧毀北韓的核武特區。但由於中國反對，柯林頓只得請前總統卡特擔任特使，於一九九四年六月飛往平壤。金日成與卡特會面後表示願意重啟對話。

不料金日成年老體衰，突然在七月初病逝，由兒子金正日接任。不過美國最終仍是說服金正日簽訂一項《核框架協議》。美國同意為北韓建造兩座發電用的新式反應爐，以取代其原有的舊反應爐。其中的關鍵點是北韓如果繼續運轉舊反應爐，便可從核廢料中提取濃縮鈾，繼續用於發展核武。新反應爐沒有此一問題。美國、日本又共同承諾每年運送五十萬噸重油給北韓，以滿足其能源需求。

事實上，這時北韓的經濟已經日益惡化。據估計，北韓在一九九五年的人均所得只有七二〇美元，是南韓的十五分之一。當時南韓總統金泳三認為北韓已經奄奄一息，隨時會崩潰，主張對北韓採取更強硬的態度。反對黨領袖金大中的看法卻完全不同，認為正確的道路是與西方國家一起協助北韓脫離困境，也就是所謂的「陽光政策」。

一九九五年起，北韓連續三年發生飢荒，但北韓對外封鎖一切新聞，外界無法獲知真正死亡的人數。不過根據北韓叛逃的高官黃長燁估計，至少有二百五十萬人餓死，超過北韓人口的十分之一。美國、中國及世界各國為此透過聯合國世界糧農組織對北韓提供人道救援，一九九六年一年中送交大約五十萬噸糧食，第二年又增加。金正日卻在此期間發動國家宣傳機器，為自己塑造個人崇拜，再一次強調「主體思想」，並加速整肅異己，以確保其政權。

金大中後來在一九九七年底當選為南韓總統，開始推動「陽光政策」，卻還是無法阻止北韓繼續造成東北亞地區性的安全問題。一九九八年八月，北韓突然又發射一枚「大浦洞一號」導彈。這次導彈竟直接飛越日本上空，然後掉落在太平洋上。日本民眾更加驚恐，美國也極度震驚。

北韓發展核武的目的其實是多方面的，既可反制美國，威脅日本、南韓，還可以出口賺取外匯，更可以藉此鞏固金正日的領導地位。有情報顯示，巴基斯坦、伊朗也進行導彈試射，而導彈的來源都是北韓。美國暗中稱這三國是「惡棍國家」，卻無可奈何。北韓後來雖與美國暫時達成和解，但雙方的基本矛盾仍在，不免因故又發生衝突。北韓在衝突後又試射飛彈，美國又急忙與北韓談判，然後又達成和解。這樣的循環模式在後來二十幾年中不斷地上演，美國束手無策，日本、南韓也仍是處於核武威脅的籠罩之中。

越南及寮國的「革新開放」

越南在一九七五年南北統一之後，由於共產黨總書記黎筍堅持極左路線，又決定一面倒向蘇聯，與中共反目，以致在國際社會中陷入孤立，經濟也越來越落後。鄧小平在中國推動改革開放後，越共高層中有一名政治局委員阮文靈大膽與總書記黎筍爭論，卻被逐出政治局。

一九八六年七月，黎筍病死，另一位元老長征接任總書記，同樣年邁體衰。但這時越南經濟已經疲弱不堪，戈巴契夫又宣稱將在蘇聯進行改革，越共因而不得不也決定改弦易轍。阮文靈在半年後當選為越共總書記，並確立「革新開放」的政策，改革的時代於是來臨。越南踏出的第一步是允許私人企業，引入外資，此後又逐步放棄計劃經濟，學習中國走向「社會主義導向的市場經濟」。在此後十幾年中，越南的外資來源以亞洲四小龍和日本為主，其中台灣在初期是最大的投資國，聘請勞工的人數也最多。

一九八八年，蘇聯通知越南將停止援助。阮文靈自知已經無力在柬埔寨繼駐軍，於是邀請柬埔寨、寮國及東協各國派代表共同舉行會談，並於一九八九年二月簽約，承諾在半年後完成從柬埔寨撤軍。此舉獲得中國領導人歡迎。阮文靈也急於與中國修好，因而在雙方還沒有恢復正式外交關係之前就攜同總理杜梅、元老范文同等人於一九九〇年九月飛到四川成都，與中共總書記江澤民及總理李鵬密會。杜梅後來繼阮文靈接任總書記，在任上又三次率團訪問中國。

圖 24.2　中越領導人 1990 年成都之會。左起李鵬、江澤民、阮文靈、杜梅、范文同

然而，越南與中國之間的關係並不容易完全改善，主要原因之一是越共在過去二十年來不斷地對人民灌輸仇視中國的思想，一時無法淡化；其次是中、越之間對於南海的西沙、南沙群島的主權歸屬有嚴重的爭議，日後也常為此衝突，甚至因而引發排華事件。

越南革新開放之後亟需出口，因而對美國及歐洲國家示好，例如主動表示願意協助美國尋找越戰時失蹤的美軍。美國對此表示歡迎，於是逐步解除對越南的經濟制裁及其他禁令。雙方最後於一九九五年正式建交。

不過越南的革新開放基本上和中國一樣，僅限於經濟層面，在政治體制仍然維持共產黨一黨專政。

接著說寮國。寮國人民革命黨（寮共）一向對越共亦步亦趨，因而在黎筍在世時不敢跟著鄧小平的腳步走得太快，只是放寬一部分對自由市場和商品流通的限制。阮文靈在越南推動革新開放後，寮共總書記凱山・豐威漢立刻宣布跟著走向市場經濟體制。不過寮國也一樣只進行經濟改革而堅持共產黨一黨專政。

柬埔寨洪森政權的建立

越南在一九七八年揮軍入侵柬埔寨後，波布逃亡，繼續領導赤柬反抗橫山林政權。施亞努原本是與赤柬合作，在目睹赤柬執政後大屠殺的慘劇之後卻堅決與其劃清界線，而於一九八一年自行創立一個奉辛比克黨（FUNCINPEC），實際上是一個保皇黨，由其子拉那烈（Norodom Ranariddh）主持。不過這兩股勢力都依附於中共之下，因而最後還是由中共協調，一同組織聯合政府。當時另有一支由美國支持的非共部隊也加入聯合政府。三方共推施亞努為主席，共同目標是推翻橫山林所領導的柬埔寨人民革命黨（柬共）政權。

一九八五年，洪森取代橫山林擔任柬埔寨總理及柬共總書記，成為柬共最高的領導人。越共總書記阮文靈決定從柬埔寨撤軍後，洪森與其配合，會同各方討論相關的問題及時程。洪森接著又在聯合國的協助之下與施亞努所領導的流亡政府談判，達成和平解決內戰的共識。雙方最後在一九九一年十月簽署了《巴黎和平協定》，其中規定柬埔寨內戰雙方於兩年內逐步解除武裝，並將擇期在聯合國的監督之下舉行大選。洪森宣布廢除一黨專政，改採多黨民主制度，並引進市場經濟。協定簽署後，洪森親自到北京迎接施亞努國王返國。兩人回到金邊時，人民夾道歡呼迎接。據洪森自己說，他和施亞努從此時起已經建立義父、義子的關係。

一九九三年九月，柬埔寨如期舉行大選，結果奉辛比克黨擊敗人民革命黨，但在議會中席次並未過半。拉那烈只得與洪森共組聯合政府，並分別擔任第一及第二首相。柬埔寨又通過新憲法，採君主立憲制，請施亞努第三度登基為國王。但洪森與那拉烈不合，在不斷地發生衝突後竟發動政變，迫使拉那烈於一九九七年逃到國外。不過由於施亞努介入調解，洪森在次年同意拉那烈回國。柬埔寨隨即舉行第二次大選，人民革命黨獲得過半數議會席次，洪森順利成為唯一的首相。不過拉那烈也獲任為國民議會主席。兩人之間的鬥爭至此停息。

然而，赤柬拒絕接受《巴黎和平協定》，不僅抵制大選，又對柬埔寨新政府繼續發起武裝鬥爭。洪森的對策是採取個別招安，結果赤柬官兵紛紛繳械投降。波布大驚，又懷疑赤柬前國防部長宋成（Son Sen）可能率部叛逃，竟派衛隊包圍其住處，屠殺宋成全家十四口。波布因而犯了眾怒，被逮捕交付公審，獲判終身監禁，但在第二年就病死了。赤柬從此加速分崩離析，其餘的領導人在兩年內陸續投降或被捕。二〇〇三年，聯合國與柬埔寨政府合組特別法庭，以「謀殺罪」「危害人類罪」「種族滅絕罪」起訴喬森潘、農樹、英薩里等人。不過審詢竟拖到二〇一四年才宣判，這時英薩里已經死了，其他人大多被判處無期徒刑。但柬埔寨人大多對特別法庭極表失望，不知此一審判究竟有什麼意義。

馬共、緬共的末路

鄧小平決定停止輸出革命之後，陳平所領導的馬共受到極大的衝擊，不得不接受泰國政府居中協調，與馬來西亞政府談判。三方最後在一九八九年共同簽署協定，馬共同意自動解散。但由於馬來西亞政府不歡迎陳平回國定居，陳平始終回不了國門，只能停留在泰國，一直到過世。

至於緬甸共產黨，也就是由各邦少數民族分別組織的「新人民軍」，由於大多種植、販賣鴉片，所以受中共停止輸出革命的影響較小，仍然有能力與政府軍對抗，只是多半已經厭戰。

一九八八年，緬甸爆發大規模的民主運動，有五十萬名學生及民眾在首都仰光示威遊行。緬甸國父翁山將軍的女兒翁山蘇姬（Aung San Suu Kyi）正好回國，並在演講中支持和平的抗爭，民主運動因而更加風起雲湧。緬甸政府卻悍然以武力血腥鎮壓，造成數千人死亡。此後翁山蘇姬被長期軟禁。

對於如此大規模的反政府示威運動，受害者又是昔日著名的翁山將軍的女兒，各邦卻視如不見，並沒有什麼大動作，反而決定要結束與政府對抗。一九八九年三月，彭家聲領導的果敢部隊率先宣布脫離緬甸共產黨，並與政府簽定停戰協議。此後半年內，撣邦、佤邦、克欽邦等十幾個少數部族武裝部隊也紛紛退出共產黨。緬甸共產黨雖然還有一小部分人選擇繼續頑抗，實質上已經瓦解。

菲律賓共產黨與政府的持續對抗

菲律賓共產黨原本主要是由蘇聯援助，但中共從六〇年代末起開始介入，另外成立「新人民軍」。中共又要求菲共在內部進行整風運動，以糾正過去的錯誤，重建組織。實際上，這是反映了中蘇決裂已到了水火不容的境地。

一九八六年二月，菲律賓反馬可仕的力量集結，推出被馬可仕公然殺害的艾奎諾的遺孀柯拉蓉競選總統。馬可仕這時已經擔任二十年總統，竟又在大選中作弊，以篡改選票及將有效選票作廢等手法操弄選舉結果，然後自行宣布當選。菲國全民激憤，群起包圍總統府。美國政府也對馬可仕提出嚴厲的警告。馬可仕不得不下台，倉皇地逃往夏威夷。柯拉蓉於是繼任為總統。

科拉蓉上任後也曾數度與新人民軍舉行和談。新人民軍提出的條件是要求美軍退出菲律賓，歸還租借的蘇比克海軍基地（Subic Bay）及克拉克（Clark）空軍基地，又要求進行土地改革。然而，據估計美國每年提供給菲律賓的租金及援助至少有九億美元，同時有四萬多名菲律賓人受雇為美軍工作。菲律賓這時已經窮困不堪，並且失業嚴重，因而沒有可能立即停止與美國合作。再者，菲律賓從西班牙時代至此數百年，各省各地方有權有勢的人物無一不是大地主，又幾乎控制了國會，因而科拉蓉也沒有可能迅速地進行土地改革。由於雙方立場差距太大，無法達成協議，菲共遂繼續領導農民與政府對抗。

然而，正是由於土地一直壟斷在大地主手中，菲共對農民有極大的號召力，即使是在鄧小平決定停止輸出革命後，菲共也能繼續領導農民對抗政府。但菲共內部從這時起對於如何繼續革命也開始發生重大的歧見。如要說明此事，莫如以菲共及新人民軍的兩名主要領導人，西松（Jose Maria Sison）及布斯凱諾（Bernabe Buscayno），為例說明。

西松及布斯凱諾都曾在七〇年代後期被捕入獄，但在一九八六年科拉蓉當選總統後獲釋。西松從此以作家、詩人的身分長年旅居於荷蘭。一九九二年，菲共召開全體大會，通過一份文件，決定進行第二次整風運動，要再一次糾正以往的錯誤，凡是不承認錯誤者一律開除。但此一決議造成內部分裂為「重申派」及「拒絕派」，兩派開始互相殘殺。美國ＣＩＡ及菲律賓當局都懷疑西松是重申派的背後指導者，主導整風運動及發出暗殺異己的命令，並且支持恐怖主義活動。但西松矢口否認。

布斯凱諾在當年獲釋出獄後決定從政參選，卻在一年後突然遭到槍擊，幾乎喪命。布斯凱諾因而決定回鄉務農，目標是以協助農民推動農業合作化及機械化而消除貧窮。他不再相信共產主義武裝鬥爭有其必要，認為只是徒勞無功，終將自取滅亡。

古巴停止輸出革命，走向市場經濟

據估計，古巴與蘇聯來往最密切時每年從蘇聯獲得四十至五十億美金援助，其中大部分是用於派兵到中南美、非洲、中東為蘇聯打仗。蘇聯在一九八八年開始從阿富汗撤軍後，也要求古巴逐步撤回在外國的部隊，並表示將減少對古巴的援助。卡斯楚大怒，將黨、政、軍及情報機關中所有親蘇分子全部清除出去。但古巴二十幾年來忙於輸出革命，除了製糖及菸草工業之外，沒有什麼新的經濟建設，年輕人因而這時大多失業，對國家已經不抱希望，紛紛乘船向北，冒險偷渡到美國的邁阿密。卡斯楚卻在此時炮製了「歐巧阿事件」。

歐巧阿（Arnaldo Ochoa）從卡斯楚開始革命起就參加馬埃特拉山的游擊隊，是推翻巴第斯塔政權及豬灣戰役獲勝的大功臣。後來他又奉派到委內瑞拉、剛果、安哥拉、衣索匹亞等地指揮戰爭，無役不與，在蘇聯和非洲人之中有極高的聲譽，在國內更是人民心目中的大英雄。卡斯楚卻懷疑歐巧阿陰謀造反，指控他收賄，走私古柯鹼，傷害古巴的形象，下令予以逮捕。事實上，外界傳聞卡斯楚本人與哥倫比亞的毒梟關係曖昧，因而卡斯楚此舉被認為有為自己撇清的意味。歐巧阿在一九八九年七月受審時，卡斯楚下令開放電視轉播，民眾都看見歐巧阿在法庭上認罪，又發言唾棄自己，說沒有臉面繼續活下去。有人說，其情景猶如史達林大清洗時代的三次大審判。歐巧阿在不久後就被槍決了。

一般認為，歐巧阿事件真正傷害的是卡斯楚本人在國內、外的形象。然而，對古巴更大的衝擊是蘇聯在一九九〇年通知將全面停止經濟援助。古巴從這時起竟連糖也不容易賣出去。卡斯楚不得不開始推動市場經濟，開放外國到古巴貿易及投資。他又主動與鄰國改善關係，親自出訪歐洲國家。卡斯楚的轉變獲得國際社會的歡迎，只有美國仍然堅持繼續對古巴經濟制裁。

卡斯楚曾在一九九六年訪問梵諦岡。一九九八年一月，教宗若望保祿二世（Pope John Paul II）回訪，在哈瓦那造成轟動。一向秉持無神論的卡斯楚竟出席了教宗主持的彌撒，並接受教宗的要求大赦近三百名政治犯。不過古巴仍然奉行馬列主義，仍是共產黨一黨專政。

尼加拉瓜桑解下台——查莫洛夫人在大選中擊敗奧特嘉

如前所述，美國總統雷根視尼加拉瓜為共產國家，授意組織「康特拉」在尼加拉瓜進行內戰，又實施嚴厲的經濟制裁，必欲除去奧特嘉政權而後快。事實上，尼加拉瓜並沒有實施一黨專政，奧特嘉雖然擔任總統，桑解也在議會中占多數，但反對黨還是極為活躍，所以不能說是共產國家。

一九九〇年初，尼加拉瓜舉行第二次大選，國際社會至為關注，有二千多名觀察家到尼加拉瓜「考察」，實為監視，結果由「尼加拉瓜在野黨聯盟」推出的總統候選人查莫洛夫人（Violeta Barrios de Chamorro）竟然一舉獲勝。在野聯盟也在國會選舉贏得過半席次。奧特嘉只能接受敗選，黯然下台。

查莫洛夫人的丈夫在蘇慕薩時代原本是尼加拉瓜著名的報紙總編輯，卻因抨擊蘇慕薩而遭到暗殺。桑解推翻蘇慕薩後，查莫洛夫人受邀加入聯合政府，但在後來漸漸和奧特嘉意見不合，於是求去，轉為反對勢力的領袖。不過奧特嘉敗選的主因是美國的經濟制裁造成尼加拉瓜經濟落後，外債高築，每年通貨膨脹從數倍至數十倍，人民有五分之一失業。美國又在選前揚言如果奧特嘉連任將繼續實施經濟制裁，使得許多選民決定支持反對黨。

查莫洛夫人就任後，西方債權國家決定共同提供貸款，以新債抵部分舊債，同時開始協助尼國發展建設，外資也緩步進入。尼國的經濟在此後才漸有起色。此後右翼政黨持續執政將近十七年，一直到二〇〇六年底，奧特嘉才又領導桑解贏得大選，回任總統。

非洲共產國家的轉變

當戈巴契夫要求卡斯楚逐步撤出非洲的古巴軍隊後，非洲幾個已經建立政權的共產黨便都面臨改變的時刻。以下分別說明：

■ 剛果及幾內亞比索共產政權的轉型

剛果及幾內亞比索早已由共產黨建立穩固的政權，並長期執政，事實上已經沒有反對勢力可以推翻它。不過由於面臨巨大的反共產黨風暴，這兩國也決定廢除一黨專政，改由民主選舉辦理大選。不料剛果的強人恩格索在一九九二年的大選中竟然慘敗，只得下台。但是在五年後下次選舉即將到來時，恩格索的私人武力竟與政府軍爆發內戰，結果恩格索獲勝，將政敵驅逐到國外，於是再度擔任總統。此後他又連選連任，成為終身的總統。恩格索政權雖然不再標榜馬列主義，卻與中共來往密切，曾經多次親自訪問北京。

幾內亞比索的情況稍有不同。軍事強人維埃拉被選為總統，又連選連任，卻因政變而被推翻，只得流亡國外。但維埃拉在幾年後又重返國門，被選為總統，不料任期未滿就被刺殺。但必須指出，幾內亞比索政權無論如何轉換，都還是掌握在已有四十幾年歷史的革命政黨（稱為 PAIGC）的成員手中。不同的只是 PAIGC 原先奉行馬列共產主義，後來改為標榜國家社會主義的左派政黨。

■ 索馬利亞及衣索匹亞各自的內戰

如前所述，當衣索匹亞和索馬利亞兩個共產國家交戰時，蘇聯和古巴的決定是支持衣索匹亞。索馬利亞強人賽德大怒，下令驅逐境內所有蘇聯及古巴的顧問。但他一向暴虐，所以在一九九一年被人民推翻。此後索馬利亞不幸陷入軍閥內戰，以致四分五裂。更不幸的是，飢荒伴隨而來。據估計，約有五十萬人因戰火或飢餓而死。聯合國雖然展開人道救援行動，並派出維和部隊，卻無法阻止內戰延續，至今已有二十幾年。由於內戰激烈，索馬利亞是極少數世界銀行至今無法取得國民所得數字的國家。

衣索匹亞的共產政權獨裁統治者門格斯圖雖然獲得蘇聯支持，同樣也是暴虐不堪，又一樣有乾旱及飢荒，人民也同樣不滿，反政府的武裝力量於是紛起。一九八八年古巴開始撤軍後，內戰轉劇，有五支地區性的武裝反抗軍出現，其中有四支合組「衣索比亞人民革命民主陣線」（以下簡稱「衣革陣」），與另一支追求獨立的「厄利垂亞人民解放陣線」結盟。門格圖斯陷入四面楚歌。一九九一年五月，衣革陣攻陷首都阿迪斯阿貝巴，門格圖斯逃亡。

衣革陣政府宣布放棄社會主義，但因複雜的種族問題也爆發內戰，同樣四分五裂，同時又和剛獲得獨立不久的厄利垂亞發生邊界糾紛，因而在此後一直是處於內外交迫的局面。依世界銀行公布的資料，其年國民所得在二〇〇〇年時只有一二〇美元，即便在非洲國家裡也是敬陪末座。

■安哥拉長期內戰的結束及共產黨的轉型

蘇聯決定停止輸出革命後，在安哥拉內戰中仰賴蘇聯支持的安人運政權只得和古巴一同與南非、安盟坐上談判桌。據估計，此時古巴在安哥拉的軍隊還有五萬人。雙方於一九八八年底簽定協議，古巴和南非都同意在兩年內完成撤離軍隊。在聯合國介入調解之下，雙方又同意以和平選舉代替戰爭。安人運宣布放棄一黨專政。一九九二年九月，由聯合國派員監督的大選如期舉行。

這時安人運的領導人內圖早已病逝，由其副手多斯桑托斯（Jose Eduardo dos Santos）繼任。安盟的領導人則是薩文比（Jonas Savimbi）。選舉因而是兩人之間的競爭。不料薩文比獲知第一輪選舉結果對自已不利之後竟拒絕參加第二輪選舉，又再發動內戰。聯合國立刻對安盟實施武器、石油禁運。薩文比被迫回到談判桌，卻一再出爾反爾，內戰因而繼續不斷，一直到薩文比於二〇〇二年在戰場上被擊斃，安盟才同意放下武器。安哥拉二十七年的內戰至此也才結束。

此後多斯桑托斯一直擔任總統，其領導的政黨MPLA也始終是執政黨，只是早已宣告放棄了馬列主義。

南非共產黨及其與曼德拉結盟的歷史

以上大致總結了非洲各國共產黨的結局，不過本書在此卻要補述南非的共產黨。其原因有二。首先，南非共產黨對於南非參加前述的安哥拉及莫三比克內戰具有牽制的力量。其次，南非共產黨在九〇年代後雖然不是南非的執政黨，在政治上卻具有極大的影響力。

南非共產黨創立於一九二一年，是非洲最早的共產黨，但不活躍。當時南非最大的人民組織是一九一二年成立的「非洲國民大會」（African National Congress，簡稱「非國大」），其成立的目的是為了要向白人政府爭取黑人的政治、經濟及教育的權力。不料極端歧視黑人的白人政府竟變本加厲，在一九四八年頒布實施種族隔離政策（Apartheid）。非國大遂發起非暴力的抗爭，卻屢次遭到白人政府殘酷地鎮壓。一九六〇年，非國大發起一次大規模的示威抗爭活動，結果白人軍警竟向群眾開槍，導致六十九人死亡，兩百人受傷。南非政府又在事後宣布非國大為非法組織。非國大深受刺激，決定改採暴力革命，因而在第二年與南非共產黨結盟，共同成立一個軍事組織，稱為「民族之矛」（Spear of the Nation）。

非國大的領袖曼德拉（Nelson Mandela）在兩黨合作初期兼任民族之矛的總司令，不料在一年後就被捕，此後一直被關在獄中。南非共產黨於是開始主導民族之矛的行動，但仍奉繫在獄中的曼德拉為領袖。曼德拉本人始終否認自己是共產黨員，但外界總是有人對此表示懷疑。

一九七五年起，南非開始派兵進入安哥拉及莫三比克，從此陷入長期的戰爭而無法自拔。同一時間，其內部的民族之矛武裝革命也日趨激烈。南非政府因而內外交逼，痛苦不堪。戈巴契夫決定停止輸出革命後，南非總算看見和平的曙光，並從一九八九年初起逐漸撤回國外的軍隊。同年八月，長期主張種族隔離政策的南非總統波塔（P. W. Botha）辭職下台，繼任的戴克拉克（F. W. de Klerk）立刻邀請被關在獄裡已有二十七年的曼德拉會談。一九九〇年二月，戴克拉克宣布釋放曼德拉，廢止種族隔離政策，並回復非國大及南非共產黨的合法地位。

一九九四年，曼德拉在大選中領導非國大一舉擊敗長期執政的國民黨，成為南非第一位黑人總統。南非共產黨在此後仍舊保留共產黨的名稱不變，並與非國大及南非工會大會共同組成左傾的「三方聯盟」。根據協議，南非共產黨員及南非工會大會的成員都不以其原本的組織成員的名義從政，而是以個人身分加入非國大，取得其黨員身分，然後再參選公職。

南葉門共產黨的敗亡及葉門的統一

本章最後要敘述的是共產主義在伊斯蘭世界中的敗退。自從埃及的納瑟死後，蘇聯雖然花了很大的力氣，到八〇年代初只擁有兩個伊斯蘭衛星國，即是南葉門及阿富汗。以下分述兩國的共產黨的最後結局。

如前所述，葉門在六〇年代後期分裂為一南一北，其後將近二十年間兩者是處在戰爭、談判及和平之間的不斷循環。不過南葉門社會黨內部在此期間分裂為極左派及中間派，互爭領導權。一九八六年初，兩派爆發內戰，各死數千人。結果中間派落敗，有數萬人越過邊境投奔北葉門。極左派雖然獲勝，陣營中的領導階層及菁英分子大半死去。南葉門因而國力頓衰，已無法與北葉門對抗。東歐劇變後，南葉門在共產世界中失去依靠，不得不與北葉門談判和平統一。雙方最後在聯合國的協調下於一九九〇年五月簽署協議，同意合併成立「葉門共和國」，而由北方及南方政府的領導人薩雷（Ali Abdullah Saleh）及拜德（Ali Salem al Beidh）分別擔任臨時政府的正、副總統，又約定在兩年半過渡期後舉行大選。

一九九三年四月，大選依計畫舉行，結果南葉門社會黨慘敗，只獲得不到五分之一的議會席次。不料拜德拒絕接受此一結果，聲稱不願被統一，薩雷於是下令出兵到南葉門討伐「分離主義者」。聯合國也不滿拜德出爾反爾，決定支持薩雷。南葉門因而大敗。一九九四年七月，北葉門軍隊攻入南葉門首都亞丁，拜德逃亡，葉門又恢復統一。

從阿富汗共產黨的覆滅到「塔利班」與美國之間的戰爭

蘇聯雖然在一九八九年二月完成從阿富汗撤軍，阿富汗的戰火卻沒有因此而停熄。其原因是聖戰士並沒有統一的組織，而是各自為戰，又互相制肘，所以原先蘇聯扶植的納吉布拉政府一直撐到一九九二年四月首都喀布爾被攻陷後才投降。阿富汗共產政權至此滅亡。但當時有各種不同的軍隊同時進入喀布爾，各由不同的外國在背後支持，因而雖然共同成立了一個聯合新政府，實際上軍閥仍是在各自進行內戰。

在內戰中，有一支「塔利班」（Taliban）部隊在阿富汗第二大城坎大哈（Candahar）突然崛起。塔利班大部分是來自阿富汗難民營中的伊斯蘭學校的學生，因而又稱「學生軍」或「神學士」。其領導人奧瑪爾（Mohammed Omar Mujahid）提出的主張是「消滅軍閥，反腐敗，重建國家」，獲得無數的百姓支持。一九九六年九月，塔利班攻占喀布爾。四年半前就已經投降下台的納吉布拉被學生軍拖出來，遭到閹割、砍斷手指、拖行遊街，最終慘死。前共產黨員大多也被指為支持無神論，背棄真主阿拉，遭酷刑而死。

塔利班接著又改國名為「阿富汗伊斯蘭酋長國」，奉行遜尼派伊斯蘭原教旨主義，聲稱將是世界上最純潔的國家。為了保持其純潔性，塔利班規定恢復伊斯蘭教傳統的生活方式，例如：女性一律不准出外工作，也不准到學校教書；禁絕西方的音樂、電影、電視；虐殺什葉派教徒及少數民族；又下令滅佛，竟連已有一千五百年歷史的兩座巴米揚大佛（Buddhas of Bamyan）也被爆破摧毀。其結果是對外完全封閉，經濟上更是赤貧，全國的文盲人數快速增加。事實上，這時阿富汗仍然是處於分裂的狀態。原先的聯合政府中有一部分武裝集團退到北方，繼續與塔利班政權對抗，稱為「北方聯盟」。

二〇〇一年九月十一日，美國紐約貿易中心雙塔突然遭到恐怖分子挾持的飛機撞擊而起火倒塌，將近三千人死亡或失蹤，輕重傷者六千人。美國及全世界人民極度震驚。美國總統布希要求阿富汗引渡涉有重嫌的蓋達組織領袖賓拉登，卻被奧瑪爾拒絕。布希震怒，下令美軍侵入阿富汗，北約部隊及北方聯盟也應邀一起出兵。塔利班政權在兩個月內就被推翻，但並未消失，而是像從前一樣，繼續打游擊戰。

一場新的阿富汗戰爭於是又開打，但與先前不同的是蘇聯換成美國，阿富汗新政府換成由美國支持。從另一個角度看，美國無異是在打另一場越戰，而同樣年復一年，一直到本書寫作時也還沒有完全停止。但這新一輪的阿富汗戰爭已經與共產主義沒有直接關係，所以本書就不再贅述。本書關於共產世界的敘述也就此結束。

後記

共產世界的過去、現在與未來

當我在幾年前開始寫這本書時，我為自己訂了一條原則，就是盡量只做客觀的敘述或引述，而不跳進去表示我自己的意見。我的想法是不希望把我的「客觀的」敘述與「主觀的」評論放在一起，以致混淆讀者，妨礙其自行判斷是非曲直。

在過去四十幾年中，歐、美、日等國家對於中共實施改革開放顯然有一種看法，也可說是一種期望，中國在經濟體制鬆綁後，在意識形態有可能也會跟著逐漸鬆綁，最終接受民主、自由、人權的價值觀。坦白地說，我自己也曾經有類似的推斷。但我必須承認，當我在寫書的過程中接觸到有關共產黨的史料越多，我就越來越覺得這樣的看法與事實有差距。最近一、兩年來國際間發生的一些事也印證了一部份我的看法。例如，中美關係正在急速惡化，香港即將提早結束「一國兩制」，台灣與中共漸行漸遠，歐洲、亞洲各國與中共的關係也在快速變動。有很多觀察家認為，一場整個世界範圍的「新冷戰」似乎已經無法避免。

當此之際，我一方面自覺這本書出版正是時候，另一方面更認為自己有必要補寫一篇後記，以與讀者們分享我對共產主義、共產黨，以及對未來的看法。不過我並不想長篇大論，而只挑出三個我認為是極其關鍵的題目來和讀者們分享。首先，是討論馬克思的理論究竟錯在哪裡？其次，是討論共產黨的本質究竟是什麼？而在列寧、史達林、毛澤東等一代一代傳遞之後又演變成為什麼面貌？最後，中共政權究竟將往何處去？能往何處去？以下分述。

一、馬克思的理論究竟錯在哪裡？

如果套用現代的語言，三十歲之前的馬克思無疑是一個「憤青」。他憤世嫉俗是有理由的，因為他所看見的是一個不公不義的歐洲社會，不但有帝制的高壓統治，有腐敗的教會與王權狼狽為奸，還有為富不仁的資本主義，造成社會極端的貧富不均。馬克思因而誓言推翻現有的一切，以拯救被剝削的無產階級，建立他理想中的共產主義世界。《共產黨宣言》正是他在三十歲時（一八四八年）和恩格斯（比馬克思小兩歲）一起發表的。

馬克思的立意無疑是良善的，他的聰明才智也遠遠超過一般人，但不幸的是他過份自信，所提出的理論中又充滿了錯誤。這些理論在後來卻為野心家所用，其結果是為人類帶來極大的禍害。

■馬克思、恩格斯為什麼宣稱其所提倡的共產主義是「科學的」？

首先我要指出，馬克思、恩格斯所提倡的共產主義並不是如其所宣稱是「科學的」。我猜有很多讀者可能不明白為什麼科學或不科學會是一個大問題。實際上，這是一個核心問題。容我把這一點說明清楚。

在馬克思的時代裡，「科學」其實是歐洲社會流行、崇尚的一個詞彙，代表「進步」的意思，就如同七十年後中國在一九一九年五四運動時推崇「賽先生」（即是科學）及「德先生」（即是民主）一樣。馬克思堅稱其理論是科學的，事實上就是為了抬高自己，而貶低同時代其他的社會主義或共產主義，稱之為「封建的」、「保守的」，或「批判的」、「空想的」。更重要的是，馬克思唯有堅稱共產主義是科學的才能提出「歷史決定論」的主張，宣稱共產革命埋葬資本主義乃是歷史的必然，藉此吸引許多青年知識分子為共產主義的歷史使命拋頭顱，灑熱血。事實上，這就是卡爾・波柏所稱的「捕鼠器」的意義。

為什麼說馬克思主義並不科學？

針對馬克思的理論是否科學，歷來有很多人提出質疑。例如，波柏在其巨著《開放社會及其敵人》裡指出，馬克思的理論缺乏「可證偽性」，因而不能說是科學的。這本書被認為已經擊中馬克思主義的要害。吉拉斯也說：「在人類的思想史上，要找到比馬克思主義的自然辯證法更荒謬的東西是不容易的。但它卻幫助馬克思的理論在社會的鬥爭上發揮了大作用。」又說：「馬克思主義被當成『科學』，但沒有一個有地位的馬克思主義理論家是科學家。」

吉拉斯提到的「自然辯證法」是由恩格斯根據馬克思的唯物辯證理論應用到自然科學（包括物理、化學、生物等）而發展出來，但在恩格斯死前並未發表，究竟是否科學的也沒有人能確知。不過到了一九二五年，也就是恩格斯死後三十年，德國社會民主黨的理論家伯恩斯坦才把他的手稿送交當時科學界的泰斗愛因斯坦（Albert Einstein），並詢問他的意見。愛因斯坦看完後回了一封信，十分謹慎而委婉，但明確地說該手稿的內容無論是從當代物理學或物理學史的觀點看都不重要。三年後，蘇聯共產黨卻還是把這些手稿整理後出版了，並附一篇序，其中說：「他（即恩格斯）指明了自然界中的一切都是辯證地進行的，因而認識自然界的唯一正確的方法便是唯物辯證法。」誠如吉拉斯所說，馬克思和恩格斯都不是科學家，但吉拉斯自己也不是。不過如果愛因斯坦說自然辯證法不具科學重要性，那應該沒有疑義。

我再舉一例。列寧臨死前曾預立遺囑，其中批評了史達林、托洛茨基及其他四名蘇共重要領導人。關於布哈林，列寧寫道他是「黨裡最有價值，最重要的理論家」，但在後面又說布哈林「從來就沒學會辯證法，我想也從來沒有完全懂得辯證法。」我必須坦承自己也曾研究辯證法，但自認沒有完全讀懂。不過當我讀到列寧這一段遺囑時，我已經釋然。我不禁也要問，假如連布哈林都被列寧批評從來沒有完全懂得辯證法，那麼當時布爾什維克黨裡究竟有幾個人懂？這就說明了一件事，懂不懂其實並不重要，因為其中並沒有一個客觀的標準，而是由最高領導人決定誰懂誰不懂，所以不可能是科學的。這種地位高低決定誰懂誰不懂的邏輯，在後世所有國家的共產黨裡屢見不鮮。

■錯誤而不科學的馬克思主義為什麼能吸引熱血青年投入共產革命？

馬克思的理論不只不科學，也有很多其他錯誤，更做了很多錯誤的預言。舉一個例，《共產黨宣言》裡說無產階級的統治將使得人對人的剝削及敵對關係隨之消失。事實上，在後來的共產國家裡人對人的迫害只有更嚴重。至於說在共產世界裡不會有民族對民族的敵對關係，只要從後來南斯拉夫與蘇聯決裂，中蘇決裂、中越之戰，越柬之戰等史實，就可以得出結論：馬克思錯了。馬克思又說，資本主義只能以暴力革命的方式推翻，那更是無稽。事實證明，英國的工黨及德國的社會民主黨都是由該國工人團體以和平漸進的方法，採取議會路線而建立的強大政黨，其主張的社會福利政策大多也能逐步實現。然而，列寧卻始終批評德國社會民主黨是「修正主義」，背叛了馬克思主義。毛澤東也批判赫魯雪夫是「修正主義者」。事實上，在被批評的另一方看來，馬克思主義本來就有錯誤，必須修正。

那麼，馬克思主義既是不科學，又錯誤百出，為什麼能吸引那麼多熱血青年？這正是歷史的悲哀之處。簡單地說，那是因為我們今天說馬克思主義錯了，大部分是在列寧創立共產政權之後才提出的，而在列寧之前並沒有幾個人能看出來，或是說很少人注意到。反之，當時人們所看見的只是資本主義之惡。人們只要細細地體會英國哲學家羅素在二十世紀初所說的：「資本主義在今日已經不容於世界。人類文化的遺產，已不是資本制度所能保全。」便能明白為什麼當時歐洲許多工人、農民、及青年知識分子都嚮往共產革命的道路。讀者們如果把布哈林的遺囑中有關他自述如何矢志革命的文字再細讀，當會更明白我的意思。

布哈林的遭遇當然是可悲可憫，但我個人認為，更可悲的是他一直到死都還不能明白，他跟隨列寧一起革命奮鬥建立的共產黨，到頭來並不是他所說的那樣純潔，也不是為了無產階級的利益，而是如他在遺囑中所描述的，是讓他感覺無力的一部「惡毒的機器」，具有無比強大的力量，有組織地在編造謊言毀謗……直接地說，那正是由列寧一手打造的一黨專政，一人獨裁體制，以及為達目的可以不擇手段的邪惡組織。這正是我要與讀者們討論的第二個主題。

二、共產黨的本質及其傳承

關於這個主題，首先我們要討論的是一黨專政及一人獨裁的體制究竟從何而來？其次是為達目的不擇手段的思想又是從何而來？最後是如此的體制在後世又如何傳承而更加惡質化？

■ 一黨專政及一人獨裁的起源

關於一黨專政及一人獨裁的起源，綜合我在前面各章裡的敘述而簡單地說，那是從法國大革命時期的巴貝夫到巴黎公社事件中的主角之一布朗基一路都在倡行的主張。俄國的革命理論家特卡切夫也曾向恩格斯建議，說革命不能只靠宣傳，必須進行謀反以奪取政權；謀反的工作又必須由少數人負責，由有組織、有紀律的中央集權化的政黨指揮，而其領導人必須要有權威。但馬克思及恩格斯一向都沒有真正屬於自己掌控的組織，收到這樣的信也是無用。

然而如本書第四章所述，一九〇三年俄國社會民主工黨在倫敦召開代表大會時做出的一個決議，竟成為改變整個世界的一個重大歷史事件。當時大會討論一個問題：「黨的紀律究竟要支配黨員的行為到什麼樣的地步？究竟黨的基本民主原則和黨的目標何者重要？」在黨員們激烈地爭辯之後，大會主席普列漢諾夫做出的最後裁決竟是：「革命的成功是最高的法律。」這就等於說，為了革命的需要，民主、自由、人權，以及人的尊嚴都可以犧牲。這正是列寧一向的主張，而在寫成白紙黑字後就成為布爾什維克人人必須遵守的法則。

■ 為達目的，不擇手段——虛無主義者涅洽耶夫對列寧的啓示

但列寧僅憑這樣一個決議就能完全控制布派嗎？當然不可能。那麼列寧還靠什麼呢？實際上有一部份是靠金錢。列寧的錢又是從哪裡來呢？相信讀者們在讀了本書第五章後都已了然於胸，那是使用偷、搶、拐、騙等不擇手段的方法弄來的。光是在第比里斯銀行運鈔車一案中，史達林便已為列寧搶來三十四萬盧布。布黨在聖彼得堡、莫斯科等地也犯下累累的搶案、勒贖案，所得更多。另外還有印假鈔，以及派年輕的同志誘娶工業大亨的女兒等方法。即便是孟什維克派怒責列寧搶來、騙來的是「臭錢」，列寧也還是我行我素。

列寧為什麼行為若此？這就不能不提到虛無主義者涅恰耶夫。「虛無主義」從一八六〇年代起在俄國流行，其特點是否認上帝，否認沙皇，否認舊社會、舊思想，主張拋棄一切傳統，一切權威。涅恰耶夫是其中一個突出的代表人物，曾經寫了一本小冊子《革命家問答書》，主張採取恐怖行動和無所不用其極的手段以摧毀舊世界。列寧卻曾讚美他，說他有「超人的組織天才，到處建立謀叛工作的特殊能力，以及使其思想永久深入人的記憶中的才能。」

《革命家問答書》裡面表達的，是一種令人不寒而慄的邪惡思想，真正是為達目的，不擇手段。其全文在中文《馬克思恩格斯全集》網站上可以找得到，是所謂「階級鬥爭文獻」的一部分。由於該書全文只有二十六

條，約三千字而已，讀者們或可直接上網去找出來研究。我相信讀者們不至於誤解我是在為這本小冊子宣傳。剛好相反，我是希望讀者們在細讀其中的文字後能夠豁然明白，布哈林所描述的那一部惡毒的機器的本質究竟是怎麼來的。

■ 共產黨本質的傳遞——從列寧、史達林到毛澤東

列寧無疑具有鋼鐵般的意志及超人的能力，最後終於建立了世界上第一個共產主義國家。但綜觀歷史，一個國家如果是採用極不正當的方法而建立的，不幸大多留有嚴重的後遺症。當列寧為十月革命成功而欣喜萬分時，其舊日的革命同志及在不同的社會主義陣營者，如高爾基、普列漢諾夫、克魯泡特金及考茨基等，都發表極為負面的批評。或稱其「缺乏崇高的道德理想，不能創造出一種奠基於自由和正義的新社會制度」；或預言俄國將會面臨大屠殺、大黑暗、大災難。不幸的是，這些預言在後來都成為事實。

然而，史達林繼踵列寧之後，無疑青出於藍。他在統治蘇聯的三十年間如何欺騙造假、迫害無辜、製造個人崇拜，又發動大清洗，在赫魯雪夫公布的報告裡都已清楚地揭露。繼史達林之後的中國共產黨主席毛澤東又更加青出於藍。毛尤其善於利用政治運動以整肅異己，其中包括延安整風、反右運動、大躍進、反右傾運動、文化大革命，等等。數百萬人遭到迫害、處決或自殺，數千萬人餓死。但以我之見，其實最嚴重的是毛在每次發動政治運動時背後的「階級鬥爭」思想的流毒，而其不良影響至今仍然籠罩著整個中國社會。

三、中共將往何處去？中國又將往何處去？

一九八九年東歐劇變及一九九一年蘇聯解體後，全世界的共產國家大多被迫解除共產黨一黨專政。只剩下

中國、越南、寮國和古巴四個國家仍然自稱奉行馬列主義，繼續由共產黨一黨專政，但實際上都已經引入資本主義經濟制度，所以只能算是半個共產主義國家。有人問，這樣的體制能繼續維持嗎？又能維持多久？我認為，問題其實不在於能不能，而是在於這樣的體制究竟是不是人民所要的。換句話說，人民如果有充分的資訊，又有選擇的權利，是不是願意讓這樣的體制繼續下去？這就牽涉到另一個更加根本的問題：共產黨能代表人民嗎？這正是我首先要討論的問題。但我將只討論其中真正重要的中國，而當然先從毛澤東說起。

■中共能代表中國人民嗎？——從毛澤東的功過說起

沒有人能否認，新中國是由毛澤東領導中國共產黨建立的。但也沒有人能否認，毛在統治中國的二十七年間犯下無數的錯誤，卻從來沒有真正認錯過。事實上，即便是在大飢荒中餓死三、四千萬人，毛也不曾說過一次表示哀傷的話。毛為何如此？直接地說，那是因為他對人民的福祉及人命一向是漠不關心。關於這一點，足以佐證的事例很多，以下我舉兩個實例說明。

首先，如本書第十四章所述，毛於一九五七年到莫斯科參加十月革命慶典，於大庭廣眾中對各國共產黨的代表們說，中國完全無懼於第三次世界大戰，也不怕美國這隻「紙老虎」，因為「我們現在六億人，即使我們損失其中三億人又怎麼樣？戰爭嘛……」毛在說出這樣的話之後，還能代表人民嗎？

其次，本書第十一章也曾提到，林彪在一九四八年率共軍包圍國軍據守的長春約半年，並奉毛的指示下令「要使長春成為死城」。城內的老百姓因而大多餓死，有說是五十萬人，有說是三十萬，也有說「只有」十萬人，在人數上有極大的爭議。究竟死多少人的問題當然重要，但我認為另有一個問題恐怕更重要而必須要問：在毛的決策背後究竟是什麼樣的思想而必定要禁止長春的百姓出城，竟使得老人，婦人、孩童，甚至嬰兒全都活活餓死？

總之，「偉大的毛主席」其實離偉大很遠。如不是中共內部不斷的造神運動，又刻意掩蓋事實，以及宣傳狹隘的民族主義，毛的真正形象恐怕早就顯露無遺。不過中共也知道無法隱瞞全部，所以曾經在一九八一年發布《關於建國以來黨的若干歷史問題的決議》（簡稱《決議》），宣稱毛確實犯了嚴重的錯誤。但《決議》只是著重毛在文化大革命中犯錯，對於他在其他的政治運動中所犯的錯誤卻大多不提，或是避重就輕，而最後的結論是毛的「功績是第一位的，錯誤是第二位的」。至於毛澤東思想，《決議》說今後仍然要高舉。

鄧小平曾經多次親自參加《決議》起草小組會議，並指示說：「毛澤東思想這個旗幟丟不得，丟掉了這個旗幟，實際上就否定了我們黨的光輝歷史。」葉劍英也曾在起草小組會議中發言，說：「蘇聯人還了史達林的墓，我們就對毛澤東來個鞭屍，這不就刺激人民提問，社會主義對在哪裡，共產主義好在哪裡嗎？……。如果我們要追根究底，我們將發現，責任不在毛澤東一個人那裡，我們全都有責任。」這些發言記錄清楚地說明了一件事：中共元老們之所以不肯丟掉毛澤東，其實只是為了要維持共產黨一黨專政，也為了要避免自己為錯誤負責任。換句話說，共產黨所做的《決議》是站在自己的利益的角度出發，並不是站在人民的角度。

鄧小平也曾在一九八〇年八月接受一名義大利女記者奧琳埃娜．法拉奇（Oriana Fallaci）訪問時談到毛澤東。法拉奇直接問，天安門上的毛主席像是否要永遠保留下去。鄧小平也直接回答，永遠要保留下去。但中國究竟有多少人民認同鄧小平的回答，恐怕越來越是一個大問題。

■ 鄧小平的功與過

不僅是毛有功與過的問題，鄧小平也有。沒有人能否認，鄧小平在文革後復出，撥亂反正，又主導中國的改革開放，奠定中國經濟飛快成長的基礎，對國家及人民做出極大的貢獻。然而從前面的敘述，我也必須說鄧小平所犯的過錯也不小。毛澤東的歷史定位一日不能客觀公正地予以評價，中國的人民及整個社會便日復一日無法脫離其陰影。共產黨明明早已失去其建黨時的初衷及理想，又從列寧、史達林、毛澤東繼承了邪惡的本質，鄧小平卻一心要維護馬列主義及中共一黨專政。

八六學潮及六四運動時，中國原本都有機會依學生及人民的期望做重大的變革，鄧小平卻因兩次成功鎮壓學生運動而沾沾自喜，自認是避免了類似東歐劇變和蘇聯解體的事件在中國發生，從而解除了國家傾覆的危險。

事實上如果從人民的觀點，東歐劇變是極為成功的變革，戈巴契夫也自認是他個人的極大成就。至於蘇聯解體，當然不是戈巴契夫所期望的，鄧小平和許多中共的理論家因而都說蘇聯是因為同時進行政治改革及經濟改革，所以致敗。但依我之見，那是沒有仔細研究整個事件的過程就草草做出的結論。讀者們如果細讀了本書第四卷的相關章節，必定會同意我的看法：戈巴契夫如果不是有太多性格上的缺點，又犯了太多不該犯的錯誤，蘇聯其實很有可能和波蘭、匈牙利一樣有機會順利完成變革。

話說回來，戈巴契夫雖然有種種缺點及錯誤，我相信將來在歷史上必定有其崇高的地位，因為他從擔任蘇共總書記之日起就決心要放棄共產黨一黨專政，而始終言行如一。我知道今天世界上有很多人對於民主制度表示保留，我也同意那離完美還很遠。但我堅信，一黨專政絕對是錯的，不論那是共產黨或是什麼其他政黨。

鄧小平是一個經驗、威望及聰明才智都遠高於戈巴契夫的人物，如果他在東歐及蘇聯吹起改革之風時也願意在中國推動體制改革，相信成功機率非常大，對人民只有更好，中國崛起的意義也更大。可惜鄧小平的思想自始至終被「四個堅持」所禁錮，見識不及於此，否則他的歷史地位將會完全不同。

■ 若不講誠信，中國夢不可能實現

中共現任的總書記習近平在二〇一二年上任後，有兩件事值得注意。其一是，他提出一個所謂的「中國夢」，宣稱要帶領人民實現「中華民族偉大復興」。其二是，中共於二〇一七年十月召開第十九次黨代表大會，會中通過將「黨領導一切」寫入黨章中，這就等於重新宣示將繼續一黨專政。習近平又在二〇一八年三月授意第十三屆全國人大刪除憲法中國家主席只能連任一次的限制，亦即要強化其一人獨裁的體制。

我不得不說，這兩件事其實是互相抵觸的。共產黨如果繼續一黨專政，中國絕對沒有可能偉大復興。事實上，中共最大的不幸是把中國幾千年來的傳統文化都毀棄了，所以不知道如何治國，更不知道什麼是偉大。《論語》裡有一段話，值得參考。子貢問政，孔子回答說：「足食、足兵，民信之矣。」子貢再問如何取捨，孔子說必要時不得已只能先去兵、再去食，卻無論如何要保留「信」，因為「自古皆有死，民無信不立。」這裡所謂的食與兵，就是經濟和軍事，在孔子眼中並不是最重要的。相對而言，他認為誠信才是國家的根本。毛澤東所建立的政權，當然沒有所謂的誠信可言。鄧小平及其後歷任的中共領導人所追求的，其實也只是食與兵，而不及於信。我無法明白，一個沒有誠信的政黨如何可能帶領國家偉大復興？

關於中共不講誠信，最近的一個實例是中共全國人大在今年五月底通過決定，將制訂「港版國安法」，預定於九月起實施。這等於宣告毀棄中共對英國及所有香港人民所做出的「一國兩制」、「五十年不變」的承諾。回憶一九九七年七月一日，中、英兩國在香港舉行回歸的交接儀式。當時除了在香港島上參加典禮的貴賓之外，在維多利亞港裡也擠滿無數的船隻，載滿了市民和外賓。我也躬逢其盛，和一部分香港同事們擠在其中的一艘船上，在午夜間歇的大雨及慶祝煙火中遠遠地觀禮，為中共對香港「五十年不變」的承諾作見證。但當時沒有人能確定中共將來是否會信守諾言，因而香港人大多是憂喜參半。殊不料，如今五十年還剩下二十七年，中共就片面廢棄承諾。

香港居民其實從去年起就已經發起「反送中運動」，拒絕修法讓中共任意將香港人引渡到國內，在最高峰時竟有兩百萬人走上街頭抗議，占香港人口的四分之一以上，這讓我聯想一九八九年八月發生的「波羅的海之路」運動。香港居民究竟害怕什麼呢？自然是怕失去民主、自由、法治，但更重要的是怕失去人權的保障。

■中共對人權及宗教的迫害

中共建政以來一向蔑視人權，又敵視宗教。本書在前面部分章節已經敘述了有關中共對西藏人民及達賴、班禪喇嘛的所作所為，那是對宗教及人權的雙重迫害。事實上，中共對國內的民主異議人士、維權律師、法輪功學員，以及信仰伊斯蘭教的新疆維吾爾人的迫害也極為嚴重。

以維吾爾人為例。中共從一九四九年建國起就開始大量移民到新疆，使得漢人的人數從三十萬增加到一九六二年的五百三十萬，達十八倍之多，已與維吾爾人的人口相近。維吾爾人因而不安，又自認遭受歧視，導致不斷地發生抗爭及暴力恐怖活動，範圍甚至波及新疆以外的地區。暴力及恐怖活動固然失當，但中共從二〇一七年起以反恐、去極端化、教導工作技能為名在新疆設立「再教育營」，卻更是惡政。據估計，已有超過一百萬維吾爾人被強制送入營中，被迫接受教授漢語及思想教育，包括無神論。

中共迫害法輪功是敵視宗教的延伸。回溯文革時，所有廟宇、教堂、清真寺莫不遭難。文革結束後，信仰五大宗教的人數雖因中共有限度的允許而增加，卻遠遠不如具有傳統宗教內涵的各式各樣氣功門派成長迅速。胡耀邦擔任總書記時，對此一現象的指示是「不宣傳、不爭論、不批評」。法輪功卻是在後來成長最快的一支，從一九九二年成立起，到一九九九年已超過七千萬人，並傳播到海外。其成員不只是一般百姓，也包括許多高級知識分子。中共內部有一部份高層認為法輪功有益無害，江澤民卻堅稱法輪功是邪教。一九九九年六月，江澤民下令成立一個層級極高的專門機構以對付法輪功學員，其手法包括集體逮捕、勞改、再教育、刑求，甚至活摘器官，供販賣做為移植之用，可謂殘酷至極。

共產黨為什麼持無神論呢？其源頭在《共產黨宣言》裡的一段話：「共產主義要廢除永恆真理，它要廢除宗教、道德，而不是加以革新。」不過讀者們如果把這句話的前後文也都讀了，就會發現原來馬克思是因為認定在無產階級的統治下人對人和民族對民族的剝削及對立將會消失，所以結論是：「從宗教的、哲學的和一切意識形態的觀點對共產主義提出的種種責難，都不值得詳細討論了。」然而，我必須再一次提醒讀者們，《共產黨宣言》裡說人對人及民族對民族的剝削及敵對關係將永遠消失的預言已經被證明是完全錯誤。那麼如果基本假設錯了，要廢除宗教及道德的結論還能成立嗎？那將是什麼樣的一種混亂的社會？總之，我所不解的是，像《共產黨宣言》這樣偏激而危險，又已經被證明大部分是錯誤的文件，為什麼到今天還被共產黨當作聖經？

■ 中共及中國人民的選擇

近幾年來，有一個「中共不等於中國」的說法逐漸在華人社會中傳播。當代極負盛名的旅美華人史學家余英時先生是最早提出此一說法的人之一。這句話是什麼意思呢？簡單地說，就是：對於中國國內的人民來說，大可不必認為中共可以完全代表他們，又能永遠代替人民決定一切。對於海外的華人（包括台灣、香港）來說，不應認為愛中國就必須愛中共，或批評中共的言論就是批評中國。總之，中共如果不能自我變革，而只是繼續以其狹隘的民族主義為藉口企圖綁架十四億人，以不可能實現的「中國夢」掩蓋其確保「新階級」的利益的真正目的，那麼終將自外於國人，必將為人民所唾棄、推翻。

其實習近平及中共其他高層如果能真正了解其處境，或許可以選擇一條更好的路，效法戈巴契夫做重大的變革。具體地說，習近平如果真想實現「中國夢」，真想讓中國偉大，只能做兩件事。第一是把毛澤東的像從天安門上拿下來，第二是停止共產黨一黨專政。

毛澤東的像如果不拿下來，我敢斷言中國及中共體內長久以來積存的毒素就永遠無法清除乾淨，中國也將永遠無法獲得新生。

至於取消共產黨一黨專政，我認為中共（及中國人民）比三十年前的東歐及蘇聯應當容易得多，至少國家經濟沒有像當年東歐及蘇聯那樣窮困。但要如何才能和平有序地變革呢？三十年前東歐八國及蘇聯的經驗及教訓其實都不遠，其中大多是成功的，但也有失敗的，都可以拿來借鏡。特別是波蘭、匈牙利、捷克都屬於「絲絨革命」，並沒有痛苦，在變革後政治、經濟、社會狀況也都比先前迅速改善。我特別要建議參考這些國家在變革之前先召開「圓桌會議」的作法，邀集國內各領域的菁英分子與共產黨內的重要領導人齊聚一堂，長期詳細討論，為變革做充分準備。中共雖然非放棄一黨專政不可，畢竟沒有人希望那過程混亂無序而陷入動亂，導致人民受苦。

直接地說，鄧小平當年能做應做，卻沒有做的事，習近平及其同志有機會改正而做成功。若能如此，不僅習近平能在歷史上留名，所有的中國人民都能獲得解脫，中華民族也才能真正踏出「偉大復興」之路。至於中共黨員，雖然不免失去特權，也不至於從此完全被排除在政治之外。東歐各國變天後，原先的共產黨無論是保留黨名或改名，不也都在後來繼續參政，甚至有經由政黨輪替而取得重新執政的機會嗎？

誌謝

我之所以能完成這本書，首先要感謝的是史丹佛大學歷史博士孫隆基教授。孫先生雖是以出版一本《中國文化的深層結構》聞名於兩岸三地，卻也曾專攻俄國史及東亞史，正是我寫這本書必須要求教的對象。雖然我們兩人的思想及理念明顯地有相當的差距，我十分珍視孫先生在我寫書的過程中給我的意見。我曾對孫先生開玩笑，說如果我們兩人是在同溫層，那麼他對我就不太有用了。不過我在此也要鄭重聲明，這本書的內容如果有什麼錯誤，與他無關，都是我的錯，因為我是最後定稿的人。

我同時要感謝幾位學者專家、朋友願意花時間幫我讀這本書的未完稿，並願意幫我寫推薦序。其中包括台積電文教基金會董事陳健邦先生、台大社會系教授陳東升先生、台大新聞所教授張錦華女士、前新竹教育大學校長曾憲政先生、建國中學歷史老師黃春木先生、歷史作家廖彥博先生，以及歷史說書人(History Story Teller)粉專創辦人江仲淵先生。

我也要謝謝我的外甥女楊景涵。本書的地圖都是她根據我們兩人的討論所畫成，每張修改至少五、六次，真是辛苦她了。希望讀者們在讀本書時這些地圖會有所幫助。

我也要感謝遠流出版社出版五部總編輯林馨琴女士及編輯楊伊琳小姐在本書編輯和出版過程給我的鼓勵、支持及協助，對我幫助極大，使得這本書在截稿期限前順利完成，得以及時展現在廣大的讀者們面前。

最後，我更要感謝選擇閱讀這本書的讀者們。我誠摯地希望讀者們在讀這本書時，就如同我在寫這本書時一樣，心中充滿喜樂。

附錄

主要參考書目

A世界史、地區史、國別史、敘事史

1《世界通史》，Carlton Hayes, Parker Thomas Moon, John Wayland 原著，李方晨、陳大端增訂，沈剛伯校定；東亞書社（台北），1959

2《蘇聯帝國興亡史》（上、下冊）（"*The Rise and fall of the Soviet Empire* "），Brian Crozier 著，林添貴譯，智庫文化（台北），2003

3《俄國革命史》（上、下冊）（"*The History of Russian Revolution* "），Leon Trotsky 著，勝利譯，問學出版社（台北），1988

4《從俾斯麥到希特勒》（"*Von Bismarck zu Hitler*"），Sebatian Haffner 著，周全譯，左岸文化（台北），2009

5《戰後歐洲六十年》（共三卷），Tony Judt 著，黃中憲譯，左岸文化（台北），2012

6《東歐諸國史》，李邁先著，三民書局（台北），1990

7《東歐各國共黨》，卜大中、王國枝、周祉元、崔岡、許光泰等著，中國國民黨大陸問題研究所（台北），1978

8《亞太地區共黨》，卜大中、王切女、王明在、王國枝、朱松柏、周祉元、張一柱、許光泰等著，中國國民黨大陸問題研究所（台北），1978

9《西歐各國共黨》，卜大中、王切女、王明在、王國枝、周芬娜、周祉元、高永光、許光泰、陳伯志等著，中國國民黨大陸問題研究所（台北），1978

10《國際共黨與拉丁美洲》，王建勛著，政治大學國際關係研究中心（台北），1976

11《第三國際興亡史》，鄭學稼著，亞洲出版（台北），1954

12《戰後日本史》，王新生著，江蘇人民出版社（南京），2013
13《中國近代史》（*"The Rise of Modern China"*），徐中約著，計秋楓、鄭會欣譯，中文大學出版社（香港），2002
14《追尋現代中國》（*"The Search for Modern China"*），Jonathan D Spencer（史景遷）著，溫洽溢譯，時報出版（台北），2001
15《近代中國史綱》，郭廷以著，中文大學出版社（香港），1979
16《中國共產黨的七十年》，胡繩主編，中共黨史出版社（北京），1991
17《中國共產革命七十年》，陳永發著，聯經出版（台北），2001
18《中國改革年代的政治鬥爭》，楊繼繩著，天地圖書公司（香港），2011 年修訂二版
19《戰後台灣史記》，許介鱗著，文英堂出版社（台北），2008
20《韓國現代史》，文京洙著，岩波書店（東京），2005。
21《當代韓國史》，曹中屏、張璉瑰等編著，南開大學出版社（天津），2006
22《北韓－從游擊革命的金日成到迷霧籠罩的金正恩》，和田春樹著，許乃云譯，聯經出版（台北），2015
23《東南亞史》，梁英明著，人民出版社（北京），2010
24《菲律賓史》，陳鴻瑜著，三民書局（台北），2003
25《印尼史》，李美賢著，三民書局（台北），2005
26《老撾史》（*"A Short History of Laos"*），Grant Evans 著，郭繼光、劉剛、王瑩譯，東方出版三民書局（台北），2011
27《柬埔寨：被詛咒的國度》（*"Cambodia's Curse"*），Joe Brinkley 著，楊岑雯譯，聯經出版（台北），2014
28《舊制度與大革命》（*"L'Ancien Régime et la Révolution"*），by Alexis de Tocqueville，李焰明譯，時報文化出版（台北），2015
29《棉花帝國》（*"Empire of Cotton: A Global History"*），by Sven Beckert，林添貴譯，天下文化（台北），2017
30《公司的歷史》（*"The Company: a short history of a revolutional idea"*），by John Micklethwait and Adrian Wooldridge，夏荷立譯，左岸文化（台北），2005
31《列寧的墳墓：一座共產帝國的崩潰》（*"Lenin's tomb :the last days of the soviet empire"*），David Remnick 著，林曉欽譯，八旗文化（台北），2014
32 *"Red Star Over China"*, by Edgar Snow, Penquin Books, 1978
33《中共富田事變真相》，鄭學稼著，國際共黨問題研究社（台北），1976
34《紅太陽是怎樣升起的－延安整風運動的來龍去脈》，高華著，香港中文大學出版（香港），2011
35《毛澤東的大飢荒－1958-1962 的中國浩劫史》（*"Mao's Great Famine"*），Frank Dikotter 著，郭文襄、盧蜀萍、陳山譯，印刻文學

出版（台北），2012
36《文化大革命十年史》，嚴家其、高皋著，遠流出版（台北），1990
37《毛澤東最後的革命》（*"Mao's Last Revolution"*, Harvard University Press），Roderick MacFarquhar & Michael Schoenhals 著，關心譯，唐少傑審定，左岸文化（台北），2010
38《失落的一代 - 中國的上山下鄉運動》，Michael Bonnin 著，歐陽因譯，香港中文大學出版社（香港），2009
39《毛澤東與史達林、赫魯曉夫交往錄》，彭卓吾譯，東方出版社（上海），2004
40《革命》（四卷本），楊奎松著，廣西師大出版社（北京），2012
41《國史札記》（史論篇、人物篇、事件篇），林蘊輝著，東方出版社（上海），2009-2012
42《若干重大決策與事件的回顧》，薄一波著，中央黨史出版社（北京），1991
43《無奈的選擇 - 冷戰與中蘇同盟的命運》（上、下冊），沈志華著，中國社科文獻出版社（北京），2012
44《出席蘇共二十一大追記》，閻明復，朱瑞真：《百年潮》（香港）2007 年第 2 期
45《隨周恩來出席蘇共二十二大》，閻明復，朱瑞真：《中共黨史資料》（北京），2007 年第 1 期
46《大江大海一九四九》，龍應台著，天下雜誌出版（台北），2009
47《最後的天朝 – 毛澤東金日成與中朝關係（1945-1976）》（上、下冊），沈志華著，香港中文大學出版社（香港），2017
48《昭和史》（第一、二部），半藤一利著，林錚顗譯，玉山社（台北），2011。
49《國家的幻影》，石原慎太郎著，劉崇稜譯，台灣商務印書館（台北），2006
50《朝鮮戰爭》（*"The Korean War"*），Bruce Cumings 著，林添貴譯，左岸文化（台北），2013
51《最寒冷的冬天 - 美國人眼中的朝鮮戰爭》（*"The Coldest War - America and Korean War"*），David Halberstam 著，王祖寧、劉寅隆譯，重慶出版社（重慶），2006
52《鏖鬥的年代》（*"A Time for War"*），by Robert Schulzinger，席代岳譯，麥田出版社（台北），2001
53《激盪三十年 - 中國企業 1978 - 2000》，吳曉波著，中信出版社（北京），2014

B 政治、經濟、社會、思想學術論述

54《古代社會》（*"Ancient Society"*），Lewis H. Morgan 著，楊東莼、馬雍、馬巨譯，商務印書館（北京），1992
55《自由四論》（*"Four Essays On Liberty"*），Isaiah Berlin 著，陳曉林譯，聯經出版（台北），1986

56《社約論》（"*Du Contrat Social*"），by Jean-Jacques Rousseau，徐百齊譯，台灣商務印書館（台北），2006
57《供給的邏輯 - 政治經濟學概論》（"*The Logic of Supply – A Treatise on Political Economy*"），by Jean Baptiste Say，黃文鈺、沈瀟笑譯，浙江人民出版社（浙江），2017
58《經濟學及賦稅之原理》（"*On The Principles of Political Economics and Taxation*"），by David Ricardo，郭大力、王亞南譯，三聯書局（上海），2014
59《洛克與政府論》（"*Lock on Government*"），by D. A. Lloyd Thomas，黃煜文譯，五南出版（台北），2015
60《論法的精神》（"*The Spirit f Lawl*"），by Montesquieu，張雁深譯，台灣商務印書館（台北），1998
61〈《拿破崙法典》及其影響〉，梅汝璈，中國法學網，http://www.iolaw.org.cn/shownews.asp?id=9801
62《1844 年經濟學哲學手稿》，馬克思著，李文中譯，暖暖書屋（台北），2016
63《共產黨宣言》，馬克思、恩格斯著，中共中央馬克思、恩格斯、列寧、斯大林著作編譯局譯，人民出版社（北京），1992
64《資本論》馬克思、恩格斯著，中共中央馬克思、恩格斯、列寧、斯大林著作編譯局譯，人民出版社（北京），1975
65《論巴黎公社》，馬克思、恩格斯、列寧、斯大林著，中共中央編譯局編，人民出版社（北京），1971 二版
66〈俄國革命的理論及實際〉，Bertrand Russel 著，愈之 1923 年譯，摘自《羅素論社會主義與自由主義》，劉福增主編，水牛出版社（台北），1989
67〈布什維克主義之實踐及其理論〉，Bertrand Russel 著，羅時實 1951 年譯，摘自《羅素的社會哲學》，劉福增主編，水牛出版社（台北），1989
68 "*World Communism*", Franz Borkenau, The University of Michigan Press, 1971
69《費邊社會主義思想》，張明貴著，聯經出版（台北），1983
70《開放社會及其敵人》（"*Open Society and Its Enmies*"），Karl Popper 著，莊文瑞、李英明編譯，桂冠出版（台北），1992
71《二十世紀的教訓：卡爾．波柏訪談錄》（"*The Lesson of This Century*"），by Karl Popper and Giancarlo Bosseti，王凌霄譯，貓頭鷹出版社（台北），2000
72《新教倫理與資本主義精神》（"*The Protestant Ethic and The Spirit of capitalism*"），Max Weber 著，康樂、簡惠美譯，遠流文化（台北），2007
73《毛澤東選集》第一卷 - 第五卷，毛澤東著，人民出版社（北京）
74《毛語錄》，毛澤東著，衛城出版（台北），2012
75《鄧小平文選》第一卷 - 第三卷，人民出版社（北京）

76《新階級：共產主義制度的分析》（*"An Analysis of the Communist System"*），Milovan Djilas 著，居浩然譯，聯合報出版（台北），1957
77《不完美的社會》，Milovan Djilas 著，葉倉譯，今日世界社出版（香港），1970

C 傳記類（傳記、自傳、回憶錄）

78《亞當・斯密》，施建生著，天下遠見出版（台北），2010
79《李嘉圖》，施建生著，天下遠見出版（台北），2011
80《馬克思》（*"Karl Marx – a Biography"*），David McLellan 著，王珍繹，五南出版（台北），2012
81《*Karl Marx – His Life and Environment*》，Isaiah Berlin, Oxford University Press, 1978
82《我的自傳》，克魯泡特金（Peter Kropotkin）著，巴金譯，三聯書局（北京），1985
83《往事與隨想》，赫爾岑（Alexander Herzen）著，巴金、臧仲倫譯，譯林出版（北京），2009
84《列寧評傳》，鄭學稼著，黎明文化（台北），1978
85《列寧回憶錄》，娜・康・克魯普斯卡婭 著，哲夫譯，人民出版社（北京），1960
86《列寧的一生》（*"The Life of Lenin"*），Louis Fisher 著，彭卓吾譯，北京圖書館（北京），2002
87 *"Stalin – A Political Biography"*, Isaac Deutscher , Penguin Book, 1984
88《史達林眞傳》，鄭學稼著，五洲出版（香港），1954
89《史達林 - 從革命者到獨裁者》（*"Stalin – New Biography of a Dictator"*），Oleg V. Khlevniuk 著，陳韻聿譯，左岸文化（台北），2018
90《史達林與冷戰》，張盛發著，淑馨出版社（台北），2000
91《我的奮鬥》（*"Mein Campf"*），Adolf Hitler 著，陳式編譯，文國書局（台南），2004
92《托洛茨基自傳》（*"My Life"*），Leon Trotsky 著，勝利譯，問學出版社（台北），1988
93《先知三部曲》（*"The prophet Armed, Unarmed and Outcast – Trotsky 1879-1940"*），Issac Deutscher 著，中央編譯出版社（北京），1998
94《留俄回憶錄》，王覺源著，三民書局（台北），1969
95 *"Memoirs of the Second World War"*, Winston S. Churchill , Houghton Mifflin Company（Boston），1990

96《杜魯門回憶錄》（上、下卷）（"*The Memoirs of Harry S. Truman* "），Harry Truman 著，李石譯，東方出版社（北京），2007

97《赫魯曉夫回憶錄》,Nikita Khrushchev 著，述弢、王尊賢等譯，社會科學文獻出版社（北京），2006

98《赫魯曉夫》，Roy A. Medvedev 著，王德樹、李家祿譯，人民出版社（天津），1986

99《赫魯曉夫全傳》，William Tauberman 著，王躍進譯，中國社科出版社（北京），2009

100《勃烈日涅夫的力量和弱點》，Abdurakhman Avtorkhanov 著，楊春華、張道慶譯，周愛琦校，新華書局出版（北京），1981

101《麥納馬拉越戰回顧》（"*In Retrospect – The tragedy and lessons of Vietnam*"），Robert Mcnamara 著，汪仲、李芬芳譯，智庫文化（台北），2004

102 "*Gorbachev: His Life and Times*",William Taubman 著，W. W. Norton & Company，2017

103《在戈爾巴喬夫身邊六年》，切爾尼亞耶夫著，徐葵、張達楠等譯，世界知識出版社（北京），2001

104《在歷史的祭壇上：戈爾巴喬夫的命運》，鄭建新著，南方日報出版社，2012

105《三十歲以前的毛澤東》，李銳著，時報出版（台北），1993

106《毛澤東傳》（"*Mao: A Biography*"），Ross Terril 著，何宇光、劉加英譯，中國人民大學出版社（北京），2010

107《毛澤東：鮮為人知的故事》，（"*Mao: The Unknown Story*"），June Chang，Jon Halliday 著，張戎譯，開放出版（台北），2006

108《毛澤東真實的故事》（"*Mao: The Real Story*"），Alexander Pantsov，Steve Levine 著，林添貴譯，聯經出版（台北），2015

109《毛澤東私人醫生回憶錄》，李志綏著，時報出版（台北），1994

110《費德林回憶錄 - 我所接觸的中蘇領導人》，新華出版社（北京），1995

111《在歷史巨人身邊》，師哲著，中央文獻出版社（北京），1991

112《往事並不如煙》、《一陣風，留下千古絕唱》、《伶人往事》、《這樣事和誰細講》，章詒和著，時報出版（台北），2004-2011

113《一滴淚 - 從肅反到文革的回憶》，巫寧坤著，允晨文化（台北），2007

114《消失中的江城》、《尋路中國》、《甲骨文》，Peter Hessler（何偉）著，吳美真、賴芳、盧秋瑩等分譯，八旗文化（台北），2011-2013

115《找尋真實的蔣介石 - 蔣介石日記解讀》（1—4冊），楊天石著，三聯書店（香港），2014-2017

116《周恩來傳》，（"*Chou En-Lai : China's Gray Eminence*"），by Kai-Yu Hsu（許芥昱），張北生譯，明報出版（香港），1976

117《周恩來傳》，（"*A biography of Zhou En-Lai*"），Dick Wilson 著，封長虹譯，國際文化出版公司（北京），2011

118《張學良口述歷史》，張學良口述，唐德剛著，遠流出版（台北），2009

119《李宗仁回憶錄》，李宗仁口述，唐德剛著，南粵出版社（香港），1986

120《彭德懷自述》，彭德懷自述編輯組編輯，人民出版社（北京），1981。
121《陳布雷回憶錄》，陳布雷著，傳記文學出版社（台北），1967
122《從追求到幻滅：一個中國經濟學家的自傳》，千家駒著，時報出版（台北），1993
123《鄧小平改變中國》，（"*Deng Xiaoping and the Transformation of China*），Ezra Vogel 著，馮克利譯，天下遠見（台北），2012
124《我的父親鄧小平》，毛毛著，地球出版社（台北），1993
125《鄧小平傳》，韓文甫著，時報文化（台北），1993
126《費正清中國回憶錄》，John King Fairbank 著，閆亞婷、熊文霞譯，五南圖書（台北），2014
127《孫中山與胡志明》，蔣永敬著，台灣商務印書館（台北），2011
128《謝雪紅評傳》，陳芳明著，麥田出版（台北），2009
129《蔣經國傳》，Jay Taylor 著，林添貴譯，時報出版（台北），2000。
130《蔣經國論》，曹聚仁著，一橋出版社（台北），1997。
131《李光耀回憶錄》，李光耀著，世界書局出版（台北），1998
132《胡耀邦》，楊中美著，日知堂文化（台北），1992
133《趙紫陽傳—一位失敗改革家的一生》，盧躍剛著，印刻出版（台北），2019
134《李潔明回憶錄》，James Lilley 著，林添貴譯，時報出版（台北），2003。
135《野坂參三與毛共》，張棟材著，中華民國國際關係研究所（台北），1969
136《金大中自傳》，金大中著，李仁澤、王靜、高恩姬譯，中國人民大學出版社（北京），2012

D其他

137 維基百科（Wikipedia）- 中文版、英文版、日文版
138 Encyclopedia Britannica
139 World Bank data

國家圖書館出版品預行編目（CIP）資料

另眼看歷史——共產世界大歷史 / 呂正理著.
-- 初版. -- 臺北市 : 遠流, 2020.07
面；　公分
ISBN 978-957-32-8819-0(平裝)

1.共產主義

549.309　　　　109007912

另眼看歷史——

共產世界大歷史

作　　者——呂正理
總監暨總編輯——林馨琴
校　　對——楊伊琳
企　　畫——趙揚光
封面設計——張士勇
內頁排版——中原造像 魯帆育
照片提供——呂正理、達志影像
地圖繪製——楊景涵

發 行 人——王榮文
出版發行——遠流出版事業股份有限公司
104005 台北市中山北路一段 11 號 13 樓
郵撥：0189456-1
電話：（02）2571-0297　傳真：（02）2571-0197
著作權顧問——蕭雄淋律師

2020 年 7 月 1 日　初版一刷
2022 年 10 月 1 日　初版七刷
新台幣定價 520 元

ISBN 978-957-32-8819-0

遠流博識網
http://www.ylib.com　E-mail: ylib@ylib.com